文
景

Horizon

社 科 新 知　文 艺 新 潮

世界历史评论

The World Historical Review

陈恒 洪庆明 主编

09 历史学的国际化

The Internationalization of History

Volume 5, Number 1, 2018

上海人民出版社

本书系国家社科基金重大招标项目
多卷本《西方城市史》（项目编号：17ZDA229）阶段性成果

目 录

专 论 / Research Articles

评 论 / Review Articles

光启学术 / Guangqi Academics

专论 | Research Articles

历史学的国际化*

[日] 入江昭　文　屈伯文　译

摘要： 历史学的国际化是美国历史协会的美好愿景，反过来，美国历史协会的发展，同样受益于这种国际化。这种国际化有三个层面的内容。第一，使美国与国外史学团体紧密联系起来，从而推动美国与外国史学家之间的交流。第二，树立人类历史互相关联的观念，探讨对人类具有普遍意义的那些主题。第三，要关注历史学家自身的文化意识问题，因为人类受制于文化。总的来说，历史学的国际化是让我们承继由所有的“过去”所组成的文明遗产。

关键词： 历史学　国际化　国际关系　文化

历史学是一门世界性学科，至少，作为一个美好景象，它似乎在今日的许多历史学家那里得到了认可。最近几位美国历史协会主席提及并确证了这种美好景象。伯纳德·贝林将史学研究称作“一项国际性的事业”，并指出了日益增长的“平行信息的跨国交流”。约翰·富兰克林写到“学术研究无国界”。威廉·麦克尼尔则谈到“治史的道德责任”，此种责任的用意在于培养“一种个人对全人类的胜利、痛苦均感同身受的意

* 本文是入江昭教授1988年就任美国历史协会主席时的演讲。

识”。[1]历史学在最近100年里似乎走过了一段漫长路程。在本协会成立之时，“历史学”很多时候是指欧洲史尤其是美国史。协会据说是以保存历史文稿、推动“美国史以及在美国的历史的研究”为己任。乔治·班克罗夫特（1885年的协会主席）宣布美国历史协会献身于“美利坚合众国的事业”。[2]

四年前，在纪念协会成立100周年的主席就职演说中，阿瑟·林克指出：在协会成立到如今的一段时间里，“美国历史协会的会员、领导人的状况日益趋向多样化”；一种“值得玩味的世界性”在所有历史领域、世界各地发展起来。[3]今天，协会有13000名会员，他们代表了多种多样的方法论和专业，诸多种族群体，几乎所有的年龄段，还有大量的国家。[4]最后一点对我来说尤具特殊意义，因为虽然本协会名为“美国历史协会”，很久以来它就是一个国际性的历史学家的共同体了。从起初开始，它便向所有国家的历史学家敞开大门，时至今日，有超过40个国家的学者隶属于它。超过500位会员有海外通信地址，而其中一些确切无疑的是美国历史学家，他们住在海外，其数目相比住在美国的外国学者还要多。一些最杰出的外国历史学家已被选为美国历史协会的荣誉会员。从1885年的利奥波德·冯·兰克开始，荣誉会员的身份已被授予全球各地的学者们。前来访问的历史学家频频参加我们的年会。另外，美国历史协会赞助并派遣代表参加了许多国际性会议。

这些是令人印象深刻的起点，它们验证了美国史学专业无与伦比的开放性与活力。在我对这种开放性深表谢意之时，可以肯定的是，我是以美国所有出身国外的学者们作为谈话对象的。虽然如此，我深深地相信：美国历史协会的使命，不仅在于重新确认这种开放性、世界性的传统，而且要对其加以扩展。今天，我们需要做出更多努力使这门学科国际化。在一个层面上，

---

① Bernard Bailyn, “The Challenge of Modern Historiography”, *AHR*, 87 (Feb., 1982), p. 13; John Hope Franklin, “A Life of Learning: Charles Homer Haskin Lecture”, *ACLS Occasional Papers*, No. 4 (Apr., 1988), p. 16; William H. McNeill, “Mythistory”, *AHR*, 91 (Feb., 1986), p. 7.

② George Bancroft, quoted in AHA *Perspectives*, Apr., 1984.

③ Arthur S. Link, “The American Historical Association, 1884–1984”, *AHR*, 90 (Feb., 1985): 7.

④ 有关会员和其他信息，美国历史协会的执行理事盖蒙（Samuel Gammon）为我提供了帮助。

它要求美国与海外史学团体之间确立更紧密的联系；在另一层面上，此举包含着对具有普世意义的历史主题、观念的寻求。再有一个层面就是，每个历史学家必须要对他（或她）的学术成果如何在世界其他地方被翻译出来给予更多注意。我想就国际化的这三个方面略抒己见。

与国外史学团体建立更紧密的联系需要具有奉献精神以及勃勃雄心的主动性，这在我们的一位前主席刘易斯·汉克身上可以得到证明。若干年前，他对其他国家教授、讲习的美国史进行了考察。在此过程中，他与精于北美史的500多位外国学者进行了交流，他的这种主动性为我们留下了弥足珍贵的遗产，为我们推动史学行当的国际化增添了力量。①作为朝此方向迈进的一步，美国历史协会、美国历史学家组织，以及美国研究协会创建了一个与国际学术交流有关的联合委员会。该委员会提出了一些具体的方法，让海外历史学家（尤其是美国史方面的历史学家）可以更好地与美国本土的美国问题专家展开交流，它寻求通过这个途径加强我们与海外历史学家的联系。对美国史给予特殊关注是很有意义的，因为美国是美国史这个史学分支的中心，而对于其他国家的美国问题专家做了什么，美国本土的专家们并不总能掌握相关信息。海外的美国问题专家若想与我们这里的历史学家展开交流，他们并不能享受到那样多的机遇。我们甚至能看到这样的趋势：在英国、其他一些欧洲国家，还有日本，美国问题专家的人数或许在减少。②如果是这样的话，在不远的将来，美国历史协会为扭转该趋势而应该做些什么的问题应被提上它的工作日程。另一方面，在苏联、南斯拉夫、东德、中华人民共和国之类的社会主义国家，美国研究或许已进入一个成长期。很显然，推动这样的发展可谓刻不容缓。举一个或许是最引人瞩目的例子，美国、中国史学研究团体之间的联系在过去若干年变得非常的紧密。在国际交流学者协会、美国学术团体协会、美中学术交流委员会乃至其他组织的支持下，来自美国的高级美国问题专家（其中许多人是本协会成员）访问了中国。他们为

① Lewis Hanke, *Guide to the Study of United States History outside the U.S., 1945–1980*, 5 Vols, White Plains, N.Y., 1985.

② *Chronicle of Higher Education*, 35 (Apr., 1988), p. 1; Peter Parish, "American History Abroad: Britain", OAH *Newsletter*, 16 (May, 1988), pp.6–7.

许多中国听众开设讲座，组建美国研究工作室，邀请来自全国各地的中国学者加入，还向中国境内的各大学图书馆捐赠图书。就中国历史学家而言，他们建立了许多美国研究协会，现在，中国学者还组织起来，加入在美国的一个中国历史学家协会。我们希望其他国家也展开类似行动，美国历史协会可以更直接地参与推动这类学术联系的建立。

虽然如此，仅仅推动其他国家的美国研究（通过将美国历史学家在本土所做的工作复制到其他国家）还不够。这样一种交流是单方面的施与。更富成果的交流应该是（而且，从过去以来即是）这样的：来自美国本土的美国历史学家不仅与海外的美国问题专家，而且与其他的历史学家展开交流。由此，他们的视野便会拓宽，他们自己的想法也逐渐得到调整，这样，美国史不仅被看作国家的历史（乃至跨大西洋历史的组成部分），而且被视为人类历史的一个方面。

此种人类历史互相关联的观念是我接下来要探讨的一个主题。如果来自不同国家的历史学家相遇，交流专业信息，在没有共同探索更大范围的历史主题的情况下就分道扬镳了，那么，这样的国际交流没什么意义。对我来说，甚至在他们交流地方性的知识时，他们似乎也应该将这类信息对其他人有什么意义的问题铭记于心。此举通过另一种方式提示我们：来自世界不同地方的历史学家努力探讨的问题应该有着超越地域界线的意义。如果学者们将各自零散的专业知识化为更具普适性的语言，并且探索封建主义、奴隶制以至现代化等现象在不同国家的意义，如此，他们便创造了国际学术合作的最佳范例。“可以国际化的”主题清单是无穷无尽的。人与自然的关系，美与真的定义，社会正义，反抗暴力的自由，保存记忆的斗争……诸如此类的基本问题应可为不同国家的学者提供交流的话题。历史学家可以在世界上的不同地方，就这些主题的比较研究展开合作，由此而确证历史学属于整个人类，而不是在它之下的不同人群。

正如以上评论所指明的，历史学的国际化或许与比较史学的推进是一回事（在我们对世界不同地方的观念、制度进行比较研究的意义上）。虽然如此，我们可以看到这样一种趋势（至少是在一些比较史学的著作中），它强调不同国家、文化之间的差异或各地社会发展状况的特殊性。对不同国家社会、政治或思想潮流的比较通常以重申它们的独特性而告终。[①]人们对世界某个地方与另一地方的观念、制度比较得越多，它们之间的差异便趋向于以越发明显的形式出现。这或许是不可避免的，但对我来说，确证地方、国家或文化之间的差异似乎是与国际化的理想背道而驰的。我们所寻求的历史学的国际化如果发展到一个程度，使得我们的工作仅仅是将历史学国家化了（从强调各国历史学发展的独特性的意义上说），那么，这会是一桩不幸的事情。有时，尝试着对历史进行去国家化的工作或许是必要的，其目的是为了使历史学国际化，也就是寻找对众多国家（而非局限于特定人群）具有普遍意义的那些主题与回应。

有人或许会说史学（至少是现代史）研究已然经历了国家化与国际化之间的冲突。我相信两者都是具有重要意义的视角，为了说明这个问题，我会举我自己的专业领域国际关系史为例。在一个层面上，国际关系史不过是不同国家历史的总和，它探讨的是国家对国家的行为。该领域的大多数大作均属此类研究，其着眼点有国家安全、国家利益、国家权力、国家声望、国家对外政策的类型，诸如此类。[②]由于国家的利益和相对权力提供了重要的概念框架，如此，国际关系史中的大多数专著是对列国间危机、冲突、斗争、战争的研究就不令人感到奇怪了。这还可以解释为什么有关战争的研究要比有关和平的研究多得多。聚焦冲突看似是不可避免的，只要国家仍是基本的研究单位。这就是我所谓“国家化”的意思。

另一方面，国际关系史寻求超越国家的分析层面，并将整个世界作为研究框架。除了考察各国的行为，历史学家还提出了不同的世界体系（或国际体系）概念，这种结构为个体国家的存在确立了条件，它们的政策是对这个结构的回应。学者们据此创造了“欧洲协调”“俾斯麦的欧洲秩序”“凡尔赛条约体系”“华盛顿会议秩序”之类的概念。各大国以不同程度的热情接受

① 关于这一点，具有洞察力的评论请参见Carl Degler, “In Pursuit of an American History”, *AHR*, 92 (Feb., 1987), pp.1–12。

② 对国际关系史的最新评论，参见Gordon A. Craig, “The Historian and the Study of International Relations”, *AHR*, 88 (Feb., 1983), pp.1–11; Warren I. Cohen, “The History of American-East Asian Relations”, *Diplomatic History*, 9 (Spring, 1985), pp.102–112。

了所有这些对国际秩序的定义，而国际秩序的稳定或动荡反映的是世界和平与战争之间的差异。这些体系作为概念建构基本上是从权力方面着眼的，虽然如此，某些学者突出了国际经济体系或制度，用来指称19世纪由英国维持的、国际经济交流的金本位制，以及“二战”后的布雷顿森林体系，诸如此类。由此，我们既可用权力体系也可用经济制度来概括国际秩序的特征。这样的体系或制度如何影响不同国家，它们怎样得到国家的支持或被后者摧毁，对这些问题的研究将一系列关键性问题摆在国际关系史家面前，来自不同国家的学者们可以对其展开联合研究。

或许，有待加以广泛研究的最重要的领域之一便是一个既定国际权力体系与一个全球经济体系之间的关系问题。这两者常常（虽然并非总是）可以互换。在19世纪，人们可以说，不列颠治下的和平（由英国海军与商业提供支持）既有权力内涵，又有经济内涵。我们也可以说，帝国主义既是一个权力体系，也是一个经济关系体系，身在体系中的霸权国家控制着与属下万民有关的诸般事务。虽然如此，以权力和全球经济秩序定义的两种国际体系，有时亦会有一条鸿沟横亘其间。比如，在20世纪20年代，欧亚的势力均衡赖英国、法国和日本加以维持，但世界经济中无可争议的领袖是美国。由此，国际权力关系和国际经济体系之间便存了间隙。到今天，国际秩序的“权力”方面或许可以用两个超级大国之间的核均衡来概括其特征，但这种均衡并不与全球经济交往的结构相对应。这类间隙对整个世界的稳定或动荡意味着什么？这是一个各国历史学家可以合作研究并能取得丰硕成果的问题。

最后，我认为国际关系史家还需投身于文化问题。有人问得好：针对国际体系，我们能不能提出一种文化的向度？除了探讨强权的兴衰或一个经济体系的创建与崩溃，我们还可以谈论全球文化潮流的兴起与衰朽吗？表面上看，如果仅仅基于这样一个理由——文化指的是私人性、地方性、狭小范围内的事情（用贝林的话来说，“内心的世界观——共享的态度、回应以及‘思维方式’”①），那么做上面提到的事情似乎是不可能的。按照这样的定义，

① Bailyn, “Challenge of Modern Historiography”, p.22.

文化有着依时空条件而变化的特殊性，这样，在某些宏大而模糊的事物（比如国际秩序）的背景下谈论文化或许会显得荒谬。虽然如此，探索内心世界与外部世界之间是否存在联系仍是有价值的，因为归根结底，私人与公共事务之间的关系早就被定义为一个关键的历史问题。

就事实而言，国际关系史家一直在考察文化问题，哪怕他们并未明显地提到它们。举一个近期的著名事例，保罗·肯尼迪的《大国的兴衰》虽然标题听上去很传统，在这方面却充满了切中要害的洞察力。[①]该书比较了列国在军事、经济上的相对地位，另一方面，它又指出竞逐权力是一种随处可见的人类境况。大国有兴有衰，有一件事情看起来却是亘古不变的：世上男女的权力取向（至少在他们将自己组织到国家实体中的时候）。从这个意义上说，该书谈到了一种跨越国界的驱动力，定义了生活在国际社会中的人类文化。与此同时，肯尼迪还暗示：在定义人际关系时，人们选来倚为助力的并不全是权力。在该书末尾，他征引了两种相互对立的国际事务观念的代表人物弗里德里希·李斯特、亚当·斯密的看法。李斯特提出了一种“权力”定义，据此，国家存在的目的在于集聚权力，应付可能的战争。而斯密强调了并不必然隐含敌对关系的经济交往。李斯特与斯密，独立自主与相互依赖这两种不同景象，人们对世界所设想的冲突与和谐两种状态，所有这些对立并非西方思想家的专利。同样的二分法亦在古代中国的武（力量）—文（文明）概念中有所显现，毫无疑问，其他社会也提出了类似的极性概念。当然，问题的实质并不纯在于简单的对立，关键是无论李斯特还是斯密的表述都是意识形态的产物，它们设想了不同的国际秩序景象，并且告诉我们：无论是权力关系还是经济交往都是没有思想的自动反应；与文化有关的一些假定，以及文化与世界共同体之间的关系，制约了人们对追逐权力或强调经济利益的选择。

在这些假定中，最流行的莫过于民族主义与国际主义的观念了。极具影响的法国作家古斯塔夫·埃韦在20世纪10年代指出，随着资本、人流跨越国界的流动，国内与国外产品、人口之间的界限渐趋消失。经过一段时间之

① Paul Kennedy, *The Rise and Fall of the Great Powers*, New York, 1988.

后，国际规条会被颁布出来，用以制约人们的行为。资本家和工人由此而走向国际化，他们会竭力避免导向战争的灾难性竞争。埃韦断言19世纪“是民族主义的世纪。20世纪会是国际主义的世纪……最终会出现一个欧洲合众国和美洲合众国，可能还有一个世界合众国”。[①]这种国际主义是对斯密的回应，在本世纪（指20世纪）最初的几十年尤其风靡于美国。或许是由于对纯粹以权力为导向的外交事务观念有所不满，并且对经济上的相互依赖怀有深切信念，美国的历史学家贡献了许多有价值的国际主义研究成果。从事这项工作的先驱之一、晚年的沃伦·屈尔在许多场合断言：如果没有对塑造国际主义的那些力量加以足够关注，没有任何国际关系史的研究是完满的。[②]让人欣慰的是，近期以来，美国和苏联的历史学家一直在主办大量的论坛，探讨国际主义的意义。[③]

国际主义很显然是概念化的结果，我们可以把它叫作一种意识形态，民族主义也是这样。马克斯·韦伯的创作约与埃韦同时，他激烈地反对国际主义（有人认为，因为经济发展产生了一个国际共同体，民族主义已然过时）。相反，“经济共同体……仅仅是列国之间冲突的另一种形式”。[④]韦伯认为民族主义和国家间的冲突是占据主导地位的，哪怕时逢世界在经济上变得越来越国际化。虽然如此，他把民族主义定义为“对自身‘文化’的确认”，由此而显明他并不赞同一种粗糙的权力决定论，他只不过是将他眼中的国际主义认作一种幼稚的经济国际主义而已。我们可以认为韦伯有关国际事务的观念比埃韦更具现实主义色彩，虽然如此，它也是概念化的结果，此种观念设定了人类行为的地方性取向并将地方性放在优先位置。从某种意义上说，民族主义在当时是被人们当作一种流行意识形态接受的，在它看来，国家是一种自组织体。

民族主义意识形态传播到了世界上的其他地方，不过，国际主义的思想潮流再次对其做了对冲工作。只举一个例子。明治时代的思想领袖福泽谕吉

---

① Gustave Hervé, *L'Internationalisme*, Paris, 1910.

② Warren Kuehl, “Webs of Common Interests Revisited”, *Diplomatic History*, 10 (Spring 1986), pp.107–120.

③ Charles Chatfield, “Report on Consultation on Peace Research in History”, *Dialog*, 8 (Jan., 1987), pp.275–283. 还可参考查特菲尔德与本文作者的私人交流（7月5日）。

④ Max Weber, *Gesammelte Politische Schriften*, Munich, 1921, p.14.

在出版于1875年的一本读者广泛的书中，强调了国家主权是日本的主要目标，虽然如此，他又说，国家权力最终取决于对现代文明的接受程度。对日本人之间的相互行为、日本人对外国人的行为加以区分之后，福泽写道：单个日本人在国内堪称至诚有礼，然而，此种境况并不足以确立日本与他国的公正、平等关系。与外国人打交道是日本人的一个严重缺陷，对这个问题，如果他们选择生活在国际共同体中，它在一定程度上便能得到克服。问题的解决方案存在于让自己文明化的过程中，福泽以“文明化”来指代工业化、现代的学问以及独立的精神。个人品格以及能量如何被引到促进这些目标的轨道上是福泽关心的主要问题，人们还可以推测，这也是在日本、在身处国家构建早期阶段的其他地方，许多其他人关心的问题。[①]富有启发意义的是，用来指代“外交”的日语词gaikō即福泽所谓“gaikoku kōsai”（外国交际）的缩写，它表明外交事务必须要从人们与外国人打交道这个根基去理解。在这类概念中，国际体系与作为文化构成要素的个体态度、取向是不可分割的。人们或许会指出，在福泽执笔发表这些想法的100多年后，有关日本在国际共同体中的文化孤立状态（这与日本在世界上超卓的经济地位形成了尖锐对比）的说法仍不绝于耳。不过，既然说“文化孤立”，其前设是有一个国际文化秩序的存在，“孤立”之谓，正是从这个视角做出的判断。

这样一种秩序事实上存在吗？我要说，此处尚有另一个重要的研究领域，不同国家的历史学家在该领域可以携手合作，发展出更宽广的视角。显而易见的是，他们必须利用人类学家、社会学家和其他学科从业者的洞见和方法论，很久以来，这些人便对文化传播、转变的现象深怀兴趣。如果历史学家试图追寻推动或阻碍国际文化秩序之形成的那些力量的踪迹，这些视角是价值无量的。国际关系史家尤其可以从艺术史家那里学到很多东西，归根结底，后者探讨的是艺术风格、品味从世界某个地方向另一地方转变的问题。或许，他们有助于我们理解这些现象怎样有可能与政治、经济潮流联系起来。还可注意的是，艺术史领域的近作强调了超越国家框架、寻找跨国艺术主题的必要性。与此同时，一些艺术史家发展出了如下主题：霸权秩序，

① Fukuzawa Yukichi, *Bunmeiron no gairyaku*（《文明论概略》）, Iwanami edn., Tokyo, 1986, pp.237–260.

以及社会精英所接受的艺术表达的主导模式的产生。[①]或许，我们可以借用艺术史家的词汇，考察在历世历代的变迁中，世界上是否发展出了占据霸权地位的文化秩序。国际权力体系、国际经济秩序以及国际文化景象，对三者之间的关系展开探索是一项激动人心的工作。

谈到霸权秩序，就将我带到第三个也是最后一个我想略论一下的问题，即历史学家自身的文化意识问题。费正清是本协会的另一位前主席，他强调了我们所有人如何"受制于文化"。[②]虽然如此，正如近期对费正清的一份研究所表明的，他起初是相信某些原则、价值的普适性的，不过，他后来对此日益持怀疑态度，比如在用美国标准评判中国发展成就的问题上。[③]由此，他警示人们的是不要坚执美国的意识形态霸权。这类自我批评为我们所做的事情提供了必须贯彻的方法论基础；对我们描述过往现象的那些方法有影响的文化前设，我们当然要小心在意。不过，这类警示无须包含这样的意味：我们怀抱着自信能做的所有事情就是审查我们自己。正如菲利普·柯廷所指出的，"自我认识就其自身而言是……对社会健康造成威胁的一种自私形式"。[④]保罗·利科在20多年前写道，依据各自拥有的价值和符号定义的文化基本上是"不可交流的"，这或许是对的。不过，我们绝不能认为我们不会遭遇其他文化，在这个过程中，我们无法将我们"专有的"知识转化为不那么专有从而更具普遍性的东西。[⑤]

对我来说，我们在方法论上的自我意识似乎不应妨碍我们将历史著作译成多种语言。我相信，在某种程度上，无论身为历史学家的我们做了什么，除非它对世界其他地方的读者有一些意义，除非以不同文化的语言被人们阅读，否则它几乎是没有价值的。在这方面，费正清本人不仅对西方理解亚洲，而且对亚洲理解自身贡献甚巨，此种贡献并不仅仅体现在为西方所固有

---

① 例如，可参见T. J. Clark, *The Painting of Modern Life*, Princeton, N.J., 1984。

② John K. Fairbank, *China Watch*, Cambridge, Mass., 1987.

③ Paul M. Evans, *John Fairbank and the American Understanding of Modern China* , New York, 1988.

④ Philip D. Curtin, "Death, Span, and Relevance" , *AHR*, 89 (Feb., 1984), p.3.

⑤ Paul Ricoeur, *History and Truth*, Charles A. Kelbley trans., Evanston, Ill., 1965, p.282.弗兰克·宁科维奇（Frank Ninkovich）提醒我注意这本书，并在其他方面为我提供了关于本文的有益评论，我对此深表谢意。

的那些概念框架上。他的悲观情绪看似更多地体现在试图对列国官方关系施加影响的实践领域，而不是体现在对共同思想基础的寻求上，正是在这个基础上，美国人、亚洲人以及其他人可以寻求推动更好的相互理解。按照类似的方式，身在美国的一代日本通投身于与日本同行的思想对话中，结果是，哪些是美国历史学家做出的贡献，哪些是来自日本人的不再那么清晰可辨。对我来说，日本史、美国史的分野在1945年8月失去了意义，其时日本战败，美国占领当局告诉我那一代学童，对直至那时的历史，我们无论学到了什么都是错的，现在，我们必须重新学习历史，不要把任何东西当作是天经地义的。这次最具解放意义的经历说服了我：国家的历史唯有在从内外两方面加以审视的情况下才能得到最好的理解，这也就是说，在追求一种不那么扭曲的历史观的过程中，只要你愿意从不同的视角吸取教益，你到底是谁根本无关紧要。同样地，占领结束后不久，我到了美国，我的遭遇和任何学习历史的同学一样。我要感谢我在学院与研究所的教授不把我外来者的身份视作历史研究的阻碍。出于同样的原因，学校教科书中令占领当局反感的内容遭到禁止，这给我们留下了深刻印象，让我们知道历史是很容易受到世俗权力的掌控的。日本近来重写历史教科书不过是这个道理的最新表现罢了。中国、朝鲜和其他对日本战时暴行记忆犹新的国家对这类修正行为发出抗议是无可非议的，此种外部干涉或许是历史学国际化进程中最健康的发展成就之一，因为它表明形塑一种不偏执的历史观有赖于国际合作。

加拿大研究日本的历史学家赫伯特·诺曼在1957年以悲剧性的方式死去，他当时选择自杀是为了给无休止的调查（针对他过去的政治信仰以及行为）画上一个句号。从许多方面来说，他的死象征了世俗权力对历史研究自由所施加的限制。他曾写道："历史是让整个世界亲如一家的学科，人类的记忆也是个人的记忆。"①我还想再加一句从米兰·昆德拉那里引来的话："人对暴力的抗争也是记忆对遗忘的抗争。"②对我来说，记忆似乎是存在于所有国家和文化中的珍贵礼物，世界各地的史学界有责任确保这个礼物不断地被重

① 引自 Roger Bowen, *Death Is Not Enough* , Vancouver, 1986, p.109。

② Milan Kundera, *Book of Laughter and Forgetting*, Michael Henry Heim trans., New York, 1980, p.3.

新确认，从而让过去能够传承到现在，并为当下提供借鉴。当然，正如世界上存在着无数个体，值得记忆的过去也并非只有一个，而是有很多个，而被铭记的那些“过去”的总和形成了我们承继下来的文明遗产。这个信念存在于普遍的人性中，在对它进行确认、巩固的问题上，似乎没有哪一个人群拥有历史学界那样优厚的条件。

30年后的附言

本人1988年就任美国历史协会主席的演说将要出中文版，对此，我深表感谢。读者们会注意到，我将主题聚焦在“国际化”上（尤其是在我谈到历史研究的时候）。彼时我想强调的是，如果有人对考察历史深感兴趣，并愿以开放之心胸从事于此，那么，这项事业便是对他敞开大门的。对于体现国家强制力、以民族为中心的历史，我过去持反对态度，今日依然如此。我一直努力地构想一个全球性的学者共同体，无论其国籍、信仰、性别、年龄或其他归属性特征如何，他们都能自由地相互交流，携手合作，不仅可以考察历史记录，且能在各个地方与他人分享它们。

以上是我在1988年奋力发出的呼喊。30年后的今天，我对学术自由与合作的执着依旧不改。如果说有什么不同的话，那就是我感到对这样一个愿景、这样一项事业更挚爱了。幸运的是，我感觉现在对该愿景有所意识的人越来越多了，不仅如此，该愿景相比从前更具有全球性色彩了。

“全球性”一词在30年前使用得并不多。在我看来，正是在20世纪90年代期间，它才变得流行起来，从那以来，它一直被人们广泛地使用着。这或许可以反映这样一个事实：相比从前，我们如今生活在一个更为“全球化的”世界。这或许是古今之世的一个有趣差别。我们一直在谈论“全球化”。我们认为每个人（“全球共同体”）都知道这个词的意思。在一定程度上，诸如“数字化”“大众文化”之类的现象要与全球化联系起来理解，遍布世界的那些惊人的技术进步、经济发展（这在中国与印度表现得最引人注目）亦是如此。事实上，全球化意味着西方优越性的终结，以及在技术、经济以及自信心方面非西方社会的成长。

在我写作《全球共同体》（*Global Community*，2002）一书时，对于将要浮出水面的那个“全球共同体”，我仅能知其轮廓。而到今天，它已成为一个事实，如果对其视而不见，我们就会陷入对当今世界最重大的事件之一茫然无知的境地。

2018年3月

（入江昭，美国哈佛大学荣休教授；
屈伯文，同济大学人文学院博士研究生）

我们应该如何研究世界史？*

徐国琦

摘要：本文所谓的世界史包括中国史和外国史。真正的历史研究，无论是对中国史，或是对其他国别史，或是对环境史、瘟疫史、战争史的研究，都必须高屋建瓴，以宏大的历史叙事来俯视过去，如此才能还原一段有血有肉的立体历史。本文倡议世界史研究应该注重“国际史/跨国史”及“共有历史”双重视角，并集中讨论如何在世界史研究中具体运用国际史/跨国史和共有历史的方法。

关键词：国际史　跨国史　共有的历史　第一次世界大战　巴黎和会　亚洲与“一战”　中美关系

至少自17世纪以来，人类的历史实际上就是一个有机的世界史，在相当大程度上说，也是一个共有的历史。本文所谓的世界史包括中国史和外国史。一个不言而喻的事实是，中国是世界的一部分，中国史当然也是世界史的一部分。但在中国，历史学科被人为地分为中国史和世界史，然后又分别被细分为古代史、近代史、现代史等。设立中国史和世界史的学科分野是可

---

* 这篇文字的写作及问世，李剑鸣、陈恒两位教授可谓居功甚伟。没有剑鸣的穿针引线及推荐，没有陈恒的邀请、执着和领袖才干，这篇粗浅的文字不可能在短时间内交稿。当然，能有机会与业师入江昭先生的大作同期出版，也是本人愿意写作此文的极大动力。

笑的。如果为管理需要，充其量也只能将历史学科分为中国史和外国史。殊不知，真正的历史研究，无论是对所谓的中国史，或是对其他国别史，或是对环境史、瘟疫史、战争史的研究，都必须高屋建瓴，以宏大的历史叙事来俯视过去，如此才能还原一段有血有肉的立体历史。中国第一位历史学者司马迁的“究天人之际，通古今之变，成一家之言”之理念，应该成为所有史学研究者，特别是中国历史学者的奋斗目标。

我一向认为真正的史学家应该是做“不中不西”“不古不今”，甚至“不伦不类”的研究。唯其如此，我们的历史研究才会有突破，才会有价值，才会有持久的学术性和现实意义。兹事体大，无法在本文中展开论述。本文主要集中讨论在世界史研究中运用具体的国际史/跨国史和共有历史的方法问题。古语云，“工欲善其事，必先利其器”。对史学工作者而言，一个高瞻远瞩的方法及行之有效的视野就是一个利器。历史是客观存在，任何人无法也无权改变历史。但是我们可以调整透视历史的角度，修正我们对过去的看法。历史学者的任务是解释历史，揭示被遮蔽的真相，帮助社会扩大视野，鉴往知来。很容易导致历史研究陷入“一叶障目，不见泰山”境况的原因，是因为历史研究无法孤立的就事论事，学者作为个体也无法研究所有历史。因此我在这里倡议世界史研究应该注重“国际史/跨国史”及“共有的历史”双重视角。事实上，我近几年先后就此方法论问题发表过文章，呼吁史学界重视这两个方法的重要性。[①]现借此机会，同时亦为呼应业师入江昭先生历史研究国际化的观点，特不避炒夹生饭和重复之嫌，在此就“国际史/跨国史”及“共有的历史”作为史学研究的最新方法及视野方面，做进一步综合梳理，并以个人学术研究作为参照，来检视作为新方法和新叙事的“国际史/跨国史”及“共有的历史”的功用和可能带来的挑战。

“国际史/跨国史”不是传统意义上的地区或世界史的研究，亦非传统外交史甚至国别史的“全球史”研究，这里的所谓“世界史”“外交史”“全球史”，侧重于研究的范围而并非方法。跨国史虽然仍在起步阶段，但它已呈

① 徐国琦：《会当凌绝顶，一览众山小：国际史研究方法及其应用》，载《文史哲》，2012年第5期。徐国琦：《试论“共享的历史”与中美关系史研究的新范式》，载《文史哲》，2014年第6期。徐国琦：《作为方法的“跨国史”及“共有的历史”》，载《史学月刊》，2017年第7期。

现出如下几个特点：第一，彻底打破现今历史研究中的“民族—国家”约束，以整个国际体系甚至文化背景为参照系；第二，强调非政治、非“民族—国家”因素之作用及影响，如非政府机构、竞技体育、瘟疫等在人类进步及历史进程中的作用；第三，强调多国档案研究，全球视野的一个基本要素是多国档案及多种资料的应用；第四，强调“自下而上”的方法，而非如传统的外交史、政治史侧重重大人物、政府层面的决策。“文化”因素、“弱势群体”、人类共同的追求等常成为跨国史研究的突破口。国际史/跨国史的追求及旨趣就是要跨学科、踏国别，兼容并包，融会贯通。国际史/跨国史研究方法既可以运用于国别史（如中国史、美国史）或世界史的研究，也可以用于微观研究。个人认为，如果中国的世界史研究要有所突破，跨国史/国际史研究方法应该成为不二法宝。

要真正对中国史或外国史的重要课题进行解释和研究，仅仅靠国际史/跨国史方法是不够的。我们还需要“共有历史”之视角。作为方法的“共有的历史”（shared history）是在国际史/跨国史方法的基础上的进一步发展和提高。两者可谓互补和相得益彰。作为研究方法的“共有的历史”主要有下述几个特点：其一，该范式的核心是“分享”和“共有”，着眼于人类共同历史旅程、经历及追求。其二，彻底跳出民族—国家视野的学术范畴，尽量着眼于跨国史（transnational history）语境下不同文明之间的交流尤其是文化范畴。其三，强调个人及非政府机构的角色和作用。“共有的历史”研究方法是本人近几年在西方学术界大力提倡并身体力行的一个新视野。共有历史当然包括共同经历的种种挫折、失望和命运的嘲弄，我们仍然不应贬低这些共有经历的价值——毕竟，这其中的悲剧和令人意想不到的成功，全部都是人类历史中持续而密不可分的有机组成部分。

本文主要论证我们今天为什么必须从跨国史和国际史，以及共有历史的角度来研究世界史（包括中国史）。为了避免空泛议论，我打算结合具体历史事件对此进行剖析。本文的第一部分尝试分析第一次世界大战和中国的互相影响。第二部分则从共有历史的角度解读亚洲与第一次世界大战的关联，第三部分试图通过共有历史的视野透视中美关系史。由于我的观点及视野完全是一个新尝试、新方法，属个人一孔之见，难免挂一漏万，有漏洞和考虑不周和不足之处，欢迎有识之士批评指正。如能通过这篇文章引起国内学术界就史学方法展开讨论，那么我写此文的目的就完全达到了。

一、从国际史和共有历史角度解读中国与第一次世界大战的关系

2018年系“一战”结束100周年。关于“一战”在世界历史上的地位，著作宏多，史家已有定论。但该战对中国历史的影响以及中国与“一战”的关联，中外学界少有涉及，且歧见杂存，误解甚深。个人认为，从国际史/跨国史和共有历史的角度，我们可以明显看到“一战”的双重意义：一是因为中国的积极参战或介入，让所谓的“大战”（the Great War）成为真正意义上的世界大战；二是因为“大战”的爆发及大战的影响，大战成为中国历史一个极其重要的部分。参战让中国得以参加战后巴黎和会，因此有机会第一次向世界提出中国的平等诉求，表达中国作为平等一员加入国际社会的愿望。国际联盟宪章里有许多中国人的观念。人所共知的五四运动固然是中国近代历史进程的一个重要转折点，是中国人寻求新的国家认同及国际化的一个里程碑。可是奇怪的是，多年来很少有人把五四运动同“一战”联系起来。但从国际史角度，我们甚至可以大胆质问：“没有‘一战’，何来五四？”无可置疑的是，中国与“一战”关系意义非凡！中国与“一战”的互动标志着中国人真正开始寻求国际化及新的国家认同。“一战”让中国人大踏步走向外部世界，同时也把世界秩序的影响带回中国。

“一战”的爆发不仅标志着旧世界体系的崩溃，同时也为中国人寻求新的国家认同及国际化提供了全新的平台。正当中国社会新旧交替，承前启后，天命维新之时，“一战”的爆发为学贯中西、深谙国际事务的新一代中国人如顾维钧、王正廷、梁启超、梁士诒等提供了在世界舞台折冲樽俎的大好机会。“一战”期间，国人在思想、学术上兼收并蓄、求同存异，放眼世界，在政治上大胆探索，不拘一格，在外交上大胆进取、灵活多变，书写了中国乃至世界外交史上壮丽的篇章。这一切向世界正式宣告中国人彻底走出“天朝大国”唯我独尊的封闭状态，以穷则变、变则通的心态角逐世界，寻找一个新的国家认同及形象。

第一次世界大战期间正值中国社会新旧交替、发生巨大变革的年代，在此期间，中国力图转变成一个正常的民族—国家及成为国际大家庭的平等一员。“一战”期间的中国社会是一个奇怪的综合体：政治上民族主义高涨，文化上高度反传统，外交上则强调国际化及国际主义。这一时期的中国既有学贯中西，以天下为己任的一大批精英，也有目光短浅，不知国家为何物的军阀。凡此种种，莫衷一是。但就是在这种新旧混杂，天下大乱的局势下，中国人开始系统书写其以“一战”为契机的走向国际化的壮丽篇章。而“一战”爆发正好成为中国开启国际化和国家复兴的新历程的契机及平台。正是在这样的历史背景下，当时的一些中国精英将“一战”爆发视为一个重大机遇。第一次世界大战的爆发因此成为开启中国社会和政治精英的对“何为中国”和中国国际地位问题展开巨大想象空间的第一个国际大事件。中国人对于世界和中国自身前途的看法，正因“一战”的爆发发生巨大改变：不少中国精英和政府官员认为中国应抓住“一战”所带来的契机，一改中国之命运。①

“一战”时期的中国固然存在许多问题，如政治上分崩离析，一盘散沙，经济上积贫积弱，民不聊生。国际上地位低微，处处受人制约，但不可否认的是，同一时期的中国恰有春秋战国时期的明显特征，学术上百花齐放、百家争鸣，一大批志士仁人以天下为己任，竞相走向历史舞台，为中国的国际化献计献策，身体力行。换句话说，“一战”时期的中国颇有些像狄更斯在其名著《双城记》中所写：“那是最好的时代，也是最坏的时代。那是智慧的时代，也是愚昧的时代。那是信仰的时代，也是怀疑的时代。那是光明的季节，也是黑暗的季节。那是希望的春天，也是绝望的冬天。我们似乎拥有一切，我们好像又一无所有。我们会直接进入天堂，我们也可能进入地狱。”在这一时期，以留学生为主体的中国社会精英，富于进取，熟谙中外事务，逐渐成为主持中国外交的中流砥柱。一大批先进中国人在民族主义、自强图存口号的感召下，追寻新的国家认同及中国在国际社会的平等地位，第一次

① 关于中国与“一战”关系的详细研究，请参阅拙著*China and the Great War: China's Pursuit of a New National Identity and Internationalization*（New York: Cambridge University Press, 2005）和*Strangers on the Western Front: Chinese Workers in the Great War*（Cambridge, Mass.: Harvard University Press, 2011）两书。

把中国的声音及理念系统纳入国际秩序蓝图之中。

中国参加“一战”，从近处着眼，是为了应付日本，为了在战后和平会议上占一席之地。从长远看，则是为了加入国际社会，为了走向国际化，为了中国在新的世界秩序中有发言权。中国对德、奥宣战，不仅展示了中国利用外交进入国际社会成为平等一员及国际化的良苦用心，而且首开中国从鸦片战争以来系统收复国家主权先河。中国甫一宣战，便立即宣布中国同德奥两国所定的一切不平等条约随之废除，并收回德、奥在中国的租界，终止支付德、奥庚款。更重要的是，德、奥在中国的治外法权也一概被中国取消。中国人坚持不懈的利用欧战之机力争正式加入战团的举动，充分反映了中国人寻求国际化的决心，并以参战外交一改传统中国人落后的世界观，承认西方主宰世界体系，并力求加入国际社会成为受人尊重的平等一员。中国初涉近代外交，即身手不凡，以远大的目光、灵活的手法，让世人吃惊，中国外交官在巴黎和会的表现，更是可圈可点。中国能够跻身战后巴黎和会本身，即是中国“一战”外交一个成功的例证，实现了其在战争伊始即要参与和会的目标。在巴黎和会上，中国代表敢于并善于参与国际新秩序的建设，力图让战后新世界秩序有中国的烙印、声音。这本身就是一大外交胜利。在和会上中国代表团据理力争，并大义凛然地拒绝在对中国不利的凡尔赛和约上签字，他们的行动不仅把所谓“中国问题”带到了世界最高论坛，赢得了道义的胜利，也为山东问题在巴黎和会结束后的迅速解决提供了契机。因此，中国在巴黎和会上的外交并未完全失败。在某种程度上，甚至可以说是大获成功。没有中国参战及拒绝签订巴黎和会对德和约，中国不可能很快便在1921年同德国签订平等条约，并在1922年迫使日本归还山东的权益。中德1921年条约系近代中国与欧洲大国签订的第一个界定双边关系的平等条约。更为重要的是，在巴黎和会上，中国人积极参与战后新秩序的建立。例如顾维钧系起草国联宪章的15人委员会成员之一，对宪章的撰稿，贡献颇多。中国人甚至从大局着眼，支持日本代表团提出的“种族平等”条款。凡此种种，不仅让国际社会听见了中国的声音，更为未来中国成熟外交创造了范例。

与其他亚洲国家不同的是，中国甚至成为“一战”战场。因为德国在青岛的殖民地位，“一战”烽火烧到了中国，并最终把青岛问题变成战后和平会议的一个主要议题。个中原委，与同样视“一战”爆发作为千年一遇之机会的日本息息相关。“一战”甫一爆发，日本立即挤入战团，迫不及待地对德宣战，并于1914年秋向山东派出5万人军队，与英国的1200人士兵（其中主要是印度锡克士兵）一起，同驻守青岛的大约6000德国和奥匈帝国的士兵展开激烈战斗。德军在1914年11月弹尽粮绝，被迫投降。日本在“一战”期间的直接参战就此告一段落，日本政府未派遣军队到欧洲出战。应该指出的是，青岛战役无疑就是一段印度、中国、英国、德国、日本之间共同经历的历史，或“共有历史”。

如果上述论点是从全球视野、多国档案来透视中国与“一战”关系得出的结论的话，那么，通过“一战”华工角度自下而上透视中国与“一战”的关系，则可以描述更为明晰的中国与世界接轨及参与重建西方文明的精彩历史，并可进一步解释中国精英和西方列强如何利用华工来实现各自的宏伟大业。第一次世界大战期间，14万华工在英法两国政府的征召和中国政府的安排下，远涉重洋，作为苦力来到战火纷飞的欧洲，为协约国集团的所谓“文明之战”贡献“苦”与“力”。这是人类文明史上东西方交流的重要篇章，但长期以来，中外学术界对他们的“旅程”不甚了了。我们不知道他们在中国历史乃至世界历史进程中的地位，也不明白他们对那场大战所做的贡献。无人解释这些华工虽然来自中国，但他们的历史却属于整个世界。当高瞻远瞩的中国志士仁人在世界格局大变动的转折关头，实施“以工代兵”策略，推动国家复兴之际，这批华工是极为关键的重要组成部分。在民族精英们殚精竭虑地思考中华民族如何走向世界的时候，这一批任劳任怨的中国农民，赴汤蹈火，担起了挽救国运的重责大任。正是精英阶层与下层大众的有机结合，通过“一战”华工的光荣旅程，才让中国得以在“一战”期间谱写了一曲中西交流的辉煌篇章，赴欧华工得以参与拯救中国与西方文明于水火的重要使命，饱受战火煎熬的欧洲得以一睹华工风采，世界得以第一次面对面地了解和感受中华民族不屈不挠的坚强及智慧。

“一战”期间中国的“以工代兵”策略是中国有史以来第一次有胆识、有目的、有远见地加入国际社会的开端，是东方大国参与拯救西方文明的中外合作大事件。更为重要的是，14万华工不仅仅是14万士兵，也担当了中国的14万使者。华工的欧洲旅程和经历，同样同中国命运息息相关。那些在大战期间在欧洲战壕、工厂和港口工作的华人，在受雇到法国之前，大多连自己的村庄都没踏出过。现在他们却来到欧洲，来到了西方文明的中心。然而在他们面前，文明的西方已深陷在可怕的杀戮中。它无法炫耀其和平时期所有的文化、学术或政治盛况，事实上它所暴露的只有其最丑陋、最野蛮的一面：极其残酷的相互毁灭和疯狂杀戮。诚如基督教青年会记录所报告的："把东方带来与西方文明接触，是这场世界争战中最了不起的组成部分之一。"[①]但大战期间及结束之际，华工发现欧洲并非天堂，而是废墟。白人的虚情假意和所谓的基督文明正被一层层剥去，他们站在昏暗的灯光下乏善可陈。[②]

中国的"一战"外交及国际化努力是中国史乃至世界史上的重大事件。中国对"一战"的政策，也进而在相当程度上影响了中国后来的内政及社会。换句话说，欧战把中国变成世界的重要部分，同时也把欧战世界化了。中国人对巴黎和会的巨大期望和失望是中国近代史上的重要一章。至今为止，欧战时期是历史上第一次也是唯一一次中国全方位地接受西方价值观，并把自己的命运与威尔逊鼓吹的世界新秩序连在一起的时期。许多受过高等教育的中国人兴奋地拥抱威尔逊的世界新秩序蓝图。日后成为著名的教育家、外交家的蒋廷黻当时就声称，在第一次世界大战期间，他"相信威尔逊总统吐出的每一个字"。[③]威尔逊的主张最能吸引中国人之处在于他的世界新秩序理念，尤其是他建立国际联盟的计划和民族自决权原则。中国或许是当时唯一一个对国际联盟充满信心并全力推动其建立的国家。不论是在国内还是在海外，中国人成立了各种团体研究国际联盟议题和大力支持国际联盟的建立。1919年1月25日，正当巴黎和会讨论成立委员会，研究筹组国际联盟时，中国首席代表陆征祥宣布中国将"鼎力"支持国际联盟的成立。[④]顾维

① 徐国琦：《为文明出征：第一次世界大战期间西线华工的故事》，五洲传播出版社，2017年，第208页。

② "The Chinese Laborers in France in Relation to the Work of the Young Men's Christian Association: Report to the International Committee of Young Men's Christian Association of North America of Special Mission of Dwight W. Edwards in France April 13-May 11, 1918", *YMCA Archives*, box 204, folder report 1919.

③ Min-Chien T. Z. Tyau, *China Awakened*, New York: The Macmillan Company, 1922, p.268.

④ United States Department of State ed., *FRUS, the Paris Peace Conference, 1919*, Vol. 1, p.186.

钧也在会议上说："正如没有哪个国家的人比中国人更渴望见到国际联盟的成立，也没有人比我们更乐于见到国际联盟委员会踏出实质性进展的一步。"①因此，出于对威尔逊的信任，对国际联盟和未来世界新秩序的美好憧憬，中国人对即将召开的和平会议充满期待，特别是获悉威尔逊总统本人将亲自出席巴黎和会的消息时，他们更是欣喜若狂。中国满怀希望利用参加战后和平会议让全世界听到它的声音和理想，看到它收复过去所丧失的主权、要求以平等身份加入国际社会的决心。

不幸的是，中国对巴黎和会和新国际秩序的巨大期望遭遇到所谓的"大背叛"。在巴黎和会上，中国没有收回山东的权益。列强对其要求平等待遇、恢复丧失的主权的要求更是充耳不闻。中国人当然对这一结局深感受挫和失望。这个痛苦事实迫使中国人认识到强权依然胜过正义与公理。毛泽东在第一次世界大战时期曾一度梦想中国与美国建立某种程度上的同盟关系，对巴黎和会更是充满希望。但在经历所谓巴黎和会出卖之后，毛泽东对美国及其他西方国家的高度期望化为失望。他当时的结论是，"如外交上各种'同盟''协约'，为国际强权者的联合"，唯有革命才能矫正这个既不理性又不公平的国际体系。②在陈独秀心目中，威尔逊现在已成为"空大炮"，他的原则"一文不值"。③全国各地的学生公开表示他们对威尔逊主义失败的失望。北京大学学生讽刺威尔逊为他理想中的威尔逊式世界秩序发明了一个新方程式：14=0。④

巴黎和会对中国造成的一个重大影响就是西方在中国的形象与魅力受到严重损害。"凡尔赛的背叛"促使许多中国精英人士质疑西方的价值观，怀疑中国认同西方的可能性。严复是以翻译诸多西方著作著称的学者，他认为西方在1919年的行为表明西方300年的文明发展最后只归结为四个词语：自私、杀戮、无耻和堕落。⑤更有人下定论，认为巴黎和约证明"威尔逊主义之中挫，帝国主义之制胜可也"。以压制德国和中国为基础的世界新体系撑

---

① Koo and others, *China and the League of Nations*, London: G. Allen & Unwin Ltd., 1919, pp.3–5.

② 毛泽东：《民众的大联合》，载《湘江评论》，1919年7月21日；湖湘文库编辑出版委员会编：《湘江评论　新湖南　新时代》，湖南师范大学出版社，2009年，第20页。

③ 《每周评论》第20号，1919年5月4日。

④ 中国社会科学院近代史研究所编：《五四运动回忆录》，第1册，中国社会科学出版社，1979年，第222页。

⑤ 王栻主编：《严复集》，卷3，中华书局，1986年，第691—692页。

不了太久。还有人甚至警告说，国际联盟对中国没有任何好处，中国必须依靠自己。[①]巴黎和会失败后，一些激进的中国人开始转向社会主义，1949年后，中国最终成为一个社会主义国家。

这里特别需要强调的是，要考察中国和日本与“一战”关系的问题，我们必须要把两个国家放在一起考察，因为它们互为因果，换句话说，我们必须把“一战”作为中国和日本的“共有的历史”，只有从国际史和共有历史角度才能解释为什么“一战”是中国和日本之间共有的历史。中国的“一战”政策和日本的“一战”外交是完全联系在一起的。要理解为什么日本之所以如此不惜血本在中国土地上对付德国，我们必须要检视自1868年明治维新以来的日本国策。日本自明治维新开始就一心要加入西方列强阵营。经过二十余年的励精图治，日本在1894—1895年间的甲午海战中一举击败中国，一跃成为东亚强国。但在德、俄、法三国干涉还辽后，日本不仅一心要一雪前耻，而且力争成为世界强国。然而列强在中国的势力范围却不容日本置喙。“一战”的爆发，正可谓日本的千载难逢之机，它意欲一举将德国赶出亚洲，并趁列强在欧洲火并、无暇他顾之际，攫取中国为其后院。难怪“大战争”的爆发使日本欢欣鼓舞，日人称欧战的爆发实乃“天助”。[②]青岛到手后，日本在1915年初立即向中国提出臭名昭著的“二十一条”，这是日本利用一战来实现其对华野心的明证。

中国之所以在甲午中日战争后开始奋发图强，主要是因为日本人把中国打醒，如同梁启超所说，“唤醒吾国四千年之大梦，实自甲午一役也！”[③]中国精英们对“一战”爆发且喜且惧，同样还是因为日本的因素。“一战”对中国来说则可称之为“危机”，“危”险加“机”会。其危险主要在于日本可能乘列强决战于欧洲战场之时，强迫中国臣服日本。其机会则在于“一战”可能导致对中国不利的现成国际体系崩溃，在“一战”废墟上诞生的新的国际秩序也许对中国比较有利，中国或许甚至可以在尚未成型的世界新秩序中注入自己的烙印

① Xu Guoqi, *China and the Great War*, pp.244–277.

② Frederick Dickinson, *War and National Reinvention: Japan in the Great War, 1914–1919*, Harvard University Press, 1999, p.35.

③ 梁启超：《改革起源》，见《饮冰室合集》，第6册，中华书局，1989年，第113页。

和声音，进而收复国家主权和取得中国应有的国际地位。在当时以梁启超等为代表的精英分子看来，这场大战争将改变国际体系，并有可能帮助中国成为国际社会平等一员。这一切对于转型期的中国来说无疑是一个巨大机会。

与此同时，日本对中国昭然若揭的野心更加深了中国人对"一战"的"危""机"意识。如果说日本在1895年击败中国导致中国产生国家认同危机，那么它在1915年向中国提出的"二十一条"要求，则不仅激发起中国人强烈的民族意识，并直接促成了中国有关第一次世界大战的首要明确外交目标：参加战后和平会议，以便收复被日本非法夺取的青岛及其他中国主权。在1915年，中国朝野对于中国应出席战后和平会议的目标达成共识并得到了不少知识分子和其他社会精英的普遍支持。唯一的挑战是如何赢得出席会议的席位。正是由于参加和会的考量，中国政府力争参战，以此来保证中国获得和会一席之地。综上所述，如果不从"共有历史"的视野出发，我们无法全面和深入理解中国和日本之间因为"一战"而发生的千丝万缕的联系，也无法理解"一战"与印度、越南、朝鲜等国的关联。

二、第一次世界大战和亚洲"共有的历史"

在"一战"爆发百年后，学者们对"一战"的研究可谓卷帙浩繁，然而遗憾的是，学术界对"一战"及其建立的战后秩序对亚洲国家的集体影响的研究，迄今尚付阙如。这里以"共有历史"方法的视野，来透视"一战"对日本、印度、越南以及朝鲜等国的影响，尤其侧重分析"一战"如何成为这些国家的"共有历史"。必须指出，限于篇幅，这里只能分别以中国、日本、越南、印度、朝鲜为重点，来探讨第一次世界大战的历史如何成为亚洲共有的历史。我们会看到"一战"爆发之后，这些国家都或先或后地在不同程度上视"一战"及其可能导致的新国际秩序为影响其自身历史进程和国际地位的重要机遇，并将"一战"变成它们"共有的历史"①。

---

① 有关第一次世界大战作为亚洲的共有历史，请阅读拙著*Asia and the Great War: A Shared History*, Oxford University Press, 2017。

印度在“一战”期间，为英帝国提供了100万人的兵力及劳工，无数印度人在欧洲和中东战场为大英帝国出生入死。作为英国的殖民地，印度的这些牺牲固然可以称为是其分内之事，但令人惊讶的是，印度的精英们几乎一边倒的不遗余力地支持英国的战争。因为他们认为，“一战”的爆发在寻求自治和提高民族凝聚力等方面为印度提供了巨大机会。他们希望通过大力支持英国，换取战后英国对印度自治的首肯。因此“一战”的爆发以及英国很快寻求印度支持是印度历史的一个影响极其深远的事件。长期以来，身为英国殖民地的印度，缺乏民族觉醒，没有强烈的民族意识，对国际社会更是缺乏理解和认知。“一战”的爆发，把如同一潭死水的印度搅得风生水起，战争不仅一举把印度拉进国际社会，而且让印度的精英们有机会开始全面反思印度的民族认同及其在国际上的地位。“一战”为印度精英们提供了拯救本民族之机。印度的精英们希望通过为大英帝国在战争中做出巨大牺牲，来展示“旧的秩序必须废弃，基于互信和互相理解的新的秩序应该建立，在新秩序下，一个比过去更光明和更幸福的时代将会出现。如果［印度］在战场上能［与英国］同仇敌忾，那么，东方和西方，印度和英国，［未来］将会携手前行”。①

为了实现所谓的“印度时刻”，一些印度人甚至要求印度在这场大战中在“心灵上”与英国休戚与共。②后来成为印度独立之父的莫罕达斯·卡拉姆昌德·甘地（Mohandas K. Gandhi，1869—1948）当时就宣称，“为祖国和大英帝国故，［他］愿意［为战争］效力。”并向英国当局诚恳表示，要为英国募集印度人医疗队和印度士兵到前线服务。③但英国当局没有把甘地的一片好心当回事，没有理会他。尽管如此，甘地不改初衷。显然，甘地当时对英国当局抱有很大幻想，对战争可能给印度提供巨大机会很有信心，认为“如果印度全力支持英国的战争，战争结束后，印度将会得到一个自治政

① Bhupendranath Basu, *Why India is Heart and Soul with Great Britain*, London: Macmillan and Co.,1914, p.8.

② Ibid., p.1.

③ B. R. Nanda, *Gokhale: The Indian Moderates and the British Raj*, Princeton University Press, 1977, p.446; B. R. Nanda, *Gandhi, Pan-Islamism, Imperialism and Nationalism in India*, New Delhi: Oxford University Press, 2002, p.163.

府”。[1]与很多急于求成的印度精英不同的是，甘地甚至告诫大家要慢慢来，不要想一蹴而就。他强调“在战争结束前，[我们]还是应该把目光放远大点，不要急于求成”。[2]

印度最著名和最有影响的政治团体是建立于1885年的印度国民大会党。但直到“一战”爆发，对于如何帮助印度实现民族独立，该组织既无资源也缺乏政治眼光。它甚至不敢挑战英国统治印度的合法性，充其量只是致力于争取印度人在大英帝国内的一些权益而已。但“一战”爆发后，印度国民大会党似乎脱胎换骨，开始对印度民族独立运动表示浓厚兴趣，并把支持英国战争同支持印度自治相提并论。[3]

与印度相比，越南人全然不像印度精英们那样热心支持宗主国的战争，但越南作为法国的殖民地，在“一战”期间也为法国提供了近10万大军及劳工，从越南开赴法国。“一战”期间法国的印度支那总督阿尔伯特·沙瑞（Albert Sarraut）指出：“印度支那无论从哪方面来说，都是法属殖民地中最重要、最发达和最繁荣的。”[4]如同英国一样，战争开始后，法国即要求其殖民地提供援助，其中当然包括越南。所以不管越南人是否意识到，“一战”爆发都给越南在某种程度上提供了变革和寻求民族独立的契机。后来成为越南领袖的胡志明当时还名不见经传，但他抱负远大，忧国忧民。第一次世界大战爆发不久，他在给一位越南朋友的信中这样描述这场战争：“战火弥漫，尸横遍野，五强争战，九国卷入……窃以为在三到五月内，亚洲的命运会发生翻天覆地的变化……让我们拭目以待。”胡志明意识到战争可能给越南带来转机，希望立即到法国去，感受和认识世界潮流，并借机为越南寻找由战争带来的可能机遇。[5]1914年，胡志明在一首诗中这样写道：“不畏天高与水长，英雄矢志救战友。”[6]从这些只言片语中可以看到，胡志明似乎感受到第一次世界大战可能对越南的民族独立大业有一定帮助，至少有某种联系。

① B. R. Nanda, *Mahatma Gandhi: A Biography*, p.105.

② Santanu Das, “Indians at Home, Mesopotamia and France”, in Santanu Das ed., *Race, Empire and First World War Writing*, Cambridge, UK: Cambridge University Press, 2011, p.73.

③ Jim Masselos, *Indian Nationalism: An History*, New Delhi: Sterling Publishers, 1985, p.137.

④ Albert Sarraut, *La Mise En Valeur Des Colonies Françaises*. Paris: Payot, 1923, p.463.

⑤ Pierre Brocheux, *Ho Chi Minh: A Biography*, New York: Cambridge University Press, 2007, p.12.

⑥ William J. Duiker, *Ho Chi Minh*, New York: Hyperion, 2000, p.53.

“一战”作为转折点这一观点也适用于时为日本殖民地的朝鲜。作为日本殖民地，朝鲜对“一战”爆发似乎没有特别反应。但这并不妨碍朝鲜的一些有识之士讨论这场战争对国际事务和朝鲜未来的可能影响。他们无疑希望战局的发展对朝鲜的前途有利。早在1915年，一些居住在中国的朝鲜民族主义者开始组织朝鲜革命军，他们相信战争很快结束，德国会在欧洲获胜后同中国联手攻打日本,作为日本殖民地的朝鲜，应该援助中、德一方，这样的话，在日本被打败后，朝鲜便可以赢得独立。一些在日本的朝鲜学生在1916年也同样寄望于中日开战，他们认为美国出于对中国的同情，也许会对华拔刀相助，这样的话日本可能会一败涂地。一些人甚至主张朝鲜人应借助基督教会寻求美国对朝鲜独立的同情和支持。如果事情的发展如其所愿，朝鲜一旦宣布独立，中国和美国也许会出手相助。正是出于上述考量，这些朝鲜民族主义者希望中日越早绝交越好。①

如果说上述言论仅代表朝鲜民族主义者对“一战”与朝鲜前途问题的零星思考的话，他们同时也在行动上积极寻求机会。在美国加入“一战”，特别是1918年美国总统伍德罗·威尔逊提出美国版的国际新秩序后，朝鲜民族主义者激情迸发，开始思考如何抓住时机寻求朝鲜民族自决。李承晚就是其中的代表人物。对李承晚等人来说，威尔逊民族自决的说法绝对适用于朝鲜。李承晚本人甚至认识威尔逊，他在普林斯顿大学读书时，威尔逊任该校校长。因此李承晚认为朝鲜无论从什么角度都应该而且能够得到威尔逊的同情和支持。②所以，“一战”甫一结束，李承晚等人立刻同威尔逊联系，数次写信给威尔逊，寻求其支持朝鲜独立事业。例如，在1918年11月25日致威尔逊的信中，他们写道:“我们是一群致力于自治和政治独立的朝鲜普通人，深知阁下扶持正义，支持各民族不论强弱，一律平等。”“我们呼吁威尔逊帮助朝鲜在巴黎和会上得到公平待遇。”在请愿信中，他们还指出，虽然朝鲜并未直接卷入“一战”，但威尔逊有道义责任支持朝鲜的民族自治诉求，帮

① 参见Chong-sik Lee, *The Politics of Korean Nationalism*, Berkeley: University of California Press, 1963, pp.101–102。

② Frank P. Baldwin, The March First Movement: Korean Challenge and Japanese Response. Ph.D thesis, Columbia University, 1969, p.16.

助朝鲜人解脱日本的殖民枷锁。[①]

学界公认，朝鲜人民对威尔逊的国际新秩序的极大热诚和高度信任，直接导致了1919年3月1日朝鲜要求民族独立的“三一运动”。[②]“三一运动”独立宣言公开要求朝鲜独立。[③]朝鲜各界特别是学生团体，如同两个月后在中国爆发的五四运动中的学生群体一样，在“三一运动”中发挥了积极作用。实际上，“三一运动”不仅是越南人和中国人追求民族独立、民族自决的先驱，更是重要的榜样。一些中国民意领袖后来承认了“三一运动”的榜样作用。陈独秀、李大钊、傅斯年、毛泽东等人当时都高度赞扬“三一运动”。孙中山也公开呼吁国际社会关注朝鲜独立问题。陈独秀称“三一运动”“伟大、诚恳、悲壮，有明了正确的观念，用民意不用武力，开世界革命史的新纪元”。[④]毛泽东在《湘江评论》第三号就写到，朝鲜人民不甘心做日本的殖民地，“这回受了民族自决主义的激刺，忍禁不住。趁着欧和会议，上了一个请愿书，……直到三月一日，朝鲜宣布独立，发宣言，定公约”。毛泽东预言“朝鲜的独立终有一日会要实现是可以决定的”。[⑤]朝鲜人民的“三一运动”无疑是越南和中国人民的民族解放运动的楷模，发挥了启迪和榜样的作用。

朝鲜民族主义者们强烈要求列强允许朝鲜参加巴黎和会，但日本和美国立即拒绝了朝鲜代表到巴黎的请求。只有一位朝鲜人得以在巴黎为朝鲜自治奔走呼号。实际上，这位堪称唯一一位朝鲜代表的金奎植是在中国人的直接帮助下由上海来巴黎的。中国人为他安排了船票和旅行证件。[⑥]当然支持朝鲜独立符合中国的利益，同时也可以孤立日本。在巴黎期间，金奎植为朝鲜民族自决大声疾呼，但可惜都如泥牛入海，没有取得任何效果。不过朝鲜人

① Young Ice Lew, Young Seob Oh, Steve G. Jenks and Andrew D. Calhoun eds., *The Syngman Rhee Correspondence in English, 1904–1948*, Institute for Modern Korean Studies, Yonsei University, 2009, 1: 57.

② Tae-yol Ku, *Korea under Colonialism: The March First Movement and Anglo-Japanese Relations*. Seoul: Published for the Royal Asiatic Society Korea Branch by Seoul Computer Press, 1985, p.37.

③ 关于独立宣言的完整内容，可参见Henry Chung, *The Case of Korea: a collection of evidence on the Japanese domination of Korea, and on the development of the Korean Independence Movement*, New York: Fleming H. Revell Company, 1921, pp.199–203。

④ 《每周评论》，1919年3月23日社论，第9页。

⑤ 湖湘文库编辑出版委员会编：《湘江评论　新湖南　新时代》，第47—48页。

⑥ Baldwin, *The March First Movement*, p.36.

对中国人自己在患难之中仍出手相助是十分感激的。流亡上海的青年革命家朴宪永（别名金成三）于1919年10月在致金奎植的信中就明确指出："中国虽为弱国，但却是我们最为可靠的朋友。"[①]然而由于自身的艰难处境，中国所做毕竟有限。金奎植在1919年5月告诉记者，在巴黎和会期间，"中国代表其满怀同情，自不待言。但其自身问题尚在困难不定之中，在和会中力量不足，有时恐日人之鬼祟手段，借题发挥加害于自身要求之问题，故不能放手扶助吾人"。[②]最终朝鲜的民族独立诉求在巴黎和威尔逊处都以完全失败而告终。

如果说，亚洲精英们在亚洲各国对"一战"所做的反应和决策中发挥了重要作用，那么，作为平民百姓的100万印度人、14万华工、近10万越南人，背井离乡来到欧洲战场，他们在民族意识的觉醒、在反思本民族与西方文明的异同中，则产生了同样重要的影响。这些亚洲人跨洋过海，远赴法国，成为英国和法国战争机器的一部分。在许多人眼里，他们也许只是目不识丁、胸无大志的苦力，他们到欧洲的主要目的也许是为了谋生。但在欧洲，他们的确吃尽了苦，出尽了力。特别是，他们的出征是同本国及世界的命运密切相关。他们是亚洲国家放眼走向世界，参与国际社会的先行者，并直接参与创造亚洲及西方的历史。因为他们的存在，因为他们的可歌可泣的旅欧经历，亚洲的精英们得以义正词严地在巴黎和会上要求国际社会还亚洲国家公道。因为印度人、中国人、印度支那（越南）人的源源不断的到来，英法诸国在大战危急关头，才得以免去人力资源匮乏的后顾之忧。

中国人、印度人、越南人在欧洲战场上的亲身经历，无疑拓宽了他们的世界观，让他们有机会思考东西方文明的差异。印度对战争的巨大贡献让印度人意识到他们自身的力量，促成他们的政治觉醒，提高了他们的政治信心。印度和越南作为英法殖民地，成为亚洲人在"一战"欧洲战场直接参战的重

---

① Young Ice Lew, Young Seob Oh, Steve G. Jenks and Andrew D. Calhoun, eds., *The Syngman Rhee Correspondence in English, 1904–1948*, 4: 435.

② 《民国日报》，1919年8月14日。转引自转引自石源华：《中国现代各政党、政治集团对韩关系比较研究》，见石源华主编：《韩国独立运动血史新论》，上海人民出版社，1996年，第3—4页。

要成员。[①]尽管印度人在欧洲并未得到公平对待，但印度无疑是大英帝国的战争机器中重要的组成部分，为大英帝国及盟国提供了取之不尽的“丰富的人力资源”。[②]莫里斯·巴瑞斯（Maurice Barres）这样写道，当印度士兵于1914年9月到达法国时，他们成为“参战国家中最令人惊奇的一员”。确实，诚如英国一份官方报告所写，“很少人预见到有一天印度军队注定为了自由的事业会同英军、大英帝国成员国、盟国在三大陆并肩作战”。[③]我们不禁要问，这些印度士兵会知道为什么而战吗？他们会对这场大战产生什么印象？尽管有些英国人对印度士兵的战斗力评价不高，认为如果没有英国军官的指挥，印度士兵就会像“没有牧羊人的一群羊”那样没有战斗力。[④]但是这场战争对印度人则至关重要，这场战争打开了他们的视野，为他们提供了反思“何为印度”“何为印度人”的机会，让他们得以思考印度的前途及印度人的集体命运。印度著名诗人艾哈玛德·伊寇巴尔（Ahmed Iqbal）的诗句就反映了当时印度精英们的心理：“世界会见证，当我的心中掀起无数亟于表达的风景时，我的沉默掩盖了期望的种子。”[⑤]这两句诗同鲁迅的著名诗句“于无声处听惊雷”所表达的意境不谋而合。印度人直接参加“一战”，无疑会提高印度民族的自信心，唤起印度人的政治觉醒和民族意识。一位印度精英这样表示：“战争给我们的改变很大，它改变了我们看待印度与英国的视角。”[⑥]一位参战的印度士兵也指出：“当我们见到不同民族的人并了解他们的看法后，我们开始抗议英国人制造的白种人和黑种人之间的不公平和不平等。”[⑦]

---

① 泰国在“一战”期间也向欧洲战场出兵，但因为到达太晚，未能赶上战斗。中国政府愿意向欧洲战场出兵，但因遭到日本强烈反对，未能成行。详见Xu Guoqi, “The Great War and China’s Military Expedition Plan”, *The Journal of Military History*, Vol. 72, No. 1 (Jan., 2008)。

② De Witt C. Ellinwood, *Between Two Worlds: a Rajput Officer in the Indian Army,1901–1921*, Based on the Diary of Amar Singh of Jaipur, Lanham, MD: Hamilton Books, 2005, p.358.

③ 更多细节，可参见无名氏著*Our Indian Army: a Record of the Peace Contingent’s visit to England 1919*, issued for the India office by Adams Bros & Shardlow ltd, London: 1920; 也可参见George Morton-Jack, *The Indian Army on the Western Front: India’s Expeditionary Force to France and Belgium in the First World War*, New York: Cambridge University Press, 2014, p.299。

④ Morton-Jack, *The Indian Army on the Western Front*, p.17.

⑤ De Witt Mackenzie, *The Awakening of India*, London: Hodder and Stoughton, 1917. p.159.

⑥ De Witt C. Ellinwood and S. D. Pradhan, *India and World War Ⅰ*, New Delhi: Manohar, 1978, p.22.

⑦ Santanu Das, “Indians at Home, Mesopotamia and France”, in Santanu Das ed., *Race, Empire and First World War Writing*, Cambridge: Cambridge University Press, 2011, p.84.

同印度人一样，越南人在“一战”期间也曾同法国人并肩作战。一名越南人这样说道：“在战场上我们丝毫不比法国人逊色。我们死伤惨重。”①越南在“一战”中共向法国提供了多达近5万人的军队和近5万名劳工。1548名越南劳工死在法国，1797名越南士兵捐躯战场。越南士兵和劳工在欧洲虽然经历了各种挑战，但他们在那里得以观察和学习不同的文明和文化，并有机会同法国人、美国人以及其他国家的人近距离接触。一名越南士兵写道，根据他的观察，法国军人不怎么强大。②另外不少越南工人有机会同华工一起工作，但法国政府不想让越南人与华工来往太密切，以免他们受到华工爱国主义和民族主义思想的影响。③越南人在法国的各种经历让他们感到自己并不比法国人差。他们因此开始质疑法国统治越南的合法性。这种质疑在他们回到越南后无疑会对法国在那里的殖民统治造成潜在威胁。④专门研究越南人与“一战”关系的学者克木蓝·武-赫尔（Kimloan Vu-Hill）认为，第一次世界大战是一个标志，开启了越南历史的新篇章。出于需要，法国被迫放弃过去不准越南人大批进入法国劳动力市场的做法，导致在“一战”期间不少越南人来到法国并且同法国人一道做工劳动，一同并肩作战。这一特殊的旅程和这种特殊的经历，无疑把这些大多数本为无知的来法越南农民转变为具有新技能、眼光开阔的新人。他们对自己的国家和对整个世界都有了新的认识和理解。“一战”期间这些越南人在法国的经历，为不少越南人带来了第一手对法国的政治、社会的观察，帮助他们意识到法国并非不可一世，并不是无法战胜的。对这些越南人而言，有关法国优越感的迷思可谓烟消云散。他们当然也就不再安于接受法国统治越南的现状了。⑤

虽然绝大部分来到欧洲的亚洲人都是目不识丁的农民，在刚出发到欧洲时，他们可能对本国或世界都没有清晰的概念，但是，他们在亚洲新的国家认同的发展中，在亚洲的国际化进程中都扮演了重要角色。他们在欧洲的个

① Kimloan Vu-Hill, *Coolies into Rebels: Impact of World War Ⅰ on French Indochina*, Paris: Les Indes savantes, 2011, p.85.

② Hill, “Strangers in a Foreign Land”, in Santanu Das ed., *Race, Empire and First World War Writing*, p.263.

③ 陈三井、吕芳上、杨翠华编：《欧战华工史料》，“中央研究院”近代史研究所，1997年，第380—381页。

④ Fogarty, *Race and War in France*, pp.209-210.

⑤ Hill, “Strangers in a Foreign Land”, p.281; Vu-Hill, *Coolies into Rebels*, pp.50-51, 10.

人经历，以及每日与美国人、英国人、法国人及其他国家工人并肩工作，使得印度人、中国人、越南人对于自身作为一个民族国家、作为国际大家庭之一员形成了自己独特的看法。透过他们自身的体验，透过他们从与之相处的基督教青年会干事们和其他本国精英那里学习到的知识，这些人最终成为亚洲和世界的新公民，对于亚洲及其在世界的地位形成新的理解和认知。在相当大程度上，这些亚洲人的欧洲之旅实质上直接引导并推动了这些国家成为国际秩序新成员、为其民族发展而开启的历史性的新旅程。这些劳工也改变了他们这一群体在自己国家和在国际间的形象。亚洲人在欧洲度过的大战岁月代表着第一次有如此众多的亚洲老百姓与西方直接接触。当他们回国时，他们带回了新观念、新思想和变革的启示与鼓舞。可以说，前往欧洲拯救协约国的亚洲人不仅仅是普通士兵或劳工；他们是参与世界事务的第一波新亚洲人，并对建立新的国家认同和民族发展做出了极其重要的贡献。①

"一战"结束后，中国人欣喜若狂，全国放假三日以示庆祝，国人以为从此公理战胜了强权，梦想中国在战后的和平会议上能讨回公道，并将以平等一员跻身国际社会。日本更是充满期待，认为日本的强国梦即将实现，不仅西方列强会把日本在山东的权益合法化，日本更会从此成为与列强平起平坐的世界强国。印度和越南的民族主义者们也对战后国际秩序充满憧憬，以为他们为战争所作的牺牲以及美国总统威尔逊的国际新秩序将会为他们赢得自治和独立。朝鲜人虽然与"一战"本身关联不大，但与中国人、印度人、越南人一样，认为威尔逊的新主张可以帮助朝鲜赢得独立。

然而，希望越大，失望也就越大。这些国家在巴黎和会上都经历了巨大的失望。英国根本无视印度的巨大牺牲，对印度的民族自治诉求置若罔闻，甚至对其进行武力镇压。胡志明在巴黎和会期间十分活跃，并提交越南自治的诉求，但法国当局及列强对之根本不予理睬。朝鲜人在1919年3月1日发动了全国性独立运动，但这一运动除了揭开声势浩大的独立运动的序幕外，很长时间没有取得任何实质性进展。

---

① 关于"一战"如何改变亚洲人的思想和观念，请参阅下述拙著*Strangers on the Western Front*、*Asia and the Great War*，《为文明出征：第一次世界大战期间西线华工的故事》。限于篇幅同时也为避免重复，在此恕不展开论述。

尽管印度人为“一战”付出了巨大的牺牲，但英国在战后并未同意印度独立或自治。在战争期间，协约国的政客们曾大力强调其战争的目的与正义、自由、民主息息相关，这些概念因此已经成为“在印度家喻户晓的名词”①。但是，战争结束后，英国不仅没有让印度自治，反而变本加厉，在1919年3月通过“鲁拉特法案”，对印度实行高压和残杀政策。②泰戈尔极其愤怒，他在1919年5月30日写道，“我们的统治者对我们的普遍愤怒置若罔闻”，指责英国政府对印度人的极大不公。为此他还愤而放弃英国王室授予的骑士荣誉。③在巴黎和会上，所谓的“威尔逊时刻”，其实不过是一纸空言、黄粱一梦而已。印度人在巴黎和会上并未得到自治，其民族自决的美梦彻底落空。“一战”后的印度人为此失望，以致他们不再同英国统治者合作，转而走向非暴力不合作运动。④印度国民大会直到“一战”结束前，一直是英国统治印度的支柱，但“一战”后却成为英国的死敌，开始为印度独立而奋斗。⑤甘地因此也从“一战”期间支持印度在英帝国统治下的地位，义无反顾地变为持反对立场。⑥我们无疑可以得出结论说，虽然印度人直到第二次世界大战后才于1947年独立。但印度民族独立的种子是在“一战”中生根发芽的，其对印度历史的重要意义不言而喻。

胡志明在“一战”结束后认为这是越南追求自治或独立的最好时机，他同其他在法国的越南民族主义者合作，向巴黎和会提交了一份越南民族自决提案。该提案明显受到威尔逊新国际秩序观点的影响，它并非要求越南独立，而是希望越南在战后得到自治、平等和政治自由。提案主要有以下要求：1. 大赦越南政治犯；2. 在法律上赋予印度支那人与欧洲人同等地位；3. 新闻和舆论自由；4. 结社自由；5. 移民和国外旅行自由；6. 在印度支那各

① Vaman Govind Kale, *India's War Finance and Post-war Problems*, Poona: The Aryabhushan Press, 1919, p.150.

② B. R. Nanda, *Gandhi, Pan-Islamism, Imperialism and Nationalism in India*, Bombay; New York: Oxford University Press, 1989, p.186.

③ Stanley A. Wolpert, *A New History of India*, New York: Oxford University Press, 2009, p.314.

④ Saroj Sharma, *Indian Elite and Nationalism, A Study of Indo-English fiction*, Jaipur: Rawat Publications, 1997, p.75.

⑤ Manela, *The Wilsonian Moment*, p.175.

⑥ Wolpert, *A New History of India*, p.315.

省建立技术和职业学校以及授课自由；7. 建立法治；8. 选举越南代表团参加法国国会。[①]遗憾的是，法国政府及巴黎和会对这份极其温和的提案置若罔闻，根本不予理睬。[②]胡志明意识到，所谓的“民族自决纯属欺人之谈，越南人同其他各国人民一样被威尔逊欺骗了。所谓‘威尔逊主义’只不过是一个大骗局而已”。[③]对胡志明及其他越南民族主义者而言，巴黎和会告诉大家，自治不能靠西方列强施舍，民族独立和国家命运要靠自己去争取、去奋斗。因此，如同印度和中国一样，“一战”后，以胡志明为代表的越南民族主义者们决心投身革命工作，并最终像中国一样，走向了社会主义，走向了一条同西方国家分庭抗礼的不同政治道路。显然，“一战”在相当大的程度上标志着印度支那民族独立运动的转折点。[④]

如果说印度、越南、朝鲜由于其殖民地的地位，中国由于积贫积弱，导致各自国家在巴黎和会陷于令人失望的处境的话，日本似乎应该心满意足才对，毕竟日本通过“一战”一跃而成为世界强国，并且如愿得到了在山东的权益。学术界因此普遍认为日本是巴黎和会的赢家。但日本在相当大的程度上同中国、越南和印度一样感到受挫，只不过是不一样的挫败感罢了。自明治维新以来，日本以成为世界上与西方列强平起平坐的一员为目标，且不达目的，誓不罢休。1899年西方列强同意放弃在日本的治外法权。1911年日本也从列强手中收回了关税自主权。强加在日本身上的不平等条约的废除，无疑使日本在被西方接受为“文明”国家方面迈出了一大步。相比之下，中国直到1943年才废除了列强在华不平等条约和治外法权。在巴黎和会上，日本一心要成为第一个加入西方列强俱乐部的非白人国家，成为同西方真正平等的一员。但日本几次提交种族平等条款，都被西方列强拒绝。也就是说，无论日本如何努力，白种人的西方列强是不可能接受日本的平等要求的。1924年美国更是通过新的移民法律，将日本人置于同长期遭受歧视的中国人一样的地位。因此日本人的失望也

---

① Hue-Tam Ho Tai, *Radicalism and the Origins of the Vietnamese Revolution*, Cambridge, MA: Harvard University Press, 1992, p.69.

② Margaret MacMillan, *Paris 1919: Six Months That Changed the World*, New York: Random House, 2002, p.59; “Claims of the Annamites”, BA: FO 608/209.

③ Ho Chi Minh, *Down With Colonialism*, New York: Verso, 2007, pp.5–6.

④ Vu-Hill, *Coolies into Rebels*, p.9.

是可想而知的。他们意识到，西方列强根本不想给日本真正的平等地位。[①]

对于日本人的“种族平等”的要求，亚洲人一样感同身受。毕竟早在1882年美国国会最先通过歧视中国人的排华法案，梁启超在1890年代就多次著文呼吁中国和日本联手合作，共同对抗西方的种族歧视和促成黄种人的独立。[②]所以在巴黎和会上，日本虽然是中国的对手，但在“种族平等”问题上，中国代表团一直支持日本的提案。[③]印度在巴黎和会上也支持日本的种族平等提案。印度人同中国人和日本人一样，也一直饱受西方列强的种族歧视。在1919年4月讨论如何应对日本的“种族平等”提案时，印度出席巴黎和会的代表S. P.辛哈表示，他有责任在会议上支持日本的提案。[④]因此，日本的种族平等的诉求和亚洲国家对日本这一提案的支持，实际上也是亚洲共有历史的一个重要组成部分。

日本在巴黎和会上“种族平等”提案几遭挫败的事实，清楚地告诉日本人，无论日本如何强大成功，白种人还是视其为二等国家，不愿与日本平起平坐。[⑤]这一挫败对当时参加巴黎和会的近卫文麿打击极大。他在其《关于巴黎和会的印象》一文中写道，日本要想真正成为平等国家，它就必须打破西方列强一手遮天的国际秩序，重划世界政治版图。近卫文麿后来在“二战”期间三度成为日本首相。据他所称，列强在巴黎和会拒绝接受日本提出的种族平等提议，这在相当大程度上为日本在30年代用战争手段同西方分庭抗礼是密切相关的。[⑥]1933年日本戏剧性地宣布退出国联，日本驻国际联盟代表明确表示，1919年列强拒绝接受日本的“种族平等”提案，明显意味着西方对日本的侮辱和打压，日本退出国联就是对这一打压的正式反应。日本

---

① Tadashi Nakatani, “What Peace meant to Japan: The Changeover at Paris in 1919”, in Tosh Minohara, Tze-ki Hon and Evan Dawely eds., *The Decade of the Great War: Japan and the Wider World in the 1910s*, Leiden; Boston: Brill, 2014, pp.171–172.

② 详见梁启超的《论中国之将强》《论中国人种之将来》《论支那独立之实力与日本东方政策》等文章。

③ 1919年3月26日的记录，参见David Miller, *My Diary at the Conference of Paris with Documents*, New York: the Appeal Printing Company, 1924, 1: 205; 也可参见David Miller, *The Drafting of the Covenant*, New York: G.P.Putnam's Sons, 1928, 1: 336, 2: 325。有关中国对日本种族平等提案的支持，请阅读中国社会科学院近代史研究所、天津市历史博物馆编：《秘籍录存》（中国社会科学出版社，1984），第82—83、129页等电文。

④ Hugh Purcell, *Maharajah of Bikaner: India* (Makers of the Modern World), London: Haus, 2010, p.101.

⑤ *The Japan Times*, Apr. 19, 1919; Naoko Shimazu, *Japan, Race, and Equality: The Racial Equality Proposal of 1919*, London/New York: Routledge, 1998, pp.179–181.

⑥ Yoshitake Oka, *Konoe Fumimaro: A Political Biography*, Tokyo: University of Tokyo Press, 1983, pp.14–15.

天皇也在1946年宣称，大东亚战争的根本原因源于巴黎和会。[1]西方学者格里特·龚认为，日本在巴黎和会中种族问题提案的挫败，促成了日本意识到它要自己动手重整新的国际秩序，并最终导致日本发动太平洋战争。[2]

综上所述，我们可以得出结论说，尽管亚洲五个国家在巴黎和会上地位不同，待遇也不一样，但他们同样经历了巨大的期望和失望。如果不从“共有历史”角度，我们恐怕很难意识到这一点。长期以来,亚洲对“一战”的参与一直被摒弃在我们的集体记忆之外。通过研究亚洲及第一次世界大战，我们可以恢复亚洲历史和世界历史中十分重要的“一战”记忆。透过大战，亚洲踏上一个新旅程，走上国际化和民族复兴的道路。第一次世界大战期间，亚洲在其现代史上第一次明确表示以平等地位加入国际社会的愿望，并且为之积极采取行动。如果说第一次世界大战是亚洲追求国家认同、努力增强亚洲在国际上的地位过程中的一个分水岭，那么，通过建立亚洲人对世界秩序和西方的新认知和新追求，这场大战也给我们留下一份源远流长的遗产。

三、作为“共有历史”的中美关系史

中外学术界在研究中美关系史时，一直强调中美两国文化的差异和两国历史背景的不同，在研究中侧重中美之间的冲突、对抗以及分歧。诚然，这些差别和分歧是历史事实，我并不否认其存在，只不过我们通常对其他不属于冲突和对抗范畴的历史视而不见而已。还有可能就是由于中国对档案的限制利用或保存不善，造成中外学术界在中美关系研究中，通常以美国和美国人为着眼点，只把中国人简单地作为对西方所进行的各项活动及行为的被动反应者和陪衬来描述。很少有人对中国人所率先做出的乃至改变中美间关系的主动行为给予同等程度的重视。一部中美关系史，真可谓“剪不断，理还乱”。中国人当然有自己的看法，不少人认为美国对华一直包藏祸心，不怀

---

① Kenneth Pyle, *Japan Rising: The Resurgence of Japanese Power and Purpose*, New York: Public Affairs, 2007, p.158.

② Gerrit W. Gong, *The Standard of "Civilization" in International Society*, Oxford: Clarendon Press, 1984, pp.63, 199.

好意。美国人同样也有他们的见解，认为美国人对华基本友好，长期致力于中国发展。两国也有不少人相信中美本质上水火不容，甚至不共戴天。历史是客观存在，任何人无法也无权改变历史。但为什么在中美关系史认知方面会有出现这样的大分歧？出入如此之大？我认为问题出在历史视野及研究方法上。

另外最致命的原因还在于传统研究通常出于一种自上而下的方法，过分强调政府部门、政治家和经济方面的作用，而轻视和忽略个人因素，特别是那些中国人和美国人合作发起、共同积极参与其中的活动和经历。传统中美关系研究还有一个巨大缺欠，就是缺乏对双方面共同经历的历史的文化关怀。我所说的文化主要指中美两国人民在从19世纪直到现今的漫长旅程中，两国人民和社会所共有或共同经历的梦想、希望、失望、激动以及挫折。在中国人和美国人的共有历史经历中，文化国际主义早已经作为一个重要的主题长期存在于中美关系之中，只是没有受到学者的重视而已。

要走出中美关系研究中存在的巨大误区，关键是要有一个行之有效的新视野或方法，使我们能够对中国和美国这两个伟大而又极不相同的社会和国家能够在新叙事下做一全新解读。我认为只有从“共有历史”视角我们方可发掘那些通常被我们忽视的人和事件，并理解其历史贡献和意义。传统研究方法对这些重要因素无法提供完整的历史画面，然而只有在完整的历史画面中，我们才能对中国人和美国人的共有历史进行同等聚焦，并从中找出中国人和美国人为加深相互间的了解和建立更好的双边关系所做出的共同努力。从中美两国人民“共有的历史”角度，我们不仅可以解读出一种全新的中美关系史，而且能找到一种具有重要的学术价值的新范式及视野。①

美国和中国是两个有不同历史和文明背景的国家。但这两个国家在不同时期曾互相成为对方的榜样。美国的建国之父本杰明·富兰克林便被中国所吸引。他认为中国是“有着悠久历史的国家中最富于智慧的国度”。富兰克林

① 有关中国人和美国人之间的共有历史，请参阅拙著*Chinese and Americans: A Shared History*, Cambridge, MA: Harvard University Press, 2014。

认为，是中国而不是欧洲更适合成为美国效法的榜样。中国甚至间接在美国的独立中发挥了作用：1773年波士顿倾茶事件中被倒入大海的茶叶就主要来自中国。不仅如此，力图打破英国东印度公司对华贸易垄断也是美国追求独立的一个重要原因。美国甫一独立，便梦想着中国的市场和财富。1784年美国的第一艘商船“中国皇后号”驶进广州，仅仅这一次航运便创造了25%—30%的利润。中国的革命者们将最终跟随美国革命者的脚步于1912年宣告中华民国的成立。而他们的领袖孙逸仙则一度曾是美国公民。

两国的历史交汇还体现在19世纪中叶中国和美国都挣扎于关乎生死存亡的政治危机之中，都面临十分严重的内忧外患。自1840年代的鸦片战争开始，外国势力的入侵和加诸中国的重重经济及外交压力，随着1860年英法联军开进紫禁城，将圆明园抢劫一空并付之一炬而达到了顶点。这当然是严重的外患。然而，对清王朝的致命威胁则来自内部。中国长期以来受到内部起义和造反的煎熬，在中亚地区平定回民暴动几乎掏空了大清国库，而太平天国运动则是革命性的起义，是关乎清王朝天命的严重内忧。太平天国的领袖们从传教士所宣传的教义和《圣经·旧约》中得到启示，要用基于基督教的所谓太平盛世取代儒家文明。曾经傲气凌人并势强力盛的满汉统治者如今看上去却已疲惫不堪，腐败透顶，集数年之力才勉强将太平天国打败并暂时保住了儒家文明体系。而在地球的另一边，美国人在同一时间也面临他们自己的“内忧外患”，自1850年代起，南北各州之间的矛盾日趋尖锐，势同水火，直到1861年内战爆发，双方决一死战。美国内战是美国历史上最为血腥也是美国人所打的最具破坏力的战争。在美国人南北对峙互相厮杀的时候，大英帝国在外交上甚至军事上支持着反叛的南方政府。1864年，当满汉联合最终打败太平天国并在洋人的压力之下开始对外交政策做出改革的时候，林肯的北方军队也开始走向内战胜利。两国同时经历和感同身受的“内忧外患”无疑更进一步把中美两国人民之间的距离拉近。当时的中国人和美国人还有其他相似之处，例如都不是强国，都认为自己的文明特别，都游离于国际秩序之外。

1861年对于中美两国的对外关系来说可谓是关键性的一年。这一年不仅是同治中兴的起点，也是清政府第一次同意洋人在北京设立领馆。中国在被英法联军发动的第二次鸦片战争打败，并且于1860年遭到火烧圆明园之后，终于建立起一个处理外交的临时机构——总理各国事务衙门（简称总理衙门），美国人蒲安臣则成为第一位常驻北京的美国公使。蒲安臣（Anson Burlingame）因缘际会成为这一时期中美关系中的主要媒介和使者。由于中美两国相互之间没有重大利益冲突，所以蒲安臣在任驻华公使期间主要致力于中美友好及文化交流，并积极地将中国人带入美国人的视线，引起他们的注意。例如，蒲安臣大力向马克·吐温介绍中国，并将美国著名诗人亨利·华兹华斯·朗费罗（Henry Wadsworth Longfellow）同中国联系在一起。蒲安臣认识朗费罗，后者曾任哈佛大学教授，在马萨诸塞州的坎布里奇居住，而蒲安臣的岳父也住在坎布里奇。朗费罗的长诗《人生颂》（*A Psalm of Life*）在美国家喻户晓，但该诗被译成中文并将译诗带给作者本人，则与蒲安臣密切相关。英国汉学家威妥玛（Thomas Wade）当时任英国驻北京公使馆秘书，他为了练习中文而将《人生颂》用汉语翻译出来。随后他将自己的翻译拿给总理衙门大臣董恂看，请其指正。董恂一时技痒，对威妥玛的汉语翻译加以润色并改成七言律诗。董恂无疑喜欢蒲安臣，给他写了不少诗。当蒲安臣于1865年返回美国作短期停留的时候，董恂特意将《人生颂》的中文译诗写成扇幅，请蒲安臣将其送给朗费罗，“以示友好”。董恂之所以知道朗费罗的重要性和具体信息，无疑同蒲安臣的大力推介有关，否则他不会贸然请蒲安臣带礼物给这位美国诗人。蒲安臣显然成功地履行了这一文化信使的职责，因为朗费罗深为这把写有其诗句的中文译文的扇子所打动，他请蒲安臣代他致谢，并转达对董恂的敬意。[①]蒲安臣从来不会放过任何一个感动中国官员的机会，返回北京之后，他在总理衙门的大臣们面前告诉他们朗费罗收到那幅扇子是如何喜悦和感激，在这些大臣们心中留下了深刻的好感。董恂在听到蒲安臣的叙述之后甚感欣慰，当即为此情此景赋诗一首，感谢蒲安臣的功劳。[②]

---

① 朗费罗无疑珍视此扇。其在哈佛大学不远处的故居现为美国政府名下的文物单位，此扇迄今不仅保存完好，并成为其故居珍藏。

② 手写稿见于Library of Congress, Washington, D.C.: Anson Burlingame and Edward L. Burlingame Family Papers, 1810–1922 (后文引用简写为Burlingame Papers): box 1, folder, Burlingame: correspondence。

根据钱锺书的研究，《人生颂》是第一首汉译美国诗，也可能是所有美国文学作品中被译成中文的第一篇汉译作品。美国外交官蒲安臣以此为契机将中国官员与美国作者联系起来，其文化交流意义极其重要。遗憾的是，迄今为止，很少有人意识到蒲安臣牵线搭桥之功。更无人把《人生颂》的传入中国同中美之间“共有的历史”联系在一起。

蒲安臣还在将西方近代国际法引进中国人的视野方面扮演了重要角色。美国人惠顿（Henry Wheaton）的《万国公法》（*Elements of International Law*，也称《万国律例》）就是通过蒲安臣的推介而被翻译成中文的。1863年夏，当总理衙门就一件有关天主教传教士案件同法国人发生争执而陷入困境的时候，军机大臣文祥找到蒲安臣，问他能不能推荐一两部被西方国家认可的国际法方面的权威著作供中国参考。蒲安臣知道美国人丁韪良（W. A. P. Martin）已经着手准备翻译一部类似的著作，所以他推荐了惠顿的书，甚至同意安排将其中的部分章节先翻译出来。正是由于蒲安臣的安排，本来充满疑虑且举棋不定的总理衙门很快决定，由清朝政府出面拨专款资助整本书的翻译和出版。董恂主持了整个翻译，并撰文为该书作序。①1865年丁韪良翻译的《万国公法》译成付印并正式进献给清朝皇帝。为感谢蒲安臣的推荐之恩，丁韪良还郑重地将这本书题献给蒲安臣。②《万国公法》因此成为中国了解西方国际法及外交的第一部入门书。当中文译本被带到日本之后，它也成为第一部向日本人介绍国际法的著作。凡此种种，促成蒲安臣成为当时中外“合作政策”的重要发起人及执行者，他也因此得以在列强及清政府之间折冲樽俎。

由于蒲安臣这种独特地位，他甚至一手促成中国第一次主动卷入美国内政。前面提到英国积极卷入美国内战，一心促成美国分裂，制造“两个美国”。一个明显的证据就是英国为美国南方建造舰艇“亚拉巴马号”。此舰给北方一度造成重创。1864年当蒲安臣获悉“亚拉巴马号”可能对美国北方在中国近海的商船实施攻击时，他要求总理衙门向中国沿海各省指示不准“亚

① Burlingame Papers: box 1, folder, Burlingame: correspondence.

② 关于丁韪良的参与工作，可参见W. A. P. Martin, *A Cycle of Cathay: or, China, South and North*, Edinburgh: Oliphant Anderson and Ferrier, 1900, pp.221–223。

拉巴马号”及其他美国南方的船只到中国近海停泊。在相当大的程度上出于对蒲安臣的好感，总理衙门指示中国沿海各省全力阻止“亚拉巴马号”及美国南方其他舰只攻击美国北方的商船及财产，严禁美国南方船只驶入中国港口。对总理衙门及时的友好行为及援助，蒲安臣及美国政府表示衷心感谢。后来成为美国著名作家的马克·吐温当时甚至写道："中国是第一个对我们提供公正友好援助的外国政府，它向南部［叛乱］政府所有到处劫掠的‘亚拉巴马号’及其同伙们表示，中国不支持［美国］南方叛乱，不向它们提供中国港湾。"[①]蒲安臣得到清政府的信任由此可见一斑。而中国政府就美国内战对美国南方舰只所采取的行动可能是中国近代以来第一次卷入与中国无关的国际事务的一个重要行动，尽管迄今为止很少有历史学家注意到这一段中美关系中的特殊经历。

蒲安臣在中美关系中的最大的贡献，不仅在于他在加强中美外交关系中的举措，还在于他是中国近代外交使团第一人，并代表清政府签订了《蒲安臣条约》。《蒲安臣条约》是中美两国之间签署的第一个平等条约，也是清朝在19世纪所签订的唯一的平等条约。《蒲安臣条约》的第5和第6条涉及中美两国之间的自由移民。第5条主要内容为：大清国与大美国切念民人前往各国，或愿常住入籍，或随时来往，总听其自便，不得禁阻为是。现在两国人民互相来往，或游历、或贸易、或久居，得以自由，方有利益。其第6条则强调：美国人民前往中国，或经历各处，或常行居住，中国总须按照相待最优之国所得经历与常住之利益，俾美国人一体均沾。中国人至美国，或经历各处，或常行居住，美国亦必按照相待最优之国所得经历与常住之利益，俾中国人一体均沾。惟美国人在中国者，不得因有此条，即时作为中国臣民。中国人在美国者，亦不得因有此条，即时作为美国公民。后来中国派遣幼童赴美留学实源自《蒲安臣条约》的第7条：嗣后中国人欲入美国大小官学学习各等文艺，须照相待最优国之人民一体优待。美国人欲入中国大小官学学习各等文艺，亦照相待最优国之人民一体优待。美国人可以在中国按约指准外国居住地方设立学堂，中国人亦可以在美国一体

① Mark Twain, "The Chinese Mission", *New York Tribune*, Mar. 11, 1868, p.2.

照办。

蒲安臣以他的双重身份并代表中国同美国签订条约，对中国和美国显然都产生了重要影响。中美双方当时都对蒲安臣使团抱有极高期望。虽然蒲安臣使团受国际和中国国内局势牵制，所能取得的成就有限，清政府还是称赞这次蒲安臣使团的出使，“于中外一切交涉事件，颇为有益”，其与美国所签订的条约“尚无窒碍难行之处”。清廷于1869年批准了条约，并且由蒲安臣的朋友董恂作为全权大臣在北京与美国公使互换了批准后的条约文本。[①]《蒲安臣条约》的签订不仅在客观上推迟了美国国会对排华法案的通过，更重要的是该条约为清代幼童到美国留学提供了法律依据。

当清政府在1872年决定选送第一批官方留学生的时候，美国本不应是清政府当然的选择。刚刚经历过南北战争的美国并不是一个强国；同其他许多欧洲国家相比，美国既贫又弱。美国的政治局势也很不稳定，联邦政府刚刚经历了血腥内战，还有众多战后重建的挑战有待应付。美国的大学教育系统也处于尚待完善之中，远远比不上欧洲大学的水平和声望。此外，比起主要的欧洲强国，美国对中国的影响力小，在中国也没有太多的利益。更糟糕的是，美国很多地方正在实施特别针对中国人的歧视法案。尽管如此，美国仍然被选为中国第一批留学生的目的地。这一决定显然同蒲安臣使团和《蒲安臣条约》有关。清代留美幼童在美国学习期间，学习美国近代教育，近距离体会和观察西方文明，从期望学到西方富强的秘诀，到学打棒球，不一而足。与此同时，美国人和世界也通过留美幼童获得了直接观察了解中国政府官员和普通百姓的机会，认识中国人的文化、梦想及其挫折。也正是从清代赴美幼童开始，开启了至今仍然川流不息的中国人出国留学之旅。

当然，以自强为目标的清代官员，意欲留美幼童通过留学学习西方技艺，而不是要他们接受西方价值观念。但与此同时，美国人则希望幼童们既学习西方技艺，也学习西方价值观。美国人渴望中国人学习自己的文明，但是美国人当时所能拿出来的所谓“世界性的”价值观——基督教、美国式民

① 李书源整理：《筹办夷务始末：同治期》，第7卷，中华书局，2008年，第2789—2790页。

主、棒球——实际上也只是地域性的，清朝政府绝不希望幼童们受美国这些价值观的影响。尽管中美双方对幼童的期望值有很大差异，但无论如何，清朝留美学童既影响了美国人对中国和中国人的认识，也同样影响了中国人对美国人的看法。这些幼童带着美国教育背景，曾同美国人密切交往，回国后都为中国的民族发展和促进中美之间的交往做出了极大贡献。例如，梁诚在任驻美公使期间，成功说服美国人退还部分庚子赔款并用于教育中国青年；在北京政府邀请美国哥伦比亚大学教授古德诺来中国担任宪法顾问过程中，民国首任总理唐绍仪，和后来在民国政治中执掌大权的蔡廷干，发挥了举足轻重的作用。

窃以为，"共有的历史"视角不仅有学术价值，而且也顺应时代的需要。长期以来，中美学者在中美关系史研究上殊途同归，两国学者在研究中未能求同存异，却大都着眼于求异废同。然而，纵观当前中美关系的方方面面，两国间不仅经常要同舟共济（如在经济、环境、反恐等方面），而且即使在面临不可避免的冲突时，其解决之道也远不再是传统意义上的零和游戏，亦非通过竞争此消彼长。甚至在实力竞争方面，中美也许异梦，却经常是躺在同一张床上。[①]换句话说，美国梦与中国梦也许并不兼容，但可能是在同一环境下一起做梦。美国学者理查德·马德森在其极有新意的一本书中曾表示，他希望在21世纪，中美两国人民，而不是政客，会成为主导两国关系的主要动力，并"在错综复杂的相互依存的世界里"合力创造一个"共同家园"。[②]时代呼唤中美关系研究的新视野，多年未变的传统方法需要新的思维。我在这里提出着眼于中美共同的历史经历及共有的历史这一新视野，强调在中美关系研究中要"求同存异"，正是出于这样的动机及背景考虑。

中美两国在经历了几个世纪的交往后，两国关系目前已进入密不可分的时期。不管是"同床异梦"也好，"同舟共济"也罢，还是用"水火不相容"之类来形容两国的关系，至少反映了一个重要的事实：两国根本无法

① 有关中美同床异梦的研究，请参阅David Lampton, *Same Bed, Different Dreams: Managing U.S.-China Relations, 1989-2000*, Berkeley: University of California Press, 2001。

② Richard Madsen, *China and the American Dream: A Moral Inquiry*, Berkeley: University of California Press, 1995, p.228.

"分道扬镳"，而是注定要成为所谓"利益共同体"，或者至少是各自为了自身利益必须力求两国关系不致全面崩溃。几年以前，哈佛大学历史学者尼尔·弗格森撰写文章，大声疾呼要世人关注中美两国密不可分的现状，并创造了一个新的地缘政治名词"Chinmerica"来描述这一新型大国关系。[①]遗憾的是，这位极其保守且有大英帝国主义情怀的学者，实际上不自觉地抄袭了其19世纪同胞的语言，因为早在1869年，伦敦《泰晤士报》在其攻击中美之间密切关系的一篇文章时，即用了类似"Chinmerica"一词。尽管如此，弗格森有关新型中美关系的论述还是充分展示了一个非常明显的现象，即中美两国关系无论从哪个角度来看都已呈现"难舍难分"之势。当然，与情人之间的浓情蜜意大不一样，这种"难舍难分"是受双方共同利益及大环境驱使所致。如果说，作为世界上头号经济大国的美国，不可避免的要同世界第二大经济体中国保持密切往来的话，那么从地缘政治上来说，作为超级大国的美国与国力正不断上升的中国，同样要处理那种"剪不断，理还乱"的错综复杂的关系。中美两国无法"分庭抗礼"或"分道扬镳"，因为许多重大国际局势和国际问题需要两国的密切合作方能安定和解决。在朝鲜问题上如此，在叙利亚问题上也是如此。甚至在四年一度的奥林匹克运动会比赛盛事上，中美两国之间的较量也是最引人注意的。近年来，两国在奥运金牌榜上的名次，常常成为政治及国际关系学者甚或平民百姓解读中美国力及世界影响力的坐标或参照系。在2008年北京主办的第29届夏季奥林匹克运动会上，中国奉献给世人的气势磅礴、美轮美奂的开幕及闭幕式，以及中国奥运健儿勇夺金牌数量第一的精彩表现，让不少人认为中国已经或者即将超越美国，成为全球新霸权。2008年重创美国的金融危机更为这种新美国衰落论提供了某种依据。但在2012年伦敦奥运会上，当美国重回金牌第一的宝座，中国再次沦为第二时，一些西方政评人士则将之解读为中美之间的"风水"尚未逆转，美国还是霸主。这一将奥运金牌宝座的竞争比之于中美国际地位博弈的相应讨论可能还要延续相当

① Niall Ferguson, Moritz Schularick, "'Chinmerica' and the Global Asset Market Boom", *International Finance,* 10: 3, 2007, pp.215–239.

时间。[①]从某种程度上来说，近年来，中美两国政府及人民甚至有越来越深的“瑜亮情结”，经常拿对方做参照系进行比较。难怪长期以来一直密切关注中美关系并对两国关系走向产生影响的美国人基辛格，在《论中国》一书中写道，中美两国因“彼此都太大而不会被另一方所控制，太有个性而不会对另一方迁就，彼此太需要对方而无法分道扬镳”，这一特质意味着中美两国只能互相依存。[②]

中美两国无疑在历史上有许多共有的经历。在19世纪，由于中美两国都处于弱势，因而热衷于相互间的合作。在20世纪，两国都信奉直接产生于第一次世界大战结束后的价值观念；在第二次世界大战期间，中美两国为打败共同的敌人日本而携手；在1960年代至1980年代的冷战时期，中国人和美国人进行合作以对抗共同的对手苏联。必须指出的是，共有历史对于各自一方可能有着极为不同的含义，而如前所说，共有的经验有时也包括共有的挫败和失望。对于中美双方来说，不管接受共同拥有的过去这个想法有多么困难，“共有的历史”这一研究方法都能够涵盖并且超越历史记录中的冲突对抗。我之所以以共有的历史为框架，还因为在19世纪之前，不管是中国还是美国，在国际舞台上都不是一个强大的竞争者。这一点对于第一次世界大战之前的美国来说更是如此。然而自从19世纪初起，美国人有了将其文明传扬到全世界——特别包括中国在内——的抱负。中美之间因而产生出一种特殊的关系，中国人开始对了解西方文明产生了浓厚的兴趣。与之相对应，美国人高兴地伸出了他们的双手。在20世纪初曾经两度担任驻美公使并且在美国居住了8年之久的伍廷芳，在1913年写道：“在全世界的所有国家中，美国是最让中国人感兴趣的……这的确是一个最为奇妙的国家。这里的人民非常优秀，对中国人来说他们最有情趣，也最有教益。”[③]在20世纪，当美国成为一个既富且强的国家，中国人也一心想要增强财富和力量。当我们进入21世纪，中美两国都已经走入富强，

---

① 有关奥林匹克运动在中国参与国际事务中的作用及影响，请参阅拙著*Olympic Dreams: China and sports, 1895–2008*, Cambridge, MA: Harvard University Press, 2008。

② Henry Kissinger, *On China*, New York: the Penguin Press, 2011, p.487.

③ Wu Tingfang, *America through the Spectacles of an Oriental Diplomat*, McLean, Va.: IndyPublish.com, 1996, preface.

两国政府和两国人民之间的关系纽带甚至比以往更加有力和明显。

凡此种种，均说明中美两国关系发展已经达到两国必须经历“共享的旅程”或面临“共同的现实”之新境界了。传统的解读中美关系史的冲突模式似乎已经过时，至少可以说是“不识庐山真面目”。时代呼唤新的思路，新的视野，新的解释模式。综观一部中美两国人民交往史，共同的经历或共有的历史可谓比比皆是，我们对其缺乏了解并不意味着它们不存在，充其量只能说我们是视而不见罢了。“共有历史”的视野在今天看来至关重要。一百多年来，有无数中国人曾受到“美国梦”的鼓舞。有意思的是，中国人现在也开始谈论“中国梦”。“美国梦”同中国人新的抱负和期望是一样的还是不同？不管怎么说，“美国梦”对于许多中国人来说不仅是一个充满吸引力的标准，更重要的是，代表中国人共同心愿的中国版梦想的实现，将对未来的中美关系和未来国际社会产生深刻的冲击。换句话说，“美国梦”的主张，以及带有同样类似抱负的“中国梦”的可能实现，将在对方的未来中进一步将两个国家互相牵扯连接在一起。或许，对这里所提到的共有的过去和共有的经验进行思考，我们会得到一把开启更好的共有未来的钥匙。“共有的历史”之研究视野在今天之所以重要，还在于中美关系已经成为全球范围内最重要的双边关系之一。这两个国家之间存在诸多争议，其范围包括从贸易到人权，乃至如何分享大国权利。中美两国根据他们在当今世界上所处的地位和他们的发展模式，都在为未来可能会出现的冲突和对抗作准备。但是，维持某些表面上的友好关系对于他们来说依然重要，因为从很多方面来说他们都处于同一条船上，他们的命运紧密相连。他们所共有的历史可以为谱写未来中美关系提供借鉴和指导。希望通过对这段共有的过去更进一步的了解，中国人和美国人将接受这样的看法，那就是：对于未来的旅程，一起分享也许更好。

概言之，用“共有的历史”方法来重新检视中美关系史，不仅是学术上的重大突破，让我们得以在研究中美关系方面另辟蹊径，可以读到一部全新的与众不同的和见解独到的中美关系史，更重要的是，这一方法及视野可以帮助我们重新认识过去，并提供中美两国人民共同谱写和谐未来关系的重要历史借鉴。中国有一句古话，叫“继往开来”。“共有的历史”方法可能会帮助我们实现“继往开来”的目标。因为“共有的历史”方法着眼于求同存异，强调合作而非冲突的历史。

* * *

如果说19世纪为西方帝国主义扩张的历史，20世纪为民族—国家的历史，21世纪则无疑为跨越民族—国家、跨越文明的世纪，是国际化的世纪。这不仅是对我们每一个地球人的挑战，更是历史学者的“危”“机”。如果我们把握好挑战，它将是一个极好机会，否则就是真正的危机了。对中华民族来说，“危”“机”尤甚。目前中国正处于历史的转折关头，国际化程度越来越深。正确了解过去，对中国人而言可谓至关重要。

这篇在本人过去已发表的文章基础上综合而成的粗浅的文字，通过个人的一些研究作为引玉之砖，只想说明“国际史/跨国史”和“共有的历史”双重视角无疑可以帮助我们全方位清楚解读中国史和外国史，并说明“国际史/跨国史”和“共有的历史”在世界史研究中的意义。当然，这两种方法实际运用起来显然相当困难，极具挑战性。若要成功运用这两种研究方法，除了要具有深厚的学术根底之外，还要注重多国档案、多种资料的应用。在目前中国国力全面提高之际，如何提高中国世界史学术研究水平，是中国学者必须面对的一个迫在眉睫的挑战。我认为，在中外同仁们的共同努力下，在时代大潮的压力和推动下，“国际史/跨国史”和“共有的历史”作为新的研究方法和视野在世界史领域得到应用和推广是迟早的事。

业师入江昭教授是西方最先强调历史研究国际化的学者之一，也是其中集大成者和最有影响力的大师。早在20世纪80年代，入江教授即提倡研究历史的国际视角，并特别强调跨国文化、非政府机构及民间组织在世界历史进程中的重要性。他长期以来身体力行，用文字和演讲向学术界展示前进的方向，影响了几代中外学人。如果拙文有任何建树或贡献的话，无疑是站在像入江昭这样学术巨人的肩膀之上所致，是入江老师言传身教的结果。

（徐国琦，香港大学嘉里集团基金教授［全球化历史］，哈佛大学历史系博士）

模糊的历史

[英] 彼得·伯克　文　张小敏　译

摘要： 彼得·伯克致力于史学与社会学理论相融合。在这篇文章中，他论述了模糊与明确的历史研究之间的关系，认为模糊也有历史。1970年代“合”与“分”对立概念的出现，促使他探讨二者关系的演变。从19世纪兰克学派的精确历史研究，到布克哈特的模糊性历史研究，19世纪末的实证主义，赫伊津哈和弗雷雷的印象派研究，再到1950年代计量史学的兴起，直到1980年代晚期，新文化史取代新经济史，微观史兴起以及人类学的影响，“新模糊性”出现。他认为即使是在明确历史占据优势的时期，模糊的历史研究仍然存在，而且在现今历史研究中，模糊性变得更明确。

关键词： 模糊历史　精确历史　彼得·伯克　合　分

据著名数学家莫里斯·克莱因所言，“没有精确之精确的定义”[①]。模糊本身是一个模糊的概念，在不同的学科中有不同的含义，正如我想说明的，甚至同一学科在不同的历史时期也如此。自1970年代，一组互补的对立概念“合”（lumpers）与“分”（splitters）出现后，学者也把它们运用于历史思辨和写作中，而模糊则被视为合，且常遭到批评。从1940年代以来，这种区别

① Morris Kline, *Mathematics: The Loss of Certainty*, New York: Oxford University Press, 1980, p.6.

盛行于生物学家中，从1970年代开始在历史学家中被使用，接着是杰克·赫克斯特使用这一术语对克里斯多夫·希尔（Christopher Hill）的一本书进行犀利的评论。赫克斯特写道："'分'派历史学家喜欢指明分化，感受差异，划定区别……而'合'派则记录相似而非差异，注意关联而非区别。"①

虽然赫克斯特认为，"合"意味着对那些不能证明某个特定论点的证据按下不表，有人可能认为模糊性有利有弊。诚然，在消极的一面，"分"派很快注意到模糊思维意味着不能看到启示性的区别。可是在积极方面，模糊性或者"合"使重大的关系和关联更明显。下列所述是调和两种历史实践观点的一种尝试，在过去的两个世纪，他们是相互补充而不是矛盾的。

第一种观点，注重相似性，强调好的和坏的实践中一种永恒的或至少是一种周期性的冲突，一种精神斗争。好的实践经常被描述成严谨的、精确的、有洞察力的、真实的、有方法的、系统的、批判的、明确的、客观的、科学的和专业的。它被定义为反对一切草率的、模糊的、肤浅的、投机的、主观的、轶事的、生动的、印象派的、文学的、无系统的、无方法的、无批判力的、不科学的和业余的。列出这一对立面的清单并不难：理性与直觉，硬数据与软数据，概念上的不变性与概念上的流变性。或许还能再加上"分与合"这一组，而这也同时揭示了"对分的赞许本身就是一种合的行为"，揭示了应该鼓励寻找一种更复杂的分析。

第二种历史实践的观点强调差异性、背景、变化和多样性。有人可能首先指出史学家声称表现"铁的事实"，通常在主要讲英语者的经验主义文化中起作用。英国和北美史学家喜欢谈论"事实真相"（brass tacks）：在2009年，俄亥俄历史学会宣传"历史学家的钉铆作坊"（The Historian's Craft Brass Tacks Workshop）。法国、德国或意大利史学家不太可能在这些术语中描述他们的工作。这第二种观点更重要的是关注时期划分，在漫长冲突中区别连续的阶段。精确历史首先被界定为反对陈旧的模糊历史，但后来新的模糊历史又被界定为反对精确历史。从或多或少不自觉的不精确到自觉的反精确来

① Jack H. Hexter, "The Historical Method of Christopher Hill" (1975), 再版于*On Historians: Reappraisals of Some of the Makers of Modern History*, London: Collins, 1979, pp.227–251, 引文在p.242。赫克斯特认识到和他耶鲁同行古代史学家Donald Kagan的区别。

看，有一个渐进的步骤。

开始这一叙述的合适契机在于利奥波德·冯·兰克及其著名的史学革命。在他们强调找到所发生的事的证据时，给予在档案中被发现的官方文件以特权，在脚注中引用这些文件，在最早的专业史学家中，兰克及其继承者们反对早些时候的两种史学书写模式，二者都与“文化人”（men of letters）有关。[①]第一种是启蒙运动时期被广泛使用的“推测历史”，由苏格兰人史都华·斯图尔特在描述他的同胞亚当·斯密的成就时命名的。[②]第二种是与感觉的时代（age of feeling）和浪漫主义运动有关的鲜明的个人史。贾斯特斯·默塞尔（Justus Möser），德国奥斯纳布吕克（Osnabrück）史学家，他认为团体就像个人一样，通过分析他们各自的特点不能得到了解，而只能获得一个整体的印象。约翰·哥特菲尔德·赫尔德（Johann Gottfried Herder）强调历史移情（fühle dich in alles hinein），而稍晚的托马斯·卡莱尔（Thomas Carlyle）强调想象：“第一个必要条件是我们看到事情被交易，把他们完整的描写出来，就好似他们就在我们眼前。”卡莱尔称历史为“唯一可能的史诗”，法国大革命历史为“我们时代的巨诗”。[③]在法国，精通19世纪中期这种历史的是儒勒·米什莱（Jules Michelet），他把生动的视觉感受和诗歌风格联系起来。

自觉的模糊性的出现与反对兰克的看法有关，特别是对雅克布·布克哈特（Jacob Burckhardt）而言，他曾在柏林学习，并参加了兰克的研讨班，但之后选择了走自己的路，像18世纪末德国的一些学者那样，沿着他称为“文化史”的道路走。[④]（“文化”可能被描述为最模糊的概念。）赫尔德强调移情，布克哈特强调观察或感知（直觉[anschauung]）。作为一名历史学家，他写

---

① Leonard Krieger, *Ranke: The Meaning of History*, Chicago: University of Chicago Press, 1977; Georg G. Iggers, *"The Image of Ranke in American and German Historical Thought"*, *History and Theory* 2: 1 (1962), pp.17–40.

② Dugald Stewart, "Account of the Life and Writings of Adam Smith", in *The Collected Works of Dugald Stewart*, 11 Vols, Edinburgh: Constable, 1854–1860, 10: 1–98.

③ Johann Gottfried Herder, *Auch eine Philosophie der Geschichte zur Bildung der Menschheit*, 1774; Stuttgart: Reclam, 1990, p.503; Thomas Carlyle, *Letters to John Stuart Mill, John Sterling, and Robert Browning*, Alexander Carlyle ed., London: T. Fisher Unwin, 1923, pp.71, 80, 82–83.

④ 例如, Dietrich H. Hegewisch, *Allgemeine Übersicht der deutsche Kulturgeschichte bis zu Maximilian dem Ersten*, 1788; Leipzig: Hinrichs, 1818; Johann G. Eichhorn, *Allgemeine Geschichte der Cultur und Litteratur des neueren Europa*, Göttingen: Rosenbusch, 1796。

道："我可以什么都不做，除非我从直觉开始。"在着手关于文艺复兴的一般著作之前，他创作了意大利艺术作品指南，《向导》（*The Cicerone*，1855）。布克哈特描写他的史学著作的结果不是"批判和思索"，而是"想象"（phantasie），在空白处填满认识。就像卡莱尔一样，他声明"于我而言，历史总在大多数情况下是诗歌"（Die Geschichte ist mir nich immer grossentheils Poesie）。①

观察背后必有观点，布克哈特，就像他的年轻朋友尼采一样，强调观点中的差异性，这在他最著名的书《意大利文艺复兴时期的文化》（*Die Kultur der Renaissance in Italien*，1860）的开头显而易见。这本书的副标题是"一篇散文"（ein Versuch），这一说法在第一章第一段中得到解释，介绍这本书"在表达方式的真正意义上"为一篇散文，换句话说，一篇概述。作者评论道，"在每个人眼中，一个文化时代的描述可能会呈现出不同的画面"（Die geistigen Umrisse einer Kulturepoche geben vielleicht für jedes Auge ein verschiedenes Bild）。布克哈特推断文艺复兴主题值得"持有迥然不同观点的学者"（Forscher der vierschiedensten Standpunkte）研究。视觉隐喻当然在布克哈特的例子中是恰当的。一位有天赋的业余艺术家，也是一名艺术爱好者、艺术评论家和艺术史学家，他就是描述"视觉人"（visual person）的瑞士学者埃德加·萨林（Edgar Salin）。②至于文艺复兴，我们可能将其描述为布克哈特的绘画，稍后的一位历史学家G. M. 扬（G. M. Young）极好地称之为"一个时代的肖像"。③布克哈特自己称其为"史学描写"（kulturgeschichtlichen Schilderungen），而评论者认为这种积极的描述方式仅仅是独特的。④

布克哈特也承认需要偶尔"涉猎不确定的推测领域"。比如，书写关于文艺复兴"人的发现"，意识到将其所见作为一种转变可能不会像其他事情一样出现（eine Erscheinung, welche jedem Beschauer anders vorkommen mag），但他承认一种进入推测领域的感觉。⑤在他所处的时代，布克哈特逆潮流而为。

① Letter to Willibald Beyschlag, 1842, in *The Letters of Jacob Burckhardt*, Alexander Dru ed. and trans., London: Routledge and Kegan Paul, 1955, p.73. 德鲁没有那么形象化地将直觉翻译为"沉思"。

② Edgar Salin, *Jakob Burckhardt und Nietzsche*, Basel: Universitätsbibliothek, 1938, p.28.

③ George M. Young, *Victorian England: Portrait of an Age*, London: Oxford University Press, 1936.

④ 引自 Salin, *Jakob Burckhardt*, 37, from a Letter to Von Preen, 1874。

⑤ Jacob Burckhardt, *Die Kultur der Renaissance in Italien*, 1860; Stuttgart: Kröner, 1958, p.285.

确实，解释尝试（versuch）的这段在他关于文艺复兴一书的第三版（1877）中被删了，这版由一个年轻的学者路德维格·盖革（Ludwig Geiger）所编，他可能支持处于支配地位的“客观的”或“科学的”历史模式。两年前，依波利特·丹纳（Hippolyte Taine）在他的《当代法国起源》中，把他自己和一个自然主义者相比，就像一种昆虫的变形可能会被研究一样，他研究从旧制度到新制度的转变。丹纳坚持拒绝“推测”而强调“精确”，声称提供精确数字阐明社会变化是可能的（Nous pouvons donner des chiffres précis）。[①]说来也奇怪，考虑到他们历史方法的相左意见，丹纳称赞布克哈特的文艺复兴，而布克哈特赞赏丹纳的起源。[②]

在19世纪末，两本成功的教科书（一本德国的和一本法国的）总结出了新看法，通常被认为是“实证主义”（虽然“分”派希望把强调事实和文件或“档案实证主义”与奥古斯特·孔德及其继承者们建立一般历史规律的渴望区分开来）。恩斯特·贝尔南是格赖福斯瓦尔德大学的一名教授，他在《史学方法论》中，将历史描述为一种科学（Wissenschaft），并强调原始资料研究的精确性，他承认即使客观研究也不能避免这种观点。[③]和贝尔南旗鼓相当的两名法国学者分别是查尔斯·维克托·朗格卢瓦（Charles Victor Langlois）和查尔斯·瑟诺博司（Charles Seignobos），二人是索邦大学历史教授。遗憾的是他们的学科中缺少方法，他们将之归因于它的文学起源，并建议史学家效仿科学家。卡莱尔、米什莱和布克哈特都写得好像它可以直接洞察过去，朗格卢瓦和瑟诺博司讽刺地评论道：“在历史上，我们没有看到任何实在的书面材料（en histoire, on ne voit rien de réel que du papier écrit）。”历史学家的任务是从文献中获取事实。[④]同样，约翰·B.比里在作为剑桥大学近代史钦定讲座教授的就职演说“历史科学”中，认为“历史不是文学的一个分支”，而已经成为“一门科学，不偏不倚”，这是由于它分析材料的“系统和详细的方法”，一个反对早期学者“分散的和反复无常的”

---

① Hippolyte Taine, *Les origines de la France contemporaine*, Paris: Hachette, 1876, preface.

② 参见 Francis Haskell, *History and Its Images*, New Haven, CT: Yale University Press, 1993, p.347。

③ Ernst Bernheim, *Lehrbuch der historischen Methode*, Leipzig: Duncker and Humbolt, 1889, preface and p.526.

④ Charles Victor Langlois and Charles Seignobos, *Introduction aux études historiques*, Paris: Hachette, 1898, pp.183, 185–186.

批判主义的方法。[①]

模糊的传统继续存在，特别是在书写普通大众的史学家中，但是它仍受到抨击，举两个来自维多利亚时期的例子，詹姆斯·安东尼·弗劳德（James Anthony Froude）和爱德华·奥古斯都·弗里曼（Edward Augustus Freeman）。弗劳德的名字已成为不准确的同义词，经常被描述成“弗劳德的弊病”，受害者实际上是一群专业史学家的牺牲品。史学家们对弗劳德的真实异议在于他不是他们其中之一。说他太不精确是要在他们所写的历史和业余爱好者所写的历史中间划一条知识界限。[②]

至于弗里曼，他的《诺曼征服史》受到约翰·贺拉斯·朗德（John Horace Round）批判，朗德的研究《封建制度的英格兰》首先区分了作者称为“文学的”和“科学的”历史学家。[③]批判的要旨可能从朗德书中“弗里曼”的索引中获悉：“弗里曼……忽视……混淆……低估……忽略……想象事实……逃避困难……误解……歪曲。”

经验主义的英格兰不是抨击不精确的唯一地方，德国著名的“兰普雷希特之论”也许提醒了我们。卡尔·兰普雷希特（Karl Lamprecht）是文化史领域的一名开拓者，被抨击并且在1890年代由于不精确和推测几乎被他的专业同行逐出文化圈。马克斯·韦伯指责他为浅薄的狩猎者，而不是一名历史学家，在一个众所周知的评论中，认为他的作品草率而不予置评。即使是兰普雷希特以前的一名学生也承认，虽然兰普雷希特“充满着洞察力和想法”，但他忽视了不符合他的解释的证据。[④]

然而，在20世纪初期，模糊性的维护者再次抬头。乔治·麦考利·特里维廉支持艺术或文学的历史理念，反对比里。更确切地说，他提议科学的和文学的历史观念之间的调和。科学的方面包括“搜集和衡量证据”，而文学方面包括想象和叙事的艺术。虽然特里维廉注意到卡莱尔忽视了筛选证据的过程，

---

① John B. Bury, “The Science of History” (1903), in Harold Temperley ed., *Selected Essays*, Cambridge: Cambridge University Press, 1930, pp.3–22，引文在pp.4–6, 9。

② Ian Hesketh, “Diagnosing Froude’s Disease: Boundary Work and the Discipline of History in Late-Victorian Britain” , *History and Theory* 47.3 (2008): pp.373–395.

③ John Horace Round, *Feudal England*, London: Swan, Sonnenschein, 1895, xi.

④ Roger Chickering, Karl Lamprecht: *A German Academic Life*, Atlantic Highlands, NJ: Humanities Press, 1993, pp.226, 236, 268.

但他称赞了卡莱尔的想象。特里维廉总结到“就原因和结果而言，历史学家要做的事就是概括和推测，但是他应该谨慎地做，并且不能称其为‘科学’”。[①] 不管特里维廉那时候是不是知道这点，他的反击是对实证主义一次更为普遍反抗的一部分（在已经被区分的两种观念中），这次抨击在美国由卡尔·贝克尔（Carl Becker）和查尔斯·比尔德（Charles Beard）领导，在法国由吕西安·费弗尔（Lucien Febvre）和马克·布洛赫（Marc Bloch）领导，在意大利是贝奈戴托·克罗齐（Benedetto Croce），在荷兰是约翰·赫伊津哈（Johan Huizinga）。[②] 例如，贝克尔批判了“硬事实”这一观点，并认为每一代都需要按照它自己的方式重写历史，而比尔德描述历史客观性仅仅是一个“高贵之梦”。[③] 费弗尔和布洛赫把朗格卢瓦和瑟诺博斯作为目标，认为他们是需要被替换的古老历史的象征。据费弗尔所言，瑟诺博斯缺乏“广泛的假说，但有很多琐碎的事实，他们可以重新组合带来启发”（hypothèses larges qui, groupant des milliers de menus fait épars, les éclairent par leur rapprochement）。[④] 换言之，他“分”的太过了。

历史想象的重要性被克罗齐再次强调，在英国由他的追随者柯林伍德（R. G. Collingwood）继承。就像布克哈特一样（在一篇文章中已经引用过），克罗齐强调他所谓的组合想象（l'immaginazione combinatoria）在解释文献或填补他们之间的差异时的作用，而柯林伍德强调的点是“先验想象”的史学思想，“不是装饰性的而是结构性的”。[⑤] 至于赫伊津哈，至少在某些方面，他是兰普雷希特的钦佩者。在他的历史方法中，赫伊津哈是布克哈特的忠实追随者，尽管不认可后者关于15世纪意大利和佛兰德斯的文化。布克哈特和赫伊津哈反对实证主义，强调在理解过去时的直觉。二者都是经由艺术谈到历史的业余艺术家：1902年布鲁日的佛兰德斯的起源的展览，给赫伊津哈留下了深刻印象，有助于激发他的《中世纪的秋天》（*Autumn of the Middle*

---

① George M. Trevelyan, *Clio: A Muse*, London: Longmans, 1913, pp.140–176.

② H. Stuart Hughes, *Consciousness and Society*, New York: Knopf, 1958, pp.36–37.

③ Peter Novick, *That Noble Dream: The "Objectivity Question" and the American Historical Profession*, Cambridge: Cambridge University Press, 1988, pp.253–263.

④ Lucien Febvre, *Combats pour l'Histoire*, Paris: Colin, 1953, p.96.

⑤ Benedetto Croce, *La Storia come pensiero e come azione*, 1938; Bari: Laterza, 1966, p.117; Robin G. Collingwood, *The Idea of History* , 1946; Oxford: Clarendon, 1993, p.241.

Ages）于17年后出版。[①]

同布克哈特一样，赫伊津哈认为历史是一幅图画或一系列图画，并把书写文化史最好的方法描述为“马赛克式方法”，即“说明性细节”的集合，共同呈现一幅综合的图画。[②]他的历史描绘出景象，也有声音，比如钟声。他寻找生动具体的例子，这些例子是一个地区、时代或社会团体的典型特征，这也同布克哈特一样。特里维廉在1940年代仍然在工作，他做的是同样的事，在他的《英格兰社会史》中声明“社会史家惯用的总结，必须以少数被假设为典型的特定实例为基础”。在这方面，社会和文化史学家可能会遵循小说家的模式，比如沃尔特·司各特（Walter Scott）和欧诺瑞·巴尔扎克（Honoré Balzac），都是令人难忘的社会类型的创造者。[③]

赫伊津哈有时被描述为一位史学“印象派作家”。从各种角度讲，这个比喻都切中肯綮。从负面意义来看，它提醒我们在赫伊津哈对过去的描述中有强烈的主观性因素，特别是中世纪历史。从积极方面来看，这个标签能让人注意到，他知道感觉也有历史。在成为一名历史学家之前，赫伊津哈研究语言学；他选择致力于感官知觉在不同语言中的术语，这无疑是重要的，特别是光和声音的各种各样的话语。[④]因为犯了一个轻微的时代错误，布克哈特可能会被以同样的方式描述成赫伊津哈（虽然我们称为印象主义者的画家已经在1860年代展出他们的作品，但只是在1872年，莫奈的印象画作才激起敌对评论家创造了“印象派”一词）。

第三位使用这一术语的学者是巴西人吉尔伯托·弗雷雷（Gilberto Freyre）。[⑤]就像布克哈特和赫伊津哈一样，弗雷雷是一位有天赋的业余艺术

---

① Haskell, *History*, pp.468–495.

② “De methode, voor een cultuurhistorische synthese haast de eening mogelijke, die ik de mozaïek-methode zou willen noemen: het bijeenschikken van illustratieve details, die tezamen het algemeene beeld opleveren”，引自 Christoph Strupp, *Johan Huizinga*, Göttingen: Vandenhoeck and Ruprecht, 2000, pp.113, 116。

③ George M. Trevelyan, *English Social History*, London: Longmans, Green, 1942, vii. 关于社会类型，参见 György Lukács, *The Historical Novel* (Hannah and Stanley Mitchell trans. , 1937; London: Merlin, 1962) 和 *Balzac und der französische Realismus* (Berlin: Aufbau, 1953)。

④ Jan Noordegraaf, “On Light and Sound: Johan Huizinga and Nineteenth-Century Linguistics”, in *Dutch Pendulum: Linguistics in the Netherlands*, 1740–1900, Münster: Nodus, 1996, pp.130–158.

⑤ Peter Burke and Maria Lúcia G. Pallares-Burke, *Gilberto Freyre: Social Theory in the Tropics*, Oxford: Peter Lang, 2008, pp.25, 73, 81, 143, 174–175, 197, 206.

家。他的著名的父权社会研究《卡萨格兰德的黑人村落》，如同他之后的巴西历史卷，是一种勾勒一个时代肖像的自觉尝试。弗雷雷把他的《在巴西的英国人》描写为“心理社会肖像”（psycho-sociological portrait），“简述一个个体或一个家庭，一个时代或一个民族”。从来没有一个人低估他自己的能力，弗雷雷把在这种情况下的历史与提香的绘画相比。①然而，他的“感性的”或“知觉的”历史不仅试图吸引读者的眼球，而且还有他们的听觉甚至他们的嗅觉、味觉和触觉。②弗雷雷是普鲁斯特的十足崇拜者，普鲁斯特被描述为“最伟大的文学印象主义者”。③“印象派”是被弗雷雷的批评者使用的术语，但是它被接受并被赋予积极意义不是作者本人，而是他的同事塞尔吉奥·奥兰达（Sergio Buarque de Holanda），提到了弗雷雷的“不完全的印象派风格”。④同样，弗雷雷的著作有时被批评为形象化的，但是它可能也会因为同样的理由被称赞。⑤作为一名作家，弗雷雷受到艾米·洛厄尔（Amy Lowell）的意象派和他在美国学习期间遇到的其他现代诗人的影响。他的历史充满了生动直观的场景，诸如蔗糖种植园主饭后在其吊床里的描述，“当他们躺在那挑着牙，抽着雪茄，大声地打嗝、放屁，听凭他们自己被扇着风或被抓着虱子”。⑥

对于布克哈特、赫伊津哈和弗雷雷，形成上述看法的另一个原因是他们的作品多是随笔。正如我们所看到的，布克哈特把他著名的文艺复兴研究描述为一篇散文。赫伊津哈为荷兰主要期刊《指南》（*De Gids*）定期写随笔文章。弗雷雷是英国随笔作家的仰慕者，从约瑟夫·艾迪生（Joseph Addison）到切斯特顿（G. K. Chesterton），而且他经常把自己的著作描述为散文，即使他们可达数百页。⑦就像散文，他的史学研究避免明确的结论，只是建议

① Gilberto Freyre, *Casa-Grande e Senzala*, Rio de Janeiro: Schmidt, 1933; 英译本 Samuel Putnam, *The Masters and the Slaves*, New York: Knopf, 1946。关于提香，参见弗雷雷 *Ingleses no Brasil*, Rio de Janeiro: Olympio, 1948; 英译本 Christopher Tribe, *The English in Brazil*, Lancaster: Boulevard Books, 2011, p.21。

② Peter Burke and Maria Lúcia G. Pallares-Burke, *Gilberto Freyre*, pp.49, 73–74,151, 160–161.

③ Fredric Jameson, *The Political Unconscious* , Ithaca, NY: Cornell University Press, 1981, p.213.

④ Gilberto Freyre, *Nordeste* (1937; Rio de Janeiro: Olympio, 1951), preface.

⑤ Gilberto Freyre, *Sobrados e mucambos* (1936; Rio de Janeiro: Record, 2000), p.248, 比较 pp.296, 415, 424, 528 的相关内容。

⑥ 关于洛厄尔，参见 Burke and Pallares-Burke, *Gilberto Freyre*, p.25; 引文出自弗雷雷，*Masters*, p.429。

⑦ Freyre, *Nordeste*, pp.17, 23; *Ordem e progresso*, 5th ed. (1959; Rio de Janeiro: Olympio, 2000), p.9.

而不是断言。[①]弗雷雷喜欢论及他的“方法或无方法”。[②]结果，他已经因其“概念上的易变性”而被批判。[③]

1950年代甚至更早，弗雷雷就像一个世纪以前的布克哈特，在历史潮流中逆流。20世纪史学作品的杰作之一，费尔南德·布罗代尔的《地中海》因为当时对精确性需求的不断增长而遭到诟病。[④]这本厚书出版于1949年，尽管塞满了细节，包括统计资料（虽然不像1966年第二版中的许多统计学那样），仍被两名有影响的史学家形容为太模糊。美国经济史学家伯纳德·贝林也不重视这本书，认为它的作者“误把一个诗人对过去的回答当作一个历史问题”。意大利史学家德里奥·坎蒂莫里（Delio Cantimori），是研究16世纪意大利异教徒的专家，反对把布罗代尔的书翻译成意大利语。回到历史编纂这一传统主题的讨论，将同行的作品否定为小说，坎蒂莫里把《地中海》看作历史界的《飘》。[⑤]

由于计算机日益广泛的可及性，1950年代精确历史被重新定义为定量史学。经济史学家像讨论事实一样长期讨论数据，但是新经济史的相关学者们将其量化，试图计算不同社会在过去不同时刻的国民生产总值。[⑥]在一场被人（不无讥讽地）称为“计量史学”的运动中，定量研究法也被用于社会史（如历史人口统计学研究）甚至政治史（选举规律研究）。1968年，法国史学家艾玛纽埃尔·勒华拉杜里声称就量化历史而言，“明天的史学家要么是程序设计员，要么什么也不是”（l’historien de demain sera programmeur ou il ne sera plus）。[⑦]正如我早期评论到，因为“文化”无疑是最典型的模糊概念，所以发现文化史在那时候因为其无法补救的模糊性被许多专业史学家摈弃是

① Freyre, *Sobrados e mucambos*, preface.

② Maria Lúcia G. Pallares-Burke, “Um método antimetódico: Werner Heisenberg e Gilberto Freyre”, in *O Imperador das ideias: Gilberto Freyre em questão*, Joaquim Falcão and Rosa Maria Barboza de Araujo eds., Rio de Janeiro: Topbooks, 2001, pp.32–43.

③ Luiz Costa Lima, “A versão solar do patriarcalismo”, in *A aguarrás do tempo: Estudos sobre a narrativa*, Rio de Janeiro: Rocco, 1989, pp.187–236, 引文在p.216.

④ Fernand Braudel, *La Méditerranée et le monde méditerranéen à l’époque de Philippe II*, Paris: Colin, 1949.

⑤ Bernard Bailyn, “Braudel’s Geohistory”, *Journal of Economic History* 11.3 (1951): pp.277–282; 坎蒂莫里转引自John Marino, “Braudel’s *Mediterranean* and Italy”, *California Italian Studies Journal* 1 (2009–2010), p.4。

⑥ Peter Temin ed., *The New Economic History*, Harmondsworth, UK: Penguin, 1973.

⑦ Emmanuel Le Roy Ladurie, “L’historien et l’ordinateur”, in *Le territoire de l’historien*, Paris: Gallimard, 1973, pp.11–14, 引文在p.14。这个评论经常被断章取义的引征，暗示着作者认为所有历史都将会变成定量的。

不足为奇的。甚至思想文化史，即使比它的表亲文化史更为精确，也被“执拗的政治史学家”描述为像“钉在墙上的胶”。[①]

然而，到1980年代晚期，与勒华拉杜里的预测相反，新经济史已被新文化史取代，或至少融入其中。[②]微观史，作为一种方法在1980年代转变成一种运动，也可能被视为一种反对计量历史学的反应，就像所谓的叙事史复兴。[③]人类学是依靠个人经历和认识的学科，取代社会学成为许多社会史学家的范式。这三个相连的运动可能都被视为理查德·罗蒂（Richard Rorty）评论的“新模糊性”的一部分。[④]乔治·杜比是著名的法国中世纪史学家，年鉴学派第三代领导人之一，开始放弃了计量史学，趋向叙事和文学史料的研究，杜比注意到德国同行摒弃“法国印象派”的这一转变。[⑤]

在这一系列冲突中，周期性特征足够明显。有人甚至会用明确/模糊（暨分/合）把历史学家归纳为性格相左的两类人。他们的专业同僚对外行或非学术的史学家的诋毁是另一个周期性特征，至少在过去两百年的史学编纂学中是这样。然而，在专业人士的行列中，确定哪些可能被称为模糊的传统是可能的。一些主要的文化史学家，比如基思·托马斯（Keith Thomas）和罗伯特·达恩顿（Robert Darnton）继续推崇布克哈特的作品。[⑥]有人甚至谈到回归布克哈特的运动。但我们没有找到一个简单的返回到早些时候的情况。在模糊和精确的关键概念逐渐变化的过程中，谈及模糊和精确支持者之间的长时间对话是更有启发性的。自相矛盾的是，模糊变得更自觉和更明确。简言之，至少在历史编纂学的情况下，模糊有历史。

（彼得·伯克，英国剑桥大学文化史荣休教授；

张小敏，中国社会科学院研究生院世界史系博士生）

---

① 引自 Novick, *Noble Dream*, p.7; 原文没有给出政治史学家的名字。

② 参见 Lynn Hunt ed., *The New Cultural History*, Berkeley: University of California Press, 1989。

③ Lawrence Stone, “The Revival of Narrative”, *Past and Present* 85:1 (Nov., 1979), pp.3–24; Peter Burke, “The Invention of Micro-history”, *Rivista di Storia Economica* 24:3 (2008), pp.259–273.

④ 罗蒂把这个词归功于克拉克·格莱莫尔（Clark Glymour）的文章，“Explanation and Realism”, in Jarrett Leplin, *Scientific Realism*, Berkeley: University of California Press, 1984, 显然模糊地参考了 Clark Glymour, *Theory and Evidence*, Princeton, NJ: Princeton University Press, 1980。

⑤ Georges Duby, *L'histoire continue*, Paris: O. Jacob, 1991, p.174.

⑥ 参见 Maria Lúcia G. Pallares-Burke, *The New History: Confessions and Conversations*, Cambridge: Polity, 2002。

“历史是什么”刍议

郭华榕

摘要:“历史是什么”？过去发生的一切，都可以称之为历史。因此，历史（past）可以说是时空中一种曾经的具体的社会存在，内容丰富庞杂。我们通常所指的历史，更多的是指历史学家根据能够发现的材料，遵循历史学科的基本概念框架，重新构建的关于过去的图景。它是世代相传的、物质尚存的、经受当代检验的，有着明确的现实镜鉴作用。

关键词：历史　法国史　法国大革命

街头巷尾或公交汽车上，有时可以听到议论：那些搞历史的人“是讲故事的”，“大学历史系专门教学生讲故事”。人们不太了解历史和史学的真正面目与它们的社会作用，而吸引人的往往是历史中的“故事”——给听众与读者以生动印象的人与事，启蒙教育中尤其如此。我们应离开这些议论，仔细思考，探讨历史的内涵。笔者自20世纪50年代初进入南京大学历史系，接着留学列宁格勒大学，一直研习历史学，这里试图结合自己多年习史的感悟，谈谈“历史是什么”及史学的特质和功用。

一、“历史是什么？”

历史（past）是时空中一种曾经的具体的社会存在、人类现今社会的前身，那时日常生活有过丰富内容，她与我们现今的社会始终保持着密切的联系。她的复杂性、连续性与严肃性，可能出乎平常的预料。历史学是对已经消失但又现实的存在历史进行还原重建。我们谈论的历史，通常是历史学记述了的“过去”。

1. 已经消失

历史为无法返回的岁月，历史人物不会重现，与研究者一同议论时政辩驳文章。路易十四的宫廷、法国大革命、拿破仑帝国、戴高乐领导的共和政府都已经烟消云散。由马匹牵引在铁轨上“快速”行走的火车，早已驶入了历史的深处……这些就是往日的历史。笔者在德国讲学时，见到明斯特尔市内一教堂，其塔楼上悬挂着一个铁笼，1525年“再浸礼教派起义”失败，领导人被处决后尸体曾放在笼里示众。这些曾经的人与事记载在案，然而如今尸体不见，起义场景亦不能再现了。

同时也有过去的人与事消失得不明不白，多少年来无法弄清真相。这是因为不具备解开谜团的条件，如痕迹销毁、档案失散、证人死亡等。瑞典国王查理十二世（1682—1718）曾挥戈鏖战于欧洲东部，创造了瑞典的“英雄时代”。1700—1709年他率军侵入俄罗斯，但在波尔塔瓦战败，落荒逃离。后来，当他进攻挪威的要塞弗雷德里克斯滕（Frederikssten）时，突然被人在近距离射中太阳穴而丧命。[①]谁是凶手？至今无法查明。

1851年，法国总统路易-拿破仑·波拿巴举行政变，获取了共和国的全部权力。当时，他的绝密文件夹封面上写着“卢比孔”(Rubicone)，内有政变的具体安排，如调动军队、占领要冲等。[②]政变开始行动前，参与指挥的数人皆曾见到它放在总统的办公桌上。政变胜利了，“卢比孔”却不翼而飞。160余年过去了，研究者们在国家档案、私人档案、回忆录、私人书信中，

---

① 安德生：《瑞典史》，苏公隽译，商务印书馆，1963年，第360页。

② 古罗马时，恺撒率军渡过卢比孔河，前往罗马争权。渡过卢比孔，意为做出决策。

任何地方都找不到“卢比孔”。[①]无疑，还有“铁面人”（Masque de fer），他闻名世界，但此人究竟是谁？至今未见定论。1923年莫里斯·罗斯唐出版小说《铁面人》，后来有人另拍电影，它们只是采取某种说法的文艺作品。

上述人与事是法兰西或欧罗巴文明的真实内容，他们有案可稽或如石沉大海，人们能够从中吸取经验教训或因好奇而格外关注。历史蕴藏着魅力，吸引着研究者与读者，然而她毕竟是已经消失的社会实况。

2. 能够预见

这种说法是否自相矛盾？然而事实为此提供了佐证。近代法国，人们不止一次预见将来的历史，即尚未出现而将会来临的社会冲突。他们看清了局势，此种估计符合当时社会演变的趋势。

法国大革命发生于1789年。此前近百年之际，已有智者预言法国将要发生革命。梅里叶（Meslier，1664—1729，另译梅叶）引用17世纪80年代佚名作者的《土耳其间谍》一书，说明“压迫使法国农民希望发生政体的革命”。他又引用90年代佚名作者的小册子《马扎然的精神》，指出“希望法国国王能给予人人以光荣的自由，否则一定将发生革命”。梅里叶自己表示：“专制权力，你等着吧！会发生最简单的革命。”他数次说明革命将要来临。卢梭于18世纪五六十年代，看到了欧洲将进入“激荡时期”，“危机与革命的时代已经来临”。[②]

19世纪前期，法国政局迅猛多变，40年代社会安危的“能见度”可为典型。当时法国不同职业的若干人士善于观察社会动态，预言政局突变正在临近。1840年，内尔蒙（Nermon）在里昂等地从事工人教育时，他致函一位战友“我看到革命距离我们这样近了。我想为了她，我们必须采取所有可能的办法进行合作”。[③]八年之后，法国发生革命。1843年，诗人拉马丁（Lamartine）发出警告：“我们法兰西，五年以后将发生革命。我对此深信不

① Paul Guériot, *Napoléon lll.*, Paris: Payot, 1980, p.162; William H.C. Smith, *Napoléon lll,* Paris: Hachette et Cie, 1982, p.148; Robert Christophe, *Napoléon lll au Tribunal de l'histoire,* Paris: Editions France-Empire, 1971, pp.213, 218.

② 梅叶：《遗书》，何清新译，商务印书馆，1996年，第2册，第129—130、146页；第1册，第240页。卢梭：《社会契约论》，何兆武译，商务印书馆，1982，第62、60页。从17世纪末18世纪初开始，“革命”逐渐成为流行词语，人们的理解不尽相同，主要含义为社会大变动。

③ Armand Cuvillier,*Un Journal D'Ouvriers: L'Atelier (1840–1850)*, Paris: Les Editions Ouvrieres, 1950, pp.200, 119, 19.

疑。”[①]他准确估计了时间，1848年爆发了革命，拉马丁成为新政府的实际负责人。此外，乌托邦社会主义者孔西德朗（Considérant）于1847年8月宣称："一场革命已迫在眉睫"，"一场浩劫很快就要来临"。[②]

1848年初，卡斯特拉纳（Castellane）元帅坦然承认："目前局势严重，一场社会变革正在威胁我们。"[③]1月29日，托克维尔在议会讲台上预告："人们说，革命离我们为时尚远。先生们，你们弄错了！"[④]2月15日，作家巴尔扎克从乌克兰回到巴黎，他在信中告诉恋人韩斯卡："今日，在巴黎，我们坐在火山上。"[⑤]22日，法王路易-菲利普表示"人们不会在冬天闹革命"，但是当天巴黎爆发革命。同年2月24日第二共和国成立，随后政治矛盾在新的情况下逐渐激化。巴尔扎克又对女友预言："共和国维持不了多久，顶多三年。"[⑥]果然，1851年12月2日总统波拿巴举行政变，一年后建立第二帝国。

第二帝国的后期，也曾出现预见。1869年9月，"第一国际"在瑞士巴塞尔举行代表大会，会上讨论下一届大会将于何处举办时，法国代表团建议于1870年9月5日（该月第一个星期日）在巴黎召开，他们的根据为"一年之后，第二帝国将灭亡"。[⑦]1870年9月4日巴黎民众起义，第二帝国垮台。那时，已于7月被判处监禁的第一国际法国组织的领导者们获释出狱。

这些人看清了法国政局正在走向激烈冲突，不论数年、数月、数日的预告，都是重要事件的提前说明。他们不是社会治安的负责人，却一语道破危机的来临，政治巨变果然发生。这些并非凭空臆造，而是认真了解与透彻分析的结果。

还应看到，乌托邦共产主义社会主义者们的设想中，有不少预见的内容已为后人实现了。如德萨米（Dezamy）主张的"宽阔方便的人行道""规定靠右或靠左走"，等等。[⑧]

---

① F. Dreyfus, *Histoire de la Démocratie Chretienne de la France*, Paris, 1988, p.44.

② 转引自孙娴：《法兰西第二共和国史》，社科文献出版社，1995年，第17页。

③ Потемкин, *Французская промышленная революция*, Москва, 1971, стр, 218.

④ A. Tocqueville, *Oeuvres Complètes Tome XII : Souvenir* , t.12, Paris: Editions Gallimard, 1964, pp.37–38, 5.

⑤ Ignès Murat, *La lle République,* Paris, 1987, p.76.

⑥ 莫洛阿：《一个女人的追求：乔治·桑传》，郎维忠等译，湖南文艺出版社，1992年，第472页。

⑦ Tean Bruhat, *La Commune de 1871*, Paris: Editions Sociales, 1970, p.51.

⑧ 德萨米：《公有法典》，姜亚洲等译，商务印书馆，1982年，第188—189、255页。

3. 可以虚拟

又是令人难以理解的表达，但确为不可否认的真情。当涉及“某人某事”时，实际查无此人此事，然而由于口头或文字讲述时间过长、重复次数甚多，有关“人与事”逐渐演化成为仿佛曾经出现的真人真事。“沙文”与“退尔”便是世界级的例子。

关于尼古拉·沙文（Nicolas Chauvin）的传说产生于法国民间，大约19世纪二三十年代到处传播。随着时间的推移，仿佛越传越可信。国际上，若干辞书出现了“沙文”与“沙文主义”的条目，说明“尼古拉·沙文是拿破仑一世的一个士兵”。“社会沙文主义是以这位沙文先生命名的一种民族主义”。[①]于是空幻借助传说与辞书，竟然变成了真实：沙文是拿破仑的士兵，一个活人，他忠心耿耿追随皇帝东征西战，多次负伤曾获奖励……法国西南部的罗什弗尔城竟然正式宣布当地为这位沙文先生的故乡，曾举行仪式，命名街道作为纪念，这一切成了地方文化。

众所周知，第一帝国结束于1815年。然而1889年1月，沙文116岁时，还在为拿破仑的事业而“积极参加”巴黎的示威游行。事实如何？巴黎警察局的调查结果：“查无此人！”法国国家档案馆、军事档案馆、巴黎警察局档案馆、罗什弗尔城及该地区涉及民事与军事的文档，皆找不到这位尼古拉·沙文。近年，瑞士一学者通过了有关博士论文，结论也是“查无此人”。虚构之人，转化为似有此人，幻变成士兵的民间传说，制造了一位民族英雄。他激励法国人热爱祖国。请听1827年诗人沙尔勒（Charlet）的诗句：“我们全体法国人，如果大家都是沙文，任何事情难不倒我们！”[②]

瑞士的退尔（Weihelm Tell）又是一例。[③]传说此人曾经一箭射中放在儿子头上的苹果，从而迫使奥地利人履行诺言撤走军队。他因传说成为瑞士的民族英雄，早已载入文学艺术作品。1793年8月2日，法国国民公会命令各市政府组织演出歌颂自由与革命的戏剧，其中包括关于威廉·退尔的戏剧。又

---

① *Dictionnaire Larousse*, Paris, 1930, p.185.

② Gérard de Puymège, *Chauvin, le Soldat-Laboureur*, Paris: Editions Gallimard, 1993, pp.24–25.

③ 法尔尼：《瑞士简史》，华中师范大学出版社，1987年，第13页。

如意大利作曲家罗西尼于1829年创作歌剧《威廉·退尔》，内容根据德国诗人席勒写的剧本。后来人们终于查清楚，这仅为一个传说。当今多种西方辞书指出，这是“约在1300年开始的瑞士传说中的民族英雄”。[①]长期的传说，是社会的需要。尽管那里山川交错、语言数种、居民并非单一、地区各自强调特性，人们还是需要维持一个国家，进而需要一个英雄的神话。

费弗尔曾说：“神话就是神话，如果愿意，也可以将它视同幻影。”[②]的确如此，但是在传说认定为神话之前，人们视他们如同真实存在并受到鼓舞。

百多年前，罗什弗尔侯爵（Rochefort，1831—1913）的举动体现了法兰西文化巧妙的尖刻性，他以独特的方式谴责第二帝国制度。众所周知，他是共和派记者，然而他公开声明“我是一个波拿巴主义者，我喜欢拿破仑二世的统治，多好的朝代，没有关税，没有皇帝独享的年俸……”[③]1815年拿破仑战败；让位给儿子，6月23日和7月1日议会的“代表院”两次承认他为法国皇帝“拿破仑二世”。[④]这位新皇帝此时身在维也纳，“软禁”于外公奥地利皇帝的宫中，未曾返回法国即位执政，更无征税可言。罗什弗尔意在言外！可见，虚拟的拿破仑二世的统治、征税、年俸、罗什弗尔属于波拿巴派等皆非真实，却都成了真实的武器，攻击真实的存在——当时的第二帝国与拿破仑三世。当权者营垒众人有口难辩，无言以对。

幻影的作用、虚拟历史的实际价值难于否定。历史，已经消失，然而除去能够预见和虚拟之外，她还可以是一种现实的存在。

二、历史也是现实的存在

回想从前，有时将问题简单化：历史完全等于消失。过去的，就是陈旧、腐朽，甚至反动，历史与现状互不相容。然而，历史的确又是一种现实的存在、消失了的社会的实际延伸。我们不可避免地面对着如下自然现象：历史也是世代相

---

① *Dictionnaire Quebécois D'Aujourd'Hui*, Montréal: Dicorobert, 1993, p.132.

② 费弗尔：《莱茵河：历史、神话和现实》，许明龙译，商务印书馆，2010年，第93页。

③ Georges Pradalié, *Le Second Empire*, Paris, 1998, p.43; Desert, *La France de Napoléon lll*, Paris, 1970, p.224.

④ 参见拙著《法国政治制度史》，人民出版社，2015年，第222页。

传的、物质尚存的、头脑中储藏的、经受当代检验的，以及后人能够描绘的。

1. 世代相传

国家、民族、阶级、群体、家族、家庭皆有自己的经历，无论成败良莠都是无法拒绝的遗产，必须接受的传统。家庭出身、父母职业、生活水平、亲友关系、种族特征，甚至突发事件等，哪些能够逃离历史？例如近代，法国西部的若干贵族，住在自己的土地上，他们多为无爵位的绅士，除去打仗与战时的军官职务外，官方不给他们提供固定的谋生手段。那里，"有几个孩子的贵族家庭，生活很贫苦，有时与穷人相去无几"。[①]即使人们不满足于自己出身的家庭状况和社会条件，甚至为了更换门庭而断然离去，仍旧必须先接受再求改变，同时保留着它们的遗痕及影响。

一份私人文件说明了另一类问题。里昂附近的J. B. A.先生的家庭档案，记录了1815年奥地利军队侵入法国占领当地后，从他的农庄掠走约1000件农具、车辆、家用物品、衣服（包括妇幼的衣物），使这个家庭遭受严重损失。[②]1815年的记录，完好地传承至今。

还有一个世代相传的例子。法国著名总理克雷孟梭（Clemenceau，1841—1929）是"倒阁能手"，绰号"老虎"。他完全属于旺代人的血统，祖先不曾与外省人联姻，但是他有"蒙古人的脸型、黄色皮肤、带着蒙古褶的眼睛和高高的颧骨"。"黑色的大眼睛……浓密的黑胡子。"他为何长成这般容貌？他的姐姐表示："确信该家族是哥特人或某个亚洲部落的后代，他们可能在5世纪蛮族入侵高卢时定居于旺代地区。"[③]克雷孟梭在政坛发挥巨大的能量，但是不论愿意与否，改变不了祖传下来的相貌特征。这是世代传承的历史的赐予。久远岁月的余痕无法消除，从人种学的角度看来，他是古代东西方交流的"结晶"。

此外，技术也在世代相传。中医和民间文化中的瓷器、刺绣、酿造、曲艺、刀具等的制造的技术，已经传承了数千年。第二次世界大战时的密码机

---

① 瑟诺博斯：《法国史》，沈炼之译，张艺联校，商务印书馆，1964年，第227—228页。

② 衷心感谢向笔者提供家庭档案的J. B. A.先生。

③ 埃尔朗热：《克雷孟梭传》，周以光译，商务印书馆，1990年，第7、69、353、378、402页。

加密技术，现在已经用来开发下一代超级安全的银行卡，英国巴克莱银行打算运用该技术。

2. 物质尚存

各种档案馆、博物馆、图书馆、书店、私人收藏中，文物、文献、族谱、祖宗牌位、契约、遗嘱、照片以及坟茔等皆是历史的痕迹、未曾相见的故人留下的纪念。①

梵蒂冈秘密档案馆建立于1611年，每年接纳约2000人。梵蒂冈圣廷枢机会议档案馆，每年仅接纳约200个研究者。这两个馆内，有不少世界水平的收藏。②法国国家档案馆建立于1794年，所保存最早的文献为墨洛温王朝（428—751）时期的莎草纸文件与修道院的账目，全馆档案架长达400公里。这里绝大部分是公共档案，另存若干私人档案，如拿破仑三世一家、莫尔尼、巴赞等的私人档案。此外，还有法国外交部档案馆与意大利佛罗伦萨国家档案馆等。这些都是世界级的档案馆，它们对笔者的学术探讨提供了很大的帮助。

如果到了佛罗伦萨，建议访问平蒂街，可以见到活着的历史！从15世纪至今它少有改变，在那里能够体验当年日常生活中的浪漫。街道两旁的楼房近在咫尺，容易想象一侧弹琴，街对面唱着小夜曲的情景。石板铺成的“大道”通向远方。

1579年，法国出现一份《反暴君宣言》（*Vindiciae contra tyrannos*），它提出问题：应该服从违反“上帝的法律”的国王吗？反抗“废除上帝法律”的或“蹂躏教会”的国王合法吗？国王“实行压迫或摧毁国家”时，合法反抗的“限度”何在？以什么权利反抗？作者仿照古罗马的布鲁都斯（Marcus Junius Brutus），化名“布鲁图斯”（Stephanus Junius Brutus）。③这一篇檄文可能导致处死国王，至今人们不曾将它遗忘。巴黎“巴斯底广场”是攻打巴士底狱、大革命开始的纪念地。《拿破仑皇帝的加冕礼》这一名画由画家大卫创作，它至今还在展出，虽然这个皇帝及其加冕礼早已是陈年旧事。巴黎残疾军人院内，安

① 法国国家图书馆收藏着第二次鸦片战争时中国军队拼死守卫大沽口炮台的一批照片。

② *Archivio Segreto Vaticano*, Citta del Vaticano, 1978, p.10.

③ Francis Coker, *Readings in Political Philosophy*, Macmillan, 1929, p.205. 萨拜因：《政治学说史》，下册，刘山等译，商务印书馆，1986年，第433页。此人属于格诺派（一译胡格诺，huguenot，h不应发音）的理论家。布鲁都斯为刺杀恺撒者。

放着拿破仑一世及其儿子二世的遗骸。如果访问巴黎，请去参观“拉舍兹神甫公墓”里面东南角的“公社战士墙”（Mur des fédérés），它记载了百多年前巴黎民众的斗争，也是当代人们为纪念往昔与畅想未来而集会的地点。[①]

俄国彼得一世早已辞世，他的一双大鞋在圣彼得堡郊区的博物馆展出，令人感叹他身高两米有余。1917年俄国十月革命时，“阿芙洛尔”巡洋舰的炮声是革命者攻打冬宫的信号。该舰曾参加日俄战争、第一次世界大战，于1945年停泊在涅瓦河边的永久锚地，1956年成为博物馆。2014年它驶离此处去维修，2016年7月修复完毕驶回永久锚地。近百年过去了，钢铁战舰依然浮存在水中。

米什莱曾说：“历史可以活生生地表现出来。”历史通过物质继续存在于人世间。不论陆地、河里与海底，都可能找到历史的遗留。

3. 头脑中储藏

即使在缺乏文字与影视的情况下，人们能够回忆自己的童年时光，记住前辈口述的家庭与亲友的旧日情景和社会的重大事件。例如，不会忘记日本人屠杀中国同胞的罪行。

法国历史有实例可寻，能够说明历史在后人头脑里的长期存在。18世纪末，波拿巴将军夺得国家政权，后来建立帝国。他实行反对封建的政策，抵御欧洲君主们的侵犯，捍卫了大革命中出现的农民的小土地所有权。从第一帝国垮台至第三共和国初年，政治局势如同走马灯晃来晃去，然而在此数十年间，农民们不曾忘记拿破仑。多少次公民投票、议会选举和地方选举，他们都拥护心中的恩人及其派别。只是到了1879年1月议会的参议院部分改选时，农民们才放弃习惯性的投票，改而赞成共和派候选人。共和派在参议院占了绝对多数。因为农民们经历了80年的生活，又从第二帝国及其对外战争的失败中，看到了共和制的确比君主制优越；从共和政府对巴黎公社的镇压中，看到了私有财产获得可靠的保护。[②]农民心态的历史烙印，演变成了赞成、反对与弃权的选票。

1870年以后，法国未曾产生君主制（包括君主立宪制）。然而，有关君

---

① 另有误认的“公社战士墙”，它在该墓园之外的甘必大林荫大道的南侧，实为一浮雕《博爱万岁！》。请参见拙文《拉舍兹神甫公墓与巴黎公社的真实关系》（载《历史教学问题》，1993年第3期）。

② Furet, *Penser la Révolution Française*, Paris, 1978, p.21; Mayeur, *Les Débuts de la IIIe République*, Paris, 1973, p.47.

主制的思想继续存在。1944年，第二次世界大战结束之际，戴高乐面对法国的政治混乱，表示“一种君主制的形式是必要的”。他希望亨利·德·巴黎伯爵-奥尔良亲王（comte de Paris，prince Henri d'Orléans，1908—1999）出来对抗当时声势强劲的左派政治力量。戴高乐对亨利说：“可以建立一个有实无名的君主制。”后来，戴高乐改变意见，肯定了共和制。①

对于拿破仑的眷恋，关于君主制的记忆，尽管时过境迁，仍然在人们的头脑中储存，并且随机显露出来。

4. 经受检验

历史上的人与事，学术界争论不休，歪曲贬损或颂扬神化，但是经过时间的考验、文献资料的公布、研究人员的辨别，可能恢复其本来面目。下述两个事例提供了教训。通常人们强调：路易十四曾说“朕即国家！”（L'Etat, c'est moi！）无疑这是一位实行封建专制的国王，他坦然宣布“我不要首相！”始终亲理朝政。然而，上述如此具体的一句话，不曾出自他的口中。据法国有关教授介绍，大约是史学家马德兰（Madelin，1876—1956，另译马德楞）替路易十四“发明了”“朕即国家”这句话。②至少，近百年前法国的一些学术著作已经明确表示，实在无法证明此话为路易十四所讲。例如1924年出版的班维尔（Jacques Bainville，1879—1936）的《法国史》已指出：“路易十四不曾说‘朕即国家’。”③

法国大革命中的重大冤案是杀害吉伦特派领导人。1793年6月24日国民公会通过、7—8月获得公民投票绝对多数赞成的新宪法，竟然于10月10日停止实行。此前6月10日吉伦特派议员29人已被软禁在家中。10月3日受到审讯，31日布里索等21名吉伦特派精英死于断头台，罪名为“反对革命”“联邦主义”“联邦主义暴动”。11月8日，“吉伦特派的灵魂”罗兰夫人也遭处决。罗兰先生得知信息，便在外省逃亡地的郊野自杀。后来国际史学中，许多研究者将吉伦特派视作反革命。实情如何？须知1792年9月中旬，丹东特

---

① 1994年3月13日，笔者在佛罗伦萨所见，法国电视“France 2”的回顾等。

② 马德兰的主要著作，如《大革命》（1911）、《丹东》（1914）、《执政府》（1937、1957）。

③ Jacques Bainville, *Histoire de la France*, Paris, 1924, p.217.

地访问布里索，表示他和罗伯斯庇尔“都怕布里索与吉伦特派主张建立联邦共和国”。布里索坦然“保证”并无联邦想法。[①]1793年2月15—16日，孔多塞报告以他为主起草的《1793年新宪法草案》，它的第一条“法兰西共和国统一与不可分割”，该条于5月10日获得国民公会通过。[②]吉伦特派从来不曾主张“联邦主义”，仅比佐一人在被捕后撰写的《回忆录》中提及倾向“一种联邦式政权”。他于1794年6月18日自杀，该书迟至1866年才出版。“亲山岳派史学”过度美化罗伯斯庇尔与山岳派专政（雅各宾专政），“认定”吉伦特派为敌人，应该予以消灭。如此说法传播甚广。

百余年来，事实已经清楚，吉伦特派虽然比山岳派温和，却真是一些激进的共和主义者（从欧洲角度看来更是如此）。1792年3—6月、同年8月—1793年6月，该派人士曾不同程度地在革命政府中掌权，实行激进政策。他们与山岳派各有自己的缺点，却无论如何不是敌人，更无断头之罪。

1989年大革命200周年之际，索布尔（Soboul，1914—1982）主编的《法国大革命历史词典》出版，它指出：吉伦特派不希望建立“一个联邦国家”，也不害怕“一个强大的中央权力”，他们只担心“出现一个中央权力，它将过多地受到巴黎民众的直接影响，进而反对自由主义的经济与社会纲领的实现”。[③]当然，吉伦特派反对极左政治。山岳派专政消灭身边的战友，目的在于清除争夺权力的对手。法国历史表明：遭受冤屈相当容易，伸张正义则十分艰难。趋炎附势者易找，打抱不平者罕见！

法国历史上，提防巴黎极端作用的远不止吉伦特派。“路易十四不喜欢巴黎”，因而在凡尔赛建造王宫。孟德斯鸠表示：“法兰西只有巴黎与疏远的外省，因为巴黎还没有时间来折磨她们。”卢梭认为：“竟然无人能够看出，如果将巴黎这个城市毁掉，法国将比现在强盛得很多。”乔治·桑评说，由于1848年第二共和国实现普选，“巴黎失去了统治权力，外省受益匪浅”。[④]直至今日，法国人仍然不断重复：“巴黎，这不是法兰西！”

---

① Albert Mathiez, *La Révolution Française*, ll, Paris, 1924, p.86.

② Duguit et Monnier, *Les Constitutions et les Principales Lois de la France Depuis 1789*, Paris, 1932. p.xxlx, 36-38.

③ *Dictionnaire Historique de la Révolution Française*, Paris, 1989, pp.437-438.

④ Gregori, *Nouvelle Histoire de la Corse*, France, 1967, p.381. 卢梭：《爱弥儿》，李平沤译，商务印书馆，1978年，第721页。莫洛阿：《一个女人的追求：乔治·桑传》，第476页。

路易十四的一句名言与吉伦特派的死罪都遭到了否定。盖棺也难于定论，查明真相胜过断头处死！拿破仑三世曾说:“在法兰西，没有什么是永久的!”[①]大约20年前，葡萄牙历史学家费雷拉对《鲁滨逊漂流记》(1720年出版)提出质疑，认为它是“剽窃自葡萄牙的旅行文学”。真相如何，有待新信息的发表。

5. 后人描绘

历史通过著述传送给后代。9世纪30年代，查理曼(814年去世)的朋友艾因哈德(Eginhard)撰写《查理大帝传》(*Vita Caroli Magni*，另译《伟大卡尔的一生》)。12世纪末，无名氏记载1185年基辅罗斯的伊戈尔公为波罗弗齐人所败后不屈不挠，而写《伊戈尔军队的故事》(*Словаополку Игореве*，另译《伊戈尔出征记》)。这些已成为名著，然而无法阻挡后人进行新的描绘。

100年前，法国史学家科善(Cochin，1876—1916)在世界大战中数次受轻重伤，殒命沙场。他对大革命持批判态度，著作死后数年才出版:《思想会社与民主》[②]《大革命与自由思想》[③]和《思想协会与布列塔尼的大革命》[④]等。他主要研究大革命的思想根源，尤其关注“思想会社”。他如此批评“当时有权力与权力:一个徒有虚名，为国民公会;一个实际拥有一切，这是救国委员会，确切地说是它的‘执行局’”。[⑤]斯人已去，但是著作尚存。

研究者与出版者去世之后，他们的产品继续存在。历史，从某个角度看来也是个人的，研究者在所接触、描绘与企望重现的有关历史中，通常留下个人的印痕。问题在于人是社会的人，他受到本人的生活状况、学术水平与接触史料的条件等的限制，接受政治文化宗教的影响，还有个人的性格经历与利益权势的约束。这些是研究者的论述可信与否、描绘是否接近真实的原因。研究者通常不是当事人，他的著述不可能完全复原过去的人与事，其著作表明他关于研究对象的认识与自己企望的描绘。史学家马蒂叶兹的例子引起人们的思考。

马蒂叶兹(Mathiez，1874—1932，另译马迪厄)不论政治或学术皆持相

---

① Guériot, *Napoléon lll,* p.106.

② Cochin, *Les sosiétés de pensée et la démocratie*, Paris, 1921，1979年再版称L'Esprit du jacobinisme.

③ Cochin, *La Révolution et la libre-pensés*, Paris, 1924(1979).

④ Cochin, *Les sociétés de pensée et la Révolution en Bretagne*, Paris, 1926.

⑤ Cochin, *L'Esprit du jacobinisme*, Paris, 1979, pp.7–9; Cochin, *La Révolution et la libre–pensée*, Paris, 1924, p.234.

当激进的观点。他曾同情苏俄，1920年出版小册子《布尔什维主义与雅各宾主义》（*Le bolchevisme et le jacobinisme*），指出当时的布尔什维克专政与山岳派专政"有某种亲戚关系"，"俄国革命为法国大革命之女"，列宁是"一个成功了的罗伯斯庇尔"。他曾为法共的《人道报》撰稿，并加入法国共产党，后于1923年退出。他"批评斯大林主义，维护被关入集中营的塔尔列"。马蒂叶兹颂扬罗伯斯庇尔，认为此人具有"完美的威望"，称他掌权"开辟了一个新纪元"，应获"特别高的评价"。[①]马蒂叶兹"过分醉心于罗伯斯庇尔"，进而以某人是否"罗伯斯庇尔的敌人"为界线。他否定丹东派与吉伦特派等革命阵营中的领导人，认为布里索"不过是表面的革命者"，甚至赞同对于无辜者的杀害。由于如此观点，他与恩师奥拉尔（Aulard，1849—1928）断交。

《法国大革命》一书中字里行间透露出马蒂叶兹浓厚的个人意气。属于吉伦特派的内政部长罗兰主张自由经济，但是马蒂叶兹竟然毫无根据地宣布："罗兰的整个社会政策是用刺刀去对付挨饿的民众。"[②]他对巴雷尔（Barère）的介绍也不符合实际，说巴雷尔要求杀人并反对及时实行宽容。米涅等学者指出巴雷尔曾拥护恐怖，但是为人胆小与顺从，他在1792年11月促使国民公会通过决议：人们对于"特别法庭"的判决，可以提出上诉。巴雷尔度过了热月政变的日子，活到1841年。[③]

马蒂叶兹的著作对于国际史学曾有若干影响，但是近数十年"已失去光彩"。例如，1942年出版的汤普森的《历史著作史》，仅提及马蒂叶兹是奥拉尔的"对手"。2008年联合国教科文组织出版的七卷巨著《人类文明史》拒绝将他的专著列入法国大革命史参考书目。马蒂叶兹自己或许有所觉察，他在大革命专著的最后一句话为"与事物的阻力相较量时，人的意志是有限度

---

① Amalvi, *Dictionnaire Biographique des Historiens Français et Francophones. De Grégoire de Tours à Georges Duby*, Paris, 2004. p.214; Mathiez, *La Révolution Française*, lll, pp.173, 180, 371; Furet, *Penser la Révolution française*, pp.139-140.

② Mathiez, *La Révolution Française*, ll, p.114; Lefebvre, *La Révolition Française*, Paris, 1989, 7éd. pp.218, 238.（"吉伦特派政府是一个含糊的概念，他们指挥不了这个政府。"丹东"将罗兰完全架空了"。）戛克佐特（Gaxotte）认为"罗兰的'自由放任'政策带来自由批评的曙光"。（*La Révolution Française*, Paris, 1970, pp.377-378.）

③ Mathiez, *La Révolution Française*, lll, pp.363, 367; ll,pp.115, 122. 米涅：《法国大革命史》，北京编译社译，商务印书馆，1977年，第234—235页。Sous la Direction de Soboul, *Dictionnaire Historique de la Révolution Française*, Paris, 1989, p.76.

的”。[①]对于历史上的人与事持褒贬看法，属于学术争鸣的范围，而无端加罪于不能反驳的故人，这是正常的学术行为吗？

法国史学家德·图（de Thou，1553—1617）于1604年致函亨利四世，表示“史学的第一原则，将记述虚假视作畏途；其次，不应缺乏记述真情的勇气”。米什莱指出：“历史学家……不应制造历史。”[②]这些话语在法国广为人知，无论如何某个作者过分欣赏或贬损研究的人与事，总不会是一种好现象。

还有另类情况。多年来欧洲学术与出版界出现一类现象：某些拥有权势的文人将自己超大量的“说明”放在巴贝夫等历史人物文集的前面，喧宾夺主地利用历史推销自己的产品。这是历史遭受现实侵害的标本。

后人描绘的历史，不等于历史。研究历史的著作只是个人心得的集中陈述。历史，这是曾经的社会现实。个别人物仅仅在群体性活动中进行积极活动，而历史首先是本质也是群体性的活动。

上述文字介绍了历史在日常生活里的几种状况，还应看到历史不只是现实地存在着，她能够对当今的社会发挥显著的作用。

三、历史发挥现实的作用

我们现在看不见活生生的波蒂叶（一译鲍狄埃），却能听见他作词的《国际歌》。如今在俄罗斯草原上，找不到将要冻死的马车夫，却能借助“草原望无边，路途遥又远”等歌曲，了解俄国农民曾经的苦难。历史的现实作用表现于下述方面：说明国际关系、吸取旧日教训、防止政治痼疾、解读新事物的难产以及进行文化教育，等等。

1. 说明国际关系

巴黎与佛罗伦萨世人熟知，在它们的街头随意踱步时，可以尽情领略欧

---

① 汤普森：《历史著作史》，下册，孙秉莹、谢德风译，商务印书馆，1996年，第374页。《人类文明史》，第6卷，译林出版社，2015年，第266页。Mathiez, *La Révolution Française*, lll, p.374.

② 汤普森：《历史著作史》，上册，孙秉莹、谢德风译，商务印书馆，1996年，第819页；《历史著作史》，下册，第318页。

洲文化的气息，但是现代人了解她们具有久远的友谊吗？请看法兰西第二帝国与托斯卡纳大公国秘密交往的档案文件。①这些外交文件涉及公私两种事务：大公国购买武器；民间女寻找亲夫。

1870年以前，意大利尚处于分裂状态。1854年，托斯卡纳大公国驻巴黎公使发出公函，请求法国政府"出让"一批"最新型号的米尼叶式卡宾枪"。不久，有关军事部门回复："法国不存在称作米尼叶式的卡宾枪"，"法军步兵现在使用杆式卡宾枪"，"请务必告知我们更加完整的有关信息"。法方决定满足对方购买武器的要求。②秘密购买新式武器，充分说明两国的密切关系，也暴露了佛罗伦萨情报工作的不足。

1852年，佛罗伦萨的卡里太太请求帮助寻找住在巴黎的丈夫。巴黎警察局不久回答："菲利普·卡里先生，音乐家……未曾死亡。他已瘫痪数年，双目失明。住在比法街24号……绝大部分时间躺卧在床上。他从（法国）音乐学院的基金中获得1200法郎的津贴。"③

巴黎与佛罗伦萨相距不远，她们今日的交往有着悠久的历史积淀。

2. 吸取旧日教训

自从工业发展以后，人们享受工业革命的硕果，同时对于它所造成的恶果认识不足，或因为谋取利益视而不见。工业革命的成绩从英国的下述情况可见一斑。根据调查，1631年1000人当中无人穿袜子，1831年1000人中无人不穿袜子。工业品的普及，民众生活的提高，交通的改善等不言而喻。与此同时，还有发展的另一方面：污染！英国城镇的污染日益严重，1833年与1834年，大马哈鱼（鲑鱼）与海豹不再游入泰晤士河。经过长久的治理后，1982、1984年大马哈鱼和海豹才重新进入泰晤士河水。如此教训是150年的历史给予英国与人类的，它促使人们思考：当今信息文化的问题与教训！

2015年12月27日，法国政府正式宣布"维希时期"的档案"几近全部开放"，有关"法奸"的历史不再是禁忌。法国政治历史的研究添加了沉重的

① 当地人不用英法语名称Florence，而称自己的城市为Firenze，中译"翡冷翠"。

② Italia, *Segreteria e Ministero degli Affari Esteri*, Archivio di Stado di Firenze, pp.2431–1969, 1854–3.

③ Ibid., pp.2341–1969,1852–1–2. 当时法国普通官员的年俸为1350法郎。

新课题，历史的作用或许又将搅扰社会生活。30多年前竞选总统时，密特朗“曾因在维希政府中的角色而受到争议”。[①]尽管“二战”时期的“活动家们”已经去世，维希档案的开放可能使某些法国人脸上无光。厘清故人责任，追究法奸罪行，这也是历史现实作用的一种。

3.防止政治痼疾

近代后期与现代，法国长时段的内斗引人注目，大小党派不停地互相撞击，这是政治激情的恶性流泻。[②]它不断产生坏的影响，导致国家力量的内耗。此种痼疾的根源在于只顾权益的维护与获取，或明或暗地进行国家权力的争夺。

第三共和国时期确立了共和制度，随后议会机制的运行中出现严重病症：议会过度内斗与内阁频繁垮台。议会内外党派相争达到白热化，大革命时期派别相斗横加罪名乱杀无辜，当代则借机寻衅推翻内阁。激进派议员克雷孟梭较有影响，1917年他出任总理，某日他竟然对议员们说："只有两个器官是无用的：前列腺与总统。"（prostate 与 président 的发音近似）现任的总理公开攻击合法的总统普安卡雷！

内斗曾激发流血事件：1914年3月16日《费加罗报》社长卡尔梅特（Calmette）被杀。卡尔梅特“在布里昂（Briand，1913年1—3月任总理，另译白里安）细心指挥下，至少是在普安卡雷（总统）的许可下，威胁将公布卡约妻子的一批私人信函”。这些“信函将揭露她的私生活”，如此做法“令人难以忍受”。这实际是对于激进党领导人卡约的恶性攻击，那时卡约（Caillaux）担任杜梅格内阁的财政部长。卡约夫人主动约请社长在他的办公室会晤。两人见面时，卡约夫人用手枪将社长杀死。夫人被捕，卡约辞职，围绕案件展开了党派斗争。7月31日，重罪法庭宣布卡约夫人无罪（参见1881年的《出版自由法》第29条，凡侮辱言论与无端谩骂，则构成“侮辱罪”）。[③]

---

① 芒塞隆等：《密特朗传》，任正德等译，新华出版社，1984年，第17—19页。

② 约1900年以前，法国“政党”的概念较含糊宽泛，不包括任何关于纪律或过分强调统一的思想。参见R.Huard, *La Naissance du Parti Politique en France*, Paris, 1996, p.384; B.Joly, *Dictionnaire et Géographie du Nationalisme Français*, Paris, 1998, p.9。

③ Cahm, *Politique et Société La France de 1814 à nos Jours*, Paris, 1977, p.98; Pierard, *Dictionnaire de la IIIe République*, Paris, 1968, pp.50–51; Robérioux, *La République Radicale?* Paris,1975, p.229. Антюхина—Московченко, *История Франции 1870–1918*, Москва, 1963, стр.676–677.

尽管如此，卡约后来在政治上长期处于劣势，而党派斗争时强时弱地继续。

此种疾病不断导致内阁短命，引发法国的政治危机。按照统计，1870—1940年，法国经历了104届政府，平均每一届内阁仅存在七个多月，其中最长者不足三年，17届内阁仅维持约一个月。1914、1924、1935年皆曾出现1—4日便夭折的内阁。第四共和国继承了第三共和国的恶习。1947—1958年，存在24届内阁，平均任期不足六个月，其中8届只维持约一个月。1955与1957年，出现一日内阁，1950年的一届内阁存在了两天……

第三、四共和国时期，议会舌战不休，内阁频繁垮台，都表明法国当时的议会体制及其运转规则的严重问题。许多人内斗猖狂，外斗迷茫（如对德国纳粹的嚣张）。他们为了本派与个人的权力和利益，不惜损害国家民族的利益。第三共和国战败投降，第四共和国并未吸取惨痛的教训。

然而，法国人渐渐认识到，一个沉迷于内斗的国家，不可能是强盛的国家。20世纪50年代后期，这些恶性发展的政治关系、长久延续的内耗，迫使人们设法医治痼疾。戴高乐为首的政治力量深刻认识到上述社会弊端的危险性，坚决实行新政，将权力较多地集中于总统手里，减少议会和内阁的震荡，从而相对稳定了政局。[①] 尽管第五共和国不无缺点，但共和制度得到巩固与延续。

4. 解读新事物的难产

大自然界与人类社会的生命力具有若干共同象征，如新与旧的交替。人们本应对此习以为常坦然接受，然而社会生活中经常出现相反的情况。欧洲历史上凡重要的新事物的出现，几乎经常遭遇挫折。

法国在工业与军事方面有令人深思的实例，帕潘、沙斯波、贝当与戴高乐因为创新经受了重重困难。在瓦特于1769年发明蒸汽机以前，帕潘（Papin，1647—1714）于1687年首次提出由气缸与活塞组成蒸汽机的设想，却受到“巴黎科学院的无理对待”。该机构十分保守，欠缺责任心的，学术水平低下显而易见。此外，1685年路易十四公布“枫丹白露敕令”，撤销1598

① 当时，某些书刊指责戴高乐是“法西斯”或“个人专政”。Ревуненков, *Новейшая история запада*, Москва, 1959, стр.655.

年的“南特敕令”，即取消宗教信仰的自由。帕潘信仰新教，被迫流亡英国。

1855年，军械师沙斯波（Chassepot，1833—1905）发明先进的后膛步枪，法国“炮兵技术委员会”（原文如此）竟然认定它“完全不适用于战场的需要”。直至1866年秋，根据拿破仑三世的命令，沙斯波步枪才开始投产。[①]但为时晚矣，1870—1871年法国在对德战争中失败与沙斯波步枪受到歧视有关。

1900年之际，贝当（Pétain，1856—1951）上校提出应以强大的火力战胜敌人，“开火杀人”（le feu tue）。此种军事理论否定久已惯用的“刺刀冲锋”。贝当主张攻防皆应依靠炮火，步兵则实行占领。[②]官员们墨守成规，贝当受到了总参谋部的很大压力。

1933—1940年，戴高乐（少校—上校，de Gaulle，1890—1970）要求建立“职业军队”（Armée de métier），准备进行坦克集群战争：“坦克集群拂晓拔营，傍晚已飞奔至200公里以外。”[③]数年内，他遭到一批军政界掌权者们的多次打压，而后者关于“马其诺防线万无一失”等主张，是导致法国战败的重要原因。

权势的掌握与学术的探讨，原本是社会进步不可缺少又颇不相同的要素，由于前者的负面作用，产生了“异性相斥”的结果。为什么？关键取决于权力和利益。政治文化军事学术领域基本相同，人们担心接纳新事物将给自己的权益以及声望带来损失。无疑，新事物出现时，还有一个认识问题。对于上述摧残新事物的研究，便可看到一种严重的社会政治行为，最大的受害者是国家民族。掌权者弹冠相庆时，保护了既得利益和权力，实际也使自己陷入将来的社会危机。1789年以后，否定创新者的合法权利，明显违背法兰西文明的三个原则之一的平等。近现代反对创新发明者依靠权力滥施威严，破坏了文明的基石，因此这些人成了当时法兰西国家的掘墓人。不应忘记傅立叶的严肃责问：“法国为什么对待发明者如此野蛮，以致没有一个发明者能够生前在法国得到承认？”[④]历史告诉我们新事物为何难产，法兰西能否引以为戒！

---

① Pradalié, *Le Second Empire*, Paris, 2009, p.119; Louis Girard, *Le Second Empire*, Paris, 1954, p.311.

② Pétain, *Le Bataille de Verdun*, Paris, 1930, p.144; Tournoux, *Pétain et de Gaulle*, Paris, 1964, p.45.

③ de Gaulle, *Vers L'Armée de Métier*, Paris, 1971, p.134.

④ 《傅立叶选集》，卷2，赵俊欣等译，商务印书馆，1997年，第319页。

5. 进行文化教育

印象派、《马赛曲》与勇敢口号等事例生动地表明，历史对于加强文化教育具有不可忽视的现实意义。

“印象画派”的产生曾经震动法国社会，尤其画坛。我们看到，古典画派的作品透露着庄重与安详，如安格尔的《泉》。浪漫画派给人以热烈与奔放的感受，如德拉克洛瓦的《自由领导人民前进》。印象派以所见的印象，甚至瞬间的印象为依据，着重描绘出印象的实景，莫奈的《印象·日出》成为传世佳作。然而，在19世纪中后期，印象派出现时，遭到迎头痛击。法国画坛那些“传统的固守者”乐于以蠡测海，将印象派的作品视同信手涂鸦而加以排斥。巴黎出现一幅漫画：在印象派画展的门前，一位孕妇正要入内参观，而门卫对她好言相劝：“夫人，请考虑您的后代的健康吧！”不少人深怀成见，呼吁拒绝印象画派。后来，印象画派的社会价值终究无法否认，在画坛站稳了脚跟。如此历史教育人们，对于新生的文化创造不可浅见揣度，印象派和抨击者拥有同样的艺术探讨权利，新事物的出现是社会发展的自然状态，给人以启迪！

《马赛曲》嘹亮的声音早已传出了法兰西和欧洲。世界上，正在奋斗的弱者中能唱它的副歌者甚众：“武装起来，公民们！建立你们的战斗营！前进，前进！”某些国家曾尝试仿照马赛曲谱写自己的国歌。1842年，德国诗人海涅在诗中号召：“用《马赛曲》的曲调，鼓舞我们投入战斗……直至最后的压迫着逃掉。”[①]从200余年前唱过来的一首战歌，在现代发挥着这样广泛的激励作用，实属罕见。

关于勇敢的口号又是一例。1792年4—7月法国与奥普两国开始了战争。奥普联军威胁入侵以便干涉革命，立法议会宣布：“祖国在危急中！”9月2日，丹东走上议会讲台大声疾呼：“为了战胜敌人，先生们，我们必须勇敢勇敢再勇敢，这样法兰西就能得救！”[②]1792年距今颇为久远，但是“勇敢勇敢

---

① 《海涅抒情诗选集》，钱春倚等译，江苏人民出版社，1984年，第262—263页。

② Danton, *Discours*, Paris, 1910, p.39; Tudesq et Rudel, *1789–1848*, Paris, 1960, p.88. 罗伯斯庇尔等演说时皆有讲稿。“丹东发言从来不写讲稿，全凭当时的灵感。” Aulard, *Etudes et Leçons sur la Révolution Française*, Paris, 1907, pp.267–268.

再勇敢”成了世界名言，将永久鼓舞着“被欺凌者与被侮辱者”的奋争。

上文数例可以说明历史在现实生活中的确能够发挥较好的作用，无疑还可以产生另类效果。法国大革命是比较彻底的革命，她诉诸政治和法律，然而罗伯斯庇尔利用宗教在历史上的显著作用，推出“最高主宰”新宗教。“大家知道，罗伯斯庇尔在这方面曾经遭受怎样的失败”。[①]困惑于披上新外衣的旧传统、旧心态，为了巩固自己的政治权力而设立所谓新的宗教，造成了利用历史为现实服务的败绩。

当我们简介了历史的现实作用之后，还需探讨历史与情感、历史与反思之间必然的联系。

四、历史情感与历史反思

历史与人们的心身关系密切，她影响后人不同的情感，引起冷静的反思，这些在现实生活中给人以深刻的印象，历史毕竟具有连续性与严肃性。

1. 历史与情感

历史对于情感的作用涉及今世与往昔的关系。人，作为个体自然地陆续消失，人类代代相传。在社会不停的运动中，新与旧的事物有时难于断然分开，情感也是如此。旧的曾是昨日之新，新的将为明日之旧。就情感而言，在新的生活条件下，人们习惯于弃旧图新。须知，认识新与旧的关系需要辩证地思考。通常，权势利益决定人们的取舍，带着感情制造舆论，实际为了改变困境或维护优势。否定中世纪便是一例。

近代欧洲的政治界与文化界曾流行一种观点，谴责“万恶的中世纪”，美化自己处境优越的时代。米什莱曾说：中世纪是“荒芜时期，人类毫无进步的一千年”。“中世纪只是一个伪善”。当时是“没有星光的黑夜”。[②]但是，恩格斯指出：“中世纪被看作是由千年来普遍的野蛮状态所引起的历史的简单

---

① 恩格斯语，见《马克思恩格斯选集》，第4卷，人民出版社，1972年，第231页。

② 汤普森：《历史著作史》，下册，第191、320、327页。

中断。（然而）中世纪的巨大进步，即欧洲文化领域的扩大，那里一个挨一个形成了富有生命力的大民族，以及14—15世纪巨大的技术进步，这一切都无人看到。这样一来，对伟大的历史联系的合理看法就不可能产生。”[①]中世纪巨大成绩的否定，必然衍生出对于它的厌恶。

人们生活在社会上，情况各不相同，关于过往的人与事的看法也是如此，有时产生争论，甚至诱发冲突。这些都是过去的实况在现今的实际中色彩斑斓的复活或变异。关于拿破仑一世的争论，在法国等学术界时断时续地出现。拿破仑一世成为“匪徒”“吃人恶魔”与“低能儿”，或者“最卓越的奇才”“战争之神”。评论者尽情倾吐，各尽所能、各取所需。然而，索布尔教授的下述话语值得听取：“不管辩护也好，辱骂也好，都是向个人崇拜低头。用这种方法来对待问题是错误的，因为这种方式硬是将这位伟大人物放在历史之外。而不是将他同历史融为一体，以便更好地去了解他。”拿破仑“无疑是伟大的”，“为时代划下了很深的痕迹”。[②]历史不依赖后人，后人却离不开历史，受到她的约束。她是客观存在，应该努力了解她，控制自己的情感。

许多年来，法兰西的日常生活证实了一个真谛，即历史一直深深地介入、干预当代人的情感。请看生动的场景：丹东如何引起马蒂叶兹与索布尔两人的不同关注。巴黎市中心的街头，奥德翁地铁站的一个出口处，至今矗立着一座丹东的塑像，附近有丹东街。如果乘地铁去索尔邦讲课，由此站口出地铁最为便捷。当年，马蒂叶兹教授由于贬损丹东，始终不肯从该处出来去巴黎大学讲课。索布尔教授不同，他亲口向笔者介绍上述旧事。他乘地铁去巴黎一大讲课时，笔者经常伴随恩师在该处出地铁。每次走上街口时，索布尔都脱口而出“你好，丹东先生！”活着的丹东曾经先主张恐怖，后来请求宽容。雕塑的丹东表情不变，但是能够拨动过往路人的心弦，延续到今日，乃至将来！正是此事引发了笔者思考历史是现实的存在，她能够左右后来人的情感。历史也是情感的历史，因为历史而暴露的情感能有充足的力量超越友情，包括师生之谊。

① 《马克思恩格斯选集》，第4卷，第22页。

② 王养冲编：《阿·索布尔法国大革命史论选》，华东师范大学出版社，1984年，第131页。

2. 历史与反思

法国人常说“Que c’est que l’histoire? C’est une colle”，中译文为“什么是历史？这是一个难题！”colle 一词可译作：难题、胶水、浆糊与虚诞等，它的含义的难度令人生畏！实际上，这就是历史的活跃的生命力，而这种活跃的、顽强的社会的生命力表现于各个方面、层次、变异方式、适应的对策，以及进行反思的能力。人们回顾往事，有时包括对于人与事进行重新思考与评判。反思的历史显然不同于坊间书刊中的人造故事及其正反面的绝对化，后者“仅为点缀历史的挂毯，而不是历史建筑的组成部分”[①]。反思，可以发挥人们的活力与展示出智慧。

恩格斯不止一次进行反思。他在1879年出版的《反杜林论》一书中认为：“科学社会主义本质上是德国的产物，而且只能是产生于古典哲学还生气勃勃地保存着自觉的辩证法传统的国家，即出生于德国。”1880年他将《反杜林论》的三章改写为《社会主义从空想到科学》一书出版。1883年该书德文版问世时，恩格斯加了一个注释：“‘于德国’是笔误，应该说‘于德国人中间’，因为科学社会主义的产生，一方面必须有德国的辩证法，但是同时也必须有英国与法国发展了的经济关系和政治关系。德国的落后经济与政治条件……只能产生社会主义的讽刺画。”“科学社会主义并非专属于德国的产物，而同样是国际的产物。”[②]显然，这是对于著作中的不足，事后加以勘误。

1890年9月恩格斯在一封信中表示：“如果有人说经济因素是唯一决定性的因素”，这将是“荒诞无稽的空话。经济状况是基础，但是还有上层建筑的各种因素。它们对历史斗争的进程发生影响，并在许多情况下主要决定着这一斗争的形式”。如“阶级斗争的政治形式”与成果、获胜后的宪法等。“青年们有时过分看重经济方面。对于如此状况，马克思和我应当部分负责。我们在反驳我们的论敌时，常常不得不强调被他们否定的主要原则，并且不是始终都有时间、地点和机会给其他参与交互作用的因素以应有的重视。”[③]

---

① 参见韦尔斯：《世界史纲》，吴文藻等译，人民出版社，1982年，第827页。

② 《马克思恩格斯选集》，第3卷，人民出版社，1972年，第624、377—378页。

③ 《马克思恩格斯选集》，第4卷，第477、479页。

1893年7月，恩格斯在致梅林的信中说明："还有一点……在马克思和我的著作中强调得不够。"当时在以"经济事实为基础"探讨政治观念、法权观念与其他思想观念及行动时，"为了内容而忽略了形式方面，即这些观念是由何种方式与方法产生的。这就给了敌人以称心的理由来进行曲解与歪曲"。[①]恩格斯的晚年多次反思，坦然面对自己历史活动中的问题，尽力予以纠正与承担责任。

另有使人感动的记录。"单孔目动物整整一个亚纲是卵生的哺乳动物。1843年，我在曼彻斯特看见过鸭嘴兽的蛋，并且傲慢无知地嘲笑过哺乳动物下蛋这种愚蠢之见，而现在这被证实了！""我事后，不得不请求鸭嘴兽原谅。"[②]1843年恩格斯年仅23岁，1895年书写上述文字时他已75岁，也即在他逝世前的四个多月。个人认识史上的错误，在新的条件下被真理所取代。

反思历史乃是历史现实作用的一种特殊的方式。对于历史认真反思的积极意义，有时远远超过关于历史的正面叙述！符合实际的反思将有利于文明的进步。

* * *

前文提到的法国大革命中的巴雷尔曾选入救国委员会，在讨论恐怖政策时，他简单地表示："只有死者不会卷土重来！"果真这么简单吗？"人们自己创造自己的历史……是在直接碰到的、既定的、从过去继承下来的条件之下创造。一切已死的先辈们的传统，像恶魔一样纠缠着活人的头脑。""人来源于动物界，这一事实决定了人永远不能完全摆脱兽性，所以问题永远只能在于摆脱得多些或少些。"历史虽然已经过去，但是她也活动于现在，还要潜入将来。对于历史也是现实存在及其价值的探讨，有利于超出历史仅为往昔的旧框架，认识她在现实生活中的巨大作用，总结经验教训，去谋求未来生活的更好发展。[③]

（郭华榕，北京大学历史系教授）

① 《马克思恩格斯选集》，第4卷，第500—501页。

② 同上，第518页。

③ 《马克思恩格斯选集》，第1卷，人民出版社，1972年，第603页；《马克思恩格斯选集》，第3卷，第140页。

古罗马时代的童工奴隶*

[比利时] 克里斯蒂安·拉埃斯 文 杨美姣 译**

摘要：这篇文章利用文学、法律、碑文、和纸草学的资料，旨在对古罗马时代童工奴隶案例进行全面的研究。本文也参考了考古学、骨骼学以及图像学的证据。童工奴隶的工作和任务是分门别类的，许多例子可以证明这一点。最后，事实证明对这一主题的研究不仅可以帮助我们了解童工奴隶的生存状况和奴隶制的概念，还对我们从整体上理解儿童的日常生活及古罗马人对儿童期的总体看法具有启发性的意义。

关键词：儿童 奴隶 古罗马

一、赫库兰尼姆海滩和古代史

L.卡帕索和L.迪多梅尼科托尼欧在国际医学杂志《柳叶刀》上发表了他

---

* 这篇文章最初宣读于以古代奴隶制为主题的多哥·萨蒙会议（Togo Salmon Conference）之上。2007年9月，该会议在加拿大汉密尔顿的麦克马斯特大学（McMaster University）召开。我对米歇尔·乔治组织了一场如此精彩而发人深思的会议表示深切的感谢。我还要感谢《古代社会》（*Ancient Society*）期刊匿名审稿人对我文章的准确阅读及宝贵的建议。威利·克莱瑞斯（Willy Clarysse）在这一课题的纸草学证据方面给我提供了很多帮助。我也由衷地感谢我以前的同事雨果·科曼斯（Hugo Coomans）在帮助翻译这篇文章方面所做的努力。2007年4月雨果逝世。谨以此文纪念雨果。

** 本文译自Christian Laes, "Child Slaves at Work in Roman Antiquity", *Ancient Society*, 38 (2008), pp.235–283。感谢刘津瑜教授从原文所发表的期刊《古代社会》获得翻译授权，并对翻译文中的拉丁铭文和罗马法规条文提供了许多帮助。原文作者克里斯蒂安·拉埃斯多次拨冗指教，尤其在拉丁语和希腊语引文的翻译方面，在此表示感谢。也感谢唐莉莉通读全稿并提出很多修改意见。作者克里斯蒂安·拉埃斯（Christian Laes）是安特卫普大学拉丁语与古代史教授，古罗马儿童史领域的权威，代表作为《罗马帝国的儿童：内部的局外人》（*Children in the Roman Empire: Outsiders Within*, Cambridge University Press, 2011）。——译者注们的初步报告，其研究结果在古代历史学家和国际新闻界中都引起了相当大的反响。1982年3月，意大利人类学家有了一项惊人的发现：在赫库兰尼姆（Herculaneum）从前的海滩上发现了139具骨骸，其中51具为男性，49具为女性，39具为儿童。这一发现之所以非常罕见，一方面是因为这些受害者都是死于生命旺盛期，另一方面是因为那时古罗马人死后大部分都实行火葬。[①]他们的调查结果令人震惊。由于长期进行繁重的体力劳动，许多尸体上都带有损伤：头部、上臂或者肩膀不断地活动（常常是由于人力划船或耕作土地）造成的肋锁韧带断裂（costoclavicular syndesmoses）。41.3%的男性骨骸以及6.5%的女性骨骸上都存在这种损伤，并且令人惊奇的是，在11.5%的儿童骨骸上（15岁以下，甚至是20岁以下的青年人中的24%）也有这种伤。上身肌肉的严重损伤（即所谓的突触核蛋白病syndesmopathies）特别出现在男性成年身上：在32具呈现这些特征的骨骸中，23具是20岁以上的男性，2具是女性，7具是儿童或20岁以下的年轻人。甚至在7到10岁之间的孩子们身上都已经发现了严重的伤痕。男孩和女孩都有。还有一个孩子在5岁时就已经受到了轻微的身体损伤。在20岁以上的成年男性及女性骨骸中，也存在一些这样的迹象，即从儿童时代起，他们就已经开始了这种无休止的繁重工作和劳动。不太可能总是能确定他们所进行的活动之性质。考虑到庞培城的地理位置，他们所从事的工作，很可能不仅有农业劳作，还有港口（装卸货物）或划小渔船的活动。[②]

公元79年，一场火山爆发给居民带来了灾难性的后果，也给研究者留下了丰富的骨骼学方面的证据，卡帕索和迪多梅尼科托尼欧并不是第一批考察这些证据的人。澳大利亚学者S.比塞尔那两篇相似的文章震惊了学术界，就文风的活泼性而言，它们与A.巴特沃斯和R.劳伦斯合著的一本书很接近，[③]这本书描写的是庞培城的日常生活。恰好有一个例子可以证明。在一个房间

---

① 骨骸的留存限于奉行土葬的时期，也就是说时间应该在公元200年之后。见M. Harlow, R. Laurence eds., *Age and Ageing in the Roman Empire*, Portsmouth: Tournal of Roman Archaeology, 2007, p.15。

② L. Capasso, *I fuggiaschi di Ercolano*, Rome: L'Erma Di Brestschneider, 2001, pp.1028–1031.

③ S. Bisel, "The People of Herculaneum AD 79", in *Helmantica*, 37 (1986), pp.11–23; S. Bisel, "Human Bones at Herculaneum", in RSP, 1 (1987), pp.123–129; A. Butterworth & R. Laurence, *Pompeii: The Living City*, London: St. Marin's Press, 2005.

里，发现了一具年轻女孩的骨骸，她大约14岁，手里抱着一个11个月大的婴儿。这个婴儿戴着青铜装饰品，这表明他来自上层社会。但这个女孩不可能是婴儿的母亲，因为她仍处于青春期。此外，很明显的是，这个女孩并不来自上层社会。对她的牙齿进行分析后发现，她1岁时病得很严重或者说是营养不良。她的许多臼齿存在脓肿，并且在她去世前不久，已经拔掉了一些牙齿。她肩膀上的肌肉也表明，她以前长期搬运重物。比塞尔据此推断，她很可能是个童工奴隶：繁重的劳动使她羸弱不堪，不再适合其他劳动，于是主人便安排她照顾婴儿。

2001年，两名意大利人类学家在做了大量工作之后，发表了一部著作，这使得骨骼学的研究达到顶峰。这部名为《赫库兰尼姆大逃亡》（*I fuggiaschi di Ercolano*）的著作超过1100页，虽然它看起来像是一篇医学报告，并包含了许多关于牙齿和骨骼的激光特写图片，但是它对我们了解意大利行省城镇的日常生活是很重要的。奇怪的是，研究儿童的历史学家几乎没有注意到这部著作。[①]尽管最近社会历史学家已经将他们的注意力从其他领域转移到了骨骼考古学方面，但是，对人类骨骼与骨骸的研究似乎只限于研究庞培城或赫库兰尼姆的专家。而在大不列颠多赛特地区人们发现了关于古罗马时代的证据，通过对这些证据考察后发现：在古罗马时代，存在一些环境刺激因素，它们会影响婴儿在儿童时期长不到正常身高，这些刺激因素的数量实际上在增加。儿童时期的劳作或者（父母的）暴力，也是影响儿童健康的一个可能因素。[②]

通过调查研究儿童自身，[③]骨骼考古学的研究路径为了解他们的童年时代提供了令人振奋的新机遇，正如在赫库兰尼姆的例子中，这种路径也不受传统模式的阻碍。[④]不消说，甚至这种骨骼学的证据也有其局限性。除了古代

---

① B. Rawson, "Education: the Romans and US", in *Antichthon*, 33 (1999), pp.81–98; B. Rawson, *Children and Childhood in Roman Italy*, Oxford: Oxford University Press, 2003. 上述作品也没有提及这篇文章。

② R. Redfern, "The Influence of Culture upon Childhood: An Osteological Study of Iron Age and Romano-British Dorset", in Harlow & Laurence, 2007, pp.171–194. 根据死者的年龄，骨骼–考古学上关于生物的或骨骼的年龄与坟墓中物品存在关联的可能性之研究也参见 Gowland, 2007。

③ A. James, "From the Child's Point of View: Issues in the Social Construction of Childhood", in C. Panter-brick, *Biosocial Perspectives on Children*, Cambridge: Cambridge University Press, 1998, p.53.

④ W. Scheidel ed., *Debating Roman Demography*, Leiden-Boston-Köln: Brill, 2001, p.27.

历史学家完全依赖医学和骨骼学上的诠释这一事实之外，以一架骨骸为依据就判断一个人是自由人还是奴隶，很明显是不可能的，除非我们假设每个奴隶都带有繁重劳作的印记。因此，在赫库兰尼姆地区是否存在童工奴隶尚未可知，因此那儿的发现并非是无可置疑的证据，这也是这篇文章的主题。但是至少，它们给出了好的指向。为了纠正古代历史学家对此的沉默态度，在附录中，就童工奴隶可能存在的证据，我做了完整的总结。意大利的“绰号”经常会揭示生动的故事。学术界正在等待E.拉泽（E. Lazer）的最新综述，因为他不仅准备着手重新调查庞培城和赫库兰尼姆地区骨骼学上的证据，也将从社会历史学的角度对此进行研究。①

二、童工、奴隶：方法论方面的解释

在古罗马的社会历史研究中很少涉及童工问题。②目前的研究采用了一种全面的分析路径，它对不同资料中的每个证据进行了整合。这种研究也主张在微观历史学的视角下，通过从个案入手也对这一问题进行研究。为了了解在古罗马时代作为一名童工奴隶和一个儿童分别意味着什么，我引用多面的经历，但并不忽视那些主宰奴隶生存状况的总体权力机制。全面的分析路径和强调微观历史学的分析路径，这两种路径可能都需要一一阐明。

---

① 这篇报告宣读于2008年。E. Lazer, “Victims of the Cataclysm”, in J. J. Dobbins & P. W. Foss, *The World of Pompeii*, London-New York: Routledge, 2007, pp.670–677，书中并没有提及童工方面的任何内容。关于赫库兰尼姆妇女的故事，参见J.Daehner ed., *The Herculaneum Women: History, Context, Identities*, Los Angeles: Getty Publications, 2007。

② 并非仅仅古罗马时代缺乏这方面的研究。想要了解过去对童工的文化盲点，参见K. Simon-musched, “Indispensable et caché. Le travail quotidien des enfants au bas Moyen Âge et à la Renaissance”, in A. Stella ed., *Les dépendances au travail*, Grenoble: PU Vincennes, 1996, pp.97–107; K. Kamp ed., *Children in the Prehistoric Puebloan South west*, Salt Lake City: University of Utah Press 2002, pp.71–89; M. Harlow & R. Laurence, “Introduction”, in Harlow & Laurence, 2007, p.11。从2006年开始，在我的一篇综合性的报告中——用荷兰语写的一篇很长的报告，剑桥大学出版社正准备出版报告的英文版本，我已经在努力弥补这种缺失了。关于童工方面的内容，参见Laes, 2006, pp.124–197。早期的研究包括Chr. Laes, “Kinderarbeid in het Romeinse rijk. Een vergeten dossier? ” in Kleio 30, 1 (2000), pp.2–20; W. Petermandl, “Kinderarbeit im Italien der Prinzipatszeit. Ein Beitrag zur Sozialgeschichte des Kindes”, in Laverna, 8, 1997, pp.113–136; E. Herrmann-otto, *Ex ancilla natus: Untersuchungen zu den “Hausgebore-nen” Sklaven und Sklavinnen im Westen des römischen Kaiserreiches*, Stuttgart: F. Steiner, 1994; K. Bradley, *Slavery and Society at Rome*, Cambridge, 1994; S. Knoch, *Sklavenfürsorge im römischen Reich*, Hildesheim-New York-Zürich, 2005, pp.149–155，主要是其中关于奴隶劳工的（Arbeitsbedingungen）。

我从社会各个层面搜集关于童工奴隶的资料：包括小型农场和工业采矿、大庄园、大量富裕的城市家庭、工匠的小作坊，等等。为了还原童工奴隶的状况，我参阅了许多不同种类的资料：文学资料，以及铭文资料、纸莎草纸上的告示、法律文本以及考古发现。偶尔也会有影像资料，但是这需要对其自身的真实性进行研究。[①]每一类资料都有其特点及难点。提及童工奴隶工作的古代作家经常是一些谴责过分行为的道德家，例如塞涅卡，或者是用怪诞手法描述事物的讽刺作家，例如佩特罗尼乌斯（Petronius）或马提亚尔（Martial）。然而，他们只提及读者认可的那些情况：虽然故事本身并不完全是“真实的”，[②]但其中仍有某种真实性。在碑文资料中找到关于童工奴隶的描述并不容易：一个简单的名字可能隐含着一个奴隶的身份，但是并不必然如此（这对希腊名字而言并不适用——因为自由儿童有时也会使用单一的名字）。最近，H. 西吉斯蒙德-尼尔森认为，古罗马碑文中提到的大多数没有家庭背景的儿童，实际上都是由于庇护关系（patronage）或劳作才被铭记的。就奴隶而言，她认为，作为奴隶子女被纪念的，即便没有注明工作，也可认为是从事劳作的，因为他们作为家庭奴隶的身份是明确的。因此，我们可以假设奴隶其所属的家庭中工作。[③]碑文经常不记载明确的日期：它们大部分属于“铭文习惯”（epigraphic habit）的高峰期，就古罗马的铭文而言，时间大约是从公元1世纪到3世纪。虽然没有明确的日期记载，但我们也不用太担心，因为我研究的是长时段的历史：公元1世纪存在着童工奴隶，在公元5世纪同样存在。铭文必须放在考古语境下进行考虑，因为语境经常会透露出童工奴隶所处的社会环境：很明显，在富裕家庭的集体墓室（columbaria）中被纪念的奴隶来自大家族。法律资料显示，儿童奴隶主要是被用来当作补偿。但是，就此断定这些儿童只具有物质价值还是有些轻率：这一点也适用这一

---

① L. Schumacher, *Sklaverei in der Antike: Alltag und Schiksal der Unfreien*, München: C.H. Beck, 2001, pp.91–238，书中编辑了不同种类奴隶劳工的证据，并用图像资料进行阐释他的研究。但是，他的综合索引并没有提及《儿童》（*Kind*）这本参考书。

② 关于运用虚构的和讽刺的资料作为介绍古罗马社会的例证，参阅G. Woolf, “Writing Poverty in Rome”, in Atkins & Osbourne, 2006, pp.83–99。

③ H. Sigismund-Nielsen, “Children for Profit and Pleasure”, in Harlow & Laurence, 2007, pp.37–54. 显然，对于那些只有奴隶儿童的名字，而没有指明他是否工作的罗马碑文，我不会都进行讨论（根据Sigismund-Nielsen的例子，只有一百多个碑文明确指出了儿童奴隶所参加的工作）。

条奥地利的法律，其认为对第三方之工具造成物质伤害与一个儿童死亡相比，前者对承保人而言代价更大！[①]在纸草资料中，希腊语*παιδάριον*（小孩、奴隶）或者*πάις*（孩子、奴隶）的含义模糊，这使得辨别童工奴隶和成年奴隶比较困难。[②]因为在古代艺术中，为了突出奴隶的卑微社会地位，他们经常被刻画成身材矮小的人。但是就方法论而言，认为每一个较为矮小的人物形象都是童工，是不恰当的。[③]

一些历史学家误解了微观历史学和案例的功用。他们认为，以福格特（Vogt）为代表的德国学派更加关注主仆关系中具体的人际关系，而正因为如此才达到古代奴隶制是比较人性化的解释，而M. I. 芬利（Finley）及其盎格鲁–撒克逊学派以权力的意识形态及其机制为基础，做出了更加严格的判断，这从本质上使得对古代奴隶心理或心态进行研究毫无意义（我们只是通过奴隶主的压迫性影响而获知奴隶的心理或心态）。[④]实际上，盎格鲁–撒克逊学派一直将其全部精力倾注在个别方面。只有在具体的故事和历史重塑中才表明了作为奴隶到底意味着什么（与研究19世纪奴隶制的历史学家相比，古代历史学家处于劣势，因为他们没有日记、访谈和当事人的报告可供参考）。单一的奴隶经历（心态、心理）并不存在，因为在古代，存在许多不同的奴隶生活，它们的性质又各不相同。奴隶之间的社会差异非常巨大，私人秘书的生活与金矿上劳工的生活相差十万八千里。但是，这些迥异的故事并不能让我们对那些决定每个奴隶生活的根本机制视而不见。K. 布莱德雷对奴隶

---

① R. Willvonseder, "Kinder mit Geldwert. Zur Kollision von Sachwert und per-sönlicher Wertschätzung im römischen Recht", in Bellen & Heinen, 2001, p.97.

② 关于这个问题，参见P.Scholl, *Corpus der Ptolemäischen Sklaventexte*, Vol.3, Stuttgart, 1990; H.Schulz-Falkenthal, pp.792, 795, 868–869(P. *Lond.* Ⅶ,2061以及2065; P. *Petr.* Ⅱ,4:2)。

③ 关于一些例子，参见Petermandl, 1997, pp.120–121和Bradley, 1994, p.194。G.Coulon, *L'enfant en Gaule Romaine*, Paris, 1994, pp.181–182展示了一些来自高卢地区的图片，从这些图片中我们能了解到童工。在庞培城，我们看到一幅图片，上面描述的是，一个小男孩在修补一个锅，他的父亲在接待顾客。参见Baldassare, 1991, pp.113–124。

④ R. Gamauf, "Zur Frage 'Sklaverei und Humnanität' anhand von Quellen des römischen Rechts", in Bellen & Heinen , 2000, pp.51–72，引文在pp.52–53。对芬利观点的坚决否认以及对古人深奥人性之强调，见W.Waldstein, "Zum Menschsein von Sklaven", in Bellen & Heinen, 2001, pp.31–49（甚至引用了如今奥地利的高流产率来论证自己的观点）。对这场辩论的恰如其分的评论以及对芬利研究方法的重估，见W.Scheidel, "Slavery and the Shackled Mind: on Fortune-Telling and Slave Mentality in the Graeco-Roman World", in AHB, 7: 3 (1993), pp.107–114。

的生活状态做了恰当的描述，即充满了不稳定性、耻辱和暴力。评论家们责备他研究角度单一。然而，他从来就没有认为这些是每个奴隶必须面对的问题，而是说，这些方面是奴隶生活中一个始终存在的威胁。人们可能会把儿童当作物品在市场上出售（有时要与他们的父母、兄弟姐妹相分离），一场突如其来的变故或奴隶主的去世就会拆散奴隶们的家庭，他们始终有遭受惩罚或折磨的可能。[①]虽然，揣测过去之人的感受和心理确实是件冒险的事，同时，进一步往下分析有满布主观投射和时代误植的荆棘，但是K. 霍普金斯和K. 布莱德雷确信，相反的态度（即认为关于古代奴隶的感受，我们提不出什么明智的看法，因为实际上，他们对于我们而言完全是陌生人）反倒证实了那是一种过分的谨慎，一种固执的或不可救药的无知。[②]

三、法律资料

在开始列举童工奴隶的具体案例之前，我拟查看规范性的法律资料，这些资料能大致指出各种行业活动中的童工奴隶。

古代作家认为，如果一个劳动力服侍另一个人，那么就意味着前者屈从于后者。[③]在古代人的眼中，奴隶并没有“工作”，他们只是在做主人吩咐的事情。在法律思想中，也存在这种情况：奴隶的身体与其所从事的工作是相互分离的，但这种情况针对的是将奴隶的服务出租给第三方的问题。在那种情况下，人们需要辨别两类人，一类人是奴隶主，他具有对奴隶之身体处置

---

① 关于这种共情的研究例子，见Chr. Laes, *Kinderen bij de Romeinen: Zes eeuwen dagelijks leven*, Leuven, 2006, pp.140–147.

② Bradley, 1994, pp.179–181中指责了拒绝接受这种共情的挑战的研究方法，认为它们是傲慢和徒劳无益的。此外，他声明那种认为这个问题并没有历史关联性的观点正反映了关于古代的传统观点。K. Hopkins, “Novel Evidence for Roman Slavery”, in P&P, 138 (1993), pp.3–27，引文在pp.26–27。在他一篇关于伊索的奴隶小说的文章中（见其开篇的注释，他的同事是阅读他文章的首批读者：“其中，跟故事的主人公伊索一样，文章造成同样的反应；出于尊重，我将其做了些许改动”），他也同样强烈要求将“移情、修辞、心理的领悟和叙事”作为古代历史研究者的工具。N. Mckeown, *The Invention of Ancient Slavery?* London: Bristol Classical Press, 2007, p.78将Bradley的观点刻画为“对于高尚目的的充满热情的承诺”，但质疑他的一些结论。关于Bradley运用及处理故事的方法，也见Mckeown, 2007, pp.77–123。

③ Paulus, *Sent.* Ⅱ 18.1.参见Y. Thomas, “Le corps de l’esclave et son travail à Rome: Analyse d’une dissociation juridique”, in Moreau , 2002, p.226。

的权力，另一类人则对奴隶行使权力目的是从其劳动中获利。[①]

乌尔比安（Ulpian）在其一篇关于奴隶劳工之补偿金（例如，出借或遗失的情况）方面的文章中讲到，奴隶从5岁开始就被当作劳动力：

Si minor annis quinque vel debilis servus sit vel quis alius, cuius nulla opera esse apud dominum potuit, nulla aestimatio fiet.（*Dig.* Ⅶ 7.6.1）

如果一个奴隶不满5岁或者有残疾或有其他情况以至于不能为其主人劳动，那么，就不能对其做任何估价。(《学说汇纂》Ⅶ 7.6.1）

补偿金不适用于因为根据法律规定无法实施的奴隶服务（还是乌尔比安的观点）：

ut puta agerotante servo vel infante, cuius operae nullae sunt, vel defectae senectutis homine.（*Dig.* Ⅶ 1.12.3）

例如，当一个奴隶生病了或者仍是一个不能提供劳动服务的孩子，或一个年老体衰的奴隶。

在遗产或借款的案例中，人们不能要求这样一个孩子的工作能力。只有超过了5岁或7岁这样的年龄界限（区别于婴儿的标准界限），对童工工作的估价（aestimatio operae）才能进行：

Si infantis usus tantummodo legatus sit, etiamsi nullus interim sit, cum tamen infantis aetatem excesserit, esse incipit.（*Dig.* Ⅶ 1.55）

如果对婴儿之使用权进行遗赠，那么，一旦该童奴年龄超过童年，使用权即发生，哪怕用益权在此前这段时间里还未曾有效。

① 关于这种“司法上的分离”，见J. A. C. Thomas, “The Case of the Apprentice’s Eye”, in RIDA, 8 (1961), pp.357–372。一篇犀利的文章，这种情况暗示至少对奴隶的工作有一定程度上的承认。

在评价奴隶是否有能力进行劳动之时，身体发育的成熟程度（14岁到达青春期）并非特别重要：

Ceterum cum de fructibus servi petiti quaertur, non tantum pubertas eius spectanda est, quia etiam impuberis aliquae operae esse possunt.（*Dig.* Ⅵ 1.31）

此外，当说到被要求返还奴隶的孳息问题时，应当不仅只考虑适婚奴隶的孳息，因为有些劳动也可以由那些未适婚奴隶来承担。

这些规定对奴隶的生活造成了影响。对于自由的罗马男孩而言，7岁是一个重要的节点：意味着孩子开始上小学，及从婴儿期（infantia）到童年期（pueritia）的转变。奴隶的生命中只有两个节点：5岁意味着婴儿期结束了，以及可能作为童年期[①]终点的30岁（即他可以被正式释放的年龄）。对于那些不享有被释特权的人而言，余生都被定义为“孩子”（puer）——“孩子”是一个只针对奴隶的惯用拉丁词汇。[②]第三个节点可能就是60岁的退休年龄。[③]

自由民的婴儿期和奴隶的婴儿期在时间上相差一二年，这是现代研究关注的一个点，不应该过分强调它。一个5岁的婴儿和一个7岁的婴儿在发育过程中虽然可能存在巨大差异，但是在许多文明中，从婴儿期到童年的过渡大约处于6岁左右。[④]

法律资料也认为，通常需要年轻的奴隶来履行职责。很明显，对儿童的需求很大：

（sc.mancipia）simpliciora esse et ad ministeria aptiora et dociliora et ad omne ministerium habilia.（*Dig.* XXI 1.37）

---

① Gaius, *Inst* I 17. 关于一些可能的例外（*minores XXX annis*），见Gaius, *Inst.* 118.

② Hermann-Otto, 1994, pp.307–310.

③ 根据*Dig.* Ⅶ 1.12.3 en XXIX 5.3.7 为一个60岁以上的奴隶申请工作是禁止的。见T. Parkin, *Old Age in the Roman World: A Cultural and Social History*, Baltimore: Johns Hopkins University Press, 2003, pp.220–221.

④ Rawson, 1999, p.83.

（奴隶）将会被训练得更加顺从，对各类事物都能很快上手，更易培训，做起任何事情来也更加得心应手。

乌尔比安提到年轻释奴（10岁多一点）的原主人可要求他们做的一些工作：据此我们可以推测，童工奴隶通常被授予相关技能。

Dabitur et in impuberem, cum adoleverit, operarum actio: sed interdum et quamdiu impubes est: nam huius quoque est ministerium, si forte vel nomenculator vel calculator sit vel histrio vel alterius voluptatis artifex.（*Dig.* XXXVIII 1.7.5）[①]

当一个未成年人长大的时候，主人才会安排他做事，但是有时候也会在其未成年时期就让他进行服务；如果他碰巧是抄写员、传名者、簿记员、演员或者用其他方式娱乐于人的匠人或艺人，那么这个未成年人也可能会进行服务工作。

在后来的《学说汇纂》中再次提及一些职责：

Potest tamen et impuberes operas dare, veluti si nomenculator sit vel histrio（*Dig.* XL 12.44.2）

如果未成年人担任的是传名者（私人传达者）或者演员，可以让他们服务。

在文学和碑文资料中，都证明了这些职业确实是针对儿童的，接下来会得到进一步阐释。传名者（nomenculator）类似于私人传达者（private heralds）或者点名者（roll callers），calculator类似于一种簿记员或者甚至是数学老师。

① 想要了解服务（ministerium）的释义，见*Dig.* XXXVIII 1.1: ministeria operae sunt diurnum officium，奴隶的主顾可能将每天的服务强加到奴隶的自由上。

histriones这个词指的是各种各样的表演者。artifex这个词暗示受过教育或指导。法学家确实对职责（officium）和手艺（artificium）进行了区分，因为就职责而言，奴隶可以不需要接受训练。（在《学说汇纂》XXXII 65.1中讲到，搬运垃圾箱是职责［officia］的其中一例，厨师和织工则是手艺［artificia］的例子）。这种区别表明存在着对教育和训练所带来的人力资本价值的初步概念。[①]

很明显，对古罗马时期的律师而言，童工的现代概念完全是陌生的。规定极低的年龄界限仅仅是为了裁定可能出现的赔偿问题，它仅适用于奴隶，这或多或少类似于设定老年奴隶工作的最大年限。但着并不是来自道德观念或教育观念。

在购买奴隶及其价格波动方面，我们的资料很少。W. 沙伊德尔最近所做的一项调查表明：在元首制时期，相对于每日的工资和谷物价格而言，奴隶的价格要高一些。[②]但是所有证据都表明，童工作为劳动力的价值是被承认的。直到古典时代晚期，据纸草上的销售文件载，没有父母或家庭的儿童被出售。[③]一些是15岁或者年龄更小的女孩。有一个女孩年仅3岁，另一个6岁的女孩和一个2岁大蹒跚学步的孩子被一起售卖。在公元221年，一个14岁的当地女孩又被卖给了第三方，这已经是她第14次被贩卖了。在纸草上的销售文件中，也提到了15个不到15岁的男孩，他们被再次贩卖。8岁的那喀索斯（Narcissus），是一个家生奴的儿子，在他母亲去世之后，他就在市场上被重新贩卖。一个9岁的马其顿奴隶被船运到了埃及，然后被卖到了当地，此外，一个14岁的高卢男孩被卖到了腓尼基的阿斯卡隆。[④]

---

① R. P. Saller, “Women, Slaves and the Economy of the Roman Household”, in Balch & Osiek, 2003, p.192.

② W. Scheidel, “Real Slave Prices and the Relative Cost of Slave Labor”, in Anc-Soc, 35 (2005), pp.1–17.

③ 关于这方面的卓越研究，见J. A. Straus, “Liste commentée des contrats de vente d’esclaves passés en Egypte aux époques grecque, romaine et byzantine”, in ZPE, 131 (2000), pp.135–141和J. A. Straus, *L’Achat et la Vente des Esclaves Dans l’Egypte Romain: Contribution Papyrologique Dans une Province Orientale de L’Empire Romain*, Paris: Walter de Gruyter, 2004, pp.270–276，关于家庭纽带的断裂；K.Bradley, “Child Labour in the Roman World”, in K. Bradley, *Discovering the Roman Family*, Oxford: Oxford University Press, 1991, pp.103–125; Dalby, 1979。也见S. Bussi, Schiave: “prezzi e tasse sul lavoro”, in A. Buonopane & F. Cenerini eds., *Donna e lavoro nella documentazione Epigrafica. Atti del I Semi-nario sulla condizione femminile nella documentazione epigrafica*, Bologna, 21 (novembre 2002, Faenza, 2003), pp.277–286。只有一份纸草记录了两个儿童的售卖，这两个儿童并非来自埃及而是来自Tell Nessana: P. *Ness.* 89(公元6世纪晚期—公元7世纪早期)；虽然，这些是否是儿童并不确定，但是低廉的价格也暗示了有可能是儿童。在会议期间，Noel Lenski给我提供了这个例子，对此我很感谢。

④ 对于这些例子，参见*P.Oxy.* II 263; *P.Mich.* V 278; *P.Vindob.Boswinkel* 7; *SB* V 7573; *PSI* XII 1254; *BGU* I 316.

贩卖儿童也许是奴隶主做的一项有计划的投资。超过30%的女奴被购买来时处于生育能力最旺盛的时期，即20岁到25岁之间。买来的那些14岁到20岁之间的奴隶数量也几乎占同样的比例。销售文件的附文显示出，他们的新主人也会考虑是否购买童工奴隶。在女性奴隶做准妈妈的过程中，她们会承担各种各样的家务活。在购买男性奴隶时，奴隶的年龄也是需要考虑的一个风险，很明显的是，奴隶主更乐意买不到15岁的奴隶。这些男孩10岁就可以干杂活和一些小活计。所以很显然，购买年轻的奴隶并训练他们，这种买卖比较划得来。

公元301年，戴克里先的价格敕令给许多产品规定了最高价格，其中包括奴隶在内。

表1　公元301年　戴克里先价格敕令 §29.1–7 规定奴隶价格（用罗马银币denarii表示）[①]

年　龄	男性奴隶价格	女性奴隶价格
0—8	15000	10000
8—16	20000	20000
16—40	30000	25000
40—60	25000	20000
60+	15000	10000

这些是无技能的奴隶价格。根据 §29.8，有技能的奴隶的价格可能是上述奴隶价格的两倍。[②]此外，在这些同类奴隶中，处于最佳年龄阶段的奴隶价位最高：在8—16岁这一栏中，16岁大的奴隶价格是20000，20出头的奴隶价格可能是30000。[③]这个敕令部分地反映出了书面资料中所显示的年龄等级。7岁就代表着婴儿期结束了，8岁则跟7岁非常接近；16岁跟通常所谓的14岁、15岁隔得不远（也见：60岁是老年时期［senectus］的开端）。与19世

① 见M. Giacchero, *Edictum Diocletiani et collegarum de pretiis rerum venalium*, I.Edictum, Genova, 1974, p.208。在这个问题上的社会经济学研究有Scheidel(1996) 和Saller (2003)。

② pro mancipio arte instructo pro genere et aetate et qualitate artium ... ita duplum praetium statutum in mancipium minime excedere.（关于有技术的奴隶：依据族裔、年龄以及技能水平，……其价格不能超过规定价格的两倍。）根据Philo, *Spec.Leg. Ⅱ 33–34 μέγεθος*（高大）、*κάλλος*（貌美）和 *εὐεξία*（体健）在奴隶价格的构建方面发挥着重要作用。

③ W. Scheidel, “The Most Silent Women of Greece and Rome: Rural Labour and Women’s Life in the Ancient World Ⅱ”, in G&R, 43: 1 (1996), pp.1–10,71.

纪美国的比较研究没有证实8岁到16岁之间的女孩和男孩具有同等的价值。正如上面所言，在古代，这些女孩也许很受重视，因为不久她们就能够生儿育女。[①]

公元530年，查士丁尼发布了一个类似的价目表。这些价格仍为最高价格。

表2 《查士丁尼法典》(*Cod Iust.*) Ⅶ 7.1.5规定的奴隶价格（用金币Solidi表示）

身 份	年 龄	职 业	价 格
男奴与女奴（servi+ancillae）	低于10		10
	高于10	没有手艺的人	20
	超过10	手艺人	30
	超过10	记录员	50
	超过10	医生	60
	超过10	助产士	60
未成年阉人（eunuchi minores）	低于10		30
成年阉人（eunuchi maiores）	超过10	无手艺者	50
	超过10	手艺人	70

与《学说汇纂》Ⅶ 7.6.1中将5岁设为界限相比，把10岁设为年龄界限看起来更加现实，5岁应该是年龄的绝对下限。此外，人们会不自觉地将这些不到10岁的孩子看成未经完整训练的奴隶，但并不排除他们能做一些特定的零活（从经济的角度来讲，这些活计不那么受重视）。

晚期古代的法律也证明了，10岁是一个节点，儿童的教育开支指限于其前10岁。[②]有一些关于被阉割奴隶的详细描述。10岁以下的阉人非常稀少，但价值很高：一个年轻的阉人与一个技术精湛的成年工匠一样昂贵。[③]罗马

① Scheidel, 1996, pp.71–74. Scheidel所引用的来自美国的价目表也显示出，8岁和16岁是年龄阈限。

② *Sent.Syr.* 77, 98（叙利亚；5世纪）和*Lex Visig.* Ⅳ 4.3（西班牙Hispania；6世纪）。

③ Sin vero eunuchi sint servi communes maiores decem annis (...) minores etenim decem annis eunuchos non amplius triginta solidis aestimari volumus.（但是假如超过10岁的阉人是普通奴隶的话［指的是无技能的普通奴隶］，我觉得不到10岁的阉奴的价值不应该超过30金币。）根据《学说汇纂》Ⅸ 2.27.28，阉割一个奴隶男孩提高了他的价值（《阿奎利亚法》［*Lex Aquileia*］不适用于这些例子）。关于昂贵的阉奴，见苏维托尼乌斯，《图密善传》7.1；老普林尼，《博物志》Ⅶ.129；《学说汇纂》XXXIX .4.16.7。

帝国禁止阉割年轻奴隶，但这样的价格规定不禁让人对此禁令的效能产生了严重的质疑。①

四、乡村生活

1. 大地产

在理论研究和专门著作中，古罗马的作家都谈到了大地产（latifundia）的运作问题。法律资料也涉及大地产中儿童的问题。乌尔比安给大农场中的“工具”（instrumentum）下了一个定义：有助于生产、收获和存储粮食的设备和劳动力。除此之外，也有“使用工具的工具”（instrumentum instrumenti）：在属于“工具”的那一类中，对衣、食、住负责的人员。②典型的工作就是烘焙面包，维修房屋；做这些工作的典型职业有，厨房女仆、女织工和女厨师。③乡村地产及其“工具”可留作遗产。较大的遗产就是所谓的“配备完善的房产”（fundus instructus）：即带有“工具”以及有助于为新家主（pater familias）提供更好设备的所有东西的乡村地产。这种“配备完善的房产”（fundus instructus）也包括女性奴隶和他们的孩子。④这些孩子都属于“使用工具的工具”，将孩子和妇女连带一起包含在遗产中，被认为是最合适的，因为这样可以避免夫/妇和/或子女之间残酷的分离（dura separatio）。⑤因此，妇女和儿童所从事的劳作被赋予的是某种边缘化的地位。最终，这两类人都不属于奴隶劳工这类“工具”。⑥

根据科路美拉（Columella）、瓦罗（Varro）和《学说汇纂》XXXⅢ 7的描述，可以列出农场中的工作和任务的清单。从理论上来讲，可能其中的很多

---

① 关于图密善皇帝发布的这一禁令，见苏维托尼乌斯（Suetonius），*Dom.* 7.1和Cassius Dio LⅧ 2.4。关于类似的禁令，见Paulus, *Sent* Ⅴ 23.13和*Dig.* XLⅧ 8.8.2。

② *Dig.* XXXⅢ 7.8 pr（工具*instrumentum*）；*Dig.* XXXⅢ 7.12.5(使用工具的工具*instrumentum instrumenti*).

③ *Dig.* XXXⅢ 7.12.6.

④ *Dig.* XXXⅢ 7.12.33.

⑤ *Dig.* XXXⅢ 7.12.7和Paul, *Sent* Ⅲ 6.35.

⑥ 关于女性奴隶的地位的影响，见Saller, 2003, pp.200–201.

工作都适合儿童去做，[①]不过对此，这些作家经常没有明说。

瓦罗非常鄙视童工。富裕的地主当然不会让他自己的孩子做工，穷人也一样。对于更加重要的任务，地主当然会优先使用雇佣的劳动力。这些雇员最低年龄当是22岁。贵族对奴隶缺乏信任可能是基于这个假设，即后者不会关心主人的财产。[②]

科路美拉认为，奴隶劳工促进了更大规模的生产力发展。他列举的很多工作都适合奴隶和他们的孩子做（因为“孩子”这个词可以描述两者，所以实际上我们并不知道科路美拉所指的是否只是孩子）。[③]此外，在科路美拉时代，随着战争的结束，社会不能再提供大量的奴隶，于是，他将注意力更多地放在了他自己奴隶的孩子教育上。他不允许儿童工作一整天。我们可以想象出孩子们在院落和菜园中玩耍的情景。科路美拉建议菜园不要对孩子们开放。[④]为了防止苹果树下的土太干燥，一个男童奴隶就必须定期地用木铲或芦苇铲给它松松土。[⑤]在意识形态的层面上，科路美拉认为儿童的性纯洁也使得他们很适合在厨房里帮工。出于卫生考虑，与食物相关的人须是儿童或戒性的人。[⑥]除了一些不太重要的家务之外，其他的小活计也需要他们去做。给葡萄园松松土，修剪葡萄枝，或者剪掉庞杂的枝叶也许是适合孩子做的理想工作，虽然在这方面，农业学家很少提到孩子。[⑦]巴尔多（Bardo）博物馆（突尼斯，4世纪）的一镶嵌画，显示了尤里乌斯名

---

① Brasley, 1994, pp.59–60列举了40种不同的职业。

② Varro, *RR I* 17.2–3. 参见A.Gonzales, “A pueritia rusticis operibus edurandus: Le travail des enfants à la campagne chez les agronomes latin”, in Myro, Casillas, Alvar, & Placido, 2000, pp. 240–241。关于终身劳工，见D.Rathbone, *Economic Rationalism and Rural Society in Third-Century A.D. Egypt*, Cambridge: Cambridge University Press, 1991, pp.88–147；关于埃及的临时劳工，见pp.148–174。

③ Gonzales, 2000, pp.241–245.

④ Columella, *RR* X 1.V.33–34：应该用墙和篱笆把菜园围起来。农神（Priapus）的阴茎会吓坏男孩，他的镰刀吓跑盗贼。

⑤ Columella, *RR* XII 42.2.

⑥ Columella, *RR* XII 4.3(aut impubi aut certe abstinentissimo rebus veeriis).

⑦ 例如，见Columella, *RR* IV 5和IV 27。尤其是*RR* XI 2.44: Ab idibus Ianuariis usque in calendas Iunias veteranam vineam priusquam florere incipiat, iterum fodere oportet,eandequem et ceteras omnes vineas identidem pampinare.Quod si saepius feceris, puerilis una opera iugerum vineti pampinabit.（从1月15日［引文如此，但有的版本中没有1月（Ianuariis）一词］到6月1日，宜在葡萄开花之前为旧葡萄园松土，并且修剪这些旧园及其他的园子。假如你经常做这些的话，一个孩子［指童工］用一天的工夫就可以修剪一个英亩大小的葡萄园。）*RR* II 2.13: Verum et si subinde nascentem falce decidas, quod vel puerile opus est.（但假如你用镰刀砍新生的草，那是孩子［都能做］的工作），也很可能是对童工奴隶的一种隐喻。

下一个大型非洲农场的活动：为了采摘、收获橄榄，儿童用棍子敲打橄榄树。[①]监管小鸡是典型的工作：一个人管理200只小鸡被认为是很正常的。年迈的妇人也经常做这项工作——很明显，儿童跟外人一样，重要性微不足道：年龄既小，也没有生育能力。[②]儿童也会放牧小群的家畜。每天，放牧的儿童会将家畜带回到农场，但是，成年的牧羊人则日夜待在田地里。[③]不管怎样，这些年轻的牧羊人都生活在一个组织严密的群体中，接受一个在年龄和经验上都超过他们的年轻人管理。[④]儿童也可能会放牧牛群：会有不同的人在前面引领牛群，如果需要的话，牛群的后面会跟着一个孩子，拿根棍子不让牛乱跑。看守驴也被认为是一个典型的儿童工作。[⑤]奴隶主在经济学和心理学的前瞻性体现在主人培训管家（villicus）的指南之上，要使其从幼年时期开始就对乡村的劳动熟络起来。一个训练有素、忠心耿耿的管家能确保任何一个大地产（latifundium）的兴盛。[⑥]

因此，来自大地产的证据预示童工一直存在。虽然这些词语的含糊其辞使得大家不可能清楚的辨别释奴奴仆、儿童奴隶和成年奴隶，但毫无疑问的是，大部分童工都是奴隶。实际上，那些各类人群在一起生活和劳动，所以

---

① M. Yacoub, *Chefs-d'Ouvre des Musées Nationaux de Tunisie* (Maison Tunisienne de L'Edition, 1978, pp.187–197) 指出，在迦太基发现了这种图画，并且推测这些小的人物形象确实是儿童。Dunbabin,1978, pp.119–120 (pl.XLIII n.109) 和 p.252(n.32) 认为这些图画应该属于公元380年到400年之间，但是她怀疑是都有儿童："有两个微小的人物穿着农民的带帽子的斗篷，他们正在将橄榄从树上打下来，并把它们装在篮子里。"她增加了这种可能性，即有可能会描述社会的低级阶层。关于从事类似工作的儿童（收获橄榄），见 Petermandl,1997, pp.117–119，其中也提到，在后期也存在类似的情况。

② Columella, *RR* Ⅷ 2.7（年龄较大的妇女和儿童会照料小的家禽，比如多达200只鸡）；Palladius, Agr.1.28.1（年龄较大的妇女照料鸡）。边缘位置：Gonzales, 2000, pp.249–250。

③ Varro, *RR* Ⅱ 10: Ad maiores pecudes aetate superiores,ad minores etiam pueros... Itaque in saltibus licet videre iuventutem, et eam fere armatam, cum in fundis non modo pueri sed etiam puellae pascant.（较大的牧群交给年纪稍长的人，较小的牧群甚至可以交给孩子……所以在牧场会见到年轻人，通常携带武器；但在农场上，不仅男孩而且女孩也放牧。）

④ Varro, *RR* Ⅱ 10: Qui pascunt,eos cogere oportet in pastione diem totum esse, pascere communiter,contra pernoctare ad suum quemque gregem, esse omnes sub uno magistro pecoris; eum esse maiorem natu potius quam alios et peritiorem quam reliquos, quod ei qui aetate et scientia praestat animo aequiore reliqui parent. Ita tamen oportet aetate praestare, ut ne propter senectutem minus sustinere possit labores.（这些牧人整个白天都应该在牧场上，一起放牧；但晚上应该各人和自己的牧群一起。所有这些人中间有一个是头领，他应该比其他人年纪更大、经验更丰富，因为其他牧人更愿意听从比他们年长、更有经验之人。但他的年龄也不能大到因年老而不能承担辛劳。）

⑤ 关于照料牛群：虽然 Columella, *RR* Ⅵ, pr.6–7 并没有提到儿童，但是 Gonzales, 2000, p.247, n.24 则从影像资料中推断出存在儿童的劳动。照料驴：Columella *RR* Ⅶ 1.2: Tum imprudentis custodis negligentiam fortissime sustinet。

⑥ Columella, *RR* Ⅺ 1.7: a pueritia rusticis operibus edurandus.（必须从幼年起就经受农活的锻炼。）

他们的生存条件并没特别不同。农业作家从未承认过那些儿童在经济上的重要作用（只是因为庄园主主要依靠自家生养的奴隶，因为等奴隶成年之后，还能继续在这里干活）。农业理论家曾含蓄的承认儿童参与经济，但是他们从未明确地提到过，也从没有把它当作一个问题。从这个角度来讲，在他们的理解中并没有童工这一概念。①

2. 贫困的家庭

农村人口是古罗马帝国中沉默的大多数。虽然农民占据了三分之二的人口（甚至有些估测认为有 80%），但是在文学和碑文资料中，却几乎没有提到过他们。这当然包括那些比较贫穷或者介于贫穷与极富之间的小农。当然，在古代社会中，贫穷这一问题是一个难题，不仅是因为决定人们困苦的因素十分广泛（存在着各种类型的贫穷），还因为新的分析报告指出，在古罗马社会中存在着巨大的财富分野，因此，他们认为存在中产阶层和贫困阶层，而贫困阶层的人数大概占了总人口的一半。②按照现代的标准，在过去，大部分农民都过着一种担着风险、挣扎维持生计的生活，歉收导致的饥荒、盗窃抢劫和暴力，或疾病，使他们的生活更加艰难，生活在城镇的同时代的人甚至更加依赖农村供应的食物。③

几乎没有农民能雇得起奴隶。他们大部分自己也经常和他们的子孙后代一起照管田地，正如瓦罗所认为的那样：

---

① Laes, 2006, pp.189–190.

② W. Scheidel, “Stratification, Deprivation and Quality of Life”, in Atkins & Osbourne, 2006, pp.40–59. 在“中产”阶级和穷人的研究方面具有开创性的贡献，挑战了对古罗马社会的传统观念，也见 Veyne 2001。关于穷人的传统职业和工作，见 Dio Chrysostom, *Or.* 7.103–151, 以及 Parkin & T.Parkin & A.Pomeroy, *Roman Social History: A Sourcebook*, London / New York: Routledge, 2007, pp.216–223 对此的翻译和评论。

③ 关于罗马帝国农村人口和城市人口的比例之估算，见 W. Jongman, Slavernij en verstedelijking: De transformatie van Italië in de tweede en eerste eeuw v.Chr., in Lampas 33, 3 (2000), p.255 和 W. Scheidel, Progress and Problems in Roman Demography, in Scheidel , 2001, pp.1–81, 49–72。关于农民，见 D.Flach, *Römische Agrargeschichte*, München: C. H. Beck, 1990。关于生活条件和饥荒，见 P. Garnsey, *Non-Slave Labour in the Greco-Roman World*, Cambridge, 1980. P.Garnsey, “Retour sur Non-Slave Labour: à propos du choix des travailleurs agricoles dans le monde antique”, in J. Annequin, E. Geny & E. Smadja eds., *Le travail: Recherches historiques*,Table ronde de Besançon, 14 et 15 novembre 1997, Paris 1999, pp.101–114; p.Garnsey, *Famine and Food Supply in the Graeco-Roman World*, Cambridge: Cambridge University Press, 1988。

Omnes agri coluntur hominibus, servis aut liberis aut utrisque, liberis autem, cum ipsi colunt ut plerique pauperculi cum sua progenie, mercenariis.（Varro, *RR* Ⅰ 17.2）

所有的田地都由人来耕种：由奴隶或自由人奴或两者耕种；自由人自己耕作田地，正如大部分穷人和其子孙一起劳作一样；由雇工来耕种。（瓦罗,《论农业》Ⅰ 17.2）

一些奴隶家庭被主人留在偏远地区经营小农场。阿普列乌斯虚构了一小群鲜明的奴隶形象。他们和妇女及孩子住在远离主人的地方。他们照管着一家作坊，照料着牲畜。在简陋和严酷的环境下，他们生活得很贫困。当一个放驴的年轻人在森林中被一头熊攻击致死，人们发现他的驴和一个旅客在一起，并暴揍了旅客一顿。当奴隶们得知主人的死讯之后，就开始逃亡。在逃亡的过程中，他们路过一座由租户（coloni）照管的庄园，那些租户以为他们是一伙盗贼，于是带着看门狗一直追赶他们。不久，他们到达了一座村庄，在那里，一个奴隶管家经营着主人的土地。后来，这个管家由于做错了事，主人将其处死了。[①]古代的历史学家不应该将这些显然虚构的证据不当回事。由于远离主人，管家确实像专制统治者一样经营着小庄园，但是当主人回来处理事情的时候，他们也不得不畏惧主人。[②]

毫无疑问，大多数农民都生活在我们所认为的贫困环境中，虽然他们也未必是赤贫。正如纸草上偶有记载的那样，这些人和他们的妻儿一起耕种着土地。[③]因为缺乏直接证据，对于家庭生命周期的概念，我们需要重新回到比较研究之中。一个家庭构成（由于死亡、离婚、兵役）的改变会牵涉到工作的变化，也可能会暂时雇佣妇女和儿童来做各种农活。在意大利，封

---

① Apuleius, *Met.* Ⅶ 15–28; Ⅷ 1; Ⅷ 15–23（关于揍旅客，见Ⅶ 24；关于他们被从庄园中赶出去，见Ⅷ 17；不忠诚的*vilicus*，见Ⅷ 22）；也见Bradley, 1994, p.71。

② 跟Nonius Marcellus对比，*De comp.doctrina* 242（ed.Lindsay: longe ab urbe vilicari, quo erus rarenter venit, id non vilicari sed dominari est mea sententia）（管家待在远离城市的庄园里，主人很少去那里，我认为那就不是做管家而是像主人［一样管理着那里］）；Columella, *RR* I 2.1(sub hoc metu cum familia vilicus erit in officio)（正因为害怕这个，管家和奴隶们会尽责）。

③ *P.Flor.* I 91（一个农民和他的妻儿一起耕种皇家土地：1.18–19：σ 9 γυναικὶ καὶ τέκνοις）。关于希腊语境下的埃及俗体语例子，见ZÄS 133（2006）, p.611.17（"我的妻子［的］*tfif*和孩子的劳动"）。也见p.631.18（"我的妻子关于做工的钱，和孩子一起"）。

闭群落的男人更常让妇女和儿童工作，在那里，不会有管闲事的人（noisey parkers）干扰他们，也不会受到对这个社会之外的人的诟病。在这样的群落中，已经建立起来的社会文化价值观会被随意践踏。妇女和儿童既要做着他们惯常做的工作，也要做一些通常属于男人的活计。①在这些情况下，儿童奴隶也会做同样的工作：收获橄榄、照料牛群、捡柴、打扫房屋、从田里搬走石头、打碎土块——这些只是日常劳作的一小部分内容。②

3. 采矿

在19世纪欧洲的工业化时代，矿井上使用童工是很普遍的现象。1869年6月15日的一项德国法律规定，禁止雇佣13岁以下的儿童，但是允许13岁的儿童一天最多工作6个小时，14岁的儿童一天最多工作10个小时。煤矿允许对儿童实施8小时工作制，从上午5点到下午1点。1938年4月30日颁布的一个新规章规定，如果16岁以上的未成年人开山或采矿的话，只允许他们做一些准备性的工作。③在法国，1810年的一项法律规定，禁止10岁以下的孩子在矿井中做任何工作。在意大利，1866年的一项法律也对那些不得不在矿井中工作的孩子规定了同样的年龄限制；并规定那些在矿井外工作的孩子最低年龄为9岁。④

关于古代采矿业篇幅最大的描述见于希腊历史学家克尼多斯（Cnidos）的阿伽撒尔基德斯（Agatharchides，公元前2世纪）的《红海记》。其中有一段很有趣，写的是古代金矿中儿童的故事。⑤

---

① W. Scheidel, "The Most Silent Women of Greece and Rome: Rural Labour and Women's Life in the Ancient World", in G&R, 42: 2 (1995), pp.202–217, 210–213,讲述了拥有一个家奴的（过）高代价，家庭生活周期，以及偏僻社区的角色模式。

② 收获橄榄：Palladius, *Op.agr.* 16.14; *P.Fayum* 102.一个小女孩和两只山羊：Ovidius, *Fasti* Ⅳ 511.抱着其他孩子的孩子：Phylarchus 81 F61a=Aelianus, VH Ⅵ 29。关于gerulae: Tertullian, Adv. *Marc.* Ⅱ 13.2; de An.19.8.虽然实际上gerulae指的是保姆，Shaw 1987, p.42认为他们是儿童。关于希腊语的证据，见M. Golden, *Children and Childhood in Classical Athens*, London-Baltimore, Johns Hopkins University Press, 1990, pp.32–37,128–129（也点出了影像学资料）。

③ D. Woelk, Agatharcides von Knidos, Ueber das Roten Meer, Uebersetzung und Kommentar, diss. Bamberg, 1966, pp.120–121.

④ A.Giardina, Bambini in miniera: Quartulus e gli altri, in G. Paci ed., *Miscellanea Epigrafica in Onore di Lidio Gasperini*, 2 Vol., Tivoli, 1998, pp.414–415.

⑤ Photius（*Bibl.*p.447.21–p.449.10a）收集了Agatharchides关于金矿（fr.23–29）文章，并且Diodorus Siculus（*Bibl.* Ⅲ 12.1–14.5）对文章做了些许改动。现代学术界观点认为Photius的文章实际上更接近于原型。对Agatharchides的文本从童工的角度所做的详细分析，见Laes, 2006, pp.190–193。

阿伽撒尔基德斯描述的获得黄金的过程，这些黄金是战俘或罪犯历经“无尽的艰难困苦”（fr.23）而凑出来的。阿伽撒尔基德斯讲到，他们遭受了“最残酷的奴役这最大的不幸”。“一些人与妻儿一起承受着这种折磨，另外一些人则是自己承受着。”他们日夜被锁链锁着，一直辛苦劳作。逃跑是不可能的，因为他们被外国士兵看守着，他们之间语言不通，无法交流（fr.24）。首先，年轻力壮的劳工沿着金矿矿脉，用镐头和锤子凿透岩石，开辟了一条路。这个工作极其耗费体力。在狭窄的通道里，他们几乎无法站立，为了看清楚东西，不得不在额头上绑一个灯（fr.25）。然后，孩子们花费很大力气爬进通道，收集卵石和石头，然后将它们带到外面（fr.26：孩童ἄνηβοι παῖδες）。[①]30岁以上（或不到30岁？）[②]的成年男人将这些石头碾碎，然后，妇女将他们铺在磨坊的地面上。在迪奥多鲁斯（Diodorus）的说法中，阿伽撒尔基德斯怜悯地放大了这些人的无尽苦难：他们脏乱不堪、赤身裸体，甚至包括妇女、老人、病人或伤员在内，都无一例外，他们不断地受到鞭笞。对于这些人而言，死亡比活着更是一种解脱（fr.26）。[③]

此外，其他能证明矿井中使用了童工奴隶的证据微乎其微。我们了解到，在路西塔尼亚（Lusitania）的尔茹斯特雷尔移民聚落（aljustrel colony）里存在未成年人（impuberes），[④]在克劳狄阿努斯山（mons claudianus）采石场和达契亚（Dacia）金矿中，童工的工资要低很多。[⑤]S. 姆罗策克（Mrozek）已经对达契亚矿井的工作条件进行了研究。矿主通常会依靠自由工人做工，他们的妻儿与他们一起住在劳工移民聚落中做些零活，以保障家庭收入。在阿尔布尔努斯·玛伊奥尔（Alburnus Maior）的矿山，一个蜡板文书记载了购买

① 在一个修辞比较中，John Chrysostom提到了儿童淘金。见John Chrysostom, *In Epist.Rom.*16.1.感谢Bernadette Brooten告知这一注释。

② Photius和Diodorus的版本之间文本的差异。见M.L.Sanchez Leon, Grupos de edades y relaciones de dependencia en la Antigüedad. El mundo minero, in Myro, Casillas, Alvor & Placido , 2000, pp. 175–189, 181。

③ 显然，Agatharchides作为一个侍臣对矿井中的生活知之甚少，为了使其对托勒密八世的控告更加生动形象，他描述了这些不同肤色的矿工所遭受的残酷折磨，他很厌恶托勒密八世的统治（事实上，Agatharchides被他放逐了）。

④ 主要见Domergue, 1983和Anchez Leon, 2000, pp.185–187。The *Tabula Vipasca* 13.4 提到了未成年人。

⑤ Cuvigny, 1966, pp.140–143和Sanchez Leon, 2000, p.186。在达契亚，金矿坐落在Alburnus Maior附近。据保存于蜡板上的一份契约（其标注日期为公元164年5月19日—11月13日），成年人的工资定为70个罗马银币，儿童的工资定为10个罗马银币：*CIL* Ⅲ 2,TC Ⅹ (pp.948–949)。

一个小女孩和一个男孩的情况，小女孩叫帕萨亚，6岁，小男孩的年龄在10岁到15岁之间。[①]

C. 多梅尔格（C. Domergue）对伊比利亚半岛的研究列了57个矿工。[②]在路西塔尼亚的矿井中，自由人和奴隶都在移民聚落里做一些较轻的活计，他们都能在矿井中工作，然而，显然那些真正艰苦的工作是奴隶或囚犯带着镣铐做的。已证实的57个矿工中，有6个是奴隶出身。57人中有22人的年龄是已知的，最多有6个是未成年人，可能只有两个是童工奴隶。

在第一个碑文中（公元2世纪），盖尔玛努斯（Germanus）这个名字可能指的是死于15岁的那个奴隶的族裔。

Germanus | Marini serv(us) | an(norum) XV h(ic) s(itus) e(st). S(it) t(ibi) t(erra) l(evis). (A. Blanco Freijeiro, *Antiguedades de Rio Tinto*, in *Zephyrus* 13, 1962, p.43)

盖尔玛努斯是马里努斯的奴隶，15岁，埋在这里。愿土地将你轻埋。

另一块发现于安迪努艾拉（Andinuela）的碑文可能提到了一个来自路西塔尼亚的年轻奴隶。[③]

Lubecigr|emeio serv(us) | nomine T［o *vel* a］nginu［s］| Lusita［n］us| v(ix)it a(nnorum) X［...］hic si［tus］|est. (*H.A.E.* 2145)

鲁贝奇吉美奥（Lubecigremeio）是个奴隶，也叫同吉努［斯］（或唐吉努斯）·路西塔努斯，他活了十［……］岁，埋在这里。

① S. Mrozek, Aspects Sociaux et Admininstratifs des Mines D'Or Romaines de Dacie, in Apulum 7, 1 (1968), pp.307–326.关于刻在蜡板上的契约，见*CIL* Ⅲ 2, *TC* Ⅵ（女孩）和*TC* Ⅶ(男孩)。

② Domergue, 1990, pp.338–342.

③ 关于Lubecigremeio的本名，见C.Domergue, *Les Mines de La Péninsule Ibérique Dans L'Antiquité Romaine*, Rome: Ecole française de Rome, 1990, p.338, n.17所做的评论（跟*H.A.E*的编辑所做的版本有细微的差别）。他认为，Tonginus或Tanginus是奴隶的第二个名字。

五、城市生活

1. 在富有的家庭中服务

除了配有乡村家庭（familia rustica）服务人员的乡村地产之外，富裕的罗马人在城镇中也会有一处房产，并且会配备一样多的佣人，即城市家庭（familia urbana）。大家族是讽刺夸张作品最爱的主题。例如，暴发户特里马奇奥（Trimalchio）有一群专业的仆人和艺人，如舞者、音乐家、杂技演员、小丑和年轻帅气的侍从。[①]在马提亚尔所写的一篇毫无疑问夸大其词的讽刺诗中讲到，由于某些特别的情况，一个叫佐伊卢斯（Zoilus）的人支配5个奴隶供其特定需要：一个拿着羽毛笔让他呕吐的男孩、一个扇扇子的侍妾、一个用小树枝拍苍蝇的男童奴隶、一个男按摩师和一个在其如厕时帮忙的阉人。[②]在马提亚尔的作品中还描写到，两个在竞技场打扫卫生的男孩遇害，因为管理员控制不住一头通常比较温驯的狮子——这些男孩是服务于竞技场工作人员的。[③]

在大家族中，对于儿童来说，餐桌服务是个常规工作。按照科路美拉的观点，出于对卫生的考虑，负责食物安排的仆人应该是未成年人。尤维纳利斯提到过在桌边服侍他的小仆人，乌尔比安也谈到过在宴饮厅（triclinium）服侍他的奴隶，他们在杂役学校（paedagogium）接受训练。[④]来自庞培城的一个壁画描绘了4个孩子在一场盛宴上忙碌服侍的场景：一个年轻的仆人在帮一位客人脱鞋；另一个男孩给那个客人拿过来一个大酒杯；第三个年轻奴隶搀扶着一个男人，显然他在呕吐；然而第四个男孩（很明显具有深色皮肤）正被搂着。[⑤]

J. 达姆斯（D'Arms）对三类负责正式宴会（epulae）和私人晚餐

---

① 关于Trimalchio的手下，见Baldwin, 1978。关于这个例子以及罗马家庭中有大批服务人员的例子，见Bradley, 1994, pp.63–64。

② Martial, *Ep.* Ⅲ 82.

③ Martial, *Ep.* Ⅲ 75.

④ Juvenal, *Sat.* Ⅺ 145–160; Columella, *RR* Ⅻ 4.3; *Dig.* ⅩⅩⅩⅢ 7.12.32. 亦见*CIL* Ⅸ 1880=*CLE* 100。

⑤ 那不勒斯的博物馆：Inv. no.120.029. 见*Le Collezioni del Museo Nationale di Napoli*,Rome,1986, p.170, No.342和J.F.Gardner & Th.Wiedemann, The Roman Household: A Sourcebook, London-New York, 1991, ill.14。Petermandl, 1997, p.125认为，壁画描绘了一个男性同性行为的场景。不过，进行拥抱的那个人物形象是个女人。

（convivia）的奴隶进行了区分。第一类奴隶负责接待宾客：邀请宾客的侍从（vocatores）负责请帖，传名者（nomenclatores）负责传达到来的宾客，搬运工（ianitores）是负责搬运行李的人，餐工（triclinarchiae）负责管理餐桌。第二类奴隶负责食物。除了一般的炊事人员及在厨房打下手的人，采购员（obsonatores）负责采购精美的食物。男侍（pueri ministri）（在和提利玛尔奇奥尼斯［Trimalchionis］的晚宴中，至少有35个主菜）负责把食物端进来。负责斟酒的奴隶属于第三类，他们给豪华的宴会大大增加了光彩。这些奴隶年纪轻轻，胡子刮得干干净净，蓄着长卷发，对于那些可能对他们的性服务感兴趣的宾客而言，他们必须有吸引力才行。[①]谈到富裕家庭中奴隶的性服务这类的文献很多，主要都是跟皇帝有关的：性奴有时被称为宠儿（delicium）。[②]

碑文中也记载了大家族及其分工专业化的仆人之情况，例如，在利维亚（Livia）的墓碑上就有记载。来自朱里亚·克劳狄王朝时期的另一些精英家族也证实了这一情况。总的来说，已发现将近90个不同的职业名称或对职责的描述。[③]从贸易（金匠、鞋匠、裁缝），行政职责（职员、秘书、档案保管员），医疗职责（医生、接生婆、外科医生、眼科医生），负责教育的人员（保姆、送孩子上学的奴隶），娱乐（音乐家、歌手、侏儒、男侍者），厨房人员（厨师、糕点师、餐桌仆人、试吃者）到看门人、窗户和雕像的监工或寄送请帖的人，他们的职责各不相同。

科路美拉在谈到农场一段中解释了这种极端的专门化，这种专业化也适

---

① 关键的文本是Philo, De *vita contempl.* 50–52（译文见J. Pollini, Slave Boys for Sexual and Religious Service: Images of Pleasure and Devotion, in A. J. Boyle, W. J. Dominik eds., *Flavian Rome: Culture, Image, Text*, Leiden-Köln, 2003, pp.149–166,154–155，评注见H.Szesnat, "Pretty Boys in Philo's 'De vita contemplativa'", in StudPhilon, 10 (1998), pp.87–107）。提笔略（Tiberius）在他的酒会上使用了裸体女孩：Suetonius, *Tib*.42.2.关于有魅力的男孩奴隶，见Horace, *Sat.* Ⅱ 8.69–70; Petronius, *Sat* 41; Lucianus, *Sat* 17.24和*Symp*.15.Seneca，*Ep*.47.7和95.124将宴饮（convivium）上的服务和卧室（cubiculum）中的性服务联系了起来。见J.H.D'Arms, "Slaves at Roman Convivia", in W. J. Slater ed., *Dining in a Classical Context*, Ann Arbor: University of Michigan Press, 1991, pp.171–183, 173–176和Polloni, 2003, pp.161–166。

② C. A. Williams, *Roman Homosexuality: Ideologies of Masculinity in Classical Antiquity*, New York-Oxford: Oxford University Press, 1999, p.31("对提到男人对他们的男性奴隶和女性奴隶的性利用的文本进行全面编目，这个任务十分之重")；p.34讲的是关于皇帝和鸡奸。关于*delicia*，也见Laes, 2003，关于鸡奸方面的更多讨论，见Laes, 2006, pp.220–225。

③ 关于朱利亚·克劳狄的家族，见S.Treggiari, "Domestic Staff at Rome in the Julio-Claudian Period, 27 B.C. to 68 A.D.", in *Histoire Sociale/Social History*, 6: 12 (1973), pp.241–255；关于利维亚的家，见S.Treggiari, "Jobs in the Household of Livia", in PBSR, 49 (1975), pp.48–77。Bradley, 1994, pp.61–64调查了一系列的职业。

用于城市家庭：[①]将某一个特定的职责分配给一个奴隶，那么当这个工作完成得不好时，这个奴隶就绝不能把责任推卸给别人。因此，在工作中，这样做会促进奴隶的自豪感。这种自豪感显然不存在于从事比较卑微但很必要的职责的奴隶身上，如清洁工、清扫夫，维持卫生的工作墓碑上就没有提及。

数年间，奴隶可能会有晋升的机会。在那种情况下，他会骄傲的谈及他的职责，因为劳动是唯一能证明他自己价值的事情。[②]虽然在这些碑文中很少提及年龄的问题，但是我们也可以无风险地推断出，儿童从很小的时候就开始做些简单的活计了。

大家族经常自己训练年轻的仆人。特里马奇奥幼年时期是个奴隶，上学期间读了《荷马史诗》。占星家马克西姆斯明确地报告了教育家中仆人的情景。根据佩特罗尼乌斯的观点，我们了解了训练成理发师的年轻奴隶；碑文中提到了生产镜子的学徒，甚至在大家族中专门训练一些又帅气又精致的男孩子（glabri）。[③]

杂役学校（paedagogium）是训练年轻奴隶的地方。[④]普林尼就拥有这样一个地方，以及一个作为奴隶健身房的房间，两个都可能在他的劳伦提亚庄园（laurentian villa）中。普林尼那些受过教育的奴隶是否出自他自己的培训学校，不得而知。塞涅卡抱怨说，这些训练场地内部装饰奢华，这样做是为了炫耀其主人的富有。在这些学校上学的学生都身着华丽的服装。科路美拉的抱怨暗示这些男孩是堕落奢侈的仆人。[⑤]按照老普林尼的观点，来自杂役

---

① Columella, *RR* I 9.5–6.

② Artemidorus, *on*.2.15和2.30是关于奴隶的升职。见Bradley, 1994, pp.68–69。

③ Petronius *Sat*.48.7 & 94.14。*ILS* 1779碑文证据（praepositus...discentibus speclariaris 学习做镜子的人的头领）；*AE* 1899, 206（paedagogus glabrorum 漂亮精致男孩的培训师）；*AE* 1991, 248（paedagogus puerorum男孩培训师）。

④ 关于奴隶训练的早期研究包括S. L. Mohler, Slave Education in the Roman Empire, in TAPhA, 71 (1940), pp.262–280和Rorbes, 1955, pp.334–336。同样参见A. Booth, “The Schooling of Slaves in First-Century Rome”, in TAPhA , 109 (1979), pp.11–19; Hermann-Otto, 1994, pp.315–323; K.Vössing, Schule und Bildung im Nordafrika der römischen Kaiserzeit, Brussel, 1997, p.415, n. 1408; Prtermandl 1997, pp.223–225.

⑤ Pliny, *Ep*. Ⅱ 17.7; Ⅶ 27.13 & Ⅸ 36.4. Pliny称呼这些奴隶为“我的财产”。也见塞涅卡Tranq.an.1.8; Vita Beata 17.2。关于不同的训练机构，见Columella, *RR* I, praef.5: Scholas rhetorum...geometrarum musicorumque vel, quod magis dicendum est, contemptissimorum vitiorum officinas.（有修辞学校……几何学校、音乐学校，更有甚者，还有较最令人鄙视之邪恶的学校［指的是烹饪学校］。）

学校的男孩会陪着主人去浴场。[1]

皇家杂役学校（paedagogia）从提比略时代（所谓的帕拉丁杂役学校［Palatine paedagogium］）直到卡拉卡拉时代都存在。后期的学校坐落在克里乌斯山（Coelius）上，名为“阿非利加之首”（caput africae）。学生（discentes）的年龄跨度是从12岁到18岁。从碑文中可以了解到，在大量教工及其职责中存在复杂的等级制度（管理员［procurator］—教师［praeceptor］—保傅［paedagogus］—副保傅［subpaedagogus］）。对美容的特殊关注意味着，这些年轻的学生除了接受训练外，还在皇室担负着典型职责。在公元1世纪和公元2世纪，迦太基也有其专门的皇家杂役学校。[2]

在大家族中，传统的奴隶职责有传名者（将人们的名字报告给主人），或报信者。根据普林尼的看法，经常会使唤15岁左右的年轻奴隶做这份工作，但是在碑文中，并没有证实儿童传名者的存在。[3]信使（cursores）走在主人的四轮马车前面，或者充当送信的人。在一个家庭中，三兄弟都是信使，佐尼苏斯从15岁开始就做了这份差事。他死于被释放的那一天；也许，他其实是在灵床上获得解放的：

> De t|res frat|ris cur|s||o|ris unu|s sep|arat|us es|t. || Zonisus cursor qui cucur|rit opere maxime q(u)i cucur|rit annis Ⅵ me(n)sis IIII| qui vixit in iuve(n) tute | sua annis XXI et pos(t) |morte(m) patris luce(m) vi|dit dies V

① Pliny, *NH* XXXⅢ 40.

② 关于皇家杂役学校，见Hermann-Otto, 1994, pp.319–323。这些学校里已知的最年轻的学生是12岁，见*CIL* Ⅵ 8695。关于这些学生，见Hermann-Otto 1994, p.317 n.52及p.323 n.62。关于他们的教练，见Hermann-Otto, 1994, pp.322–323 n.61–62。碑文中提到的美容工作包括ornatrix（女性美容师），ornator glabrorum（装扮漂亮男孩者），unctor（涂抹油膏者）这些字眼。Harris, 1989, p.147贬低这种杂役学校在文学和文化方面所提供的教育：这些学校是关于服务和扮靓的。关于可能来自于帕拉丁山上杂役学校的369条涂鸦，见M. Itkonen-Kaila, H. Solin & V. Vaananen, *Graffiti del Palatino*, Vol. 1, Paedagogium, Rome, 1966.

③ Pliny, *Ep*. Ⅱ 14.6: nomenclatores mei (habent sane aetatem eorum qui nuper togas sumpserint).（我的提名者［他们的年龄就快到成年了］。）铭文资料中已知最年轻的传名者为24岁：见*CIL* Ⅵ 4455和Hermann-Otto 1994, pp.333–334 n.79。*AE* 1959,147=1968,33=1987, 67,这位9岁的人不太可能是传名者：［.Cor］nelius P(ubli) l(ibertus) Surus /［nome］nclator mag(ister) /［Capito］linus V a(nnis) Ⅷ［原文如此，但应该是VIIII］/［mag(ister)? s］utorum praeco /［ab ae］rario ex tribus /［decuri］eis mag(ister) scr(ibarum) poetar(um) /［ludos］fecit in theatro lapidio /［ac］cens(us) con(n)s(ulis) et cens(oris).（科尔内利乌斯·普布利乌斯的释奴·苏鲁斯，为［提名］者，九年内五任卡皮托林长官；鞋匠（协会）［长官］；公共拍卖官（praeco ab aerario ex tribus decurieis）；抄写员与诗人（协会）长官；在石剧院举办了［演出］；执政官及监察官的随从。）

mens(es) IIII NVIN | qui deces(s)it die man(u)mes(sionis).（CIL Ⅵ 9317）

在这三兄弟信使中，其中一个与其他两个不在一起。信使佐尼苏斯总是卖力的奔跑传信。他传信传了六年四个月。他总共活了21岁。在他父亲死后，他活了四个月零五天。在他被恩准自由那一天去世了。(《拉丁铭文大全》Ⅵ 9317）

蒙森认为这些年轻的信使是服务于大工程督管（curator operum maximorum）的，即罗马城督（praefectus urbis）的一个直属下属。不过，为私人服务的信使也得到证实。④

簿记员（calculator）是一个家庭的记账人。美里奥尔（Melior）是个13岁的家生奴隶，一则碑文赞扬了他的聪慧与旺盛的精力。有大量证据表明在行政管理存在着年轻人。⑤有一个助理书写员（subsequens librariorum）、皇室奴隶，大约15岁，很可能来自达契亚。⑥在科隆，年轻的速记员克桑提阿斯（Xanthias），显然是主人的心腹。从各个方面而言，这则用快捷的抑扬格写就的碑文都很有趣。前八行主要描写的是一位来自同一家庭中的吹笛者，名叫西多尼乌斯（Sidonius）。两个男孩奴隶的年龄一样大（第六行：par aetas erat），尽管他们的确切年龄不得而知。他们的名字表明，他们有希腊或东方血统。阿乌索尼乌斯（Ausonius）为一个抄写员（notarius）创作了一

---

④ 在*CIL* Ⅵ中Mommsen对此的评论。关于服务于私人的信使，见Petronius, *Sat.*28.29。也见G. Cicoline, 于《铭文辞典》(*Dizionario Epigrafico*）Ⅱ (1910), pp.1403-1404。

⑤ *CIL* ⅩⅣ 475. 这个男孩也是一本手册的作者：Hic tantae memoriae et scientiae / fuit, ut ab antiquorum memoria usque in diem / finis suae omnium titulos superaverit / singula autem quae sciebat volumine potius / quam titulo scribi potuerunt nam / commentarios artis suae quos reliquit / primus fecit et solus posset imitari si eum / iniqua fate rebus humanis non invidissent.（他的记忆和知识是如此渊博，他掌握了从古代的记忆到他自己生命的终点所有的著作。他所知道的东西可以写成一卷而不是一章。他是第一位留下他自己技艺的评注的人，也只有他自己能够效仿［他的技艺］，假如对人不公的命运不曾嫉妒他的话）对于他实际上是一个数学老师还是一个簿记员，学者们存在异议。关于这一争论，见Hermann-Otto, 1994, p.333, n.78。

⑥ *CIL* Ⅲ 1314：D(is) M(anibus) / Iustinus Caes(aris) n(ostri) / verna subseque(n)s / librariorum / vix(it) an(n)is XV［...］/ Tertius verna / Valdenio /pientissimo / b(ene) m(erenti) p(osuit). 关于其他年轻抄写员的史料并没有明确表明他们的奴隶出身：*CIL* Ⅵ 41420a=8410=*CLE* 1388（一个非常年轻的抄写员notarius；1.2: teneris ... sub annis; 1.6: annis parve quidem sed gravitate senex）；*CIL* Ⅲ 7572(librarius leg. V; 18岁时已服务了一些年）；*CIL* Ⅲ 1317(17岁以上的librarius)；*CIL* Ⅲ 5435 (librarius cons.19岁以上）；*CIL* V375（18岁以上的librarius）；*AE* 1990, 213(19岁的librarius和notarius)；*GV* 592 (军队中的正字员，20岁)。Librarii和notarii都是书写员和秘书。Teitler 1985列举了所有已知抄写员（notarii）的谱系名单，但是没有讨论他们的年龄。

首诗歌，其中提到：在4世纪的日耳曼尼亚存在类似的文学—文化环境（阿乌索尼乌斯过去确实在特里尔工作过）[①]。根据21—22行的描写，克桑提阿斯（Xanthias）这个男孩正在顺利的一步步发展成为主人的心腹。

hoc carmen, haec ara, hic cinis,| pueri sepulchrum est Xnthiae|qui morte acerba raptus est | iam doctus in compendia | tot literarum et nominum | notare currenti stilo | quot lingua currens diceret.| Iam nemo superaret legens, | iam voce erili coeperat | ad omne dictatum volans | aurem vocari ad proximam.| heu morte propera concidit,|arcana qui solus sui | sciturus domini fuit.（*CLE* 219, 9–22）

这首诗、这个祭坛、这骨灰是一个叫克桑提阿斯的男孩的墓，他被心酸的死亡夺走。他已经能够熟练地用速记飞快地记录从人们嘴里说出的那么多字母和单词。在阅读方面没有人能够超越他。他已开始被主人召唤听心腹之言，飞向来自主人的声音的每个召唤。唉，他匆匆离世，只有他将要学会主人的秘密（技能）。[②]

伴读奴隶（capsarii），是陪伴小主人去学校的年轻奴隶，他们需要带着小主人上课用的必需品，也可能跟主人一起上课，并在家充当主人侍从。他们自己也仍然是年幼孩童。[③]

通常认为，这些家庭奴隶要比乡下的奴隶生活得更舒服。然而，比较研究表明，情况也不必然如此。在美国的种植园中，家庭奴隶生活的环境很肮脏，但与他们的遭遇截然不同的是，他们主人的生活却很奢侈。每天他们都与主人生活在一起，并且经常遭受骚扰和残忍的对待。[④]从虚构的作品到历史传记，各种古代资料都表明家庭奴隶受到虐待。奴隶犯一丁点的错误，他

① Ausonius, *Ephem*, 7th ed, Green.

② 关于这首诗歌的详细注解，见E. Courtney, *Musa Lapidaria: A Selection of Latin Verse Inscriptions*, Atlanta, 1995, No.131和A. Chessa, "Aspetti letterari in un' inscrizione metrica di Colonia: CLE 219", in BStudLat 34, 2 (2005), pp.590–603。

③ 关于一个年轻的主人和他的男侍从，参见*CGL* Ⅲ 379–380关于侍读奴隶的更多学术研究，也见Hermann-Otto, 1994, p.333, n.79。

④ D'Arms, 1991, pp.180–181.

们就可能会遭到鞭笞、抽打或铁烙。[①]古代作家曾对此做过委婉的评论，这提醒了人们，奴隶的生存状况是多么不稳定：主人盛怒，于是用芦苇笔击伤了一个奴隶的眼睛；奥古斯都的仆人由于收了小费，骨头被打断了；因为浴室热水池（calidarium）里面的水太热了，12岁的康茂德让人把一个沐浴侍从扔进了炉子里；伊索的主人使尽浑身力气鞭打伊索，想让他狡猾的奴隶诚实的供述原委。[②]在一篇说教的文章中，塞涅卡提到了在盛大的宴会上，一群奴隶站在旁边随时待命，看着主人寻欢作乐。他们一整夜都站在那里，稍微发出点声音就会受到鞭笞，饥肠辘辘和百无聊赖是他们的宿命。[③]

2. 行业与工匠

碑文中提到了从事某些特定行业的儿童奴隶。我们并不总能确定，这种情况是否发生在富裕的大家庭中。帕古斯（Pagus），可能是一个主人家的家生奴隶，作为一名金匠而出人头地。据他的诗体墓志铭，他去世时年仅12岁。

Quicumque es puero lacrimas effunde viator
Bis tulit hic senos primaevi germini annos,
Deliciumque fuit domini spes grata parentum.
Noverat hic docta fabricre monilia dextra
Et molle in varias aurum disponere gemmas.
Nomen erat puero Pagus, at nunc funus acerbum
et cinis in tumulo iacet et sine nomine corpus.
Qui vixit annis Ⅻ
Mensibus Ⅷ diebus ⅩⅢ ho(ris) Ⅷ

(*CIL* Ⅵ 9437=*CLE* 403)

① Petronius, *Sat.* 34.6（因偷了一个杯子而被打）；Juvnal, *Sat.*14.15–22（因为偷了纸巾而用受到烙铁的痛苦）；Ammianus Marcellinus ⅩⅩⅩⅧ 4.16（热水拿来的太慢而挨了300下鞭子）。D'Arms, 1991, p.175列举了一个完整的清单，里面写的是家奴受到的各种惩罚和可耻的对待。

② Galenus, *De proprii animi cuiuslibet affectuum dignotione et curatione* 4.7–8(5.17 Kühn); Suetonius, *Aug.* 67; SHA, *Comm.*1.9; Vita *Aesopi* 6=58.77a .参见D'Arms, 1991, p.179。

③ Seneca, *Ep.* 47.3.

路过的人啊，无论你是谁，为这位男孩流泪吧。

他12岁，年纪轻轻。

他是主人的爱宠也是父母美好的希望。

他掌握制作项链的娴熟技能；

擅长用柔软的金子镶嵌各式各样的珠宝。

他名叫帕古斯，但是现在他有了凄惨的葬礼，

他的骨灰、无名遗体躺在墓中。

他活了12岁

8个月13天8个小时

在这种家庭中，一个男孩奴隶既要充当主人的宠物，同时也要在他父母的作坊里做一些特定的工作。9岁的金匠维肯提阿（Vincentia）可能是个奴隶。她是否也在一个大家庭里做工，这件事并不确定。但是，她的父亲确实为她立了一块墓碑。

Vicentia dul|cissima filia | aurinetrix qae (sic) | vixit an(nis) VIIII m(enses) VIIII. (*CIL* Ⅵ 9213)

维肯提阿，最亲爱的女儿，是个金匠，她活了9岁9个月。

从碑文中我们了解到四个幼年美容师（ornatrices）可能是奴隶出身。他们的职业要求一定的技巧性，可能与美容护理相关，并且需要经过至少两个月的训练才可以工作。除了《拉丁铭文大全》第十卷（*CIL* X）中来自那不勒斯的那一篇碑文之外，就没有证据能够证明在这些年轻的美容师中，有任何人在大家庭中做过工。不过，第三篇碑文中可能提到了一家店，其中既有奴隶又有释奴。在S. 特雷贾里的著作中提到："来自罗马的其他美容师，或者可能从事着像现代的理发师一样的行业。"①

① Treggiari, 1976, p.80. 奴隶至少培训两个月 (*Dig*. XXXⅡ 65.3)，见Hermann-Otto, 1994, p.335, n.81。

Pieris | ornatrix | vixit | an(nis) VIIII | Hilara mater posuit. (*CIL* VI 9731)

皮埃利斯是个发型师，她活了九岁。她的妈妈希拉拉立了这块碑。

Anthis ornatrix | an(norum) XII filia | Antonial (*sic pro Antoniae*) l(ibertae) Eronis. (*CIL* VI 9726)

阿提斯是个发型师，她活了12岁，是安东尼阿尔（当为安东尼娅的）女儿，安东尼娅是埃若尼斯的女释奴。

Q.Lollius Eros | Caetennius Flor(us) | Sponde Caetennia sibi | Bremonti v(ixit) a(nnos) VIII Lado f(ilio) | Erotis orn(atrix) v(ixit) a(nnos) XIX m(enses) VI | Sperata orn(atrix) v(ixit) ann(os) XIII. (*CIL* VI 9728)

昆图斯·罗尔利乌斯·艾洛斯、凯坦尼乌斯·弗罗如斯和斯彭戴·凯坦那为他们自己（立了墓碑），为布莱蒙提斯（立了墓碑），他活了8岁；为拉鲁斯，艾洛斯之子（立了墓碑）。一位女发型师活了19岁6个月。斯佩拉塔是个女发型师，活了13岁。

Clymene orn(atrix) | puerorum v(ixit) a(nnos) X | v(ivo) Lucrio Pison [is] . (*CIL* X 1041)

克吕麦奈是男孩子们的发型师，她活了10岁。为卢克林乌斯，皮索的儿子当他在世的时候（立了这块墓碑）。

同样地，跟身体护理紧密相关的职业还有调香师（unguentaria）或女按摩师，正如一个9岁大的调香师来自纳邦高卢（Gallia Narbonensis），她服侍的是庞培娅·伊菲革涅亚。

—] miae unguentariae Pomp(eiae) Iphigeniae

—] an(nos) IX m(enses) XI d(ies) XXIII et sibi vivi fecerunt.

(*CIL* XII 1594, Lucus Augusti)

——】献给庞培娅·伊菲革涅亚的女调香师，

——】活了9岁11个月23天，在世时他（她）们为自己立了（墓碑）。

马提亚尔写过一个在理发修面方面技艺高超的男孩奴隶，已知年轻理发师还有一位，载于一篇碑铭。①

Pistus | N(oni) Vibi Sereni tonsor | Pistus et inpubis situs hic – crudelius | ultra quid quaeris – formam nec | minor ipse sua | in lachrumas dedit ossa novas | revocatus in iram surge dolor | tacite ne cadat hora gravis. (*CIL* VI 9938=*CLE* 989)

皮斯图斯是诺尼乌斯·维比乌斯·塞莱努斯的修面剃须师。皮斯图斯还未成年，葬在这里 —— 你能想到比这更残酷的事情吗？——他自身样貌也不差。他为他的骨灰一掬新泪：悲痛再续，心有怨怒，起来吧！（你们）请缄默，以避免致命的时刻降临。

释奴路奇乌斯·阿尼奇乌斯·菲利克斯（L. Anicius Felix）是高档服装裁缝（vestiarius tenuarius）。因为他年仅4岁（他比奴隶的年龄下限还小一岁），所以他可能和其他裁缝一起在一个大家族中工作。由于他很小就被释放了（或者也是在其临终之时才获得了解放），他可能预定要在主人的家里工作较长的一段时间，但是被死亡打断。②

L. Anicius L(ucii) l(ibertus) | Felix | vestiarius | tenuarius v(ixit) a(nnos) IV. (*CIL* VI 6852)

---

① Martial, *Ep*. VI 5.2 (稚年 puerilibus annis)。关于一个叫 ἀρτιφυή 的理发师，见 *GV* 1350。*Philogelos* 199 和 200 提到了学徒理发师，但是没有提及他们的年龄。

② 这个碑文属于 Monumentum Vineae Aquariorum。有专业技能的年轻奴隶较早获释，见 Hermann-Otto, 1994, p.335。

路奇乌斯·阿尼奇乌斯·菲利克斯，路奇乌斯的释奴，是制作高端服饰的裁缝，他活了4岁。

阿非利加可能有个10岁的羊毛工（或织工lanarius），虽然史料解读和其奴隶身份都值得怀疑。[①]一个女童奴隶因为纺织工作做得很出色而获得赞誉。

C(ai) Paguri C(ai) l(iberti) Gelot［i］s. | Hospes resiste et tumulum hunc excelsum aspic［e］| quo continentur ossa parvae aetatulae | sepulta heic sita sum verna quoius aetatulae | gravitatem officio et lanificio praestitei | queror fortunae cassum tam iniquom et gravem | nomen si quaeras exoriatur Salviae.| Valebis hospes opto ut s<ei>s felicior.(*CIL* Ⅴ 6808=*CLE* 63, Eporedia, Ivrea)

这是盖尤斯·帕古利乌斯·盖罗提斯的墓碑，他是盖尤斯的释奴。客人啊，停下来，看一看这高大的墓吧，这里面葬的是一个年幼女孩的骨灰。我是一个家生女奴，我被埋在这里。我幼小的年龄给我的职责和纺羊毛的工作带来庄重感。我抱怨命运的如此不公和沉重的灾难。如果你想知道我的名字，我想说我叫萨尔维娅。再见了，客人啊，我祝愿你们要比我快乐幸福。

一般情况下，不管是来自小家庭中的自由儿童还是奴隶儿童，他们都是在家从父母那里学的手艺。出自庞培城的一幅画显示了一个女人拿着（东西），一个小女孩在协助她。[②]在帝国的各个领域都存在家庭产业。或许从安全的角度考虑，出身自由的女孩要待在家里，同时这也就解释了，为什么在

① *ILA fr* 396: ］rius |［...］pius vi\\［xit ann(nos)］X lanari LO |［...］CAR［-. 关于一个17岁的羊毛工，见 *CIL* Ⅴ 4505。（lanarius指与羊毛打交道的人，可以是在处理羊毛程序中各环节的专业工作人员，也可能是纺织工，也可能是贩卖羊毛的商贩。——译者注）

② 见K. A. Kamp, “Working for a Living: Childhood in the Pre-Historic South-Western Pueblos”, in K.A., 1981, fig. 90和G. Zimmer, *Römische Berufsdarstellungen*, Berlin, 1982.,p.120中的例证。Avidius Felix，13岁，他的墓碑上所有的迹象都表明他是一个梳羊毛的工人，但他并不是奴隶：*CIL* Ⅸ 4024。

学徒契约中没有提到过她们。因为她们在家学习手艺。[①]在关于玛丽的幼年的伪福音书中，3岁的玛丽就满腔热情投入到纺织羊毛的工作中。[②]实际上，一个学徒女孩与一个年轻女仆的每日生活是很相似的：很可能她们要一起学习，一起工作。

保存在纸草上的学徒合同中也记载了类似的情况。这样的合同是主人和学徒的父母、监护人或主人之间订立的，合同中规定了工作的性质、培训时间、开支、实际的规章制度、工作时间和假期。[③]只有一次，学徒的年龄是确切给出的，是作为织工的安提努波利斯地区的一个14岁女奴。[④]然而，我们可以这样认为：签学徒合同之时，大部分儿童的年龄都是十二三岁：在偶尔少数情况中，会明确的提及年龄问题，并且差不多都是父母中的一方、主人或其他亲戚来协商合同。由于学徒还不是法律意义上的自然人，人们也会与其主人协商合同事宜，并且如果学徒不能达到要求的话，签订合同的人就必须缴纳补偿金。[⑤]合同会涉及自由儿童（31，即总数的75%的人，其中只有几个女孩）、男女奴隶（见附录）。显然，自由女孩在家学手艺。[⑥]所有的女性奴隶都接受编织训练。没有任何行业和自由或奴隶身份联系在一起。父母或主人会根据经济状况的不同，再决定让孩子在哪个特定的行业接受训练。就他们所从事的行业与缺乏自由选择这方面而言，奴隶和自由儿童日常现实生活之间的区别

---

① P. Van Minnen, “Did Ancient Women Learn a Trade Outside the Home? A Note on SB XVII 13305”, in ZPE, 123 (1998), pp.201–203.

② Ev Ps.-Math.《伪马太福音书》6.1: Insistebat autem in lanificio, et omnia quae mulieres antiquae non poterant facere, ista in tenera aetate posita explicabat. 她专心纺羊毛，尽管她年纪尚幼，却能理清老年妇女理不清的线。（后半句字面的意思是：所有老年妇女做不到的，那些她都能理清，尽管她年龄尚幼。——译者注）

③ M. Bergamasco, “Le didaskalikai nelle ricerca attuale”, in Aegyptus, 75 (1995), pp.95–167做了最详细的调研。也见Bradley, 1991, pp.103–125和Schulz-Falkenthal, 1972。自从Bergamasco的报告开始，其他的契约也被重新编辑，或提出了新的解读（见 Kruse 1996）; M. Bergamasco, “Una petizione per violazione di un contratto di tirocinio: P.Kell. G 19”, in Aegyptus, 77 (1997), pp.7–26; M. Bergamasco, La didaskalikß di PCol. Inv. 164, in ZPE, 158 (2006), pp.207–212. 和V I. L. Forsel, Registration of an Apprentice: p.Osl. inv. no. 1470, in SO, 73 (1998), pp.116–124。

④ *PSI* 241.

⑤ 未成年人用*ἀφῆλιξ*（*P.Mich.* III 172）或“未到年龄”（*μηδέπω ὤν τῶν ἐτῶν*，*BGU* IV 1124）来表达。Bergamasco, 1995, p.125讨论学徒在法律上的缺失。

⑥ 在Bergamasco的报告中，Bradley, 1991, p.108。*P.Heid.* IV 326是唯一一个出身自由的女学徒的学徒契约。*KSB* 145（来自8世纪的一个科普特语写的纸草）和*SB* XVIII 13305 收纳了自由学徒女孩的证据资料。见Van Minnen, 1998。

极小。

在主人和学徒的日常生活方面，一些合同透露了较多的信息。在某些情况下，工作时间从日出直到日落，学徒们傍晚才能回家。还有一些学徒会在师父家里过夜。①到父母家的距离或的师父期望也可能会产生影响。在《学说汇纂》中讲到，一个人带着一个当学徒的男童奴隶去了外地，然而合同是不允许这样做的。这个男孩在外地被杀害了。②在一些合同中规定，师父必须供应衣食。在其他纸草的资料中，规定了假期的时间（一年中有18到20天），也明确规定了当学徒生病或延工的时候应该怎么处理。在四个文本中都显示了，训练期满后，学徒必须在其他人在场的情况下参加测试。一个工匠坚持要求，应该由一个外来的师父而不是与他自己的父亲一起决定他的受训时间。③显然，这种由家人以外的人作证更能保证客观性。如果结果是不合格的话，师父还要自己归还一部分钱。④

我们的资料不能清楚地表明这些年轻人受到了怎样的待遇。只要跟行业有关的事情，学徒就得服从师父的安排，不排除残酷的折磨。⑤在这方面，了解了卢奇安（Lucian）的故事之后，就知道出身自由的学徒也可能会受到严格的规定限制，因为他遭到了师父（也是他的叔叔）的毒打，而当他再见到主人时，卢奇安拔腿就跑。《学说汇纂》中提到一个鞋匠，他用鞋楦把一个笨手笨脚的学徒奴隶打瞎了。奴隶遭受暴力是家常便饭；儿童在学校遭受毒打也屡见不鲜，那时候的生活迥异于现代情感。⑥在《学说汇纂》中也讲到，有学徒逃到了他母亲那里：如果是为了逃离惩罚才逃跑的，那么学徒就不能被认

---

① 日常工作："每天从日出到日落" καθ' ἑκάστην ἡμέραν ἀπὸ ἀν[ατολῆς] ἡ[λίου] μέχρι δύσεως（*p.Oxy.* Ⅳ 725）。不得离开："黑夜或白天都不得离开师父家" οὐ γινόμενος ἀπόκοιτος οὐδ ἀφήμερος ἀπὸ τῆς τοῦ διδασκάλου οἰκίας（*P.Oslo* Ⅲ 141）。

② *Dig* XIX 2.13.3.

③ Bergamasco, 1995, pp.129–130（假期）；p.131（生病或缺席；签订契约的人必须付给主人赔偿金）；pp.133–134（测试）。名叫那喀索斯（Narcissus）的年轻奴隶，其主人为了让其学习长笛：εξεταθησεται υψ' δμοιοτεχνων τριων，就把他送去当学徒，关于这个故事，也见*BGU* Ⅳ 1124。

④ P. *Oxy.* Ⅱ 275（未能正确的教授一门技艺的老师将会被罚款）。

⑤ E.g. *P.Oxy.* Ⅱ 322: διακονουντα και ποιουντα τα εργα παντα τα επιτασσομενα αυτω κατα την γερδιακην τεχνην. 参见Bergamasco, 1995, pp.125–126。

⑥ Laes, 2005.

为是逃犯。[①]17世纪的资料中显示，在伦敦，学徒会受到主人或稍微年长点的其他学徒的残酷虐待。L. 斯通指出，在1640—1800年期间，工匠和农民用一种特殊的方式对待儿童。这种方式的特点是，他们既强调儿童的经济价值，同时也在儿童做学徒的开始殴打他们，并以此作为巩固其尊严的手段。[②]

然而，古代的法律资料并不认为暴虐行为是正常的。在《学说汇纂》中，乌尔比安明确地表明，他自己不赞同尤利安（Julian）的解释。对乌尔比安而言，根据《阿奎利亚法》（*Lex Aquileia*）的赔偿规定确实能投诉那个残暴的鞋匠。师父的过分残暴不容姑息。[③]另一方面，如果有人去世了，主人或学徒相互之间会撰写葬礼的碑文以表达感谢和怀念。[④]来自尼科米底亚

---

① Lcuian, *somn.*1–5; *Dig.* Ⅸ 2.5.3: Si magister in disciplina vuluueraverit servum vel occiderit, an Aquilia teneatur,quasi damnum iniuria dederit? Et Iulianus scribit Aquilia teneri eum, qui eluscaverat discioulum in disciplina: multo magis igitur in occiso idem erit dicendum. Proponitur autem apud eum species talis: sutor, inquit, puero discentu ingenuo filio familias, parum bene facienti quod demonstraverit, forma calcei cervicem percussit, ut oculus puero perfunderetur. Dicit igitur Iulianus iniuriarum quidem actionem non competere, quia non faciendae iniuriae causa percusserit, sed monendi et docendi causa.（一个教师如果在授课时伤害或杀死一个奴隶，那么依据《阿奎利亚法》，他必须对此负责，如果有人因为其不法行为造成损害呢？尤里安认为，在课上将学生的眼睛打瞎的人，也要依据《阿奎利亚法》负责。如果这人被打死，那么情况更是如此。于是，他描述了下面的例子：一个自由人的儿子给一个鞋匠当学徒，当这个学徒未能按照他的指点很好的干活时，这个鞋匠就用鞋楦向学徒的脖子打去，结果打坏了学徒的眼睛。所以，尤里安说，实际上这不产生伤害诉讼的问题。因为鞋匠没有故意加以伤害，而只是想去警告和教训学徒。）在*Dig.* ⅩⅩⅨ 2.13.4–5中有同样的例子。见Thomas, 1961。最近，Sigismund-Nielsen, 2007将这篇文章当作罗马人“功利主义”的利用儿童的代表性文章。关于逃跑，见*Dig.* ⅩⅪ.1.17.5。

② L. Stone, *The Family, Sex and Marriage in England (1500–1800)*, London: Harper & Row, 1977, pp.167–169, 468–470. Smith 1973是关于伦敦男童学徒的经典研究。

③ *Dig.* Ⅸ 2.5: ... an ex locato,dubitat,quia levis dumtaxat castigatio concessa est docenti: sed lege Aquilia posse agi non dubito. *Dig.* Ⅸ *2.6:* Praeceptoris enim nimia saevitia culpae adsignatur.（……他斟酌道，或许可以适用雇佣诉讼，因为教师只能对学生施以轻微的惩戒。然而，我不怀疑可以按《阿奎利亚法》予以诉讼。*Dig.* Ⅸ 2.6: 实际上，教师的过分严厉被视为过错。）

④ 有一则碑文中表达了最直接的感激之情，（这则碑文）明确提到出身自由或被释的仆人。*RIT 447:* Iulius hic fuerat nomine summo artificioque Statutus / tractabatque viris aurum mulieribus atque puellis / plenus omni ope moribus vita discipulina beatus / non uno contentus erat pluribus gaudebat amicis / h(a)ec illi semper vita fuit et sexta lavari \ reliquit suboles suae posteros stationis futuros / per quos ut statio statutiq(ue) nomen habebit \［t］res paene aetate pares artificio ministros / scripsi haec unus ego ex discipulis prior omnibus illis / Secundinius Felicissimus ego set(!) nomine tantum \［h］oc quot potui magister tibi contraria munera feci \［a］ddo scriptura tuis tumulis sensus sive exter ubique \［s］erves utque tuos amicos meque cum illis / ut quotienscumque tibi annalia vota dicamus / ut et voce pia dicamus Carnunti sit tibi terra levis. 这里是尤里乌斯·斯塔图图斯，名声与手艺皆卓著。他为男人、女人和女孩做金制品。富足，幸福，（无论）在生活方式、人生（还是）手艺上。他不满足于只有一个朋友而是享受拥有很多朋友。他的生活一向如此，早上和六点都洗浴。他留下作坊的继承人，三个年纪相仿、技艺相当的仆人，通过他们，作坊以及斯塔图乌斯之名都将得以传承。本人，塞孔蒂尼乌斯·费里奇斯姆斯但只是名字上（是费里奇斯姆斯）（费里奇斯姆斯意为“最幸运的”——译者注），作为一名学徒，学徒之首，写下这些。师父，我尽我所能了，我给您献了能配得上您的礼物，我以这些话为您的坟墓添上情感，无论您在何处，您可保留您的朋友以及我在其中；每当我们为您做周年祝愿，我们用虔敬的声音祝祷，愿卡尔努图姆的土地轻埋您。

（Nicomedia）的一篇用希腊语写成的诗体悼念碑文证明了一位名叫欧普拉斯（Euphras）的裁缝对其主人维塔利斯（Vitalis）的感激和自豪之情，主人35岁去世。主人去世时的年纪不大，再加上第八行中所用的ἐξέθρεψε（“他抚养大”），这两点就意味着，欧普拉斯可能是个弃婴或养子（alumnus），所以从儿时起他就住在维塔利斯的家里。在他接受培训的过程中，他感受最多就是主人的仁慈善良。[①]在来自科尔多瓦（Cordoba）发现的一篇碑文中，一位雕刻方面的能工巧匠（anaglyptarius）悼念他的学徒兼养子，这个学徒去世时11岁5个月零6天。但是，这种解释具有争议，因为这也可能是一个40岁左右的男人（如果读作40岁［annorum XL］而不是11岁［annorum XI］的话），这个男人是某个叫盖尤斯·瓦勒里乌斯·泽普鲁斯的人的养子和继承人。[②]

> Valerius |［—］m Tuccit(anus) | caelator anaglyptarius | incrementum maximum | annor(um) XI | men(ses) V dier(um) VI | p(ius) i(n) s(uis) h(ic) s(itus) e(st) s(it) t(ibi) t(erra) l(evis). | C. Valerius Zephyrus | succesorem suum li(bertum) | et alumnum indul|gentissimum hic consecravit.(*CIL* Ⅱ 7, 347)
>
> 瓦雷利乌斯·［—］姆·图克奇坦乌斯，是一个技能高超的雕刻师，他在世十一岁五个月零六天，对家人恭敬有礼，他埋葬在这。愿土地轻埋他。盖尤斯·瓦勒里乌斯·泽普鲁，悼念他的继承者、释奴、极为体贴的养子。

共情可揭示男童奴隶的某些生活状况。那时的受教于老师，老师传授他们一些初级的阅读、写作和算术。而学徒们经常日夜和师父待在一起，因此，在很大程度上说，他的教育包括了年轻人的一生。这个工匠就好像他们的另一个父亲一样。对他而言，教育是一个培养整个人格性情的过程。他在许多方面都是学徒们想要效仿的榜样和模范。对于那些和主人在

① Verse 5：“你带着种种仁慈善意（εὐνοίας）传授技艺”。这个铭文已由Merkelbach与stauber编辑（*Steinepigramme aus dem griechischen Osten* 3，München, 2001）以及Drexhage, 2002所发表的评论。

② 见*CIL* Ⅱ中对此的注解。不太常用的一个词indulgentissimum（极为体贴的、极温和的）证明了主人和养子之间的感情。

一起当学徒的男孩奴隶而言，由于他们不断的日常交往，因此不能排除他们彼此间日益增进了解。[①]不管怎样，这与学校教师（ludi magistri）相比而言，有相当大的差异，因为学校教师只会在识字和文学方面每天教他们的学生几个小时而已——学生们对这些科目不熟悉，尤其是对下层社会的学生而言更是如此，况且乍看之下，这些科目跟日常的生活体验几乎没什么联系。

3. 艺人和表演者

文学资料和碑文中都提到过儿童充当艺人的情况：舞者、演员、哑剧艺人、杂技演员、走钢索者、杂耍演员——男女都有。[②]表演艺人并不受尊敬：在这种家庭产业中，经常子承父业。[③]儿童艺人可能会在一个有条件享受这种奢侈娱乐的富裕大家庭中长大，也可能是江湖艺人中的一员。

有一些例子讲述了一些在一个家庭中充当艺人的年轻奴隶。[④]一些富裕的家庭有他们自己的演员进行表演。[⑤]前面已经提到过的科隆碑文中，记录了年轻的西多尼乌斯和年轻的簿记员克桑提阿斯的故事，从中可以清楚地看到他们与一个大家庭之间的联系。

---

① R. Frasca, "Il Profilo Sociale e professionale del Maestro di Scuola e Del Maestro D'Arte Tra Reppublica e Alto Impero", in G. Firpo, G. Zecchini eds., *Mag-Ister: Aspetti Culturali e Istituzionali*. Atti del Convegno, Chieti 13–14 novembre 1997, Alessandria, 1999, pp.150–153.

② G. Prosperi Valenti, "Attori-Bambini del Mondo Romano Attraverso le Testimo-Nianze Epigrafiche", in Epigraphica, 47 (1985), pp.71–82和Petermandl, 1997, pp.127–128进行了重要的整理——这里我用我自己的发现进行补充。

③ Hugoniot, 2004, pp.233–234提到了一则碑文*CIL* XIV 2408，碑文中提到了adlecti scaenicorum：60个之中有4个是儿子，27个有同样的氏族名（nomen gentilicium）。

④ 关于年轻艺人的其他碑文至少怀疑了奴隶的出身。C.Asinia Doris是一个11岁大的年轻舞者，她父母的族名相同，都是Asinius Olympus 和Asinia Doris。最可能的是，他们是一对释奴夫妻（*CIL* VI 10142）。Phoebe Vocontia诗歌12岁的emboliaria，其父母是来自两个不同家庭的释奴（*CIL* VI 10127）。Eucharis，13时就作为唱诗班的舞者而知名，她是Licinia的一个自由女孩（*CIL* VI 10096）。15岁的长笛演奏者Fulvia Copola也是一个自由女孩（*CIL* VI 33970）。

⑤ C. Gourdet, "Pantomines et Grandes Familles sous le Haut-Empire", in Chr. Hugo-Niot, F. Hurlet, S. Milanezi, *Le Statut de L'Acteur dans L'Antiquité Grecque et Romaine*. Actes du Colloque Qui est Tenu à Tours les 3 et 4 mai 2002, Tours 2004, pp.307–325.

Hoc hos sepulcrum respice | qui carmen et Musas amas | et nostra communi lege | lacrimanda titulo nomina. | Nam nobis pueris simul | ars varia par aetas erat. | Ego consonanti fistula | Sidonius aera perstrepens. (*CIL* XIII 8355=*CLE* 219.1–8)

任何喜爱诗歌、缪斯女神的人和任何将会对人终有一死的共同律法哀婉的人们，看看这座坟墓，读读我们共同墓碑上可为之哭泣的名字。我们都是男孩，年龄一样大，但是掌握的技艺不同。我叫西多尼乌斯，擅长吹奏音调优美的长笛。

虽然还不清楚体操员（gymnici）到底是什么，但是他们与艺术追求有关系这一点是很明显的。能从欧普路斯（Euplus）、埃兰凯乌斯（Elenchius）和文肯提乌斯（Vicentius）这体操三兄弟（gymnici fratres）的名字辨别出他们是奴隶，他们的父亲巴塞琉斯（Basileus）也一样是奴隶。这三位年轻的兄弟被当作养子，在家里接受教育，都受到了主人们的悼念：

D(is)M(anibus). | Hic positi gymnici tres fratres. | Euplusq(ue) vix(it) a(nnos) V m(enses) VIII /d(ies) XIII. | Elenchus q(ui) vix(it) a(nnum) I, m(enses) VII. | Vincentius q(ui) vix(it) a(nnos) V m(enses) VIIII d(ies) XXVIIII. | Patroni alumnis suis | b(ene) m(e)r(enti)bus | et Basileus fecerunt pater. (*CIL* VI 10158)

致亡灵！这里埋葬着体操员三兄弟。欧普路斯活了5岁8个月零13天。埃兰凯乌斯活了1岁7个月，文肯提乌斯活了5岁9个月零29天。他们的主人们，和他们的父亲巴塞琉斯一起，为他们自己的养子们立墓碑，他们值得。

同样，也可以从名字判断出，萨利奇乌斯（Sarricius）是个男童奴隶。

D(is) M(anibus). | Sarricio | infanti | gymnico | dulcissimo |qui v(ixit) a(nnos) IIII | m(enses) VIII d(ies) III | parentes. (*CIL* VI 10160)

致亡灵！这里纪念的是一个叫萨利奇乌斯的幼儿，可爱的体操员，他活了4岁8个月零3天，他的父母为他（立了这块墓碑）。

这些体操员，也许是一类小丑、艺术体操选手或杂技演员，并且他们都非常年轻。即使在今天，艺术体操运动员也会在幼年时期就接受训练。[①]5岁的帕里狄翁（Paridion），是尤利娅·霍斯提利娅（Julia Hostilia）的一个家奴，他是一个ὀρχηστής，即舞蹈—杂技演员。他的名字是帕里斯（Paris）的昵称，是哑剧演员的一个常见绰号。

帕里狄翁是一个舞者—杂耍者（ὀρχηστής），活了5岁。他是尤利娅·霍斯提利娅的家奴（θρεπτός）。（*BE* 1961, 586=*Rev. Phil.,* 1985, pp.51–53）

小舞者弗拉维娅·狄翁尼西阿斯（Flavia Dionysias）是一个生在主人家的奴隶（verna），她12岁。她的名字和*verna*这个称呼意味着她获得了自由。[②]

extremum tenui quae pede rupit iter | cuius in octava lascivia surgere messe | coeperat et dulces fingere nequitias | quod si longa tuae mansissent tempora vitae |, doctior in terris nulla puella foret. (*CIL* Ⅵ 18324=*CLE* 1166 vv.2–6)

她用柔嫩的脚步勉强度过人生最后一程。她8岁时开始嬉戏，开顽皮玩笑。如果你能活得更久一些，在这方面也没有女孩能比你更有才。

比歇勒（Bücheler）认为，第二行很清楚地说的是位个舞者，但是并不能肯定。这个年轻的女艺人很小就接受了训练（相当有才，doctior）。

① Prosperi Valenti, 1985, p.79.

② 参见*CIL* 1166: prāescriptum: d.M.Flaviaę Dionysiadis, quod nomen in carmine breviorem accepit formam (sc. Dionysia), subscriptum: *Vixit annis Ⅶ m. Ⅺ diebus XV :* fecit Annia Isias vernae suae b.m。

14岁的舞者提阿斯（Thyas）居住在迦太基的麦提利娅·鲁菲娜（Metilia Rufina）家中。她的对象塔拉姆斯（Thalamus）也是奴隶。

Thyas saltatrix | Metiliae Rufinae | vixit annis XIIII | Thalamus sponsae suae. (*CIL* Ⅷ 12925=*ILS* 5260)

提阿斯是麦提利娅·鲁菲娜家的女舞者，她活了14岁。塔拉姆斯为其未婚妻（立了这块墓碑）。

15岁的乐师（*musicarius*）卡罗凯鲁斯（Calocaerus）是家生奴（verna），为他立墓碑的达普努斯（Daphnus）是同主人的奴隶。[①]

D(is)M(anibus) | Calocaero | vernae dulciss(imo) | et musicario | ingeniosissimo | qui vixit ann(os) XV | bene merenti fecit Dapnus. (*CIL* Ⅵ 9649=*ILS* 5254)

致亡灵！这里埋葬的是卡罗凯鲁斯，他是一位非常可爱的家奴，也是一位卓越的乐师，他活了15岁。非常值得受人怀念，达普努斯为他设立了这块墓碑。

小歌手贝布里克斯（Bebryx）的墓志铭是他父母组织编写的，同时他也是主人最喜爱的一个奴隶（delicium），与本文前面曾提到的那个受宠的小金匠一样。

Formosum cantu detinet iste rogus, | delicium domini, spes expectata parentum. (*CIL* Ⅹ 4041=*CLE* 1075, vv.6–7)

这火葬堆让这漂亮的男孩再不能歌唱。他是主人的宠儿，父母的期望。

① Syntrophillus是L. Sempronius. C|的一个奴隶[……来自科尔多瓦。*CIL* Ⅱ 2241=*CIL* Ⅱ 7,723: D(is) M(anibus) S(acrum). / syntrophillus / musicarius / L(uci) Semproni C［−(scil−.servus) / an(nos)［XV］.以前的编辑会武断的把年龄加进去：参考 *CIL* Ⅱ 17中的评论：nescio unde（碑文现在的断代是公元2世纪末）。

有些奴隶为富裕的主人及其家庭充当表演者，而其他的年轻艺人则受雇于巡演的班主（locator），给有钱的客人表演才艺，[①]尽管他们很有可能与富裕人家之间存在着关系，只是未被提及。

杂耍演员（petauristarii）是一种在特里马奇奥（Trimalchio）的宴会上表演才艺的杂技演员或杂技表演师。一个行动迟缓的大块头扶着梯子，一个小男孩在梯子上表演戏法。[②]10岁就去世的年轻小女孩阿达乌根达（Adaugenda）可能是个奴隶。[③]

阿达乌根达是一位哑剧表演者（μιμάς），她活了10岁。(*CIG* 6355=*IG* XIV 2179)

6岁大的斯图狄奥苏斯（Studiosus）是一个*λυδιαστής*。这个词很可能指的是舞蹈和哑剧。[④]

别了，斯图狄奥苏斯，他活了6岁，是一个戏剧演员。（*RAS*, 1900, p.48, n. 12）

法国昂蒂布（Antibes）的剧院里，人们有两天时间可欣赏一个叫塞拉皮翁（Serapion）的小男孩的演出。

Dis Manibus | pueri Serapionis annor(um) XII qui | Antipoli in theatro | biduo saltavit et pla|cuit. (*CIL* XII 188=*ILS* 5258)

致亡灵！这个叫塞拉皮翁的男孩活了12岁，在安提波利斯的剧场跳了两天的舞蹈，受到欢迎。

① Prosperi Valenti,1985, p.72.

② Petronius, *Sat*. 53. 亦见Juvenal, *Sat*.4.122: pueros inde ad velaria raptos年轻的杂技演员在帆上跳。

③ 关于她的名字，见 Prosperi Valenti, 1985, p.76。

④ Prosperi Valenti, 1985, pp. 72–78. 这个词出现在Diomedes, *Art.Gram.*, p.487.4(ed.Kei)与演出有关。

在那不勒斯，支持者为一个年仅2岁8个月大练体操的奴隶（*gymnicus*）立了一块墓碑，这一行为震惊了《拉丁铭文大全》的编辑们，他们不敢相信这是真的。[①]

D(is Manibus). Augurio gymnico | incomparabili | dulci exsitioso | vixit annis Ⅱ m(enses) Ⅷ amatores hoc | non merenti f(ecerunt). (*CIL* Ⅹ 2123)

致亡灵！这里埋葬的是阿乌古利乌斯，无可比拟的、可爱的杂技演员。他活了2岁8个月。他本不该受到命运的折磨。他的崇拜者为他（立了墓碑）。

4. 城市里的穷人

在我们的资料中，几乎没有关于这些古代城市中的穷人及生活在城市边缘之人的记载。虽然这里可能住着很多逃亡奴隶和释奴，但在这个满是劳工的环境里，奴隶显然是少有的。

被遗弃的儿童与奴隶制确实存在联系。这些被遗弃的孩子被扔在城镇郊区的垃圾堆中，他们可能会被奴隶贩子捡走，被教育成奴隶。[②]而大部分孩子都未能活下来。[③]

在严峻的经济条件或个人困境之下，遗弃儿童是一个家庭的生存策略。由于这样或那样的原因，某些孩子不能成为家中的一员：这个家庭中，婴儿的生存对家庭其他成员的生活而言是一个威胁。他们会将孩子暂时寄宿出去，这有别于社会学的基本观点，不过也是一种生存策略。等孩子稍微大点，并且或多或少能自立的时候，这个孩子仍然可以返回家中，因为从法律

---

① 见对那篇铭文的评论："或出错了或是演出中的幼儿"（erratum est aut infans in ludis exhibitis）。

② Juvenal, *Sat.*6.603. 关于穷人和垃圾堆的关联，见 Artemidorus, On.2.9。

③ Philo, *Spec. Leg. Ⅲ 20. 115;* Seneca, *Contr.* X4.21; Ps.-Quintilian, *Decl.* 278, pp.134, 306, 204; Firmicius Mathematicus, *Math.* 7.2; Tertulianus, Apol.9.7 和 *Nat.* I 15.4. 更多的参考资料见 E. Eyben, "Family Planning in Graeco-Roman Antiquity", in AncSoc 10 (1980-1981), pp.5-82, p.19, n.55; A. Scobie, "Slums, Sanitation and Mortality in the Roman World", in Klio, 68: 2 (1986), pp.399-433, p.419, n.152, W.V.Harris, Child Exposure in the Roman Empire, in JRS 84 (1994), pp.1-22。

的角度而言，家庭的纽带并没有中断。[①]

除遗弃儿童之外，文学和法律资料中也提到了贩卖或临时出租儿童（如果必要的话，可以把儿童作为抵押或债务奴隶）。[②]从埃及的特布图尼斯（Tebtynis）地区登记机构（grapheion）的资料中（公元42—46年）中，我们了解到有婴儿在两年哺乳期间被委托给债务人；如果到期未还款，他们就成了债务人的奴隶。[③]极端情况下，父母会自己去充当债务人的奴隶。到底怎样的饥饿（fames）、穷困（inopia或paupertas）和需求（necessitas）会使父母采取这种行为是一个修辞主题，可追溯到希罗多德那里。这对基督教作家而言尤其重要。他们的描绘充满了巴洛克式的哀婉。在这些文章中，它与现实无关（它可能会告诉我们，例如，这些例子发生的频率），而是单纯的修辞学问题。然而，这些作家会提到读者极其熟悉的情况。奥古斯丁在一篇布道文中讲述了这样一个故事：一个自己拥有法律权利的教区是如何攻破了盗贼的巢穴，释放了120名囚犯，其中有五六个孩子已被父母卖给了奴隶贩子，对此，奥古斯丁并没有胡编乱造。[④]金口约翰（John Chysostom）将世间与神圣国度做一个修辞上的对比，他描述道：恶魔诱惑我们的心灵，正如奴隶商人用糖果、蛋糕和玩具诱惑孩子一样。[⑤]不过再次，这种情况毫无疑问也适用于早期，只是这个比喻是典型的晚期古代的说法而已。

法律资料充分关注到了儿童贩卖。直到晚期古代，法律文章还在表达同

---

① V. Vuolanto, "Selling a Freeborn Child. Rhetoric and Social Realities in the Late Roman World" , in AncSoc, 33 (2003), pp.206–207指出了弃婴和贩卖之间的社会学和意识形态上的区别。

② M. Memmer, Ad servitutem aut ad lupanar … Ein Beitrag zur Rechtsstellung von Findelkindern nach römischen Recht-Unter besonderer Berücksichti-gung von § § 77, 98 Sententiae Syriacae, in ZRG 108 (1991) pp.21–93.列举了丰富的法律资料；Humbert 1983和Gebbia 1987里面列出了奥古斯丁时代的证据。Vuolanto, 2003是解决这一问题所有方面的重要研究。

③ M. Manca Masciadri, O. Montevecchi, *I Contratti di Baliatico*, Milan, 1984. J. Marquardt, *Das Privatleben der Römer*, 2 Vol., Leipzig 1889, pp.13–16.

④ 关于贩卖自己孩子的文学资料的最全面整理，见Vuolanto, 2003, pp.170–179。最令人感动的文章在Basil, *Hom. II in psalm.* XIV 4 (PG 29, 277) 和*Hom.in illud Lucae destruam* 4 (PG 29, 268–269).关于奥古斯丁，见他的serm. 10*.2.3 & 10*.7.3。见Kleijwegt, 2004, Col.927; R. Finn, Portraying the Poor: Descriptions of Poverty in Christian Texts from the Late Roman Empire, in Atkins & Osborne, 2006, pp.130–144. 和L.Grig, Throwing Parties for the Poor: Poverty and Splendour in the Late Antique Church, in Atkins & Osbourne, 2006, pp.145–161。

⑤ John Chrysostom, *Adv.Iudaeos orat.*1.1(*PG* 48,855).

样的关怀。核心问题是孩子群体的身心健康而非个体层面的。从法律的角度而言，以自由民的身份被贩卖的人，被出租和出借，也永远不会沦为奴隶，而一直拥有自由身份（ingenuus）。①没有明文规定（expressis verbis）如何处罚贩卖或出借儿童，因为这是属于父家长（pater familias）的权力。然而，将孩子寄宿在离父母特别遥远的地方则是禁止的。显然，孩子必须在附近的某个地方工作。②法律也谅解一些可能迫使父母做出这个决定的极端情况。③

但是，问题来了，一个自由男孩暂时作为债务奴隶、作抵押或受雇当学徒这三者之间是否真的有多大区别呢。古代法学家和作家经常混淆各种概念。公元527年，卡西奥多鲁斯（Cassiodorus）描述了在一个市场上正在贩卖男孩和女孩的情景。在他看来，具有奴隶身份对这些孩子而言倒是一种优势。他们的父母会在城镇中给他们找到雇主，让他们做一些更轻松地工作，而不是去乡下做苦工。根据上下文人们可以推断出，在这一案例中，从严格意义上来说（strictu sensu），卡西奥多鲁斯指的并不是奴隶，而是指被父母再卖给第三方的出身自由的男孩和女孩。④

通过贩卖或借出，儿童从父亲的权力（potestas）转了出去，其地位变成了新主人的奴隶（mancipium）。事实上，这样的孩子没有自由想去哪里就去哪里。⑤显然，其待遇和生活质量依赖于他最终所跟随的主人、他与亲生父亲的关系（是经相互达成共识的协议或将孩子抵债），以及他将要从事的行

---

① 见*Cod.Th.* Ⅳ 8.6=CJ Ⅷ 46.10: Libertati a maioribus tantum impensum est, ut patribus, quibus ius vitae in liberos necisque potestas permissa est, eripere libertatem non liceret.（先祖关于自由有如此规定，对子女拥有生杀大权的父亲不可剥夺他们的自由。）关于法学证据的综述，见Vuolamto, 2003, pp.179–188。

② *CJ* Ⅳ 43.1和*Nov. Val.* 33应该这样理解。见Memmer, 1991, p.45和Vuolamto, 2003, pp.186–187。

③ *Cod.Th.* Ⅺ 27.2: abhorret enim nostris moribus, ut quemquam fame confici vel ad indignum facinus prorumpere concedamus（我们若容忍有人死于饥饿或被逼到犯此罪愆，于我们的精神殊为相悖）和*Cod.*Th. Ⅲ 3.1: omnes quos parentum miseranda fortuna in servitium, dum victum requirit, addixit, ingenuitati pristinae reformentur（因父母之悲惨境遇而被卖为奴之人，只要仍需抚养，可恢复原先的自由身份）。参见Vuolanto, 2003, pp.182,188。

④ Cassiodorus, *Var.* Ⅷ 33.4: Praesto sunt pueri ac puellae diverso sexu atque aetate conspicui,quos non fecit captivitas esse sub pretio sed libertas: hos merito parentes vendunt, quoniam de ipsa famulatione proficiunt.（男孩和女孩在场，因性别与年龄而引人注意。是自由而不是被掳让他们在此待售：他们的父母将他们出售是有理的，因为他们可以从奴役本身获利。）Cassiodorus确实用奴隶（servi）这个词来指那些孩子。见Vuoalmto, 2003, p.192。

⑤ 关于这种含糊不清的情况，见Memmer, 1991, pp.77–78和Vuoalmto, 2003, pp.189–197。有一条罗马法规可能暗示儿童和年轻人可以当作债务奴隶直到他们25岁为止，但是对这个措施的解释还不确定（见*Cod.*Th. Ⅳ 8.6和Augustine, *Ep.*10*.2.1, 在Vuoalmto, 2003, pp.189–190）。在*PSI* Ⅴ 549中，一个女人将她自己出租了99（！）年。在这种情况下，她就合法地规避了沦为奴隶的风险，但是在现实生活中，这几乎没有给她的生活带来什么改变。

业。在公元4世纪，为了偿还税款，酒商帕蒙提奥斯（Pamonthios）签了借款合同。当不能偿还债务时，他就卖掉了包括衣服在内的所有财产。因为这样做还不够，于是债权人还带走了帕蒙提奥斯的孩子，这些孩子所充当的可能是抵押物。帕蒙提奥斯的一个朋友海尔伊埃奥乌斯（Herieous），尽力赎回孩子们的自由。对于这些孩子而言，他们是否依然在法律上具有自由身份没多大区别。①之后的法律再一次规定，卖掉孩子的父母只要多付给买主20%的利息以补偿买主养育孩子的费用，父母就可以赎回孩子。②

对于那些不管是弃儿还是贫穷家庭的孩子而言，即便他们存活下来，他们将来的生活也不那么令人羡慕。古代作家偶尔会提及：有些儿童奴隶为了引起人们的同情，故意将自己致残，作乞丐讨钱，在后来的时代和其他地区也有类似的情况出现。③后来，有些儿童奴隶为了挣钱，会要求阉割了自己。④

当然也会存在幼童卖淫的情况，很多都是被遗弃的孩子在从事这一行当。⑤法律文本中也提到了一些专门让孩子在妓院工作的猖狂皮条客。⑥基督教作家还对此进行了描述。如果一个父亲去逛妓院的话，他可能会冒这样的风险：他以前遗弃的儿子或女儿可能现在就在妓院卖淫，在不知情的情况下，

---

① P. *Lond.* Ⅵ 1915-1916. Gregory the Great, *Epist*描述了类似的情况。3.55. 见Vuoalmto, 2003, pp.195-196。自由人被当成奴隶，关于对这种模糊不清的情况的全面描述，见A.Söllner, *Irrtümlich als Sklaven gehaltene freie Menschen und Sklaven in unsicheren Eigentumsverhältnissen*, Stuttgart: Franz Steiner Verlag, 2000。

② 法规上的演变：在*Cod.*Th. Ⅲ 3.1(公元391年)，父母不用交钱就可以将孩子要回来。但是*Nov .Val.*33(公元451年)认为，应该付一个总金额。颁布这则法律大概是为了鼓励潜在的买主购买孩子，从而这就为那些养不起自己孩子的父母找到了解决的方法。公元534年，查士丁尼汇编了法规，见*CJ* Ⅳ 43.1-2。见Vuoalmto, 2003, pp.185-186.

③ Seneca the Elder, *Contr.* Ⅹ 4.7(特别指出了mancipia)和John Chrysostom, *Hom. In Ep.I ad Corinth.* 21.5 (PG 61,176-179).关于其他时代和其他地区的类似情况，见Stone, 1977, p.475 (17世纪和18世纪的英格兰)；Marquardt, 1898, p.83(地中海地区)；Boswelll, 1988, p.113, n.77(中国)；Prakin, 2006, pp.71-73。

④ *Dig.* XLⅧ 8.4 & 6.

⑤ 儿童卖淫的主题很普遍。关于通过绑架儿童让他们卖淫而获利，见普劳图斯（Plautus）的《缆绳》（*Rudens*）和《布匿人》（*Poenulus*）中多处。见Plautus, *Cist.* 38-40; *Asin.* 127-152; *Mil.*102-110. 在Terence的*Heaut*, 639-640中，一个父亲相信，他的女儿还活着，做了妓女。这样的片段是从希腊喜剧中抄过来的，尤其是从米南德（Menander）处，但是这种情况至少已经被罗马的观众所熟知了。关于男孩卖淫，见Renkell, 1979；关于卖淫的总体讨论，见Varrone, 2003。

⑥ *Nov.* 14, prooem.: Quosdam autem sic scelestos existere, ut puellas nec decimum agentes annum ad periculosam deponerent corruptionem（有一些如此邪恶之人，他们将还不到十岁的女孩置于危险的堕落之中）。根据Martial, *Ep.* Ⅸ 5.6-9和7.1-5的描述，因为图密善立法反对母亲迫于贫困将孩子卖给皮条客(lenones)。

他可能会跟他们发生乱伦关系。在乌奥兰托（Vuolanto）看来："父母强迫孩子卖淫这类常见主题是一种实际的做法，用来标记某种特定的背景或标明（有可能）认为生活屈辱、道德沦丧的态度。"[①]虽然在妓院发生乱伦的几率会非常低，但是这一争论中包含着一个事实，那就是，被遗弃的孩子实际上最终真的可能会从事卖淫行业。妓院中也有卖淫的男孩（pueri meritorii）。[②]为了训练被遗弃的孩子当角斗士，训练者（lanista）会收养他们，仅在伪昆体良（pseudo-Quintilian）的口述文学中提到过这种情况，不过这种情况好像确实存在。[③]

这里还是要避免笼统化。还有些遭遗弃的孩子确实可能受教育成了家庭奴隶（就是所谓的养子）。他们后来有时会被分配到机要位置上，主人和他们的养子之间的关系有可能很紧密。这样的奴隶获得释放是很正常的事情。[④]

* * *

本文详尽的资料整理揭示了古罗马时期的奴隶制和儿童生活的一些重要特点。

各个时期的历史学家都主张采用微观史学，因为它可以避免泛泛归纳，同时还能把焦点集中在日常社会相互作用的现实上。从方法论上来讲，以一种过于严格、绝对的方法来分析奴隶制是有缺陷的，就好像生活的质量和劳动完全由他是否是奴隶而决定的一样。实际上，这其中存在很多互嵌的地方。一个身份自由的儿子被送去工匠那里作学徒，或者主人把他的奴隶送到工匠那里当学徒：实际上他们的生活是很相似的。我们也可想到其他例子：

---

① Vuolanto, 2003, p.176.

② Clemens of Alexandria, *Paed.* Ⅲ 3.21和Juatin, Apol.1.27。见Kleijwegt 2004, Col., 924-928。当然，孩子pueri这个模糊的词没有说清楚他们到底是奴隶还是自由男孩。关于男妓（pueri meritorii），见Krenkel（1979）和（1988）。Clemens of Alexandria, *Paed.* Ⅲ 3.21很明显女孩和男孩都提到了：*παιδὶ πορνεύσαντι καὶ μαχλώσαις θυγατράσι*（卖淫的男孩与女孩）。

③ 见Ps. -Quintilian, *Decl.* 278 p.134和Leclercq 1907, pp.1293-1294(一个养子，很明显是一个年轻人，角斗士的形象)。

④ B. Rawson ed., *The Family in Ancient Rome: New Perspectives*, London-Sydney: Cornell University Press, 1986, pp.173-186.

在大家庭中充当金匠的自由仆人与也充当金匠的年轻奴隶，都会让他们父母和主人感到自豪并受到喜爱。跟随一群艺人到处巡演的自由儿童与小奴隶可能吃一样的食物，同甘共苦。在晚期古代，法律规定，一些工匠和佃户的孩子必须继续从事他们父亲的工作：在这种情况下，他们没有选择的自由，并且他们的经济负担很重。[①]更悲惨的是：当一个冷酷无情的皮条客收养了一个被遗弃的自由男孩时，他会强迫男孩在妓院卖淫，对于这个自由男孩而言，虽然法律上并没有承认他是奴隶，但是这又有多大意义呢？这个男孩与另一个被买来当性奴的人之间有区别吗？对于在矿井干活的自由矿工的孩子而言，情况也同样如此——他们和童工奴隶做同样的工作。在此，具有“客观中立”特点的骨骼学研究发现具有相当的代表性。我们不能单单因为他们都受到同样严重的伤害就断定他们是否是奴隶。奴隶和自由民的生存条件都很恶劣。虽然我们可能会惋惜没有详细的案例和档案资料，但是碑文向我们展示了奴隶是如何因时而异、因地制宜的应付生存问题。来自科隆的年轻簿记员克桑提阿斯（Xanthias），帅气的小歌手贝布里克斯（Bebryx），来自纳邦（Narbo）的年轻红人塞拉皮翁（Serapion），虽然他们都是奴隶，但都设法尽最大努力过好自己的生活。另一方面，我不会天真地寻求什么积极的解释。因为古代奴隶制的悲惨总是存在背景中。虽然并非在所有情况下都存在残酷的剥削，但却是一种随时都能降临的危险。“能告诉你什么是奴隶制的不是旁观者——而是亲身经历者”，正如19世纪逃跑的奴隶约翰（John Little）所说的那样。[②]诚然，偶尔会有古代作家而非奴隶自身的资料提及同样的残酷：关于惩罚儿童奴隶的法律条文，塞涅卡的叙述中的站着随侍的仆人，或者科路美拉的描述，讲到挥之不去的恐惧也甚至也威胁着管家。

从经济学的角度而言，研究童工奴隶能让我们知道，其实未成年奴隶和自由民是很重要的。当然，从经济上来讲，不管是具有自由民身份还是奴隶

---

① H. Wieling, “Fälle geminderter Freiheit: Von Purpurschneckentauchern, Waf-fenschmieden und Landarbeitern”, in E. Hermann-Otto ed., *Unfreie Arbeits-und Lebensverhältnisse von der Antike bis in die Gegenwart*, Hildesheim-Zürich-New York, 2005, pp.103–116. 恰当地将之称为Fälle geminderter Freiheit（“自由受损的情况”）。人们可能认为，富裕贵族家庭的儿子们几乎不用担心他们要从事什么行业：家族传统已经为他们的未来铺好了道路。因此，对他们而言也是如此，他们不需要困难的选择，而很显然，他们的生活更加舒坦。

② 引自Scheidei, 1993, p.107。

身份的儿童，在古罗马时代都非常的重要。针对年轻奴隶的投资相当多，并且，对于一个行业的未来而言，对奴隶的训练具有很大的价值。瓦罗和科路美拉在其著作中认为，如果没有童工奴隶的话，将会严重耽误工作，扰乱日常秩序。对于矿井上的一些工作，童工奴隶是必不可少的。在城市的富裕家庭中，童工奴隶的工作缓解了日常琐事，并且他们在各种家务劳作中都很有帮助。工匠需要在自己的后代中或学徒中（不管是奴隶还是释奴）寻找继承人：他们比成年人更廉价，通过收取学徒费用，还能带来额外的收入。许多没有奴隶的贫困家庭也会依靠儿童。父母会让自己的孩子做家务、看护婴儿，因为父母双方都要在田间劳作，他们没有时间照顾婴儿。在古罗马时代，人们会用“必不可少而隐蔽”（indispensible et caché）这样的说法来描述童工现象。[①]对童工的各种可能形式的细致分析能够细化古代社会完全依赖成年奴隶充当劳动力的理论。[②]例如在埃及，奴隶仅占人口的一小部分，那么就不能低估自由儿童的经济价值。[③]当时的经济学家指出，所谓的杂务和零工对国家幸福安宁非常重要。[④]

我在其他地方也说过，古罗马时代并没有童工这个概念。[⑤]罗马人并不知道这个词，也不知道使用童工属于一个道德问题（正如儿童或奴隶没有人权一样）。当考虑到奴隶的经济价值时，才会存在年龄限制。道德上的抗议仅仅是指买卖和遗弃儿童这种极端情况，因为这可能会造成他们从事具有屈辱性的工作。正如这种抗议并不会质疑童工的使用一样，它也不会在道德上谴责奴隶制本身的任何问题。

自由儿童和奴隶儿童的生活之间具有明显的相似处。他们都需要听从教导者的一些基本命令。[⑥]年轻的奴隶和那些度过与学校教师（ludimagister）在一起的时光之后就上不起学的下等儿童一起工作。对奴隶儿童和自由儿童而

---

① Simon-Musched, 1996 运用这个标题研究了中世纪的儿童劳工。

② Garnsey, 1999 指出了在古代农业中，非奴隶劳工的在经济上的重要性。

③ 对罗马时期的埃及的评价，见 Westermann, 1955: 7%是奴隶，Biezunska-Malowist, 1977, pp.156–158：至多10%是奴隶；Scheidel, 2001, p.61：在埃及有很少数量的奴隶（6%至7%是在亚历山大里亚之外）。

④ 见 http：//www.admin.uiuc.edu/NB/95.10/01womenstip.html,其中认为，算上家庭主妇做的未付报酬的工作的话，会提高三分之一的GNP。见 Saller, 2003, p.191。

⑤ Laes, 2006, pp.194–197.

⑥ 关于童工奴隶和其他有学校老师的低等阶级儿童一起生活的可能性，见 Booth, 1979 和 1981。

言，没有什么从“无忧无虑的童年”向工作的剧烈转变，因为工作也是熟悉的环境中的一部分。

比起其他案例，童工奴隶的史料证实了罗马人对儿童采取的是一种实用主义的态度。近来，H. 西吉斯蒙德–尼尔森已展示了应该如何通过解码碑文，可能发现更多“盈利和供人取乐的儿童”的案例。无可争议的是，实用主义的路径是古罗马人的态度与当代西方观念之间的主要区别之一。但是，将这一论断与质疑儿童在古罗马社会是否很受欢迎且是否受到尊重的道德结论连在一起，则是另外一件事，后者是B. 罗森综述的主要观点之一。

当然，那时的童年并不像今天这样受重视，并且古罗马人度过童年的方式和我们的有明显的区别。[①]然而，儿童在经济上很重要这一点不可否认，儿童其实很受欢迎并且他们也很重要——甚至情感上喜爱他们也是有可能的，不止一篇文中已讨论的碑文中的微观历史清楚的描写了这一点。

我们完全了解奴隶生活的残酷，但是同时也要避免以偏概全。其实，童工这一概念的缺乏以及将儿童卷入劳作的急剧社会化证明了儿童确实隶属于成年人的世界，而且比起当今的孩子，那时的孩子在成年人世界里融入性更强。就其本身而言，童工这一主题也阐述了儿童的普遍生活状况以及在古罗马世界中童年的概念。

附录

1. 骨骼学证据

编号和考古别称	页　码	年龄和性别	症状与劳动印记
E5 年轻女孩，脊柱侧弯 La giovinetta scoliotica	121—125	15—16 岁 女	由于搬运重物，肩膀和上臂承受了持续的负荷。惯用右手。脊椎侧弯。
E7 生病的小女孩 La fanciulla malaticcia	134—137	5—6 岁 女	可能的劳动印记。
E9 驼背的小妈妈 La piccola madre accoviata	143—147	30—35 岁 女	上臂带有持续体力劳动的印记。她经常弯着腰坐着。

① 但是在全球化的世界中，每天我们都面临着至少让我们感到完全陌生的童年方式。

（续表）

编号和考古别称	页　码	年龄和性别	症状与劳动印记
E18年轻的牧羊人 Il giovane pastore	210	20—25岁 男	由于穿不合脚的鞋袜，脚部有伤痕。
E25渔民小伙 Il ragazzo pescatore	246—248	14—15岁 男	渔夫，带有持续性重体力劳动印记。
E28脊柱弯曲的小伙子 Il giovane con la schiena curva	270—275	17—18岁 男	带有持续性重体力劳动的印记，这种劳动造成了脊椎损伤。
E30搬运工 Il facchino	286—288	25—30岁	搬运工，带有持续性重体力劳动的印记。
E33小艄公 Il piccolo rematore	303—309	12.5岁 男	耕犁的人或者划船手，持续的肩膀负重证明他从事着重体力劳动。
E41梯子上的劳力 L'operario sulla scala	369—374	20—25岁 男	带有持续性重体力劳动的印记。
E42童年艰辛的左撇子 Il mancino dall' infanzia difficile	375—383	30—35岁 男	带有持续性重体力劳动的印记。
E45脊柱侧弯的左撇子 Il mancino scoliotico	396—400	25—30岁 男	带有持续性重体力劳动和负重的印记。惯用左手。脊椎侧弯。
E52孕妇 La gravida	460—472	20—25岁 女	怀孕的妇女，由于负重而带有持续性重体力劳动的印记。
E55挠头的年轻人 Il giovane che si grattava la testa	494—500	20—25岁 男	痛苦的皮肤感染，右腿的不平衡生长导致了持续的疼痛。负重导致脊椎侧弯。
E56短颈 Brevicollis	501—506	16—18岁 男	带有持续性重体力劳动的印记。从事船上装卸工作。
E60年轻女奴 La giovane schiava	537—540	17—18岁 女	一生遭受慢性疼痛和慢性病。患有脊柱炎和疝气。上臂带有持续性重体力劳动的印记。
E74有龋齿的小男孩 Il fanciullo con la carie	622—625	7—8岁 男	带有持续性重体力劳动的印记。牙齿不好。
E78负重的年轻女人 La giovanetta portatrice di pesi	636—640	20—25岁 女	由于负重而带有持续性重体力劳动的印记。死前至少怀过一次孕。
E83小女孩劳工 La piccola lavoratrice	658	10—11岁 女	带有持续性重体力劳动的印记。

（续表）

编号和考古别称	页　码	年龄和性别	症状与劳动印记
E91 小妈妈 La madre minuscola	696—699	25—30岁 女	由于负重而带有持续性重体力劳动的印记。身高只有148.7厘米。
E92口袋里有梅子的小女奴 La schiavetta con la prugna in tasca	700—702	9—10岁 女	带有持续性重体力劳动的印记。
E104 出生于公元71年的小女孩 La fanciulla nata nel 71 D.C.	749—750	8—9岁 女	带有持续性重体力劳动的印记。
E121 年轻船夫 Il giovanottone caiacco	835	20—25岁 男	长期只用一个桨划船导致了一侧的肩膀和上臂带有损伤。
E124 左撇子的小伙子 Il ragazzo mancino	838—841	13—14岁 男	身体健康的强壮男孩，劳动使他更结实了。
E125 自幼劳作的小女孩 La giovane operaia dall'infanzia	842—844	13—14岁 女	带有持续性重体力劳动的印记。
E129 大约四岁的小男孩 Un fanciullo di quasi 4 anni	861—865	3.5—4岁 男	可能由于持续性重体力劳动而产生的印记。
E132牙齿不好的小女孩 La bimba col mal di denti	873—875	8—9岁 女	带有持续性重体力劳动的印记。
E150 带链子的年轻人 Il giovane con il cardine	908—913	25—30岁 男	带有持续性重体力劳动的印记。有疝气。

2. 纸草证据

纸草文书	日　期	职　业	性　别	培训时间	地　　点
BGU Ⅳ 1125	前13年	长笛 演奏者	男	1年	亚历山大里亚 （Alexandria）
P.Mich. Ⅴ 346a	13年	编织工	女	2年6个月	特布图尼斯（Tebtynis）
St.Pal. XXⅡ 40	150年	编织工	女	1年2个月	索克努派欧 · 内苏斯 （Soknopaiou Nesos）
P.Oxy. Ⅳ 724	155年	速记员	男	2年	奥克西林克斯 （Oxyrhynchus）

（续表）

纸草文书	日 期	职 业	性 别	培训时间	地 点
P.Grenf. Ⅱ 59	189年	编织工	男	20个月	索克努派欧·内苏斯（Soknopaiou Nesos）
P.Oxy. XIV 1647	2世纪末	编织工	女	4年	奥克西林克斯（Oxyrhynchus）
*P.Oxy.*XLI 2977	239年	理发师	男	5年	奥克西林克斯（Oxyrhynchus）
*P.Mich.*inv.5191 a	271年	编织工	女	1年	卡纳尼斯（Karanis）
BGU Ⅳ 1021	3世纪	理发师	男	3年	奥克西林克斯（Oxyrhynchus）
PSI Ⅲ 241	3世纪	编织工	女	1年	安蒂努波利斯（Antinoöpolis）
*P.Kell.*1,19 a	299年	编织工	女	2年	喀里斯（Kellis）

（克里斯蒂安·拉埃斯，比利时安特卫普大学拉丁语与古代史教授；

杨美姣，北京大学国际关系学院博士生）

吐火罗人内亚城邦文化的语源学记忆

唐 均

摘要：由吐火罗人建成的楼兰、焉耆、龟兹等中世纪西域佛教城邦诸国，以其丰富的考古遗存闻名于世。其中出土的吐火罗语断简残篇，承载了大量吐火罗人溯至久远的民族文化信息，通过爬梳部分关键词的来龙去脉，兼以对照相应希腊语词的梳理，我们在一定程度上钩稽出了印度佛教化外衣笼罩下的吐火罗人城邦文化的诸多信息，而这些信息同内（陆欧）亚城邦文化以及希腊城邦文化之间，都存在着千丝万缕的联系。

关键词：吐火罗　城邦　内（陆欧）亚　语源学

城邦又译为“城市国家”，是指一个独立、自主、单独的城镇作为中心的国家，亦即由一个城市控制的区域，通常还拥有主权。城邦的主要特征是独立自主和小国寡民，其重要任务是保卫国家的独立和内部安全。

城邦这一概念源出《荷马史诗》，本是古希腊文明政治内涵的主要体现之一。随着学界的视野向全世界扩展开来，城邦这一概念逐渐被用于更为广袤的欧亚大陆等诸多地区的文明形态研究中，涵盖但不限于今天中亚（Central Asia）地区的内陆欧亚（Inner Eurasia，简称“内亚”），其城邦及其相关文明形态虽然同希腊相比在地理环境和文明影响等方面大相径庭，然而在文明内在运动机制和文明成就等方面却是颇具可比性的。

以古希腊城邦特点为参照，中亚城邦（亦称“城郭”）特点可以概括如下：

1. 地理环境上面向沙漠戈壁，绿洲城市国家数量较少，分布稀疏，以城市为中心经营一片绿洲，绿洲地区农耕-畜牧社会的封闭和自足；[①]

2. 绿洲农牧业为立国之本，手工业中酿酒、冶铸和纺织业相对发达，建城所据的商业发达，但以沟通东西方物产和消费大国之间的中介贸易为主，土地买卖、高利贷活动和寺院经济相对凸显，社会结构实行上下层统治管理，市场分布呈现游离于商贸路线上的稀疏点状；[②]

3. 东方专制主义形成的典型土壤，王权专制世袭（父死子继或兄终弟及），王国林立而相互兼并严重，政变频仍，域外强权干政和域内代理人统治交织，赋税制度盛行，严刑峻法，按户抽丁征兵制；[③]

4. 灭亡方式：大国干政、蛮族侵袭、生态恶化。[④]

作为现代学术界争议颇多而影响弥久的一支内亚文明民族，吐火罗人及其文明自从20世纪初得以意外发掘并获基本解读以来，就引起了人们的持续关注。不管是牵扯到汉代的大小月氏，还是追溯至近东灭国阿卡德的古提人（Gutians），吐火罗人建立在焉耆、龟兹乃至楼兰等绿洲城邦之上并延续至唐代的文明成就，却很少被视若城邦文明加以审视。

中文古籍保留了较为丰富的吐火罗文明史料，择其要者胪列如下[⑤]——

> 湟中月氏胡，其先大月氏之别也，旧在张掖、酒泉地。月氏王为匈奴冒顿所杀，余种分散，西逾葱岭。其羸弱者南入山阻，依诸羌居止，遂与共婚姻。及骠骑将军霍去病破匈奴，取西河地，开湟中，于是月氏来降，与汉人错居。虽依附县官，而首施两端。其从汉兵战斗，随势强弱。被服饮食言语略与羌同，亦以父名母姓为种。其大种有七，胜兵合九千余人，分在湟中及令居。又数百户在张掖，号曰义从胡。中平

① 赵汝清、王宏谋、王旺祥：《希腊城邦与中亚城郭之国比较研究》，载《华中师范大学学报》（人文社会科学版）第4期，2004年，第72页。

② 同上，第73—74页。

③ 同上，第75—76页。

④ 同上，第76页。

⑤ 本文所引汉文古籍，若无特别说明，皆是出自中华书局的标点整理通行本，下文不赘。

元年，与北宫伯玉等反，杀护羌校尉冷征、金城太守陈懿，遂寇乱陇右焉。（《后汉书·西羌传》）

（龟兹国）人以田种畜牧为业，男女皆翦发垂项。王宫壮丽，焕若神居。（《晋书·西戎传》）

龟兹国，汉时旧国，都白山之南百七十里，东去焉耆九百里，南去于阗千四百里，西去疏勒千五百里，西北去突厥千六百余里，东南去瓜州三千一百里。龟兹王姓白，字苏尼咥。都城方六里。胜兵者数千。风俗与焉耆同。龟兹王头系彩带，垂之于后，坐金师子座。龟兹国土产多稻、粟、菽、麦，饶铜、铁、铅、麖皮、铙沙、盐绿、雌黄、胡粉、安息香、良马、封牛。隋大业十一年（615年），龟兹国王遣使贡方物。（《隋书·龟兹传》）

出铁门，至睹货逻国（旧曰吐火罗国，讹也）。其地南北千余里，东西三千余里。东扼葱岭，西接波剌斯，南大雪山，北据铁门，缚刍大河中境西流。自数百年，王族绝嗣，酋豪力竞，各擅君长，依川据险，分为二十七国。虽画野区分，总役属突厥。气序既温，疾疫亦众。冬末春初，霖雨相继。故此境以南，滥波以北，其国风土，并多温疾。而诸僧徒以十二月十六日入安居，三月十五日解安居，斯乃据其多雨，亦是设教随时也。其俗则志性恇怯；容貌鄙陋，粗知信义，不甚欺诈。语言去就，稍异诸国。字源二十五言，转而相生，用之备物，书以横读，自左向右，文记渐多，逾广窣利。多衣氎，少服褐。货用金、银等钱，模样异于诸国。（唐玄奘《大唐西域记》）

（龟兹）俗善歌乐，旁行书，贵浮图法。产子以木压首。俗断发齐顶，惟君不翦发。姓白氏。居伊逻庐城，北倚河羯田山，亦曰白山，常有火。王以锦冒顶，锦袍、宝带。……葱岭以东俗喜淫，龟兹、于阗置女肆，征其钱。（《新唐书》）

这些资料显示：处于内亚腹地的吐火罗人城邦，既有内亚城邦文明的共性，也还有些超越内亚城邦共性而同其（民族语言谱系类型学上）遥远的希腊亲戚共享的另外一部分特征。下面通过部分吐火罗语东西部方言（分别为焉耆语、龟兹语，个别情况下会涉及楼兰语）关键词的语源爬梳，以希腊语对应术语为参照进行细致入微的考察；[1]其间关键词的遴选，参考汉文吐火罗历史研究的部分论著酌情敲定。[2]

1. 城市

焉耆语ri和龟兹语rīye反映原始吐火罗语*riye，追溯到原始印欧语*wrih$_1$-en-，同源词仅有色雷斯语（ῥια）hria“城、墙”（＜*wrih$_1$-eh$_a$-），以及希腊语Ῥίον“亚该亚一处高角”，安纳托利亚语*ser(i)-“上、高”——吐火罗语派生词还包括龟兹语riññe“城市居民”[3]。另外，焉耆语āpṣātrikāñ和龟兹语apṣatrike“集镇居民”对应于佛教混合梵语maigama-，但该组吐火罗语汇语源迄今未明。[4]

> 龟兹国西去洛阳八千二百八十里，俗有城郭，其城三重，中有佛塔庙千所。(《晋书·西戎传》)

城邦之希腊术语πόλεις（复数）＜πόλις“堡垒”＜荷马希腊语πτόλις（～πτολίεθρον）＜原始印欧语*tpolH-＜*tpelH-“防卫”——参见梵语（पुर）pura“城市”，立陶宛语pilis，[5]与δῆμος“乡郊”相对。另外一个城市术语则是指城邦周遭的ἄστῠ“市区”＜荷马希腊语ϝάστυ＜原始希腊语*wástu“城镇”＜原始印欧语*weh$_2$s-tu-——参见梵语（वस्तु）vastu“物事、房屋”，拉丁语verna“家生奴隶”～vās“管道、器皿、工具、装备”＜前

① 其中的语汇排比中，没有注出词义者一般可以参照语境而与本段文字讨论主词条释义相同。

② 有关这方面的细节，承蒙上海社会科学院历史研究所牟振宇副研究员的指教，谨此致谢。

③ Douglas Q. Adams, *A Dictionary of Tocharian B*, New York: Radopi, 2013, p.582.

④ Ibid., p.18.

⑤ Robert S. P. Beekes, *Etymological Dictionary of Greek* , Vol. 2, with the assistance of Lucien van Beek, Boston: Brill, 2010, p.1219f.

古典拉丁语vāsum～翁布里亚语vasus“容器”＜原始意大利语*wass，[①]古诺斯语vist“居所”，焉耆语waṣt和龟兹语ost＜原始吐火罗语*wɔstä“房屋”[②]——派生词有ostmeṃ lät-“出家”和ostmeṃltu“和尚”＜梵语（प्रव्रज्य）pravrajya“往前”或为汉语词汇“出家”的直接源头。

希腊是现代意义上城邦术语的模式产地，那么，天然具备防御性且独立性很强的卫城地带，同主导市政建设并服务于市民生活的市区地带，在希腊人眼中就是两个判然有别的区域：源自原始印欧语的词根根据不同的语义分别衍生出指称两者的术语，前者“城邦”源出防卫义项，后者“市区”源出居所义项且还跟吐火罗语表示“家、屋”的语汇同源——希腊人视城若家的心理，以及其间体现出来的小国寡民、安居乐道意识暴露无遗。相比之下，吐火罗语的城市术语虽然也是源出原始印欧语词根，但其义项遴选重在高峻和凸显，另有可能仿拟外语词而构成的城市居民术语表达，透射出吐火罗人虽然也有希腊人那样大致的“卫戍区和生活区之别”，以致可以将其城郭同希腊城邦相提并论，但词汇源流途径的差异导致了民族意识形态的微妙区别：显然，吐火罗人更看重坚壁清野的城市功能，对城市的生活功能相对忽略似乎也已有所暗示。

2. 国土

吐火罗语的国土术语主要有两组：（1）焉耆语tkaṃ和龟兹语keṃ反映原始吐火罗语*tken＜原始印欧语*dʰǵʰomós＜*dʰéǵʰōm“大地”，参考梵语（क्षः）kṣaḥ＜（क्षम्）kṣam-，阿维斯塔语（𐬰𐬃）zå＜（𐬰𐬆𐬨）zəm-，波斯语（زمین）zamīn，希腊语χθών～χαμαί“着地”，阿尔巴尼亚语dhe（＞复数dhera），[③]拉丁语humus（＜*homus）～homō“人”，[④]阿尔卑斯高卢语τευο-χτονιο，古爱尔兰语dú（＞属格don），立陶宛语žẽmė～žẽmas“低”，拉脱维亚语zeme～zems“低”，古普鲁士语semmē，俄语земля，[⑤]赫梯语tēkan（有〔𒋼𒂊𒃷〕te-e-kán～〔𒋼𒂊𒂵𒀭〕te-e-ga-a(n)～〔𒋼𒃷〕te-kán

① Michiel De Vaan, *Etymological Dictionary of Latin and the other Italic Languages*, Boston: Brill, 2008, p.655.

② Robert S. P. Beekes, *Etymological Dictionary of Greek*, Vol. 1, p.158.

③ Douglas Q. Adams, *A Dictionary of Tocharian B*, p.205.

④ Michiel De Vaan, *Etymological Dictionary of Latin and the other Italic Languages*, p.292.

⑤ Rick Derksen, *Etymological Dictionary of the Slavic Inherited Lexicon*, Boston: Brill, 2008, p.542.

等具体写法，>属格〔[illegible]〕ták-na-aš），鲁维语（[illegible]）tiyammiš ～（[illegible]）takam；[1]（2）焉耆语ype和龟兹语yapoy反映原始吐火罗语*yäpoy<原始印欧语*$h_1$ep-o-wen（>复数*$h_1$ep-o-uneh$_a$）“主权”<*$h_1$ep-“执”，参考赫梯语ēpzi（具体写法为〔[illegible]〕DIB-zi[2]），梵语（आप्नोति）āpnóti“获”，阿维斯塔语（[illegible]）apayeiti ～（[illegible]）āfənte<*$h_1$opeye/o-“获”，亚美尼亚语（ունիմ）unim（<*$h_1$opn-）“拥有”，阿尔巴尼亚语jap“给”[3]以及希腊语ἅπτω“绑扎”～ἰάπτω“推送”；其派生词有焉耆语yāppäk和龟兹语yapko ～ yāpko，反映原始吐火罗语*yāp(ä)ku-“公爵、副王”，参考佉卢文jauva->贵霜语yavuga-（汉文音译“歙侯”）～大夏语ζαοου>中古波斯语žaβγu ～粟特语yaβγu>突厥语yabḡu（汉文音译“叶护”）[4]。

> 初，月氏为匈奴所灭，遂迁于大夏，分其国为休密、双靡、贵霜、肸顿、都密，凡五部歙侯。后百馀岁，贵霜歙侯丘就却攻灭四歙侯，自立为王，国号贵霜王。侵安息，取高附地。又灭濮达、罽宾，悉有其国。丘就却年八十余死，子阎膏珍代为王。复灭天竺，置将一人监领之。月氏自此之后，最为富盛，诸国称之皆曰贵霜王。汉本其故号，言大月氏云。（《后汉书·西域传》）

希腊语关于国土的术语则有3个：（1）γαῖα ～阿提卡方言γῆ ～多利亚方言γᾶ ～ δᾶ ～荷马希腊语αἶα<迈锡尼希腊语（[illegible]）Ma-ka<米诺斯语[5]，参考阿维斯塔语（[illegible]）gaiia“生命”～（[illegible]）gaēθā“物质世界、生灵”～（[illegible]）gaēθiia“物质的”～（[illegible]）gairi“山”；（2）χθών（<χθον-）“地面、土壤”<原始印欧语*d^{h}ég^{h}ōm“大地”，参考古亚美尼亚语（ցամաք）cʿamakʿ“旱地”；（3）χώρα ～爱奥尼亚方言χώρη>科普特语（ⲭⲱⲣⲁ）khōra，词源未明。

---

[1] Alwin Kloekhorst, *Etymological Dictionary of the Hittite Inherited Lexicon*, Boston: Brill, 2008, p.858.

[2] Christel Rüster and Erich Neu, *Hethitisches Zeichenlexikon*, Wiesbaden: Otto Harrassowitz, 1989, p.197.

[3] Douglas Q. Adams, *A Dictionary of Tocharian B*, p.520.

[4] Ibid., pp.528–529.

[5] Robert S. P. Beekes, *Etymological Dictionary of Greek*, pp.269–270.

在众多表示国土的术语中，吐火罗语和希腊语共享同一个原始印欧语词根的衍生语汇，两者各自继承下来的同源词在语义方面也几无差别，都是指向与天空对应的土地。而这两个民族指称土地的分歧在于：希腊人无论是指具有灵性的地母还是指拥有主权的国土，似乎都是语源尚未完全明了的外来词，似乎希腊人对土地的社会性意识更多受到异族的强烈影响；而吐火罗人则用继承自原始印欧语中具有掌控概念的动词派生出来的语汇，来指称国土这样主权意识浓厚的地域，反映出了吐火罗人较之希腊人而言对国土主权似乎有种与生俱来的主动意识。

3. 太阳

焉耆语koṃ和龟兹语kauṃ反映原始吐火罗语*kāun＜原始印欧语*kauni-＜*keh$_a$uni-“加热”＜*keh$_a$u-“燃烧”，参考希腊语καῦμα“（太阳的）炽热”＜καίω“燃、烧”（＜原始希腊语*kawyō），立陶宛语kūlė“光”～kũlės“麦角、黑粉菌孢子”～kūlėti“变亮”，拉脱维亚语kūla“光”，波斯语（سو）su“光”。①

希腊语阿提卡方言ἥλιος～克里特方言ᾱβέλῐος～多利亚–伊俄利亚–阿卡狄亚方言ᾱ̓έλῐος～ᾱ́λῐος～荷马希腊语ἠέλῐος＜原始希腊语*hāwélios＜原始印欧语*sāwélios＜*sóh$_2$wl̥，参考赫梯语（𒀭𒌓𒇷𒅀）ᴰUTU-li-ya，梵语（स्वर्）svàr“日光”～（सूर्य）sū́rya（＜*suh$_2$l-）“太阳神”，波斯语（خور）xōr，拉丁语sol，斯拉夫语*sъlnьce＞古教堂斯拉夫语слъньцє＞俄语со́лнце。

希腊人处于有山有水的地区，太阳和其他天象一道运行支配着人的生活，并无什么特别之处，因而希腊语保留了原始印欧语对太阳的称呼。相对而言，吐火罗语失落了这个基本词汇，其对太阳的称呼派生自原始印欧语的“燃烧”一词，这或许亦可归入禁忌词（taboo word）的范畴：吐火罗人身处较为干旱少雨的内亚腹地，来自太阳的炙烤相对于其他天象而言在人的体感面前显得特别突出，由是，吐火罗语中“太阳”一词对共同印欧语的偏离和

① Douglas Q. Adams, *A Dictionary of Tocharian B*, p.225; Robert S. P. Beekes, *Etymological Dictionary of Greek*.

杜撰，反映出吐火罗人文明所受制的强烈环境特征之一。

4. 沙漠、荒地

龟兹语 pālkiye＜pālk-“燃烧”，参考原始印欧语 *b^h(e)lgu-yo- ～ *b^h(e)lgu-$h_1$en-“烧成的白地”＜*b^hleg-“烧”。①

希腊语 ἐρῆμος ～阿提卡方言 ἔρημος“沙漠、野地”＜迈锡尼希腊语（𐀁𐀩𐀁）e-re-e ～（𐀁𐀩𐀲）e-re-ta“划分”＜原始印欧语 *$h_1$reh_1-“分开”＞*(e)r-ĕ-“易碎”，参考拉丁语 rēte“窝巢、网络”～ rārus“散、罕、瘦、松”～ remus“桨”，梵语（ऋते）ṛté，立陶宛语 irti“摔坏”～ rėtis“筛”。

希腊境内没有沙漠，但希腊人很容易跨越地中海而见到对岸北非的沙漠，因而希腊人的沙漠术语用与已领土“分隔开来”的词根衍生而成，指的是异邦的特色地域。吐火罗人大多数时日同沙漠本土关系密切，他们长期经受沙漠中炎热气候的炙烤，从而用词根“燃烧”衍生出对沙漠的指称，意指沙漠这样的荒无人烟之地就跟经历过大火焚烧的土地毫无二致。这样看来，较之希腊人的他指视角，吐火罗人的自指视角对亲历沙漠的人而言就更为真切。

5. 绿洲、庇所

焉耆语 waste＜龟兹语 waste＜原始印欧语 *$h_2$ustó-＜*$h_2$wes-“过夜”＞龟兹语 wäs-“居留”，参考中古爱尔兰语 foss“休息”＜原始印欧语 *$h_2$wosto-。②

希腊语 Ὄασις ～ Αὔᾰσῐς＜民书体埃及象形文字 wḥj＜圣书体埃及象形文字（𓅱𓎛𓄿𓏏𓈉）wḥꜣt“釜、绿洲”＞（𓎛𓄿𓇌𓀀𓁐𓏥𓈉）wḥꜣtjw“绿洲居民”，参考科普特语（ⲟⲩⲁϩⲉ）ouahe，阿拉伯语（واحة）wāḥa。③

由于吐火罗人长年与沙漠这样条件恶劣的地域相伴，因而绿洲这样的“庇护所”就和宜居的意味紧密联系在一起，故而吐火罗人用词根“居留过夜”衍生出对绿洲的职称。而尽管希腊人也能够得见沙漠，但对于绿洲的真

---

① Douglas Q. Adams, *A Dictionary of Tocharian B*, pp.404–405.

② Ibid., p.634.

③ Alan Gardiner, *Egyptian Grammar: Being an Introduction to the Study of Hieroglyphs*, 3rd ed., Oxford: Griffith Institute, 1957, p.539.

实体感就远远不及吐火罗人了，因而希腊语中的“绿洲”一词则是借自毗邻的绿洲文明民族古埃及人的语言。

6. 骆驼

吐火罗语的骆驼术语目前已知的大致有以下3个：（1）楼兰–龟兹语koro ＜kār-“收集”＞kori“皇家司畜（主管骆驼）”；①（2）龟兹语partāktaññe“骆驼的”＜*partākto“骆驼”＜中古伊朗语*partaxt＜*pari-taxta-“远足、绕行”～焉耆语*partākt＜原始印欧语*bhorto-（phórtos“船载、负重”）＋*haeǵto-（＜*haeǵ-“导”）“载重者”；②（3）龟兹语muśnāśi“骆驼队（？）”由śāmna“人”和koraiṃ（＜koro）“骆驼”组成，词源未明。③（龟兹）岁朔，斗羊马橐它七日，观胜负以卜岁盈耗云。(《新唐书》，其中“橐它”即是“骆驼”的汉字异形而已）

希腊语κάμηλος＜腓尼基语（𐤂𐤌𐤋）gml＜原始闪语*gamal-，参考阿卡德语（[illegible]）gam-mal～（[illegible]）^{ANŠE}gam-mal、阿拉伯语（جَمَل）jamal＞柏柏尔语alɣem、希伯来语（גָּמָל）gāmāl。④

希腊人所居住的地理环境本无骆驼这样的动物，因而希腊语中的骆驼语汇十分贫乏且为舶来品。与之迥异的是，吐火罗人的生活环境本是骆驼原产地之一，因而吐火罗语中的骆驼术语就较为丰富，而且其基本倾向都是固有词汇的派生，暂时还没看到借词的踪迹。

7. 海洋

龟兹语samudtār＜佛教混合梵语samudra＜saṃ-“合”＋-udra“水”。⑤

希腊语的海洋术语有4个：（1）Θάλασσα～阿提卡希腊语θᾰλᾰττᾰ～克里特希腊语θᾰλᾰθθᾰ＜ᾰ̆λς“盐”＜米诺斯语⑥，参考原始印欧语*séh$_2$ls＞

① Douglas Q. Adams, *A Dictionary of Tocharian B*, p.218.

② Ibid., p.381.

③ Ibid., p.500.

④ A. Murtonen, *Hebrew in Its West Semitic Setting: A Comparative Survey of Non-Masoretic Hebrew Dialects and Traditions*, Part 1, Boston: Brill, 1989, p.136.

⑤ Douglas Q. Adams, *A Dictionary of Tocharian B*, p.739.

⑥ Colin Renfrew, “Word of Minos: The Minoan Contribution to Mycenaean Greek and the Linguistic Geography of the Bronze Age Aegean”, *Cambridge Archaeological Journal*, 1998, 8 (2), pp.244–245.

梵语（सलिल）salila ～古亚美尼亚语（աղ）ał ～焉耆语sāle ～龟兹语salyiye ～拉丁语sāl ～古英语sealt＞英语salt；(2) Ὠκεανός “洋” ＜原始印欧语*ō-kei-m̥[h_1]no- “卧”（＞梵语（आशयान）āśáyāna- “卧于水中” ～希腊语κεῖται “躺”）[1] ～米诺斯语*kay-an ～闪语ʕ-w-g “曲折”[2] ～苏美尔语（𒀀𒆠𒀭）A-ki-an(u) “天地之水”；[3]（3）πόντος “通常指地中海，首字母大写则指黑海” ～πάτος “路径、步伐” ＜原始印欧语*pónteh_1s＜pónth_1s “道路” ＜pent- “经行”，参考梵语（पथिन्）páthin，古亚美尼亚语（հուն）hun “河床”，拉丁语pōns，古英语findan＞英语find；[4]（4）πέλαγος＜原始印欧语*pele- “平展”（？）。

希腊人所处的自然环境三面环海而且岛屿众多，这样的地理条件使得希腊人对海洋的认识非常细腻（从幅员角度的“平展”、从功能角度的“道路”、从味觉角度的“盐”），相应的表达术语就丰富多样，不仅有源出原始印欧语的词汇，而且还有借自毗邻区域文明更为古老的相关术语。而与之形成鲜明对照的是，处于世界上距离海洋最为遥远的内亚中心地带的吐火罗人，恐怕大多数民众终生都未必亲眼得见海洋的真正面目，所以其关于海洋的称呼也就仅仅是从毗邻的海洋民族印度雅利安人的语言中借用了。而吐火罗人原本的海洋意识，恐怕也就只是体现在其语言对“盐”的称呼，还能同希腊语源出“盐”的海洋术语构成遥远的同源关系了。

8. 鱼

龟兹语laksi＜原始印欧语*laḱs- “鲑、鳟” ＜*laḱ- “闪耀” /*lek- “跳跃”，参考立陶宛语lãšis ～lašiša “鲑鱼”，拉脱维亚语lasis “鲑鱼”，古普鲁士语lalasso（＜lasasso），俄语лосóсь “鲑鱼”，奥塞梯语лæсæг “鲑鱼”，英语lax（＜古英语leax＜原始日耳曼语*lahsaz）～lox “烟熏鲑鱼”（＜意第

① Michael Janda, *Die Musik nach dem Chaos: Der Schöpfungsmythos der europäischen Vorzeit*, Innsbruck: Institut für Sprachwissenschaft der Universität Innsbruck, 2010, p.57 ff.

② Joaquín Sanmartín, *Glossary of Old Syrian* , Eisenbrauns, 2016, p.240.

③ Martin Bernal, *Black Athena: The archaeological and documentary evidence*, Chapter 7, NJ: Rutgers University Press, 1987, p.301.

④ Guus Kroonen, *Etymological Dictionary of Proto-Germanic,* Boston: Brill, 2013.

绪语［לאַקס］laks“鲑鱼”＜古高地德语lahs＞德语Lachs)，阿尔巴尼亚语leshterik“大叶藻，直译‘鳗草’”。

希腊语泛指鱼的术语有两个：(1)指生物形态的ἰχθύς＜原始印欧语*dʰǵʰu-①＜*deǵʰ-“液体”，参考古亚美尼亚语(ձուկն)jukn，立陶宛语žuvis，拉脱维亚语zivs，古普鲁士语suckis；②(2)指食物形态的ὀψάριον＜ὄψον“美味”＞现代希腊语ψάρι。

此外，希腊语τρώκτης“鳟鱼、鲑鱼，直译‘切片者’”＜τρώγω“喋唼”＜原始印欧语*tere-“刮擦、旋转”，参考英语trout＜古英语truht＜古法语truite＜晚期拉丁语tructa；现代希腊语“鲑鱼”σολομός＜拉丁语salmō(＜salmōn-)＜saliō“跳跃”，参考英语salmon＜中古英语samon ~ saumon＜盎格鲁-诺曼语saumon＜古法语saumon。

虽然由于现存文献的局限，仅有的吐火罗语材料不足以同现代还存活的希腊语进行比较，然而局部已经足以反映两个民族的某些内在差异了：吐火罗语泛指鱼的术语，来源于原始印欧人对其彼时生存环境中最熟悉的鲑鱼的语义泛化，算是这个久居内陆的印欧语系民族偶尔见到河流中的鱼群时对其先祖生活环境的语源记忆了；而仍旧与海洋频繁打着交道的希腊人，其泛指的鱼术语既可源出鱼儿离不开的水，亦可源出鱼肉停留在舌尖上的滋味。显然，“鱼”术语同“海洋”术语的追本溯源之对照，反映的两个民族之文明特征也是一致的。

9. 林

焉耆语wärt(＞复数wärtant)和龟兹语wartto(＞复数wärttonta)反映原始吐火罗语*wärtto ~ *wärttonta，参考古英语worþ ~ worð“份地、农场”，梵语(वृति)vṛti-“围墙、藩篱”。③

希腊语的树林术语有两个：(1)纯天然的ὕλη＜原始印欧语*swel- ~ *sel-

---

① Wilhelm Pape, *Handwörterbuch der griechischen Sprache: Griechisch-deutsches Handwörterbuch*, Vol 1. Braunschweig: Vieweg, 1875, p.582/1; Julius Pokorny, *Indogermanisches etymologisches Wörterbuch*. München: Francke Verlag, 1959.

② Rick Derksen, *Etymological Dictionary of the Baltic Inherited Lexicon*, Boston: Brill, 2015, p.523.

③ Douglas Q. Adams, *A Dictionary of Tocharian B*, pp.629–630.

“柴火、木料”，参考拉丁语silva“树林”，英语sill“窗台”，拉脱维亚语sile“槽”;（2）带有人为痕迹的ἄλσος“圣林、空无一物之圣所”＜原始印欧语*$h_2$el-“生长、哺育”，参考拉丁语alō“养育”～alumnus“学生、养子”～oleō“发臭、闻味”，英语old“老”。

吐火罗语汇经历了“围墙＞围场＞围起来的圣所＞神圣的小树林＞森林”[1]的语义嬗变轨迹，暗示吐火罗人所熟识的树林应该是刻意培育的次生林，原本严酷的自然条件并无多少天然林地可以作为倚靠。希腊语汇既有天然林又有次生林，从一个侧面映射出希腊人所居的地理环境较之吐火罗人而言优越得多。

10. 神

骃兹以小月氏若苴王，将众降侯。（《史记·建元已来侯者年表》）

其间中文记音的“若苴”一词，反映焉耆语ñäkci和龟兹语ñäkciye“神的”，源出焉耆语ñkät和龟兹语ñakte（呼格ñakta用于称呼君王，复合形式ñakteṃts ñakte“神中之神”为佛陀或弥勒的别称），反映原始吐火罗语*ñäk(ä)te“神”＜原始印欧语*ní-ǵ^{h}uh$_x$-to-“召唤下来者”，参考英语god～德语Gott～哥特语guþ＜原始日耳曼语*guδa-～gudą“神”＜*guþóm＜原始印欧语*ǵ^{h}utóm＜*ǵ^{h}utós“（祭奠的）偶像、（坟墓内的）魂魄”（＜*ǵ^{h}ewH-“召唤”～*ǵ^{h}ew-“奠洒”＋*-tós）＞梵语（हुत）hutá“火祭的”～希腊语χυτός“倾泻的”。

中国学者林梅村曾经提出一个说法：吐火罗语的神祇术语ñkät～ñakte源出印度雅利安神名（नासत्यौ）Nāsatyau“助力神，双马神的别称”并联系上近东米坦尼雅利安语神名Našattiyanna（[[illegible]] $^{\text{D.MEŠ}}$Na-ša-at-ti-ya-an-na，其中-anna是胡里特语化的复数定冠词[2]），其据以立论的要点是，雅利安语的s～ś通常在吐火罗语中写作k。[3]姑且不必

① Douglas Q. Adams, *A Dictionary of Tocharian B*, p.630.

② Arnaud Fournet, “About the Mitanni Aryan gods”, *Journal of Indo-European Studies*, 1-2, 2010, p.30.

③ 林梅村：《吐火罗神祇考》，见袁行霈主编：《国学研究》，第5卷，北京大学出版社，1998年，第6—7页。

计较其间的表述专业与否，这其实又牵扯上了印欧语早期东西两大分野的标识——咝音和喉音的分化（以“百”centum ～ śatəm的分歧表现为其代表），然而，梵语Nāsatyau（双数）＜Nāsatya＜*nasatí-“返回”＜nas-“回到起点、拯救”，参考阿维斯塔语（𐬥𐬄𐬢𐬵𐬀𐬌𐬚𐬌𐬌𐬀）nåŋhaiθiia-①；吐火罗语ñkät ～ ñakte的词源梳理已见上述文字——两者各有其源，并无更多的模式化词汇语音对应关系，从而，基于吐火罗神祇与雅利安双马神之间语源联系而将岩画龙马图案归结为吐火罗人原始宗教的处理②也难以得到普遍的认同。

希腊语泛指神的术语θεός＜迈锡尼希腊语（𐀳𐀃）te-o＜原始希腊语*t^{h}ehós＜原始印欧语*d^{h}éh$_1$s＜*d^{h}eh$_1$-“作、置”，参考弗律基亚语（δεως）deōs，亚美尼亚语（դիք）dikʿ“异教神”，拉丁语fēriae“节日”～fānum“庙宇”～fēstus“节庆”；③而特指具体神祇的术语Ζεύς～伊俄利亚方言Δάν～拉科尼亚方言Δεύς～多利亚方言Ζάν～Ζάς～诗体用语Ζήν～波俄提亚方言Θιός～Σιός～克里特方言Τάν“宙斯、天父”＜原始希腊语*dzeus“天神”＜原始印欧语*dyḗws“天空、天神”＜*dyew-，参见赫梯语（𒀭𒅆）^{D}sius，立陶宛语dievas，梵语（द्यु）dyú，拉丁语deus“神”～diēs（＜*dyḗm）“白昼”～diū“天天”，波斯语（دیو）div“魔鬼”～（زاوش）zāvoš“木星”，威尔士语duw，古英语Tīw④——另有等同于“宙斯”的“朱庇特”一词：梵语（द्यौष्पितृ）dyauṣ-pitṛ～翁布里亚语（IYΠATEP）iupater～拉丁语Iuppiter＜原始印欧语*dyḗws-ph$_2$tḗr“天父”。

原始印欧人的天神术语成为了希腊神话体系中的主神天父宙斯这一专名，从而另起由动词“作”衍生出来的名词泛指神祇。吐火罗人则继承了原始印欧人的偶像～魂魄术语而演化为本民族泛指神祇的术语。一方面，吐火罗人神话体系较之希腊神话而言显得十分简单而板滞；另一方面，吐火罗人的神灵崇拜似乎更显得更具世俗功利性——这一点或许同其意识形态中间已经深深扎根的佛教影响密不可分。

① Éric Pirart, *Les Nāsatya*: Volume I, Les noms de Aśvin, Traduction commentée des strophes consacrées aux Aśvin dans le premier maṇḍala de la Ṛgvedasaṁhitā, Genève: Diffusion, Librairie DROZ S. A., 1995, pp.15–16.

② 林梅村：《吐火罗神祇考》，见袁行霈主编：《国学研究》，第5卷，第7—11页。

③ Robert S. P. Beekes, *Etymological Dictionary of Greek*, Vol. 1, p.540f.

④ Andrew L. Sihler, *New Comparative Grammar of Greek and Latin*, Oxford: Oxford University Press, 1995.

11. 王

焉耆语wäl（＞旁格lānt）和龟兹语walo（＞旁格lānt）反映原始吐火罗语*wälo（＞旁格lāntä-）＜原始印欧语*wl-eh_a-nt-＜*wl-eh_a-“控制”＞于阗语rre（＞宾格rundu）～图木舒克语riḍe，参见凯尔特语*wlḥa-＞古爱尔兰语flaith“统治、王子”～flaithem“统治者”～威尔士语gwlad“国土”～gwledig“统治者”～高卢语vlatos“统治者”。[①]另有阴性lāntsa＜原始印欧语*$wleh_a ntyeh_a$-。[②]

希腊语关于君王的术语主要有两个：(1)ἄναξ(《伊利亚特》阿伽门农被称为ἄναξ ἀνδρῶν“人中领袖”)＜荷马希腊语ϝάναξ＜迈锡尼希腊语（𐀷𐀙𐀏）wa-na-ka[③]＜原始印欧语*wen-aǵ-“授官者”＞梵语（वणिज्）vaṇij-“商人、《梨俱吠陀》因坻之别称”；[④]（2）βασιλεύς～阿卡狄亚语（𐠩𐠲𐠚𐠪𐠞）pa-si-le-wo-se＜迈锡尼希腊语（𐀣𐀯𐀩𐀄）qa-si-re-u“宫廷侍从、地方长官”＜原始希腊语*gʷatiléus“王、首领”[⑤]＜米诺斯语＞吕西亚语（ꓭATTOŦ）battos～（+AΥᛘΥΥŦ）qaλmλus“王”。[⑥]

吐火罗语的君王称呼源出表示控制语义的动词，反映出吐火罗人君王鲜明的强权色彩。而希腊语的两个君王称呼从语源看，至多跟官职授受联系密切，在语义内涵上更显人群首领的意蕴而缺少强力掌控臣民的内涵。

以下宕开一笔，尝试以穷尽性的视角概览印欧语系的君王称呼类型——

英语king～德语König＜原始日耳曼语*kuningaz～*kunungaz“王、家族成员”＜*kunją“家族”＋*-ingaz“嗣出”。

苏格兰盖尔语wheen“皇后”＜英语queen＜中古英语cwen＜古英语cwēn“妇、妻、后、公主”＜原始日耳曼语*kwēniz“妇人”＜原始印欧语*gʷénh₂s“女”。

---

① Douglas Q. Adams, *A Dictionary of Tocharian B*, p.631.

② Ibid., p.594.

③ Robert S. P. Beekes, *Etymological Dictionary of Greek*, pp.98–99.

④ Sir Monier Monier-Williams, *A Sanskrit-English dictionary etymologically and philologically arranged with special reference to cognate Indo-European languages*, Oxford: Clarendon Press, 1898, p.915.

⑤ Andrew L. Sihler, *New Comparative Grammar of Greek and Latin*, p.330.

⑥ Robert S. P. Beekes, *Etymological Dictionary of Greek*, p.203.

芬兰语keisari～德语Kaiser＜古高地德语keisar＜日耳曼语*kaisaraz“皇帝”＜拉丁语Caesar（罗马执政官恺撒之姓）＞共通希腊语Καῖσαρ＞哥特语kaisar＞斯拉夫语*cěsarjь“沙皇”＞捷克语císař～俄语кéсарь～царь～цéзарь＞匈牙利语császár。

俄语князь～捷克语kněz“祭司”～kníže“王子、公爵”＜斯拉夫语*kъnędzь“王、家长”＜*kъnъ＋*-ędzь。

匈牙利语király＜俄语корóль～捷克语král＜*kõrl'ь“王”＜斯拉夫语*korl'ь̍＜*korljь＜*korljí＜*karljí＜*kàrlji＜*kàrlju＜日耳曼语Karl（统治过斯拉夫人西部地区的法兰克国王查理曼大帝之名）。

英语emperor“皇帝”＜古法语empereor＜拉丁语imperator“下令者”＜imperare＜imperō“下令”（＞imperium“〔王政时代罗马国王的〕指挥权”）＜im-＋parō＜原始印欧语*per-“产生、导致”。

波斯语（شاه）šāh＜中古波斯语šāh＜古波斯语（词符𐏋、音符𐎧𐏁𐎠𐎹𐎰𐎡𐎹）xšāyaθiya＜原始伊朗语*tšayati“统治”＜原始印欧语*tke-“凌驾于”，参考梵语（क्षत्र）kṣatrá“权势”，阿维斯塔语（𐬑𐬱𐬀𐬚𐬭𐬀）xšaθra“王国”，古亚美尼亚语（աշխարհ）ašxarh，希腊语κτάομαι“获得”。

印地语（राजा）rājā～乌尔都语（راجا）rājā＜梵语（राजन्）rājan＜原始印度-伊朗语*(H)rā́ĵan＜原始印欧语*(h_3)rēǵ-en-＜*h_3rḗǵs“统治者、君王”＜*$h_3$reǵ-“加强”，参考拉丁语rēx“王”～regina“后”[①]，古爱尔兰语rí“王”～rígan“后”，曼岛语ree，苏格兰盖尔语rìgh。

纵观整个印欧语系君王术语的语源，可以看出一个很有规律的现象：印欧语系以西的民族（分布在欧洲），其君王称呼或衍生自普通名词，或泛化自某个专有人名，从表面上看跟强权几无干系；印欧语系以东的民族（分布在近东和内亚），其君王称呼则无一例外均派生自具有强权语义色彩的动词；唯一的例外可能是拉丁语的两个君王称呼rēx和imperator（后者勉强归入此类），身处欧洲的民族却使用了具有强权语义内涵词根派生出来的君王称呼，

① Sir Monier Monier-Williams, *A Sanskrit-English dictionary etymologically and philologically arranged with special reference to cognate Indo-European languages*, p.874.

或许这跟罗马共和国走向大一统的帝国时代还有着内在的某些联系呢。吐火罗人和希腊人各自的君王称呼，完全可以纳入这一更为广义上的语义类型地图框架中去。

12. 牧

吐火罗语确凿的放牧术语有两个：（1）龟兹语govika“牧人妻、女牧人”＜佛教混合梵语gopikā-；[①]（2）焉耆语krop-和龟兹语kraup-反映原始吐火罗语*kreup-“汇集、放牧”＜原始印欧语*kr(e)u-bh-～*kr(e)u-h_x-，参考希腊语κρύπτω“覆盖”，立陶宛语kráuju“堆起”～krūvà“堆”，拉脱维亚语kraũju“堆起”～krava“堆、垛”，古英语hrēodan，古爱尔兰语crúach，古教堂斯拉夫语крыти“覆盖”～кровъ“屋顶”。[②]

希腊语ποιμήν“牧人”＜迈锡尼希腊语（𐀡𐀕）po-me“护卫”～希腊语Πάν“牧神”～πῶυ“羊群”～拉丁语pānis“面包”～pāstor“牧人”～原始斯拉夫语*pit'a“食物”～赫梯语（𒉺𒄴𒊭）pa-aḫ-ša＜原始印欧语*pisḱ-“鱼”＜*peh_2-“护卫、放牧”＞原始日耳曼语*fiskaz＞英语fish。

暂不考虑借词的情形，吐火罗人的放牧术语本义指“汇集”，可以想象是原野上吆喝众多牛羊牲畜的最常见动作，这反映了吐火罗人扎根于原始印欧人驰骋于草原进行游牧生活的民族特征。与之形成鲜明对照的是，希腊人的一系列牧人语汇最终却是同“鱼”有着千丝万缕的联系，反映出临海而居的希腊民族早已将原始印欧人固有的游牧和自己新生的渔猎两种迥然不同的生产方式混同起来了。

13. 商

吐火罗语中对商人的称呼及其所反映的商业术语多种多样：（1）龟兹语käryorttau“商人”＜karyor“买卖”＜käry(a)-“买”＜原始印欧语*$k^w reih_a$-“买”；[③]（2）龟兹语misko“商品交换”＜mäsk-“交换”＜原始印

① Douglas Q. Adams, *A Dictionary of Tocharian B*, p.265.

② Ibid., pp.236–238.

③ Ibid., p.153, pp.174–175.

欧语*mi-sḱe/o- ～ *h$_a$mig^w-sḱe/o-＜*mei-“变”，参考梵语（मयते）máyate，拉脱维亚语miju＜mīt“变化、交换”，拉丁语commūnis“公众、普通”，哥特语gamains，古英语ġemǣne，以及希腊语ἀμείβω“变易”；①（3）龟兹语sārthavāhe“篷车领头人、商人”＜佛教混合梵语sārthavāha-；②（4）龟兹语śreṣṭi“商人、人杰”＜佛教混合梵语śreṣṭhin-。③

希腊语ἐμπορεῖον“商人”～ἐμπόριος“贸易”＜ἔμπορος“远足者、商人”＜πόρος“旅途”。

从语源上看来，吐火罗语的商人及商业术语既有源出固有动词的，也有借自毗邻的高级文明语言的。而吐火罗人对商人的不同称呼，则反映出这个民族对商业这种社会交换活动细腻的认识：商人当然是从事商品买卖活动的主体，行进于荒漠地区的商人当然离不开赖以生存的篷车，活动在如此恶劣环境中的商人自然具备出类拔萃的特征。相较而言，希腊人的商业活动更多是和航海紧密联系在一起的，就连希腊语的商人称呼以及商贸的表达，都是源出户外远足的旅人，就充分表明希腊商业活动对于海洋文明的依附性。

14. 珍宝

吐火罗语泛指珍宝的术语有以下4组：（1）焉耆语katu和龟兹语ketwe反映原始吐火罗语*ketwe＜*kät-“扩散”；④（2）焉耆语ñemi（＜*nēimi-）和龟兹语naumiye（＜*noimi-）反映原始吐火罗语*neumiye＜原始印欧语*noud-m-“欲求之物”＜*noud-tyo-“欲”，参考立陶宛语naũdyti“欲求”～naudà“享用”，拉脱维亚语nàûda“钱”，古高地德语niot“欲念”，古英语nīed～nēod“需求”；⑤（3）焉耆语pāśiṃ＜于阗语pārgyiña-“宝藏”⑥＜原始伊朗语*paričinyā-＞佛教混合梵语paryaṇa-（＜*pari-cayana-）“庭院”，参考吐鲁番中古波斯语prčyn-“篱笆”，波斯语（پرزیدن）parzīdan

---

① Douglas Q. Adams, *A Dictionary of Tocharian B*, pp.492–493, 498.
② Ibid., p.747.
③ Ibid., pp.492–493, 498.
④ Ibid., pp.492–493, 205.
⑤ Ibid., p.372.
⑥ Ibid., p.193.

“筑墙”，瓦罕语palč ～ parč“花园，森林”；[1]（4）龟兹语yasna＜yasa“金”＜原始印欧语*$h_a$wes(i)neh$_a$（？）＜*$h_a$weseh$_a$，参考拉丁语aurum，立陶宛语ausas，古普鲁士语ausis。[2]龟兹，……。横千里，纵六百里。土宜麻、麦、粳稻、蒲陶，出黄金。(《新唐书》)

希腊语κειμήλιον＜κεῖμαι“放置”＜原始印欧语*ḱéytor＜*ḱey-“躺下”，参考赫梯语（𒆠𒀉𒋫𒊑～𒆠𒀉𒋫𒊑）kittari、梵语（शेते）śéte“休息”，拉丁语cunae“摇篮”（＜*ḱoy-no-“巢穴”）～ cīvis“市民”（＜*keiwis＜*(s)kew-），古亚美尼亚语（սէր）sēr“爱”以及希腊语κοίτη“床”～ κώμη“村庄”，古教堂斯拉夫语сѣмь＞俄语семья“家”，古英语hūs＞英语house“房”。

吐火罗人的珍宝术语丰富多彩，既有自动词“扩散”“欲求”衍生的，也有从贵金属名词派生的，还有毗邻语言的借词，这些不同语源的术语，透露出吐火罗人对珍宝的某些基本认识：珍稀贵重、挑动人的欲念、用于传布流通，等等。由此可见吐火罗社会中珍宝的使用和交流都是十分频繁的。与之相比，希腊人的珍宝泛称术语就简单多了，其源出“放置”词根的语源似乎表明希腊人更多是将珍宝作为积聚财富的用物罢。

15. 酒

龟兹语关于酒的术语已知的有4个：（1）mot“酒精饮料”＜mīt“蜜”＜原始印欧语*méd^{h}u“蜂蜜、蜜酒”，参考梵语（मधु）mádhu-“蜂蜜、蜜酒”，阿维斯塔语（𐬨𐬀𐬜𐬎）maδu-“酒精饮料”，斯基泰语madu，立陶宛语medùs，拉脱维亚语mȩdus，古普鲁士语meddo，希腊语μέθυ“果酒”，古爱尔兰语mid“蜜酒”，古英语meodu＞英语mead“蜜酒”，古教堂斯拉夫语медъ“蜜酒”＞俄语мёд；吐火罗语词借入汉语为“蜜”；[3]（2）kuñi-mot“果酒”＜kuñi＜于阗语gūrāṇa-“葡萄的”＜gūra-“葡萄”；[4]（3）cagala“果酒”

① Harold Walter Bailey, *Dictionary of Khotan Saka*, Cambridge: Cambridge University Press, 1979, pp.232–233.

② Douglas Q. Adams, *A Dictionary of Tocharian B*, pp.524–526.

③ Ibid., pp.494, 511; Karulis, Konstantīns, *Latviešu Etimoloģijas Vārdnīca*, Rīga: AVOTS, 1992.

④ Douglas Q. Adams, *A Dictionary of Tocharian B*, p.193.

<佛教混合梵语jagala-；[1]（4）wäs(s)ok“大麦酒”，可能与焉耆语wsok“愉悦、友好；虔诚、可信”同源但尚未确证。[2]

希腊语关于酒的术语主要有两个：（1）希腊语μέθυ“果酒”>现代希腊语μέθη“醉”;（2）οἶνος“酒精饮料”（～ὐιήν“葡萄藤”<*wiHēn）<阿卡狄亚语ϝοῖνος<迈锡尼希腊语（𐀺𐀜）wo-no<原始印欧语*wóyh$_1$nom“藤蔓样”<*wei(H)-“编织”，参考赫梯语（𒃾）wiyan-，拉丁语vīnum“葡萄酒”～vieō“捆扎”，古亚美尼亚语（գինի）gini，阿尔巴尼亚语verë，德语Wein，希伯来语借词（יין）yāyin[3]以及梵语（वयति）vayati“纺织”，挪威语vegg“墙”，克罗地亚语vȉjem“缠绕”。[4]由于古希腊人都是掺着水喝酒，于是乎：原始印欧语*ḱerh$_2$-“角抵”>希腊语κεράννυμι“混杂”>κρᾶσις“混合一处”>拜占庭希腊语κρασίον“混同”>现代希腊语κρασί“酒”。

从语源上看来，吐火罗人饮用最频繁的酒应当是用蜂蜜作为原料之一酿制的酒精饮料，以致酒精含量较低的果酒术语不是用表示酒精饮料的术语与其他限定词复合而成，就是直接借用梵语词汇。虽然希腊语也有同此吐火罗语汇同源的酒术语（语义有别），但饮用更多的却是用葡萄酿制的酒精饮料。两相对照，葡萄之于希腊社会的巨大效应恐怕可以等价于蜂蜜之于吐火罗社会，乃至吐火罗语的蜂蜜术语直接借入了毗邻的高级文明汉人社会中。

16. 未羊

龟兹语“未羊”即是śaiyye“羊（ovicaprid），某种小型的家养动物”，疑似对应的焉耆语形式是śāyu“一种动物”，两者都反映吐火罗语词根*śāw'ye-（分别系联表示“生活”的龟兹语动词śai-和焉耆语动词śo-）～希腊语ζῷον～ζῶον“动物、野兽”（>现代希腊语ζώο）<原始希腊语*ďṓyyon<*g^{w}yōwyon<原始印欧语（名词词根）*g^{w}ih$_3$w-y-om<（动词

① Douglas Q. Adams, *A Dictionary of Tocharian B*, p.267.

② Ibid., pp.650–651.

③ P.G. W. Glare ed., *Oxford Latin Dictionary*, Oxford: Oxford University Press, 1996.

④ Michiel De Vaan, *Etymological Dictionary of Latin and the Other Italic Languages*, p.680; J. P. Mallory and D. Q. Adams, *Encyclopedia of Indo-European Culture*, London: Fritzroy Dearborn, 1997, p.644.

词根）*g^{w}íh$_3$weti“生活”<（不规律逆同化）*g^{w}íg^{w}we-<*g^{w}ew-“移动”+*g^{w}ṓws“牛”。①

与之可资类比的是，主要用于埃及的希贾兹（Hijazi）阿拉伯语形式（عيش）ʿaiš [ʕēʃ]“大饼”一词（等于标准阿语的｛خُبْز｝k̲ubz），引申自阿语动词词根（عَاش）āša<√ʿ-y-š“生活”的动名词形式，原义指“生存、生活方式、生活物资”。②

两厢比较可以得知，吐火罗语十二生肖中的“未羊”源出意指“生活”的原始印欧语词根，正好透视出吐火罗人社会日常生活中对羊的各种副产品（羊肉、羊皮、羊毛等）或曾有过的极度依赖。

希腊语关涉羊的泛称术语则有3个：（1）现代希腊语Αιγόκερως～Αιγόκερος<共通希腊语αἰγόκερως“摩羯座”<希腊语αἴξ“山羊”>（指小）αἰγίδιον>拜占庭希腊语γίδιν>现代希腊语γίδι“羊羔”>γίδα“山羊”，而该词根αἴξ最终可以追溯到原始印欧语*h$_2$eyǵ-“山羊”，参考古亚美尼亚语（այծ）ayc、梵语（एड）eḍa——这可是从原始印欧语固有的动物专名直接承袭下来的；（2）现代希腊语κριάρι“羯羊”<希腊语Κριός“白羊座”<κέρας“犄角”<原始印欧语*ḱiker“弯角”，参考拉丁语cicer“鹰嘴豆”，古亚美尼亚语（սիսեռն）siseṙn“鹰嘴豆”，立陶宛语kreivas“弯曲”，古东斯拉夫语кривъ“弯曲”——这是以羊角形状特征加以命名物种的模式；（3）希腊语μῆλον～波俄提亚方言μεῖλον“绵羊、山羊、牲畜”<原始印欧语*(s)mal- / *(s)mel-“小、弱、恶”（？），参见古爱尔兰语mil“小动物”，荷兰语maal“小母牛”～smal“窄”，拉丁语malus“坏”，古教堂斯拉夫语малъ>俄语малый“小”，古英语smæl>英语small。

另外值得一提的是现代希腊语πρόβατο<希腊语πρόβατον“（爱奥尼亚-多利亚方言）兽群、（阿提卡方言-共通语）绵羊”<προβαίνω“行进”——这一指称羊的术语却也是由一个动词几经周折才衍生出来的。如果对照上述吐火罗语指羊术语的渊源，可以看出希腊人的视角更聚焦于绵羊同牛马等牲

① Douglas Q. Adams, *A Dictionary of Tocharian B*, pp.695–696.

② J. Milton Cowan ed., *A Dictionary of Modern Written Arabic*, 4th ed., NY: Spoken Language Services, 1979, p.775. 感谢上海外国语大学东方语学院李卫峰老师的提示。

畜一样（因为弱小而）易于集群的可视化特征，从而推知希腊人的日常食谱中羊肉所占比例相对而言可能就不如吐火罗人呢。

至此，我们大致可以勾勒出吐火罗人所建设的城邦文化的某些特征来了：吐火罗人身处炎热干旱之地，民族意识对于太阳敏感而对于水域和水产则相对迟钝；囿于地理环境的局限，吐火罗人培植了次生林（人工林），也从事游牧活动，还建立起高峻的城防；在此基础上，吐火罗人萌生了显著的国土意识，产生了专制王权，以便掌控绿洲中为数不多的资源进行社会分配；在具体的社会生产活动中，吐火罗人还大量役使骆驼进行劳作，频繁发生的商贸活动也与之关系密切，商品交换带来的物件流通开阔了人们的视野，大量舶来的奇珍异宝价值不菲，既可满足人们的物质欲望，又可用于交换得利；吐火罗人的社会生活也自有其特色，毗邻地带有季节性的内流河，他们应该也有鱼可食，然而他们的日常口粮中羊肉可能占据了极其重要的地位，他们主要用蜂蜜和大麦为原料来酿制酒精饮料，但也从异邦进口果酒加以饮用；由于受到南亚次大陆传来的佛教的影响，他们虽然也礼敬神灵，但可能更多出于实用主义的目的，比如直接用神祇术语作为王号，又用神祇术语构成的夸饰语（epithet）来称呼佛陀和弥勒佛等。

吐火罗城邦文化的上述特征，既和希腊城邦可资比较，同时又有其独树一帜的个性特征，这些特征即便是置于内（陆欧）亚城邦的共性视野下，也能现出其民族性来。而这种基于语词源流爬梳所得出的结论，尽管尚有其臆测性在内，但对于文献资料残缺不全的民族而言，至少是颇具启发意义的。随着相关研究的深入，对上述结论无论是证实还是证伪，都可以推进我们对内陆欧亚城市史的研究，同时也有助于我们构建更为精深的城市史理论大厦。

（唐均，西南交通大学外国语学院教授）

文艺复兴和巴洛克时期意大利城市广场的装饰符号（Ⅱ）：军事将领与君主的塑像 *

刘耀春

摘要： 广场是意大利城市最显著的特色之一，它的命运与意大利城市文明的兴衰息息相关。自中世纪盛期开始，随着意大利城市的复兴和发展，城市广场再度焕发生机。在文艺复兴和巴洛克时期，意大利城市广场的装饰符号日趋丰富和成熟，从而形成了具有浓郁意大利特色的广场装饰文化。其中，军事将领和君主的塑像构成了意大利城市广场装饰文化的一个重要部分，它们不仅塑造了意大利城市广场的形态，而且对欧洲其他国家的城市广场文化也产生了强烈的影响。在本文里，笔者将从长时段考察军事将领和君主的塑像在意大利城市广场上的缘起和演变，并深入发掘其历史背景和多重象征意义。

关键词： 文艺复兴　巴洛克　意大利　城市广场　雕塑

广场是意大利城市最显著的特色之一，它的命运与意大利城市文明的兴衰息息相关。在古典时代，广场文化在罗马盛极一时，伴随着罗马帝国的

* 本文是国家社科基金项目“巴洛克时期意大利城市社会研究”（项目编号：14BSS042）的阶段性成果；本研究也得到四川大学项目“地中海区域研究中的意大利国别史研究”（项目编号：SKZX2015-GB25）和“2008年度四川大学青年人才基金项目”（项目编号：SKJC200803）的支持。本文是“文艺复兴和巴洛克时期意大利城市广场装饰符号”系列文章的第二篇。美国约翰·霍普金斯大学博士张颖女士和四川大学历史文化学院世界史系2014级硕士研究生孙洁提供了宝贵的电子资源，笔者在此表示由衷的感谢。

覆灭和都市文明的萎缩，广场文化也一蹶不振。伴随着城市文明在中世纪盛期的复兴，广场在意大利的城市里获得了新生，并成为对西方城市建筑文化最重要的贡献之一。从长时段的眼光来看，从中世纪盛期到巴洛克时期，意大利的城市广场发生了重大的演变，这突出体现在广场规模上日趋宏大，广场形制强调严格的几何规整性，最后，意大利城市广场的装饰性因素日趋完备。用美国建筑史家尼阿尔·阿特金森的话来说，从中世纪盛期到巴洛克时期，意大利的城市广场完成了“从哥特式脚注到巴洛克戏剧”的演变。[①]在本文里，我们将着重从巴洛克时期意大利城市广场的装饰符号来审视这一时期的广场文化，在文艺复兴和巴洛克时期（约1550—1750），意大利广场的装饰符号得到充分的发展，主要体现在频繁且娴熟地运用三个重要的装饰符号：喷泉、军事将领与君主的塑像，以及方尖碑。在本文中，笔者将着重讨论这一时期的军事将领与君主的塑像。

一、中世纪盛期的军事将领和君主的塑像

在罗马帝国时代，为军事将领和帝王歌功颂德和修建纪念碑构成了罗马帝国政治文化的重要形式之一，这些纪念碑大致包括帝王的塑像（尤其是骑马像）、凯旋柱（或纪功柱）、凯旋门等。[②]随着罗马帝国的覆灭，这些歌颂权力的纪念物曾一度衰微。但在文艺复兴和巴洛克时期，这三种形式又在一定程度上得以复兴，并以变种的形式延续至今。在本文里，我们关注的是军事将领或君主的骑马像（坐像和站像）作为一种重要的装饰符号在意大利城市广场上的复兴。

在漫长的中世纪早期和中期，统治者的骑马像时有出现，不过，此类雕塑的数量并不多，且往往保存在室内，其中最著名的当属保存在亚琛的查

---

① Niall Atkinson, “The Italian Piazza: From Gothic Footnote to Baroque Theater” , in Babette Bohn and James Saslow eds., *A Companion to Renaissance and Baroque Art*, Oxford: Wiley-Blackwell, 2013, pp.561–581.

② James Ackerman, “Arch, Column and Equestrian Statue: Three Persistent Forms of Public Monument”, in Donald M. Reynolds ed., *Remove not the Ancient Landmark: Public Monuments and Moral Values*, Amsterdam: Gordon and Breach Pub., 1996, pp.21–26. 这篇文章在目录和正文里的题目不一致，在正文里，文章的题目变成《古典传统的力量》（“The Power of the Classical Tradition”）。

理大帝骑马像。在中世纪盛期（1000—1348）意大利的一些城市，城市政府成为重要的艺术资助人，它们常常聘请艺术家用绘画和雕塑的形式宣扬和纪念对城市“公共利益”做出重要贡献的军事将领。正是在这一时期，骑马像成为一种重要的装饰符号，大致来说，又可以分为绘画骑马像和雕塑骑马像。

我们注意到，纪念军事将领（主要是雇佣兵队长）或城市领主（urban signori）呈现出不同的地区差异，在意大利半岛中部，托斯卡纳地区的城市多倾向于采用绘画，而在北部伦巴底和威尼托地区的城区多偏好雕塑。在14世纪锡耶那画家西莫内·马尔蒂尼（Simone Martini，活跃在1315—1344）在锡耶那市政厅里绘制了装饰壁画，其中就包含颂扬和纪念军事将领圭多里乔·达·佛利亚诺（Guidoriccio da Fogliano）的骑马像（1330年左右，图1）。

图1 圭多里乔·达·佛利亚诺的骑马像

用绘画颂扬捍卫城市的军事将领的做法一直延续到文艺复兴早期。在15世纪早期，佛罗伦萨人聘请画家保罗·乌切罗（Paolo Uccello，1397—1475）在佛罗伦萨大教堂里绘制了纪念著名的英国籍雇佣兵将领约翰·霍克伍德爵士（Sir John Hawkwood，约1323—1394）的骑马像（1436年，图2）。在这幅壁画不远处，还有画家安德雷亚·德尔·卡斯塔尼奥（Andrea del Castagno，约1421—1457）绘制的雇佣兵队长尼科罗·达·托伦蒂诺（Niccolò da Tolentino，约1350—1435）的骑马像（1456年，图3）。

在13和14世纪，表现圣徒、军事将领或领主的雕刻骑马像开始在伦巴底地区和威尼托地区的城市出现，这种骑马像的出现与意大利城市政治体制的

图2　约翰·霍克伍德爵士的骑马像

图3　尼科罗·达·托伦蒂诺的骑马像

演变有密切的关联。从13世纪中期到15世纪早期，随着大多数意大利城邦从共和制向领主制的过渡，[①]城市的公共雕塑逐渐从歌颂共和美德转向歌颂和纪念领主或统治者。这一时期歌颂和纪念城市统治者的塑像大致可以分为三类：骑马像、坐像和站立像。在这三种类型中，骑马像最流行，其次是站立像，最后是坐像。其中的缘由并不难理解，骑马像最能塑造大权在握的统治者的伟岸和威严的形象。

骑马像通常又分为两种：一种是作为高浮雕出现在一些城市的大教堂或市政厅的主立面上，其中比较有名的是米兰市政厅（Broletto/Palazzo della Ragione）上的米兰督政官奥尔德拉多·达·特雷塞诺（Oldrado da Tresseno）骑马像（1223年，图4）；另一种骑马像接近独立雕塑，骑马像作为墓葬纪念碑被安置在室内而非室外，并且通常是作为墓葬纪念碑出现，其中比较著名的包括：维罗纳统治者斯卡拉（della Scala）或斯卡利杰里（Scaligeri）家族

① 关于意大利城市共和国的政治体制的演变，参见刘耀春：《意大利城市政治体制与权力空间的演变（1300—1600）》，载《中国社会科学》，2013年第5期，第185—192页。

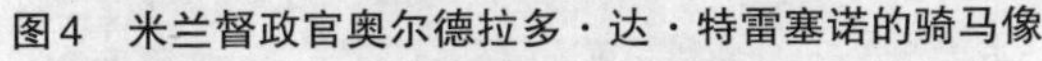

图4 米兰督政官奥尔德拉多·达·特雷塞诺的骑马像

图5 康格兰德·德拉·斯卡拉的骑马像

在维罗纳的老圣马利亚教堂（S. Maria Antica）庭院里的三尊骑马像，分别纪念康格兰德·德拉·斯卡拉（Cangrande della Scala，图5）、马斯蒂诺·斯卡拉（Mastino della Scala）和康西尼奥里奥·德拉·斯卡拉（Cansignorio della Scala），这三尊骑马像中的人物都是中世纪骑士的装扮，宣扬墓主人生前的英勇和荣耀；[①]雕塑家波尼诺·达·皮奥内（Bonino da Campione）为米兰统治者贝尔纳波·维斯孔蒂（Bernabò Visconti，1323—1385）的骑马像（创作于1363年之前，图6）；[②]以及雕塑家雅科波·德拉·奎尔恰（Jacopo della Quercia，约1374—1438）为保罗·萨维利（Paolo Savelli，1350—1405）制作的骑马像（图7）。[③]

这种作为墓葬纪念碑的骑马像传统在一直延续到文艺复兴早期，例如位于博洛尼亚大圣加科莫教堂（San Giacomo Maggiore）的本提沃利奥礼拜堂里的阿尼巴莱·本提沃利奥（Annibale Bentivolgio）的骑马像（1458），以及位

① Brendan Cassidy, *Politics and Civic Ideals and Sculpture in Italy, c.1240–1400*, Turnhout: Harvey Miller, 2007, pp.190–197.

② Ibid., pp.197–200.

③ H. W. Janson, "Equestrian Monument from Cangrande della Scala to Peter the Great", in Archibald Lewis ed., *Aspects of the Renaissance*, Austin: University of Texas Press, 1967, pp.80–81.

图6　米兰统治者贝尔纳波·维斯孔蒂的骑马像

图7　保罗·萨维利的骑马像

于那不勒斯的卡尔波纳拉的圣乔瓦尼教堂里的国王拉迪斯拉斯（Ladislas）的骑马像（15世纪20年代）。[①]不过，随着文艺复兴时期纪念文化的转变，这种类型的室内骑马像的数量日益减少。在15世纪的意大利“艺术革命”（即艺术领域里的文艺复兴运动兴起）之前，不论是室外的高浮雕骑马像还是庭院内或室内的独立骑马像，它们的尺寸都比真实的人和马小，这些骑马像仅仅是充当公共建筑物的整体装饰当中的一部分，并非独立的纪念性装饰品。

二、文艺复兴早期和中期城市广场上的军事将领和君主的塑像

把独立的骑马像安置在城市广场上是文艺复兴时期意大利人的创举。在

① 这两幅墓葬骑马像图片，参见Alison Cole, *Italian Renaissance Courts: Art, Pleasure and Power*, London: Laurence King Publishing, 2016, pp.20, 83。

15世纪，城市领主十分关注君主的塑像，尤其是骑马像，并把它们用于宣扬王朝的合法性。与城市共和国不同，领主制城市的政权往往是暴力夺权的产物，因此，这些城市统治者本身对政权的合法性和稳定性格外敏感和关切。这些领主政权为了巩固其统治，往往是"硬手段"和"软手段"双管齐下，就前者而言，领主政权会不遗余力地打造坚固的城堡和军队，形成对臣民的强大威慑力；[①]就后者而言，利用文学、历史、传记，以及艺术等各种手段不遗余力地赞美领主家族的统治，并创造领主家族的记忆文化，引导民众接受和顺从领主家族的统治，显而易见，这种记忆文化构成了领主政权政治文化中不可或缺的一环。

1443年，费拉拉的统治者莱奥内罗·德·埃斯特（Leonello d'Este，1407—1450）家族委托艺术家制作其父尼科罗·德·埃斯特三世（Niccolò Ⅲ d'Este，1383—1441）的骑马像。建筑师莱昂·巴蒂斯塔·阿尔贝蒂（Leon Battista Alberti，1404—1472）在费拉拉埃斯特家族的旧宫（Cortevecchia，即昔日的市政厅）的大门口为这尊骑马像修建了一座凯旋门形式的大理石基座。阿尔贝蒂甚至撰写了一篇《论活马》（*De equo animante*）的著作献给莱奥内罗·德·埃斯特。1451年，尼科罗·德·埃斯特三世的青铜骑马像被安置在这座凯旋门的顶端（图8和图9），从此之后，这座凯旋门就被人们称为"战马拱门"（Volto del Cavallo或Arco del Cavallo）。[②]这种青铜骑马像和凯旋门相结合的纪念碑形式很可能借鉴了保存在安科纳城里位于凯旋门之上的图拉真皇帝纪念碑，而这一设计灵感很可能出自当时意大利最杰出的古物学家安科纳的齐里亚科（Ciriaco d'Ancona）。[③]这尊青铜骑马像是古典世界衰亡以来西方世界的第一尊真人尺寸的骑马像。[④]

但很可惜，这尊骑马像在1796年被入侵费拉拉的拿破仑军队摧毁。尽管这尊骑马像的原作已经不复存在，但它在西方雕塑史上的历史意义不容

① 参见刘耀春的文章《意大利城市政治体制与权力空间的演变（1300—1600）》，载《中国社会科学》，2013年第5期，第185—203页，尤其是第198—202页。

② Charles Rosenberg, *The Este Monuments and Urban Development in Renaissance Ferrara*, Cambridge: Cambridge University Press, 1997, pp.50–82.

③ Mary Bergstein, "Donatello's Gattamelata and Its Humanist Audience", in *Renaissance Quarterly*, Vol. 55, No. 3 (2002), p.852.

④ Charles Rosenberg, *The Este Monuments and Urban Development in Renaissance Ferrara*, p.54.

图8　尼科罗·德·埃斯特三世的骑马像（17世纪素描）

图9　尼科罗·德·埃斯特三世的骑马像（想象复原品）

图10　波尔索·德·埃斯特的青铜坐像（17世纪素描）

忽视：正是从这一尊青铜骑马像开始，独立的骑马像不再局限于墓葬雕刻传统，而是成为城市广场上最醒目的装饰符号之一。此外，还要强调的是，它与同一时期佛罗伦萨雕塑家多纳泰罗在帕多瓦铸造的威尼斯佣兵队长“加塔梅拉塔”的骑马像形成了一种竞争的关系。关于后者，我们将在后面详细论述。

1450年，波尔索·德·埃斯特（Borso d'Este，1413—1471）登上费拉拉侯爵的宝座，墨德纳城决定为他塑造一尊骑马像，但最终未能实现。费拉拉城为波尔索塑造了一尊青铜坐像，并将它安置在一个粗壮的科林斯柱头的凯旋柱顶端。手持权柄和正襟危坐的波尔索俨然犹如《圣经》中的大卫王。但不幸的是，这尊青铜坐像连同尼科罗的青铜骑马像后来被入侵费拉拉的拿破仑军队捣毁，不过它们的基座，即战马拱门和科林斯凯旋柱没有被破坏，并一直保存至今。关于波尔索青铜坐像，有两幅17和18世纪的素描保存下来（图10和图11），这可以让人们从中一窥其原初风貌，我们现在看到的波尔索坐像就是根据这两幅素描制作的想象复原品（图12）。

图11 波尔索·德·埃斯特的青铜坐像（18世纪素描）

图12 波尔索·德·埃斯特的青铜坐像（想象复原品）

当时的一位人文学者提托·斯特罗奇（Tito Strozzi）为这个纪念碑撰写了铭文："感恩戴德的费拉拉把这根柱子献给仍然活在人世的您——最公正的波尔索，由于您的仁慈统治，您是您的家族中从皇帝那里获得公爵封号的第一人，您统治之下一切祥和安宁。"[①]尼科罗和波尔索的青铜像分别位于原来费拉拉市政厅的主入口的两端（图13），[②]它们宣示了埃斯特家族对费拉拉最重要城市空间——L形的市政厅和大教堂广场——的主宰。

自1499年起，波尔索·德·埃斯特的继位者埃尔科莱·德·埃斯特（Ercole d'Este，1431—1505）就准备为他本人制作一个更雄伟的骑马像，并打算将它安置在他在费拉拉城扩建的一个巨大新区（即著名的"埃尔科莱新区"）的中心广场上。由于规模巨大，埃尔科莱不得不委托他在米兰的大使，

① Charles Rosenberg, *The Este Monuments and Urban Development in Renaissance Ferrara*, pp.88–109.

② 在此之前，统治费拉拉的埃斯特家族为阿尔贝尔托（Alberto）制作的站立像被安置在费拉拉大教堂立面的神龛里。这两尊青铜塑像在1796年被入侵该城的法国军队摧毁，现在人们看到的这两尊青铜像是依据图像资料制作的"想象"复原品。

图13 费拉拉"旧宫"前面的尼科罗三世的骑马像和波尔索·德·埃斯特的青铜坐像

向正在米兰为斯佛尔扎家族准备骑马像的莱奥纳尔多·达·芬奇（Leonardo da Vinci，1452—1519）咨询和求助。[①]不过，由于16世纪早期意大利战争的动荡，这个计划最终未能实现。但是，埃尔科莱骑马像的构想图流传下来了，我们可以从中得知它的基本造型（图14和图15）。

埃斯特家族塑像对古罗马颂扬军事胜利的形式——凯旋门和凯旋柱——的利用尤其值得关注。此外，埃斯特家族在费拉拉中心广场上的雕像意义重大，它预示了未来的一种潮流：在城市广场上树立的是城市的统治者而非受雇于城市的雇佣兵将领的雕像，从这个意义说，埃斯特家族开辟了领主制和君主制城市的一个新传统。

自15世纪中期之后，统治米兰的斯佛尔扎家族也对骑马像情有独钟。斯佛尔扎家族政权的开创者弗朗切斯科·斯佛尔扎原本是一名雇佣兵队长，他凭借武力攫取了米兰的统治权，是"马背上夺权"的一个典型。他的儿子卢

① Lisa Jardine and Jerry Brotton, *Global Interests: Renaissance Art between East and West*, Ithaca: Cornell University Press, 2000, pp.143–144.

图14 埃尔科莱·德·埃斯特骑马像的构想图（1）

图15 埃尔科莱·德·埃斯特骑马像的构想图（2）

多维科·斯佛尔扎积极准备为其父在米兰塑造一尊骑马像，不但为了纪念一位勇敢的佣兵队长，更重要的是纪念斯佛尔扎王朝的创建者。①为此，画家安东尼奥·德尔·波拉约罗（Antonio del Pollaiuolo，约1432—1498）和达·芬奇都准备了各自的方案。波拉约罗在15世纪80年代中期，绘制了弗朗切斯科·斯佛尔扎骑马像的草图（图16）。作为画家和雕塑家安德雷亚·德尔·韦罗基奥的徒弟，达·芬奇显然更懂得统治者对骑马像的偏好，他在写给米兰的统治者卢多维科·斯佛尔扎的信里就特意强调："我能用大理石、青铜和泥土制作雕塑……我也能制作青铜马（骑马像），它将成为你的父亲（弗朗切斯科·斯佛尔扎）不朽功勋和永恒荣誉的幸福纪念，也将成为光辉的斯佛尔扎家族的纪念。"②达·芬奇到米兰之后，他为弗朗切斯科·斯佛尔扎

① Marco Folin ed., *Courts and Courtly Arts in Renaissance Italy*, Woodbridge: Antique Collector's Club, 2011, pp.134–136.

② Elizabeth Holt ed., *A Documentary History of Art*, Vol. 1, Princeton: Princeton University Press, 1981, pp.273–275. 达·芬奇创作过一件骑马像，只不过尺寸很小，参见Shelley Sturman et al., "The Budapest Horse: Beyond the Leonardo Da Vinci Question", in Kelley Helmstutler Di Dio ed., *Making and Moving Sculpture in Early Modern Italy*, Aldershot: Ashgate, 2015, pp.25–46。

的骑马像做了认真的准备。他早期勾勒的草图与波拉约罗的构想很相近（图17），战马的前蹄腾空而起，马蹄下是被征服的敌人。但达·芬奇后期重新勾勒的草图表明，他的方案回归古典化的慢步行进的骑马像。①但波拉约罗和达·芬奇的骑马像都未能落实。我们可以大胆推测，倘若弗朗切斯科·斯佛尔扎的骑马像顺利完成，斯佛尔扎家族想必会将它安置在米兰城最显眼的中心广场。

但上述骑马像的原作或被摧毁或最终未能实现，15世纪骑马像的代表作是受威尼斯共和国艺术资助的产物。为了理解威尼斯共和国境内城市广场上的骑马像，我们首先要理解15世纪威尼斯的政治-社会背景和军事文化。在1388年的吉奥加海战中，威尼斯战胜了海上强敌热那亚，确立了自己的海上霸权。1402年，米兰公爵加安加莱亚佐去世之后，威尼斯乘机又向陆地扩张，整个15世纪威尼斯都在野心勃勃地向西扩张，这一势头一直保持到1509年威尼斯在与反威尼斯的康布雷同盟进行的阿尼亚代罗（Agnadello）战役中遭受失败为止。威尼斯先后夺取了邻近的多个城市，如帕多瓦、维琴察和维罗纳（1404—1406），然后向北方和东北方扩张，夺取了整个弗留利地区，向西夺取了原先属于米兰公国的大片领土和重要城市，如布雷西亚和贝尔加莫（1426—1428），以及克雷马（1449），向南夺取了通向罗马涅亚地区（属于教会国）的战略门户拉韦纳，向东夺取了达尔马提亚。②到16世纪初，威尼斯共和国变成了一个海洋帝国和陆地帝国。

15世纪，正因为威尼斯在陆地的"帝国主义"扩张势头，威尼斯取代米兰成为意大利半岛上各个城邦防范的主要对象，甚至连昔日的盟友佛罗伦萨转而与敌人结成反威尼斯同盟，意大利半岛的政治格局因为威尼斯的扩张而发生根本性的重组。③反过来说，威尼斯要确保扩张得来的果实，就只能更加依赖其军事力量。1453年，奥斯曼土耳其攻陷了拜占庭帝国的首都君士坦

---

① 关于达·芬奇的斯佛尔扎骑马像的探讨，参见Diane Cole Ahl ed., *Leonardo Da Vinci's Sforza Monument Horse*, Bethlehem PA.: Lehigh University Press, 1995。

② Michael Knapton, "Venice and the Terra ferma", in Andrea Gamberini and Isabella Lazzarini eds., *The Italian Renaissance State*, Cambridge: Cambridge University Press, 2012, pp.132–155, esp.133.

③ Nicolai Rubinstein, "Italian Reaction to *Terraferma* Expansion in the Fifteenth Century", in John Hale ed., *Renaissance Venice*, London: Faber and Faber, 1973, pp.197–217.

图16　波拉约罗为弗朗切斯科·斯佛尔扎骑马像准备的草图

图17　达·芬奇为弗朗切斯科·斯佛尔扎骑马像准备的草图

丁堡，并迅速从海路和陆路向意大利侵犯。在15世纪后半期，威尼斯除了提防老对手米兰公国的陆地威胁，如今又面临新强敌奥斯曼土耳其海陆两路的威胁。按照威尼斯的军事制度，海军由贵族军官统帅，而威尼斯没有常备陆军，只能依靠雇佣兵或外援。不言而喻，雇佣兵将领对威尼斯共和国的忠诚度对确保其陆地领土的安全至关重要。正如16世纪的意大利政治思想家尼科罗·马基雅维里（Niccolò Machiavelli，1469—1527）严厉批评，雇佣兵将领缺乏忠诚度，经常背信弃义，反而让聘用他们的国家置身危险的处境。[①]对待那些胆怯畏战、临阵脱逃、心存不忠，甚至背信弃义的雇佣兵队长，威尼斯政府会采取一些措施进行报复，其中包括让画家绘制他们的画像或让雕塑家制作他们的模拟像，倒挂在威尼斯的里亚尔托桥，尤其是妓院的外墙上，以示羞辱。反过来，对于那些忠心耿耿并立下赫赫战功的雇佣兵队长，威尼斯政府给予多重回报：授予重金、赐予封地、授予列席大议政会和威尼斯贵族的荣誉头衔，优待雇佣兵队长的家属，在其去世后给予国葬或修建纪念碑的殊荣。[②]15世纪中期和后期，威尼斯共和国决定为两位卓越的雇佣兵总队长授予国家荣誉：为他们塑造威风凛凛的骑马像，让后人铭记他们的战功，同时为未来的威尼斯雇佣兵将领树立效仿的楷模。

1443年，曾经为威尼斯共和国立下卓越战功的雇佣兵队长埃拉斯莫·达·纳尔尼（Erasmo da Narni，1370—1443）——绰号“加塔梅拉塔”（花斑猫）——去世，威尼斯政府为他举行了隆重的葬礼，并将他安葬在帕多瓦的圣安东尼奥大教堂。后来，加塔梅拉塔的妻子、儿子和部下将领决心出资，请求威尼斯元老院为加塔梅拉塔铸造一尊骑马像来纪念他。[③]威尼斯政府同意了这一请求，并聘请佛罗伦萨雕塑家多纳泰罗（Donatello，约1386—1466）为佣兵队长埃拉斯莫·达·纳尔尼铸造一尊高大的青铜骑马像。当时，多纳泰罗正在为威尼斯下属的帕多瓦城的圣安东尼奥大教堂制作大祭坛。从

---

① 马基雅维里：《兵法》，袁坚译，商务印书馆，2012年，第24—43页。马基雅维里的批评是基于佛罗伦萨的经验。

② Michael Mallett and John Hale, *The Military Organization of a Renaissance State: Venice, c.1400 to 1617*, New York: Cambridge University Press, 2006, pp.181–198.

③ Mary Bergstein, “Donatello’s Gattamelata and Its Humanist Audience” , in *Renaissance Quarterly*, Vol. 55, No. 3 (2002), p.842.

图18 加塔梅拉塔

图19 马可·奥勒留的骑马像

1447年到1453年，多纳泰罗前后用了六年的时间，终于完成了这尊青铜骑马像，并将它安置在圣安东尼奥大教堂广场（Piazza del Santo）的一侧，人们习惯上将它称为“加塔梅拉塔”（*Gattamelata*，图18）。[①]多纳泰罗创作这一尊骑马像是他与建筑师布鲁内莱斯基早年在罗马学习古代雕塑和建筑的产物，保存在罗马城的古罗马皇帝马可·奥勒留（Marcus Aurelius，121—180）的骑马像给他提供了创作灵感（图19）；[②]另一方面，多纳泰罗在制作“加塔梅拉塔”时，他与帕多瓦的人文学者们关系密切。多纳泰罗与人文学者阿尔贝蒂、弗朗切斯科·巴尔巴罗以及古物学家安科纳的齐里亚科都有交往，很

① H. W. Janson, “Revival of Antiquity in Early Renaissance Sculpture”, in *Looking at Italian Renaissance Sculpture*, Cambridge: Cambridge University Press, 1998, pp.54–55. 16世纪意大利艺术家和艺术史家乔尔乔·瓦萨里的评论值得引述：“正当此时，威尼斯元老院打算铸造一尊青铜像以纪念加塔梅拉塔，他们久闻多纳泰罗的大名，于是就派人请他在帕多瓦完成这项任务。多纳泰罗欣然前往，铸造了这位将领骑马的青铜像，放在帕多瓦的圣安东尼教堂前的广场上。在这里，多纳泰罗生动地表现了马的焦躁不安和骑马者的勇敢与豪迈。这件大青铜像比例匀称，风格优美，证明多纳泰罗在表现动作、设计、技艺、比例和细致方面，丝毫不逊于古代的艺术家。”上述译文（略有改动）出自乔尔乔·瓦萨里：《意大利艺苑名人传·辉煌的复兴》，徐波、刘君、毕玉译，湖北美术出版社，2003年，第107页。

② Frederick Hart and David Wilkins, *History of Italian Renaissance Art*, Upper Saddle River, NJ: Prentice Hall, 2007, pp.258–260.

可能正是在多纳泰罗的启发下，阿尔贝蒂撰写了他的《论活马》。反过来说，多纳泰罗在创作“加塔梅拉塔”时，极有可能受到这些人文主义朋友的建议和启发。[①]不过，有一点是确凿无疑的：多纳泰罗的“加塔梅拉塔”骑马像是在文艺复兴早期崇尚古典文化的产物。“加塔梅拉塔”并非对马可·奥勒留的骑马像亦步亦趋的拷贝，而是把后者当成创作的一个参照物，多纳泰罗表现出了用“加塔梅拉塔”与马可·奥勒留的骑马像竞争的意愿。“加塔梅拉塔”远远超过了此前意大利的任何一尊纪念性的骑马像，这不仅体现在尺寸方面，而且在材质方面，它是用青铜铸造的，在雕塑制作工艺上的难度更大。从这个意义上说，多纳泰罗的“加塔梅拉塔”的确是一件划时代的作品。

15世纪80年代，威尼斯共和国委派雕塑家安德雷亚·德尔·韦罗基奥（Andrea del Verrocchio，1435—1488）创作了威尼斯共和国雇佣兵的总队长巴托罗梅奥·科莱奥尼（Bartolomeo Colleoni，1400—1475）的骑马像（1481—1486）。科莱奥尼生前为威尼斯共和国效力，他非常羡慕和渴望“加塔梅拉塔”的骑马像纪念碑的国家荣誉，为此，他甚至把一大笔财产馈赠给威尼斯共和国，他在自己的遗嘱里明确提出，希望威尼斯共和国为他铸造一尊青铜骑马像，并安置在威尼斯最显要的圣马可广场。威尼斯政府决定满足他的部分愿望，但科莱奥尼的骑马像最终被安放在圣乔瓦尼和圣保罗教堂的广场上（图20）。[②]圣乔瓦尼和圣保罗教堂的广场的平面图为L形，由两个矩形广场组成，这尊骑马像的位置恰好在这两个矩形中轴线交汇点

图20　巴托罗梅奥·科莱奥尼的骑马像

① Mary Bergstein, “Donatello’s Gattamelata and Its Humanist Audience”, pp.857–865.

② H. W. Janson, “Equestrian Monument from Cangrande della Scala to Peter the Great”, p.82.

上。这个安放位置很巧妙，如此一来，在L形广场的任何一个位置都可以看到这尊骑马像。

这两尊高大的雇佣兵总队长骑马像的创造者都是佛罗伦萨的雕塑家，这表明佛罗伦萨的雕塑家的青铜雕塑技术在当时的意大利独占鳌头。“加塔梅拉塔”和科莱奥尼的骑马像所在的位置是经过深思熟虑的，它们皆位于由重要教堂主宰的次要广场，而非城市的市政厅或主教座堂（duomo）的中心广场，这说明威尼斯共和国政府有意让它们远离城市的核心空间或中轴线，以免让人误以为雇佣兵总队长是城市的征服者。①威尼斯共和国只是用两尊骑马像表彰和纪念为共和国英勇效力的军事将领，同时宣示威尼斯共和国的军事光荣。从某种意义上，这两尊佣兵队长骑马像代表了中世纪骑士军事文化传统在新时代的延续和一个新变种。顺便说一下，礼遇雇佣兵将领并授予他们国家荣誉其实是15世纪意大利城邦的常见做法，我们在前面提及，佛罗伦萨共和国把两位为佛罗伦萨效劳的雇佣兵队长的骑马像绘制在佛罗伦萨大教堂的墙壁上供后人瞻仰和纪念。我们看到佛罗伦萨和威尼斯两个城市在纪念雇佣兵总队长方式上存在差异：佛罗伦萨选择壁画，威尼斯选择雕塑。这提醒人们文艺复兴时期不同城市的文化品位和风格的差异。

16世纪早期，米开朗基罗奉教宗朱利乌斯二世（Julius Ⅱ，1503—1513年在位）之命改造卡皮托尔山广场，经过他整修一新的卡皮托尔山广场，具有强烈的对称性和几何规整性。1537年，教宗保罗三世（Paul Ⅲ，1534—1549年在位）决定把原来位于拉特兰的圣乔瓦尼教堂前的古罗马皇帝马可·奥勒留的骑马像搬迁至卡皮托尔山广场的中轴线和椭圆的几何中心位置（图20）。②

保罗三世的这一决定并非心血来潮，而是有其特定的历史背景。1527年，神圣罗马帝国查理五世的军队大肆洗劫罗马，给罗马造成惨痛的损失，1536年，神圣罗马皇帝查理五世趾高气扬到访罗马城，让教宗保罗三世备感屈辱和担忧，他意识到罗马教廷面临强大世俗君主时的脆弱处境；另一

---

① Martha Pollak, *Cities at War in Early Modern Europe*, Cambridge: Cambridge University Press, 2010, p.266.

② James Ackerman, *The Architecture of Michelangelo*, 2nd ed., Chicago: University of Chicago Press, 1986, pp.161-170. 现在广场上的马可·奥勒留骑马像是复制品，原作保存在博物馆。关于米开朗基罗首次大胆使用椭圆，参见沃尔夫林：《文艺复兴与巴洛克》，沈莹译，上海人民出版社，2007年，第61—62页。

图21　卡皮托尔山广场中央的马可·奥勒留骑马像

方面，当时欧洲北方的新教改革家引发的宗教改革运动对罗马教会构成严重的挑战，教宗迫切需要天主教君主的鼎力相助，反击挑战者。保罗三世决定把马可·奥勒留的骑马像安置在罗马城最显赫的政治和外交仪式空间——卡皮托尔山广场——的心脏位置，保罗三世的主要用意并非是审美性的，而毋宁是说教性的。文艺复兴时期，人们皆误以为这尊骑马像的主人是曾经皈依基督教和捍卫基督教信仰的古罗马皇帝君士坦丁，[①]因此，安置这尊骑马像旨在提醒来到这里的所有基督教君主效仿皈依基督教的君士坦丁皇帝，尊重并矢志不渝地捍卫罗马教会。文艺复兴时期及之后，罗马教廷委托绘制宣扬君士坦丁的护教功勋的壁画不下五组，其中最有名的当属梵蒂冈宫的君士坦丁大厅（Sala di Constantino）里由拉斐尔及其助手在1519—1524年间绘制的那些表现君士坦丁皈依和捍卫基督教的系列壁画，教廷用这种方式期盼

① 15世纪的人文主义者巴托罗梅奥·普拉提纳（Bartolomeo Platina）首先提出，传统上被认为是君士坦丁大帝的骑马像其实是马可·奥勒留的骑马像，但这种观点直至17世纪才被普遍接受。参见Francis Haskell, *History and Its Images*, New Haven, 1993, p.115; Francis Haskell and Nicholas Penny, *Taste and Sculpture*, New Haven, 1981, pp.252–255.

一位新君士坦丁。[1]今天的人通常难以领会这尊骑马像所传递的隐含信息和象征寓意，但对当时熟悉基督教文化的欧洲精英阶层而言，要读懂它的含义并非难事。马可·奥勒留骑马像的重新安置标志着罗马教宗对古代纪念物大规模重新利用的开端，此后，古罗马时代凯旋柱和古埃及的方尖碑等都被重新利用，并被注入基督教的文化内涵，从而改变它们本来的功能和意义。

综上所述，从15世纪到16世纪早期，军事将领和君主的塑像实现了一个重大的转变：从庭院或室内的墓葬纪念物变成了室外露天广场上的纪念物，换言之，它们开始成为城市主要广场的重要装饰符号。但要读懂这些装饰符号的内涵，我们必须考虑制造这些符号的历史情境，不能把它们视为纯粹审美意义上的物品，不同城市的统治者赋予这些纪念物的象征含义往往是各不相同的：对城市领主来说，君主的塑像和骑马像是确立王朝合法性的重要手段；对威尼斯共和国来说，骑马像被用于表彰和纪念捍卫共和国的勇士，树立学习的楷模；对罗马教宗来说，古罗马基督教皇帝的骑马像代表世俗统治者对宗教信仰的忠贞和捍卫。

三、文艺复兴晚期和巴洛克早期城市广场上的君主塑像

从长远来看，对意大利乃至于欧洲的君主塑像造成深刻影响的榜样来自文艺复兴晚期和巴洛克时期的佛罗伦萨。1530年，最后一个短命的佛罗伦萨共和政权垮台，从此，佛罗伦萨开始从共和制向君主制转变。1537年，年仅18岁的科西莫·德·美第奇成为佛罗伦萨的统治者，他掌权之后采取了一系列巩固美第奇家族统治的措施。科西莫在位期间努力抹除共和制，创建和巩固美第奇家族的君主制。他积极地改造佛罗伦萨的视觉象征文化，不遗余力地推动歌颂美第奇家族和他本人的视觉宣传运动，最突出的莫过于他委派艺术家瓦萨里等人重新改造和装饰佛罗伦萨旧宫里的五百人

① Thomas Dandelet, "Search for the New Constantine: Early Modern Rome as a Spanish Imperial City", in Gary Cohen and Franz Szabo eds., *Embodiment of Power: Building Baroque Cities in Europe*, New York: Berghahn Books, 2008, pp.195–197.

图22　乔瓦尼·德·邦德·内雷坐像

大厅。此外，科西莫委派亲美第奇家族的雕塑家巴乔·班迪内利（Baccio Bandinelli，1493—1560）在1540年制作了其父的乔瓦尼·德·邦德·内雷（Giovanni delle Bande Nere，1498—1526）的大理石坐像，并把它安置在美第奇家族的家族教堂——圣洛伦佐教堂侧翼的广场上。乔瓦尼全身戎装，右手紧握一柄断矛，目光严峻，透露出乔瓦尼的果敢和威严（图22）。[①]

乔瓦尼生前是一位著名的雇佣兵队长，科西莫在城市广场上树立其父塑像的做法可能受到帕多瓦和威尼斯在城市主广场上树立两位著名佣兵队长的骑马像的启发。但不管怎样，科西莫的这一举动的确不同凡响，一方面，他打破了构成佛罗伦萨城市广场象征文化传统重要组成部分的公共雕塑的固定模式，[②]从前，佛罗伦萨城市广场上的公共塑像往往是圣徒或佛罗伦萨的象征——马尔佐科狮子（Marzocco）、赫库利斯（Hercules）、大卫（David）、尤迪与荷乐弗尼（Judith and Holofernes）等，科西莫把美第奇家族成员的塑像矗立在“公共空间”，这种做法更接近北方那些宫廷城市的领主们的做法；另一方面，他开辟了美第奇家族艺术资助和家族纪念文化的新方向，从前美第奇家族积极地介入各种文化资助活动，就其家族的纪念文化而言，基本上集中在圣洛伦佐教堂（美第奇家族的家族教堂）和圣母领报教堂里的墓葬纪念礼拜堂，几乎无一例外都在室内空间，但科西莫把美第奇家族的纪念碑从教堂的室内空间延伸

① Henk Th. van Veen, “A Note on Bandinelli's ‘Giovanni Delle Bande Nere’ in Piazza San Lorenzo, Florence”, *Burlington Magazine*, Vol. 128, No. 998 (1986), pp.346–347.

② 关于佛罗伦萨市政厅广场上的公共雕塑的出现和发展，参见Sarah McHam, “Public Sculpture in Renaissance Florence”, in Sarah McHam ed., *Looking at Italian Renaissance Sculpture*, Cambridge: Cambridge University Press, 1998, pp.177–178。

图23 科西莫一世的骑马像

到开放的城市空间，这不得不说是一个大胆的创举。

1587年，科西莫一世的儿子费尔迪南多·德·美第奇一世（Ferdinando Ⅰ de'Medici，1587—1609年在位）成为新的托斯卡纳大公。如同他的父亲科西莫公爵，托斯卡纳公国的第三位大公费尔迪南多一世也是一位性格强悍的统治者，他在许多方面几乎是亦步亦趋效仿其父，其中包括继承其父的颂扬美第奇家族的纪念文化和表达权力的方式，他把其艺术资助的重心放在凸显科西莫一世作为美第奇王朝新奠基人的视觉宣传上。[①]他继位后的重要举动之一是委托雕塑家吉安波洛尼亚创制其父科西莫一世（Cosimo Ⅰ de'Medici，1537—1574年在位）的骑马像，这尊塑像在1594年制成，并安置在佛罗伦萨的旧宫广场上（图23）。

这尊骑马像以古罗马皇帝马可·奥勒留的骑马像为样板制作，美第奇家族刻意把科西莫一世打造成一个类似神灵的人物，这种源自颂扬古罗马皇权的艺术形式明确表达了美第奇家族的王朝野心。[②]科西莫一世的骑马像的基座上有三幅浮雕，正前面的浮雕描绘的是科西莫在1537年被推选为佛罗伦萨的统治者，左右两侧的浮雕分别描绘了1537年佛罗伦萨元老会授予科西莫一世公爵头衔和科西莫一世被加冕为托斯卡纳大公的场景，科西莫一世的骑马像连同三幅浮雕清楚地表达了它的政治宣传功能：颂扬美第奇家族统治的合

① Mary Hollingsworth, *Patronage in Sixteenth Century Italy*, London: John Murray, 1996, pp.276–278.

② Sarah McHam, "Giambologna's Equestrian Monument to Cosimo Ⅰ: The Monument Makes the Memory", in Kathleen Christian and David Drogin eds., *Patronage and Italian Renaissance Sculpture*, Farnham: Ashgate, 2010, pp.195–221, esp.199, 203–215.

法性和光辉业绩。[1]此外，骑马像所在的空间位置更值得玩味。科西莫把其父的一尊坐像安置在圣洛伦佐教堂广场上，虽然这个广场并非封闭的空间，但它毕竟是美第奇家族传统地盘，可以说是高度私有化的“公共空间”。费尔迪南多一世则完全打破了这一限制，毫无顾忌地把美第奇家族的纪念符号和权力符号嵌入佛罗伦萨最重要的公共空间——市政厅广场上。这尊骑马像明确表明，佛罗伦萨城市的政治中心广场从共和国时代的市政厅广场转变成为托斯卡纳大公国的公爵广场。[2]

图24　宝石雕刻呈现的科西莫一世骑马像是佛罗伦萨市政厅广场的焦点

在这尊骑马像之前，雕塑家阿马纳蒂隐晦地把科西莫公爵刻画为矗立在阿马纳蒂创作的海神喷泉中央的海神，就其手法而言采用的是隐喻，到费尔迪南多一世这里，这种隐喻的面纱被彻底抛弃，这无疑展示了美第奇君主制的巩固和自信，以及美第奇家族对佛罗伦萨的完全控制。[3]当时的人显然明白这个用意，在16世纪的一个宝石雕像就把科西莫一世骑马像作为了佛罗伦萨市政厅广场的焦点（图24），完美地体现了15世纪早期佛罗伦萨编年史家乔瓦尼·卡瓦尔康蒂（Giovanni Cavalcanti）的名言：“谁控制了市政厅广场，谁

---

① 科西莫一世骑马像的基座上的拉丁铭文写道：“献给科西莫·德·美第奇，托斯卡纳的首位大公，敬畏上帝的、幸运的、战无不胜的、公正和仁慈的、托斯卡纳地区神圣战争与和平的推动者：他的儿子即第三位大公费尔迪南多为杰出的君主和他的父亲树立了这尊塑像，1594年。”这段引文转引自Mary W. Gibbons, “Cosimo’s Cavallo: A Study in Imperial Imagery”, in Konrad Eisenbichler ed., *The Cultural Politics of Duke Cosimo I de’ Medici*, Aldershot: Ashgate, 2001, p.79。

② Martha Pollak, *Cities at War in Early Modern Europe*, Cambridge: Cambridge University Press, 2010, p.268.

③ 关于科西莫一世艺术资助的宣传策略中相对隐晦，参见Mary W. Gibbons, “Cosimo’s Cavallo: A Study in Imperial Imagery”, p.83。

就控制了城市。”[①]

图25 比萨骑士广场上的科西莫一世的站立像

此后，费尔迪南多一世委托雕塑家皮埃特罗·弗朗卡维拉（Pietro Francavilla，1548—1615）制作他的父亲科西莫一世的站立像（1594—1600），并将这尊雕像安置在比萨城的骑士广场（Piazza dei Cavalieri）上（图25）。这一举措同样具有深刻寓意，因为科西莫一世曾创建过一个抗击土耳其威胁的圣斯泰法诺骑士团（Cavalieri di Santo Stefano），它的总部就设在骑士广场上的元老宫（Palazzo dei Anziani，即比萨的市政厅）。[②]在科西莫一世站立像背后华丽的元老宫高处，悬挂有美第奇家族的家徽，宣示了其对比萨城的统治权。

费尔迪南多一世不仅推动对美第奇家族的纪念和颂扬，也不遗余力地推动对他本人的颂扬和崇拜，在佛罗伦萨、比萨、利沃诺（Livorno）等城市的广场上都可以看到他的塑像。[③]他委托雕塑家吉安波洛尼亚为他制作一尊骑马像，这件作品最终由吉安波洛尼亚的助手皮埃特罗·塔卡（Pietro Tacca，1577—1640）完成（1595—1608），并被安置在圣母领报广场（圣安伦齐亚塔广场）上（图26）。从很多方面来看，这尊骑马像与佛罗伦萨市政厅广场上的科西莫一世的骑马像极其相似，这表明，费尔迪南多一世在刻意塑造他是

① 转引自 Roger J. Crum and John T. Paoletti, *Renaissance Florence: A Social History*, Cambridge: Cambridge University Press, 2006, p.83。

② 关于这个骑士团的创立背景及其在美第奇家族统治战略中的地位，参见 Katherine Pool, “Medici Power and Tuscan Unity: The Cavalieri di Santo Stefano and Public Sculpture in Pisa and Livorno under Ferdinando I”, in Arnold Coonin ed., *A Scarlet Renaissance: Essays in Honor of Sarah Blake McHam*, New York: Italica Press, 2013, pp.239–266。

③ Suzanne B. Butters, “Ferdinando de'Medici and the Art of the Possible”, in Cristina Luchinat and Suzanne Butters, Marco Chiarini eds., *The Medici, Michelangelo, and the Art of Late Renaissance Florence*, New Haven: Yale University Press, p.72.

图26　费尔迪南多·德·美第奇一世骑马像

图27　费尔迪南多·德·美第奇一世答应比萨求助的站立像

美第奇王朝的合法统治者的形象。

费尔迪南多一世又委托吉安波洛尼亚设计了一尊他本人答应比萨求助的站立像，后来由雕刻家皮埃特罗·弗朗卡维拉（Pietro Francavilla，1548—1615）制作完成（1596），并将这尊雕像安置在比萨城的卡拉拉广场（Piazza Carrara）上。雕塑群中的费尔迪南多一世一身戎装打扮，右手拿一个指挥棒，他的脚下是一个象征比萨的拟人像，在苦苦哀求费尔迪南多一世的"帮助"，这件雕塑作品把美第奇家族对比萨的武力征服变成了顺应比萨民意的"王道"之举，这当然是他们自己一厢情愿的视觉叙事和视觉宣传，比萨人内心未必如此心甘情愿（图27）。①

自1453年奥斯曼土耳其攻陷拜占庭帝国的首都君士坦丁堡之后，意大利和欧洲就时刻面临奥斯曼土耳其的直接威胁。虽然在1570年的莱潘托

① Brendan Cassidy, *Politics and Civic Ideals and Sculpture in Italy, c.1240–1400*, pp.109–110.

图28 四摩尔人纪念碑

（Lepanto）海战中，威尼斯海军一举战胜奥斯曼土耳其的海军，但奥斯曼土耳其的威胁并未根本消除。在17世纪，柏柏尔海盗（Barbary corsairs，即北非的阿拉伯或土耳其海盗）构成了一大威胁，费尔迪南多一世为此努力在海上剿灭柏柏尔海盗，并多次获胜。他下令把从海盗那里缴获的青铜炮熔化，铸造自己征服摩尔人（当时对北非穆斯林的统称）的纪念碑青铜塑像。1595年，雕塑家乔瓦尼·邦迪尼（Giovanni Bandini）和皮埃特罗·塔卡制作的费尔迪南多一世站像被安置在利沃诺的达尔塞纳广场（Piazza della Darsena）上。1626年，皮埃特罗·塔卡制作的"四摩尔人"青铜像被安置在费尔迪南多一世立像基座的四角。在这组雕塑群中，费尔迪南多一世高高站立在基座之上，他身着戎装，右手紧握指挥棒，目光坚毅地眺望着远方的大海，他的脚下是四名被锁链拴住的摩尔人俘虏（图28），因此，这个雕塑群被称为"四摩尔人纪念碑"（Monumento dei quattro mori，1623）。[①]这组雕像在君主的塑像史上具有开创性的意义，它确立了用雕塑表现征服者和被征服者的标准程式，后来欧洲各国君主在制作宣扬各自赫赫武功的纪念雕塑时或多或少仿效这一表现程式。[②]

从科西莫一世到费尔迪南多，美第奇家族开始把广场变成了展示自己家族权力和统治的最重要场所，并把美第奇家族统治者的塑像安置在佛罗伦

① Cornelia Danielson, *Livorno: A Study in 16th Century Town Planning in Italy*, unpublished dissertation of Columbia University, 1986, pp.199–205.

② 例如，法国凯旋广场上表现路易十四征战胜利的雕塑群和柏林表现普鲁士国王弗雷德里克大王战功的雕塑群，都是君王塑像及其底下被锁链捆绑的敌人。

萨和其他臣服于自己的托斯卡纳城市的重要广场上，他们把托斯卡纳地区的城市广场“变成了一个展示美第奇家族权力和统治的高显示度和公开的舞台”。[①]

美第奇家族原本从帕多瓦和威尼斯的佣兵队长像和罗马卡皮托尔山广场上的罗马皇帝骑马像那里获得灵感，如今他们给别的城市提供了灵感或榜样。美第奇家族的创举迅速被意大利其他城市的君主们仿效，从16世纪晚期开始，骑马像纪念碑这种荣誉逐渐变成了君主而非军事将领的专属特权。1625年，吉安博洛尼亚的弟子，雕塑家弗朗切斯科·莫基（Francesco Mochi，1580—1654）在皮亚琴察制作了两尊巨大的骑马像，分别表现统治该城市的两位法尔内塞公爵，即阿莱桑德罗·法尔内塞（Alessandro Farnese，1545—1592）和拉鲁乔·法尔内塞一世（Ranuccio Ⅰ Farnese, 1569—1622）。[②]这两尊青铜骑马像被安置在皮亚琴察的市政府广场，分别位于市政厅（Il Gotico）的左右两端，它们赋予了这座古老的城市广场新的内涵和意义，从此，当地人习惯上把这个广场称为“战马广场”（Piazza dei Cavalli, 图29）。

我们看到，16世纪末和17世纪早期意大利城市广场上的君主骑马像基本上都出自吉安博洛尼亚及其弟子兼助手之手，这意味着这些骑马像在造型上具有很大的相似性，但是，随着巴洛克审美品位的兴起，骑马像的造型也发生了一些显著的变化。吉安波洛尼亚之前和他本人塑造的骑马像基本上是静态的，而弗朗切斯科·莫基为两位法尔内塞公爵制作的青铜骑马像“动感”十足，对“运动”或“动态”的注重恰恰是巴洛克艺术风格的重要特征之一。[③]

---

① Katherine Pool, “Medici Power and Tuscan Unity: The Cavalieri di Santo Stefano and Public Sculpture in Pisa and Livorno under Ferdinando Ⅰ”, in Arnold Coonin ed., *A Scarlet Renaissance: Essays in Honor of Sarah Blake McHam*, New York: Italica Press, 2013, p.249.

② Martha Pollak, *Cities at War in Early Modern Europe*, Cambridge: Cambridge University Press, 2010, pp.268–270.

③ Rudolf Wittkower, *Art and Architecture in Italy 1600–1750*, Vol. 1, Early Baroque, Yale University Press, 4th ed., 1999, p.93. 沃尔夫林：《文艺复兴与巴洛克》，第58—61页。

图29 皮亚琴察的战马广场

四、结语：作为政治表达的雕塑

16世纪的艺术批评家拉法埃罗·波尔吉尼指出："雕塑和绘画可以用作装饰，但就雕塑而言，塑像和公共巨像的目的是让著名英雄的荣誉流芳百世，并极大地美化城市。"[①]这段文字表明，广场上的公共雕塑品兼有实用和审美的双重功用。但军事将领和君主塑像的功能首先不是审美性的装饰符号，它们毋宁说是具有强烈政治内涵的纪念碑。正如一些艺术史家指出："统治者委托的艺术品……是战略工具、战术武器、政府的技术工具，它们不亚于军队、法律、制度和税收。"[②]仔细观察15和16世纪意大利君主们的塑像，它们都有一个共同特征：君主们几乎无一例外都是戎装

① Raffaello Borghini: che la scultura, e la pittura si fanno per adornamento, ma che per la scultura si dirizzano statue, e colossi pubblici in perpetuo honore de famosi heroi, e con grandissimo adornamento della Città. 转引自 Mary W. Gibbons, "Cosimo's Cavallo: A Study in Imperial Imagery" , in Konrad Eisenbichler ed., *The Cultural Politics of Duke Cosimo I de' Medic*i, Aldershot: Ashgate, 2001, pp.85–86。

② Randolph Starn and Loren Partridge, *Arts of Power: Three Halls of State in Italy, 1300–1600*, Berkeley: University of California Press, 1992, p.259.

打扮，显示他们非凡的军事才能与赫赫武功。在文艺复兴和巴洛克时期意大利城市广场上，君主的骑马像和站像较多，而坐像相对较少，原因很简单，君主的骑马像要比君主的站像或坐像更能体现君主的不可冒犯的威严与权力。即便采用站像的形式，雕塑家通常会采取加高基座的方式凸显君王们的高大伟岸和威严的形象。由于君主的骑马像、站像和坐像都安置在一个高大的基座之上，如此一来，君王们就显得“英姿飒爽”和“霸气十足”，观者只能以敬畏的心情仰望他们。总而言之，文艺复兴和巴洛克时期城市广场上的君主塑像都竭力塑造和凸显统治者的两大品质：“才能”（virtù）和“威仪”（majesty），[①]雕塑家努力使统治者的才能和权力笼罩上了一层神秘的光环，营造德国思想家马克斯·韦伯所说的“超凡魅力的效果”（charismatic effect）。这些高大威严的君主塑像使民众的心理上产生了对君主的神秘感、畏惧感和顺从感。不言而喻，这些雕塑品借助艺术手段默默地塑造和宣扬王朝统治的合法性，以及鼓励民众对统治者的服从与敬畏。

另外，我们还要强调的是，文艺复兴和巴洛克时期意大利引领欧洲艺术和建筑文化的潮流，使其艺术和建筑文化成为当时欧洲各国竞争相学习的楷模。文艺复兴时期意大利城市在城市广场树立军事将领和君王塑像（主要是后者）的文化迅速被欧洲各国君主们接纳和仿效，17世纪直至18世纪末，在城市广场上树立君主塑像，特别是君主骑马像的做法迅即成为欧洲各国君主们最钟爱的权力表达形式之一。君主的塑像构成了这一时期（即所谓的绝对君主制时期）君主制政治文化的一个重要面向。在君主骑马像的输出过程中，吉安波洛尼亚及其门徒和助手起到了至关重要的作用，我们完全有理由把他们称为一个“吉安博洛尼亚雕塑流派”（Giambologna school）。从科西莫一世时代开始，美第奇家族竭力保持与西班牙宫廷的友好关系，佛罗伦萨的艺术品成为一种重要的外交资源，它们经常被作为国礼赠给西班牙宫廷，比如美第奇宫廷就曾把佛罗伦萨雕塑家皮埃特罗·塔卡制作的菲利普三世和菲

---

① 关于文艺复兴时期君主的“virtù”，参见 Jerrold Siegel, “Virtù in, and since Renaissance”, in Philip Wiener ed., *Dictionary of the History of Ideas*, Vol. 4, New York: Scribner, 1973, pp.1476–1486。

利普四世的两尊骑马像作为外交礼物送给西班牙宫廷。[①]法国国王路易十三世的王后玛丽·德·美第奇自幼在佛罗伦萨长大，自然非常熟悉佛罗伦萨市政厅广场上由吉安博洛尼亚亚制作的科西莫公爵的骑马像，她委托雕塑家吉安博洛尼亚为逝去的法国国王亨利四世制作一尊骑马像，这尊骑马像最终由吉安博洛尼亚的弟子、佛罗伦萨雕塑家皮埃特罗·塔卡完成。1614年，亨利四世的骑马像被安置在“新桥”中央位置的半圆形平台上，面向王太子广场。[②]从此以后，骑马像就成为宣扬法国王权必不可少的政治符号，这种做法在路易十四时代登峰造极。[③]崇尚军事主义的普鲁士君主自然热情洋溢地拥抱凸显君主才能和威仪的新形式。[④]在俄国的圣彼得堡，甚至南美洲的利马，同样可以看到君主的塑像，尤其是骑马像的傲然存在。[⑤]可以毫不夸张地说，君王们的塑像构成了意大利文艺复兴文化和巴洛克文化“欧洲化”的一个重要篇章。[⑥]从这个意义上说，认识作为文艺复兴时期和巴洛克时期意大利城市广场重要装饰符号的君主塑像的来龙去脉，对理解这一时期整个欧洲的城市广场的历史和文化，乃至于这一时期整个欧洲的政治文化都是至关重要的。

（刘耀春，历史学博士，四川大学历史文化学院世界史系教授）

---

① Edward L. Goldberg, “Artistic Relations between the Medici and the Spanish Court, 1587–1621: Part Ⅱ”, *The Burlington Magazine*, Vol. 138, No. 1121 (1996), pp.532–535; Jesús Escobar, *The Plaza Mayor and the Shaping of Baroque Madrid*, Cambridge: Cambridge University Press, 2003, p.143.

② Hilary Ballon, *The Paris of Henry Ⅳ: Architecture and Urbanism*, Cambridge Mass.: MIT, 1991, p.124. 亨利四世的骑马像在法国革命期间被摧毁，1818年，由雕塑家勒茂（F. Lemot）著作的亨利四世骑马像重新安置在从前的位置，因此，今天人们在巴黎“新桥”看到的亨利四世并非17世纪的原作（参见Ann Wagner, “Outrages. Sculpture and Kingship in France after 1789”, in Ann Wagner and John Brewer eds., *The Consumption of Culture 1600–1800: Image, Object, Text*, London: Routeldge, 1997, pp.294–318, 以及该书的图版16.1, 16.12, 16.13, 16.15）。

③ Richard Cleary, *The Place Royle and Urban Design in the Ancien Régime*, Cambridge: Cambridge University Press, 1999, pp.4–5, 52–84; Martha Pollak, *Cities at War in Early Modern Europe*, pp.267–268, 271–276. 关于当时法国用塑像神化国王路易十四的详情，参见彼得·伯克：《制造路易十四》，郝名玮译，商务印书馆，2015年，第120—127页。

④ Martha Pollak, *Cities at War in Early Modern Europe*, pp.271–276.

⑤ 在圣彼得堡的十二月党人广场矗立着著名的“青铜骑士”：彼得大帝的骑马像。1734年，西班牙国王菲利普五世的骑马像被安置在利马的中心广场上，不过，它在后来的一次地震中毁灭。

⑥ 关于文艺复兴运动“欧洲化”的概念，参见彼得·伯克：《欧洲文艺复兴：中心与边缘》，刘耀春译，东方出版社，2007年，第186—217页，尤其是第187页。

20世纪苏联马克思主义史学思想的阶段特征及实践效应论析*

梁民愫

摘要：在苏联马克思主义史学的曲折历程中，从俄国十月革命后建立苏维埃政权和社会主义国家，到20世纪90年代初苏联解体，苏联马克思主义史学思潮表现出理论创建与价值偏见共生、实践发展与经验教训交替、政治性与学术性交融、一元史观与多元史观共存的基本格局与复杂状态。本文试图从多个维度，呈现苏联马克思主义史学的阶段性特征及实践效应。

关键词：苏联　马克思主义史学　阶段特征　史学研究　实践效应

长期以来，对于一种马克思主义哲学思潮和指导社会主义实践的理论体系，国外学术界关于苏联东欧马克思主义的政治取向、哲学观点和学术思想的分析较多，即便是中国哲学界的研究也取得了非常丰富的成果。在学术发展史上，从国家意识形态、理论论战与社会批判的角度，国内外直接研究或间接涉及苏联马克思主义理论传统与社会制度的研究可谓汗牛充栋，不胜枚举。①从历史学的层面看，在当代国际史学发展史上，德裔美籍历史学家格奥尔格·伊

* 本文为“上海高校高峰高原学科建设计划资助（世界史）”的阶段性成果。

① 国外代表性成果，可参见莱泽克·科拉科夫斯基：《马克思主义的主要流派》，3卷本，侯一麟等译，黑龙江大学出版社，2015年。

格尔斯的史学研究成果还是具有一定的代表性。伊格尔斯从马克思主义与现代社会史的角度，描述了20世纪70年代以前的苏联、民主德国和波兰等苏联东欧马克思主义史学的基本特点和主要成就。[①]在伊格尔斯主编的《历史研究国际手册》中，现当代苏联、波兰、民主德国和罗马尼亚等社会主义国家的史学发展和主要成果也得到特别叙述与历史阐释，从中可以获得关于这些国家中的马克思主义史学的基本认识。[②]英国当代史学家杰弗里·巴勒克拉夫同样专门论述了"马克思主义和马克思主义史学"相关问题，认为马克思主义史学在1945年后得到迅速发展，而在苏联、波兰、东德、匈牙利、保加利亚、罗马尼亚和捷克斯洛伐克等苏联东欧社会主义国家中，"旧的民族主义历史学和'贵族历史主义'，在战后十年中已为马克思主义的历史解释所取代，历史学的研究重点转移农民运动、工业资本主义的发展以及工人阶级的形成方面"。[③]这种学术判断和思想认识，对进一步理解苏联东欧社会主义国家主流思想理论与马克思主义史学的基本状况和史学观念，具有重要的参考价值和启示作用。

20世纪80年代以前，由于种种因素的制约，国内历史学界关于苏联东欧马克思主义史学的研究却略显不够，尤其对于苏联东欧马克思主义史学的思想内涵却缺乏深入探讨。从研究对象的内在含义及分析视角上看，由于明显地受到学术价值与政治立场双重关系的影响，在中国史学界，苏联马克思主义和东欧马克思主义史学基本上被视为斯大林马克思主义的意识形态附属品加以简单对待，自始至终对于苏联马克思主义史学的认识与研究都蕴含或笼罩于特定历史时期的政治语境之中，赋予史学认识对象更多的意识形态与政治色彩。20世纪80年代以来，在当代马克思主义和全球化史学语境下，受到国外新史学思潮及各种后马克思主义思潮的影响，苏联东欧马克思主义者的历史理论、史学观念与学术观点也渐渐进入国内学术视野。[④]然而，迄今为

---

① 参见格奥尔格·伊格尔斯：《欧洲史学新方向》，赵世玲、赵世瑜译，华夏出版社，1989年，第147—158页。

② 参见格奥尔格·伊格尔斯：《历史研究国际手册：当代史学研究和理论》，陈海宏等译，华夏出版社，1989年，第382—450页。

③ 杰弗里·巴勒克拉夫：《当代史学主要趋势》，杨豫译，北京大学出版社，2006年，第33页。

④ 国内只有为数不多的代表性论著涉及苏联马克思主义史学的基本情况。参见于沛主编：《马克思主义史学思想史》，第6卷，中国社会出版社，2015年，第170—284页；张广智：《苏联马克思主义史学的沉浮：俄国十月革命至20世纪90年代》，载《历史教学问题》，2006年第3期，第40—45页。

止，中国史学界关于苏联东欧马克思主义史学的研究状况与改革开放以来域外史学思潮的整体研究深度并非协调一致。从20世纪的长时段维度看，相对于关于西方各种新兴史学观念和学术话语在我国学术界的几乎同步关注的现状而言，中国史学界和知识思想界对于苏联东欧史学演变特别是苏联马克思主义史学流变及其史学兴衰的境况，还有待于加强关注与深入分析。

一、苏联马克思主义史学的理论传统与政治取向

19世纪的西欧是马克思主义的发源地，20世纪初开始，马克思主义的中心由“西欧”转向“东欧—俄罗斯”，随着苏维埃社会主义政权在俄国建立，苏联社会主义国家的历史理论和历史实践被看作关于人类社会历史发展的正统马克思主义解释模式得到广泛的宣传和传播。在某种程度上，苏联史学及其哲学基础、前提研究和史学进路，也似乎遵循着一种相似演进的线路，正如从马克思主义的哲学理论基础看，“苏联哲学中有两条不同的马克思主义哲学发展路线：一条是马克思（部分地也包括恩格斯）—列宁—卢卡奇—维果茨基—伊里因科夫；另一条是普列汉诺夫（实际上也包括恩格斯）—德波林—米丁—斯大林。而正统的苏联哲学，则是后一条路线的产物”。[①]相应地，在马克思主义史学传统和理论观念的谱系上，在苏联及东欧社会主义国家，相当长的时期内，逐渐形成了以苏联斯大林主义理论模式为基础的苏联东欧马克思主义思想体系，尽管这多被视为一种标签化和教条式的苏联官方马克思主义或正统马克思主义意识形态。然而不可否认的事实是，“在20世纪马克思主义的分析格局中，最有影响的马克思主义理论流派或解释模式主要有以下四种主要类型：社会主义国家的正统马克思主义；西方人本主义马克思主义；西方科学主义马克思主义；东欧新马克思主义”。[②]比如，从历史的角度看，特别是兴起于20世纪50年代后期的苏联东欧新马克思主义思潮，“是青年马克思的思想和卢卡奇等人所代表的早期西方人本主义马克思主义

① 安启念：《俄罗斯马克思主义研究的新观点》，载《学术月刊》，2009年第11期，第32页。
② 衣俊卿：《人道主义批判理论：东欧新马克思主义述评》，中国人民大学出版社，2005年，第3页。

的继承者，是社会主义国家中对斯大林及其社会主义模式的内部反叛，同苏东社会主义国家内部的普遍‘非斯大林化’运动有直接关系。因此，东欧新马克思主义最接近于上述的西方人本主义马克思主义，但由于它产生于社会主义国家，又带有自身的某些特点”。[①]回顾苏联及至东欧马克思主义多年来的理论反思和社会实践过程，“20世纪50年代，人本学的西方马克思主义被泛化为东欧社会主义国家主导的马克思主义哲学形态，但由于过分夸大主观性而造成的主体无根基性，导致其理论与现实之间存在着不可逾越的鸿沟，因此，它并没有带来预期的社会主义革命”。[②]在社会制度和历史变迁关系上，事实上，无论是西方马克思主义，还是苏联东欧马克思主义，既没有为资本主义向社会主义过渡提供最终可靠的历史发展模式，也没有为当代资本主义的替代问题提供一条有效的现实道路。

哲学思潮是史学思潮的前提先导，史学思潮是社会思潮的组成部分和观念基础。在20世纪中后期的历史条件下，苏联东欧马克思主义史学受到国际政治和国内形势的双重影响，围绕着正统马克思主义的理论要求和社会主义的实践问题，试图努力做出自己的独特性反思。比如，“虽说东欧新马克思主义和西方人本主义马克思主义在思想传统、关注中心和理论信念方面十分接近，但他们生活于其中的社会环境和所面临的紧迫历史问题给他们的理论生涯和理论建树印上了不同的特征。就其同马克思主义和社会主义传统的关系而言，西方人本主义马克思主义流派大多表现为对斯大林主义及其社会主义模式的外在批判，而东欧新马克思主义则是根植于东欧社会主义的对斯大林主义及其社会主义模式的内部反叛，可以说，东欧新马克思主义者50年的坎坷生涯和理论探索在相当程度上折射了东欧艰难曲折的社会主义历程”。[③]从理论传统和史学实践上说，苏联马克思主义的发展史，可以分成前后两个时期（1956年前和1956年后），在苏联斯大林主义马克思主义的严密控制之下，面对自身社会主义国家和民族历史中存在的一系列问题，作为一种受到束缚的马克思主义历史理论和史学理论的批判话语，苏联马克思主义史学思

① 衣俊卿：《人道主义批判理论：东欧新马克思主义述评》，第3—4页。
② 魏俊雄：《简论西方马克思主义主体思想的发展历程》，载《黑河学刊》，2007年第2期，第19页。
③ 衣俊卿：《人道主义批判理论：东欧新马克思主义述评》，第9页。

潮无疑是以批判来寻求答案。中外学术史研究已经明确揭示出的事实是，无论是苏联东欧马克思主义哲学思潮，还是史学思潮，这种理论思潮的批判和历史观念的实践，最深刻意义就在于，它试图与占居主导统治地位的斯大林主义的马克思主义的思想框架和理论传统进行彻底地决裂，试图始终以马克思主义的批判精神为理论依据，来解答社会主义历史发展过程中的实践问题和前途问题。[①]历史经验与学术发展证明，苏联及至东欧马克思主义史学并非作为一个系统学术思想体系而出现的，它伴随东欧马克思主义思潮而起伏，围绕着对正统马克思主义研究（主要指斯大林主义的马克思主义）的理论范式、研究成果和实践问题，试图做较为系统的理论"盘点"和实践评价，就有关经典马克思主义研究（包括马克思、恩格斯的经典马克思主义和后马克思主义者列宁对它的理论研究与实践成果）提出的历史理论问题，结合各自的研究主题与实践方式发表了自己的看法，尽管在社会运动的实践成效方面并不成功，但是，由于理论反思与学术实践的结合，还是先后出版了一些代表性研究成果。[②]

基于历史认识，系统全面地反思苏联马克思主义的历史理论、史学理论和史学实践无疑具有重要意义，既有助于加深对苏联社会主义国家的自身社会历史进程的史学认识，也有助于在当代马克思主义多样性多元化格局中，理解苏联马克思主义的独特地位及其对苏联东欧马克思主义史学思潮的话语参照和制约作用。在苏联社会主义国家的特定历史时期，历史学家只要从事特定的史学实践、选择确定的历史研究对象、对蕴藏着丰富思想观念的历史材料进行分析、对任何社会历史问题进行概括与阐述，都最终会反映出历史认识者或研究者本人的政治取向、哲学观点和学术立场。从这种意义上说，同处一个历史时代和相同社会环境中的苏联马克思主义者和苏联马克思主义史学家，其史学观念与历史认识必然存在着某种非常复杂的关系问题，对于这些问题的思考也就是哲学和历史相互关联的研究主题或题中之意。按照这

---

① 相关代表性研究，可参见 Michael D Kennedy and Naomi Galtz, "From Marxism to Post-communism: Socialist Desires and East European Rejections", *Annual Review of Sociology*, Vol.22, Issue 1, 1996, pp.437–458。

② 国外相关研究颇丰，代表性成果，可参见 James H. Satterwhite, *Varieties of Marxist humanism: philosophical revision in postwar Eastern Europe*, Pittsburgh and London: University of Pittsburgh Press, 1992。

样的逻辑展开，苏联马克思主义涉及的理论范畴、阶段特征和实践效应，既应引起哲学家的思考，也应该得到历史学家的反思。应该说，在理论传统、学术渊源和政治趋向上，苏联马克思主义史学与经典马克思主义没有多大的直接联系，它主要受到所谓正统马克思主义的影响，这种影响体现于苏联马克思主义史学家在学术与政治、史学的专业化与政治的认同性之间寻求协调的实践过程。一般来说，经典马克思主义具有的总体特征是开放性、包容性和发展性，但是正统马克思主义则总是表现出排他性、唯一性和垄断性。当“苏联马克思主义史学”成为一个史学学科化运动与史学研究现象的时候，继续关注这种非经典的、看似正统的，却具有颠覆性的马克思主义史学思潮和学术话语体系，审视其理论逻辑、史学观念和史学实践，对中国马克思主义史学建构就仍然具有非同寻常的意义。

20世纪苏联马克思主义史学的演变历程、基本状况及其实践成就总体上是清晰可辨的，在某种程度上，彰显了苏联马克思主义史学在20世纪马克思主义史学发展史上的历史特征、实践地位及学术影响，呈现了苏联马克思主义史学的阶段性发展与基本特征。由阐述苏联马克思主义史学的基本历程着眼，回顾苏联马克思主义史学的发展史可以发现，从1917年俄国十月社会主义革命后建立苏维埃政权和社会主义国家建设，到20世纪90年代初苏联解体时期，经历数十年的曲曲折折，苏联马克思主义史学思潮表现出理论创建与价值偏见共生、实践发展与经验教训交替、政治性与学术性交融、一元史观与多元史观共存的基本格局与复杂状态，从多个维度呈现了苏联马克思主义史学的阶段性特征及实践效应。

二、苏联马克思主义史学的理论方法创建与政治价值偏见共生时期

1917年俄国十月革命至20世纪30年代是苏联社会主义政策的确立、官方意识形态立场强化与马克思主义史学的初步创建和形成时期，也是苏联马克思主义史学观念内部的重要转变时期，呈现了从列宁马克思主义史学到斯大林马克思主义史学的史学观念转变过程。随着十月革命的形势发展，俄国社会发生了剧烈的政治转型与制度变化，社会形态由“帝制俄国时代”向“社

会主义苏联”时代转换，社会文化和思想潮流也随着政治制度的建构、社会形态的转变和思想文化的革命，而发生着重大演变。正如论者所言：“十月革命既是伟大的政治革命，同时也是深刻的‘思想革命’，以及更为艰巨的‘文化革命’。知识分子作为社会价值文化体系与意识形态的创新者和传播者，在转型中的苏维埃社会扮演着重要的角色。他们在精神上和肉体上经历着‘政治革命’和‘文化革命’的双重冲击，不仅是苏维埃社会主义文化建设的主体，更是被社会主义文化改造的客体。”① 比如有研究认为，那些年代中历史研究特别是党史问题和社会经济意识形态占据了人文社会科学领域的核心地位，而20世纪20年代末到30年代初在社会经济意识形态理论领域则进行了意义重大的广泛讨论。② 也包括历史学家在内的知识分子与社会各阶层的生存状况和人生际遇也产生了重要变化。苏联马克思主义史学群体的职业角色和社会地位也发生了明显的波动及转变。

从史学研究机构和组织保障的建立角度看，十月革命后，苏共和苏联社会主义国家对马克思主义史学的形成与建立都非常重视，从思想指导到组织机构，无不支配和主导史学研究和历史解释领域的工作。比如，1918年在列宁主持与直接参与下，苏联建立了社会主义社会科学研究院，1924年更名为共产主义研究院。1919年建立俄国物质文化史研究院，1921年成立了马克思恩格斯研究院，后者也就是1956年后的苏共中央马列主义研究院，随后马克思主义者历史学家协会成立。这些活动导致了两个后果：一方面，推动了苏联马克思主义史学的创建和发展；另一方面，苏联式马克思主义理论和方法论逐渐成为影响或规范史学研究的唯一重要因素。

正如前文所述，列宁作为世界无产阶级革命导师和马克思主义俄国化理论的倡导者和实践者，他在历史理论和史学理论方面也取得了卓越成就，当然，“列宁的贡献不在于基本理论方面，而在于运用马克思主义世界观和历史观研究帝国主义新时代，得出了一系列新的结论，从而把马克思主义推上

① 张建华：《历史断想：十月革命与苏联知识分子》，载《俄罗斯学刊》，2012年第3期，第69页。

② Российская академия наук Институт российской истории Историческая наука России в XX веке.Москва. Научно-издательский центр *Скрипторий* 1997. С.295.

一个新阶段”。[1]列宁终生著述丰富，在历史理论和史学问题方面也出版和贡献了许多极具思想性、政治性和革命性的著作，比如1899年的《俄国资本主义的发展》、1912—1913年的《中国的民主主义和民粹主义》《亚洲的觉醒》《落后的欧洲和先进的亚洲》《纪念赫尔岑》《欧仁·鲍狄埃》等，1917年的《帝国主义是资本主义的最高阶段》、1919年的《论国家》，以及后来的《国家与革命》《无产阶级革命和叛徒考茨基》《共产主义运动中的“左派”幼稚病》等论著，体现了其深刻的社会革命与历史演变的思想，都是值得深入解读的史学经典。从《四月提纲》的写作，经由《国家与革命》和《马克思主义和起义》直至《共产主义运动中的“左派”幼稚病》，列宁丰富和发展了马克思主义社会历史思想，而十月革命的胜利则体现了其重要思想“没有革命的理论，就不会有革命的运动”的实践正确性。同样，没有马克思主义理论就没有马克思主义史学实践研究，“俄国伟大十月社会主义革命的胜利开辟了世界史学发展中的崭新阶段，其主要特征是：马克思主义历史科学的发展和巩固，它在苏联史学中成为唯一的统治流派”。[2]然而正如学者所论：“十月革命胜利以后，特别在列宁逝世以后，苏联的马克思主义史学并未能很好地理解与继承列宁的史学思想，相反却在史学与政治等关系的问题上偏离正确的轨道，逐渐萌生了简单化与教条化等不良倾向，致使苏联的马克思主义史学走上了一条曲折发展的道路。”[3]

为适应俄国苏维埃社会主义革命形势的发展需要，史学政治化和政治史学化的史学现象与史学思潮在苏联得到极大的加强，而马克思主义理论和列宁主义理论在意识形态上与政治立场上向历史学科领域提出了严重的挑战，社会主义俄国马克思主义史学领域成为当时全国范围思想斗争的前沿阵地。比如，随着十月革命的胜利，以苏联马克思主义史学家为核心的苏联史学界十分重视复兴俄国史研究的问题，内容主要涉及大规模农民运动、欧洲的革命、社会思想史等历史主线与社会变迁问题。这些研究试图突破过

---

① 黄楠森主编：《马克思主义哲学史》，高等教育出版社，1998年，第176页。

② 《苏联历史百年全书》，第6卷，苏联百科出版社，1965年，第476页。

③ 张广智：《苏联马克思主义史学的沉浮：俄国十月革命至20世纪90年代》，载《历史教学问题》，2006年第3期，第41页。

去史学研究的旧有传统，寻找了解、研究和解决俄国历史问题的新思路与新途径。其中，十月革命以来及20世纪20年代，以列宁、托洛茨基、布哈林、鲁纳恰尔斯基、波克罗夫斯基、鲁津、奥里明斯基、涅夫斯基、贝斯特良斯基等人为代表的革命家领袖和职业史学家都发挥了决定性的作用。他们在把历史研究与社会主义革命相结合的研究领域，也提出和尝试了一些史学新理念和新方法。虽然这个阶段苏联史学呈现了非常浓厚的马克思主义意识形态化和马克思主义史学官方化的色彩。但是，正如论者所言，本阶段苏联史学确也取得了不少实践成就，基本上确立了苏联历史科学马列主义理论的方法论基础，资产阶级史学的破产，建立新型的历史学科研机构，马克思主义历史学家队伍的形成，对俄国历史基本问题的探讨和马克思主义观点的确立，对世界历史各个领域积极展开新的研究，诸如此类史学实践领域的拓展不一而足。①不过必须指出，如果从20世纪20年代史学著作的出版情况来看，十月革命后马克思主义史学实践的典型特点在于，马克思主义史学家专心致力于历史文化教育和政治思想教育，注重意识形态历史宣传，兼具史学研究的科学性和学术性的著作并不多见，史学专业性的著作和大众通俗性的读物之间的界限非常模糊。由于过去始终强调不可调和的阶级斗争思想，以波克罗夫斯基为代表的苏联马克思主义史学家逐渐失去了对十月革命前世界历史和俄国历史研究的热情，没有兴趣真正从事史学研究，没有培养史学方面专业人才的具体计划。在历史学的相关领域，历史研究与现实意义的过分紧密关系的专题讨论，往往掩盖了史学研究的科学性和学术性，导致历史学家们对过去历史的研究成果表现出严重的单向性、局限性和粗浅性的特征。

实际上，20世纪二三十年代的苏联马克思主义历史科学经历了非常复杂且颇具争议的曲折发展过程，许多政治家、理论家和历史学家身份也异常复杂交错。随着20年代苏联国内政治形势的逐渐恶化和史学政治化的不断发展，终于导致了30年代斯大林主义和马克思主义教条化思想的泛滥，对苏联马克思主义史学发展是个沉重打击，表现之一就是史学界也揪出了类似党内

---

① 陈启能等：《马克思主义史学新探》，社会科学文献出版社，1999年，第320—321页。

路线斗争中的布哈林和托洛茨基式的反革命分子。比如，历史学家斯卢茨基因为在《无产阶级革命》（1930年第6期）发表题为《布尔什维克论战前危机时期的德国社会民主党》一文，而被斯大林亲自扣上"反党"和"托洛茨基的伪造者"而被错误批判。"波克罗夫斯基学派"的代表人物，苏联科学院院士，马克思主义史学家米哈伊尔·尼古拉耶维奇·波克罗夫斯基（Михаил Николаевич Покровский，1868—1932）更是被错误地批判为史学界的"人民公敌"和反革命分子，许多历史学家被当作波克罗夫斯基学派分子受到牵连而蒙受批判。值得注意的是，党内最高领袖亲自发起批判普通学者的运动，给史学研究领域甚至其他社会科学领域都造成了极其恶劣的影响，表明了苏联人文社会科学特别是历史学已经成为社会主义官方意识形态的代言人，历史学家的独立思考与科学精神遭到了沉重的挫伤。

实际上，苏联共产党从多方面对历史学科发展施加强大的影响，这些压制政策无不体现在当时关于马克思主义史学科学发展的文件决议之中。例如，斯大林1931年在党的权威杂志上发表的关于《无产阶级革命》《论布尔什维主义的几个历史问题》等文章，联共（布）中央和人民委员会的《关于在苏联学校教授历史若干问题的决议》，1935—1936年斯大林、基洛夫、日丹诺夫对苏联史和近代史的教科书纲要又做出重要评论等，都不同程度地影响和制约了苏联马克思主义史学的发展。

当时斯大林为了战胜党内各种反对派，配合20世纪20年代以来苏共党内严酷的政治斗争需要，确立自己的领袖地位，刻意把马克思、恩格斯、列宁等关于社会历史的理论及历史观当作绝对真理和教条主义方法，逐渐凸显出苏联马克思主义理论的价值偏见，改装和拼凑成斯大林主义"历史思想"，即所谓正统马克思主义思想体系加以宣传和传播。历史学作为人文社会科学的重要领域和政治社会实践阵地，马克思主义历史学家们围绕着党史领域进行了政治化的研究，确立了30年代斯大林主义马克思主义官方史学思想的概念体系。实际上，史学研究的国家历史形态学说与已经初步形成的政治意识形态体系有机地结合在一起，构成了30年代苏联马克思主义史学意识形态和庞大思想体系：《联共（布）党史简明教程》与苏联正统马克思主义史学研究。历史学界和史学领域确如国外学者所见，政治偏见和意识形态化成为一切历史认识与史学评介的主要依据。[①]

在斯大林马克思主义者看来，为了适应国内外政治形势的需要，也为了尽快强化史学研究的“政治正确”及政治方向性，弥补史学社会服务性的缺陷，20世纪30年代中期，“斯大林和莫洛托夫以联共（布）中央委员会、苏联人民委员会的名义，联名签署了关于编写历史教科书的决定。决定具体指出，在1935年6月以前，编写出世界古代史、世界中世纪史、世界近代史、苏联史等教科书，并同时确定了各册历史教科书的作者，在文件上一一列出”。[②]从此以后历史学家需要无条件地拥护和支持党中央精神及各级组织的决定，极大限制了史学研究的实践步伐。

在特定的历史条件和思想路线指导下，经斯大林亲自策划和授意，联共（布）中央特设委员会编著、经联共（布）中央审定，1938年《联共（布）党史简明教程》正式出版。以“辩证唯物主义和历史唯物主义”为题，斯大林亲自撰写第四章第二节的内容，全书结构包括导言、正文十二章和结束语三个组成部分，无论是教程编纂的指导思想，还是历史时间分期，以及具体内容描述，这本教程都充分体现了斯大林主义的政治高压、观念桎梏和一统天下的史学政治化局面，集中描述了党内思想路线斗争纲领、党内个人崇拜信仰，肆意歪曲重要历史事实，曲解拔高与过度宣扬联共（布）党的历史作用与历史经验等历史观念和史学观念，完全背离史学研究的历史主义态度、科学宗旨和实事求是原则。该《教程》的指导思想及其党史概念体系完全打破了20世纪20年代以来原本脆弱的列宁主义时代的历史理论与史学概念体系，它以极其强大的官方政治意识形态和史学政治化的要求，迫使包括马克思主义史学家们在内的苏联史学研究实践裹足前行，史学研究领域长期被固化的思想禁锢，各类史学家的历史思维失去了必要的创造性和科学性，严重束缚了苏联马克思主义史研究的正常发展。

《联共（布）党史简明教程》对苏联马克思主义史学研究造成的严重后果及实践成效之一，就是20世纪30年代苏联建立的历史科学组织结构极度政

---

① А.Н.Сахаров, Труды института российской истории Выпуск 5 Москва наука 2005 с, С.237.

② 陈启能主编：《二战后欧美史学的新发展》，山东大学出版社，2005年，第530页。

治化和史学思想出现严重僵化的特点初现端倪，无论是学科机构组织，还是整个史学界，在某种程度上，许多史学家以国家政治需要至上与官方历史意识灌输为己任，在历史研究和史学写作中表现出一定程度上官方正统马克思主义史学的傲慢与偏见，影响着史学研究的基本理论、问题意识和方法论探索，特别是制约着对诸多历史问题的客观解释和科学评价。研究表明，这种政治态势与史学标准，对20世纪后半期苏联职业史家的培养及马克思主义史学的流变，产生了非常负面的影响。①

三、苏联马克思主义史学的实践发展与经验教训交替时期

20世纪四五十年代的苏联，在国际政治格局和国内政治形势方面是处于非常时期，在第二次世界大战结束后，苏联共产党、政府和社会事业进入了全面恢复的历史时期，诸如医治战争记忆创伤、恢复经济建设、重建社会文化事业等历史与现实问题，都是摆在苏联社会主义革命和建设事业面前的重大主题，包括历史学在内的哲学社会科学研究领域在内的各行各业人士，面对这些问题，大都表现极大政治热情和崇高使命感。当然毋庸讳言，20世纪30年代以来，特别是第二次世界大战以来的意识形态影响仍在继续和强化。苏联包括历史学在内的哲学社会科学领域仍然成为反对异己思想的前沿阵地。在特殊历史条件下，苏联党和政府对历史学及整个哲学社会科学领域的重视是必要的，然而，物极必反，过多过严的政治高压和行政干预，虽然客观上可以看到苏联史学，特别是马克思主义史学的一些成就，但是思想控制的后果却更为严重，为后来苏联马克思主义史学的衰落埋下了隐患。因此，从苏联马克思主义史学思潮的角度看，这个时期斯大林马克思主义史学登峰造极时代、苏联马克思主义史学从思想僵化模式寻求自由学术模式的发展阶段，但仍然属于苏联马克思主义史学观念的官方主流意识形态占绝对优势时期。

---

① Алексеева Г Д. Некоторые вопросы развития исторической науки в 60–80-е гг. //Историческая наука России в XX веке/Отв. ред.Г.Д. Алексеева. М., 1997. С. 270–271.

研究表明，战后初期，包括马克思主义史学在内的苏联史学还是取得了一些成绩，主要表现在：其一，史学研究的发表阵地和刊物整合。比如，1931年苏联马克思主义历史学家协会创办史学杂志《阶级斗争》，1937年改名为《历史杂志》，1941年与《马克思主义历史学家》合并，归属苏联科学院历史研究所主办，1945年《历史杂志》被《历史问题》取代而停刊。其二，从中央到地方，各级研究机构纷纷建立，聚集和培养了一批著名的历史学家，从事专门的苏联史、世界史和国际关系史等方面的研究。比如，1946年苏共中央社会科学院成立，随后，苏联科学院、各加盟共和国科学院和苏联科学院各地方分院等都陆续成立了历史研究所或其他历史研究机构，斯拉夫学研究所、巴尔干学研究所、军事历史研究所及远东研究所等。①虽然在当时强烈的政治意识形态控制下，苏联马克思主义史学及其群体的经历大多坎坷曲折，虽然史学研究的内容和官方的政治要求紧密相关，但是在理论问题和具体问题的研究上也取得了不少成绩，特别是这些机构成为后来苏联史学发展的重要基础。

应该看到，一方面，在马克思主义史学领域，联共（布）各级党政机关的监督、党的思想方针对史学研究工作起着限制作用，从事专业研究的历史学家必须遵守联共（布）中央在1945年到1946年在《布尔什维克》和《真理报》杂志发表的一系列决议和精神，苏联科学院历史研究所、各加盟共和国历史研究所以及所有历史学领域的出版发表工作，都要严厉受到监视和控制。另一方面，“民主与专制”“科学与自由”总相伴而生，如同其他领域一样，苏联斯大林主义意识形态的强制性政策，因对苏联马克思主义史学的发展产生不良影响而遭到史学界内外的反抗。从20世纪50年代起，苏联党内、社会各界和史学界一样，反对个人崇拜的政治意识与阶级斗争逐渐增强，这种情况最初都反映在研究苏联社会史的马克思主义史学家阵营里。事实上，20世纪50年代以来，苏联马克思主义史学的发展始终处于史学研究科学性的要求和意识形态政治性的强制之间的矛盾冲突与妥协调和之中。

历史地看，《联共（布）党史简明教程》和斯大林《苏联社会主义的经

---

① 陈启能主编：《二战后欧美史学的新发展》，第530—531页。

济问题》(1952年)等政论性文章，对苏联马克思主义史学及整个历史学学科的学术发展与进程都产生了重大的消极影响，特别是前者被称为“马克思列宁主义基础的百科全书”。当然，从积极的影响角度来说，它主要表现在具体的历史研究和20世纪50年代的历史理论及史学理论问题的讨论，这个时期的苏联马克思主义史学研究还是取得了一定的成绩。国外学者早已认识到，这些问题主要涉及：社会与历史的关系理论，世界历史的客观性、普遍性与社会思想发展的规律性，人类历史进程的科学分期，人类的历史发展中阶级形成及阶级斗争功用，底层大众与精英个人的历史作用，在历史方法论领域中的主观意识形态和主观政治倾向等理论问题。[①]也正如国内论者比较集中地研究表明，这些历史理论与史学理论问题的探讨，具体主要表现在：资本主义民族国家的形成问题、农奴制和俄国的商人资本问题、游牧民族的宗法封建关系问题、17—18世纪俄罗斯农民战争问题、封建主义基本经济规律问题等史学理论及史学方法论问题。[②]在国内众多马克思主义史学家和非马克思主义史学家们进行讨论的过程中，苏联马克思主义史学发展总体上呈现了一个新阶段应该有的特征，那就是，其试图从思想僵化模式寻求向自由学术模式的过渡。

这种过渡的重要表现之一，就是极力消除个人崇拜和意识形态政治对历史研究和马克思主义史学领域的影响。1956年苏共第二十次代表大会在莫斯科召开，赫鲁晓夫《关于个人迷信及其后果》的“秘密报告”，开始了全国范围内批判斯大林主义及个人迷信的政治思想运动，也由此揭开了破除斯大林“个人崇拜”对历史科学影响的序幕。史学界重新加强对列宁主义思想的研究，力图恢复和确立了马克思主义史学的研究方法。1957年苏共中央委员会关于《历史问题》杂志的决议，强调历史科学应以客观性和党性为原则，并主张反思史学研究领域中存在的一些问题，苏联史学界出现了相对自由的研究氛围，苏联马克思主义史学在诸多研究领域也取得了一些长足进步。主要表现有二：其一，思想上拨乱反正，正本清源，历史学家恢复名誉，重新

① Г · Д · Алексеева Историческая наука в России. Идеология. Политика.(60–80-ое годы XX) Москва. С.49.

② 参见陈启能主编：《二战后欧美史学的新发展》，第536—547页。

评价。比如，“苏联在纠正由于个人迷信和破坏法制而造成的冤假错案，为一些政治人物恢复名誉的同时，对苏联著名马克思主义史学家波克罗斯夫斯基及其学派也开始重新进行评价。……俄国的一些非马克思主义的史学家及其他一些著名的学者，也得到了实事求是的评价，如B. O.克留切夫斯基、C. M.索洛维约夫，以及科瓦列夫斯基、维诺格拉多夫、彼特鲁谢夫斯基等。”[①]其二，随着苏联社会环境和学术环境发生的深刻变化，史学界总结史学发展中存在的问题，也提出加强与国际史学界的联系。“（20世纪）50年代中期，苏联史学界在总结史学发展中存在的问题时，一些学者明确指出，苏联史学的主要缺点之一，是企图把俄国历史科学和西欧历史科学隔离开来，狂妄自大地强调自己的优越性，对马克思以前的科学采取了虚无主义的态度……西方一些学者对这些变化表示欢迎，并对此评论道，苏联似乎要‘结束学术上孤立主义的年代’，现在已是‘融雪的气候’，预示着一个‘新时代的到来’。”[②]总体看来，这个时期苏联马克思主义史学及其实践已经表现出成功与失误交互显现的特征，预示着政治性与学术性交融存在的错综复杂局面的到来。

四、苏联马克思主义史学的政治性与学术性交融时期

20世纪60—80年代，是苏联社会主义制度的时代裂变和社会环境的急剧变化时代，也是马克思主义一元史观占统治地位向与非马克思主义多元史观并立共存的转换过程，更是苏联马克思主义史学的衰落时期。由于特定的社会历史条件和政治原因，从马克思列宁主义到斯大林马克思主义的思想体系转变过程中，苏联马克思主义史学曾经失去它自身所应该具有的科学史学研究的理论追求和丰富内容，实际上已完全成为苏联特定历史时期的意识形态体系的组成部分。这样的复杂状况，在20世纪60—80年代仍然在相当大的程度上存在，史学研究一定程度上还在为党内上层统治、党的官僚制度、国家

---

① 参见陈启能主编：《二战后欧美史学的新发展》，第549—550页。

② 于沛主编：《马克思主义史学思想史》，第6卷，第202页。

的官僚政治制度服务。因此，如何摆脱意识形态和政治对历史学的影响，促使苏联马克思主义史学走上正确的轨道，仍然是20世纪60年代以后苏联马克思主义史学的重要任务。

考察苏联史学发展史可以发现，20世纪60—80年代苏联马克思主义史学的成就与失败同时并存，一方面，史学研究受到意识形态因素的干扰，政治需要客观上限制了科学史学的发展。1956年2月苏共二十大之后，苏联史学界的中心任务是努力改变局限于对《联共（布）党史简明教程》等斯大林主义历史理论通俗化和政治化解释的状况，教条主义化的研究模式并未彻底改变，苏联马克思主义史学仍然在思想束缚的风雨中前行；另一方面，在有限范围内，苏联史学包括马克思主义史学呈现逐渐发展的新趋势，强化了与西方学术思想的交流，新的史学计量方法和比较研究方法得到广泛应用，史学界热衷于重新检讨历史学理论和历史唯物主义理论的关系问题，经济史、社会史、人口史等领域也都取得一定进步，涌现了一批关于苏联史和世界史的著作成果。

在20世纪60—80年代，从苏联马克思主义史学家个体研究的实践上看，他们主要集中在诸如关于十月革命、新经济政策、农业集体化等20世纪的重大历史事件与苏联社会历史变迁研究领域，马克思主义史学家试图探索苏联历史的发展过程，发表了数量可观的研究成果。同时，在这个时期，苏联建立了许多新的史学研究机构，旨在集中力量出版一批集体研究的著作。1961年的拉丁美洲研究所、1966年的国际工人运动研究所、1968年的军事史研究所、1968年的美国研究所（1974年更名为美国和加拿大研究所）、1966年的远东研究所、1968年苏联科学院历史研究所（分为苏联史研究所和世界史研究所）等，成为推动这个时期马克思主义史学发展的重要力量，相继出版了诸如《苏联史》（12卷）、《苏联共产党史》（6卷）、《苏联卫国战争史：1941—1945》、《第二次世界大战史：1939—1945》（12卷）、《苏联历史科学文集》和《苏联历史百科全书》（16卷）等众多集体著作，影响比较大。如果从史学评价的角度看，20世纪60—80年代苏联马克思主义史学家在上述相关问题的研究方面，在一定同程度上，多少反映出意识形态政治的影响，在学术思想水平上，也存在一定程度的低水平重复和理论深度的欠缺，但是，这个时期所取得的实践成就也是有目共睹的。

其实，史学方法的革新和史学理论的探讨也成为20世纪60年代以来苏联史学界的重要课题。当时的许多苏联职业历史学家也认识到，苏联马克思主义史学的现状与前景令人担忧，强调史料挖掘，关注史学创新，在于是否提出了新思想、新推断和新概念，呼吁认清史学发展的制度现状，夯实推动史学进步的理论前提。①由此可见，苏联马克思主义史学研究表现出一系列重要特征和趋势之一，就在于强调和重视历史认识论及史学方法论问题的研究。这种研究趋势或理论取向在整个历史科学的各个领域内，通过马克思主义史学流派的各种史学活动形式表现了出来。1962年12月，约有两千名历史学家参加的苏联历史学家大会如期举行，会议题为“历史科学的任务和历史科学领域内科学教育干部的培育”的报告引人注目，明确提出“苏联历史科学的迫切任务是研究马克思主义社会学和方法论问题”，而“马克思主义认识论与各种唯心主义理论家首要的区别就在于，马克思主义把实践当作一个必不可少的方面包括在认识论中”。②1963年10月，苏联科学院主席团召开扩大会议，重点讨论自然科学和社会科学方法论问题。1964年1月，苏联科学院哲学社会科学部又举行会议，讨论历史学方法论问题，这次会议主题报告“论史学方法论的研究”，“重点论述了历史科学的对象问题、历史学与社会学问题，即历史学与历史唯物主义问题、历史规律性问题，关于历史研究中的客观主义和客观真实性、社会形态与历史时代，以及历史研究中理论与实践的联系问题等”。③应该说，“苏联历史学家深入研究史学理论与历史唯物主义的关系，并在基本观点上有了共同的认识，这对于苏联史学理论研究以及整个苏联史学以后的发展，特别是清除个人迷信在历史研究中的影响，具有重要的理论意义和现实意义”。④从此以后，马克思主义史学家纷纷从史学认识层面向史学实践层面转变，因为大家已经达成一种理论共识和实践目标 :“历史学作为科学无疑有其特殊的理论知识层次……现在最紧迫的任务，

① Российская академия наук Институт российской истории Историческая наука России в XX веке.Москва. Научно-издательский центр *Скрипторий*, C.295.

② 《共产党人》杂志编辑部 :《论各学术杂志上的讨论》，载《共产党人》，1955年第7期。

③ 陈启能主编 :《二战后欧美史学的新发展》，第555页。

④ 同上，第556页。

就是必须以马克思主义哲学为依据，制定与这个层次相适应的范畴知识体系，这个体系处于历史唯物主义一般规律一般范畴与历史学家研究方法之间的'中途'。"①苏联马克思主义史学思想的成就正如论者所言，在学术思想史上，从历史认识理论的角度，围绕着历史认识理论的产生和发展、历史认识的主体和客体、历史认识中的理论和方法论、史学新方法和新的分支学科等问题，苏联马克思主义史学家和非马克思主义史学家一道，进行了有益的探讨，出版了一些成果，从理论与实践上提升了苏联马克思主义史学的学术水平。②

从苏联史学史，特别是马克思主义史学发展史的角度看，20世纪80年代之前，马克思主义历史观主宰着苏联史学界，80年代中期以后，苏联史学界的制度变动和学术环境再次催生了马克思主义史学及史学思潮的裂变及化学反应。特别是1985年开始，戈尔巴乔夫的改革新思维主导着苏联社会变革的步伐，他首先试图从斯大林主义时期以来确立的高度集权政治体制批判入手，逐步寻求对苏联马克思主义史学思想体系的内在突破。当时的情况是，苏联史学界发生了深刻的观念变革，社会各界试图恢复斯大林时代许多被歪曲和掩盖的历史事件真相，平反昭雪历史冤案和打破意识形态束缚，成为苏联史学界和社会政治生活界的两个重要主题。实际上，80年代末90年代初，随着正统马克思主义思想意识形态的彻底瓦解，从苏共中央到地方各级党委，从国家到地方，从社会文化各界到史学思想界，人们政治立场和思想信仰陷入无所依托的真空状态，由此，社会普遍的历史认知能力也沉陷于危机状态。特别是经历政治制度解体和意识形态体系崩溃的双重打击之后，马克思主义史学思想及史学观念完全失去了原有的统治地位，最终导致长期主导苏联史学界的马克思主义一元史观及其历史解释模式与非马克思主义多元史观及其历史解释模式同时并存，甚至被众多西方新史学观念及研究范式所取代，苏联史学界进入诸多历史观和史学研究范式及历史解释模式并存的阶段。客观地说，从1989年到1990年的短暂时期，随着苏联东欧社会主义国家政治制度

① M.A.巴尔格：《历史学的范畴和方法》，莫润先、陈桂荣译，华夏出版社，1989年，第19页。

② 参见于沛主编：《马克思主义史学思想史》，第6卷，第206—260页。

的崩溃和社会发展形态的剧变，曾经在意识形态与学术领域占支配地位的马克思主义历史观和史学观风光不再，苏联马克思主义史学思潮逐渐衰落，苏联马克思主义史学的影响也日渐式微。21世纪是国际史学重新定向及发生重大变革的时代，也将是马克思主义史学及史学思潮重新焕发生命力的时代。

（梁民愫，上海师范大学人文与传播学院世界史教授）

路加：基督教史学的初始构型

肖　超

摘要：不同于许多西方权威史学史研究者对路加史家地位的否认与回避，本文认为，正是路加的《路加福音》与《使徒行传》，构成了早期基督教史学的关键开端。首先，本文论述了《路加福音》中的如下特征：一、强烈的“预言叙事”风格；二、一条隐含线索：“圣灵”的持续在场；三、对叙事时序的重视，以及对相关罗马史事的考察引征。其次，本文又阐明了《使徒行传》中的下列特征：一、极强的“见证”意味；二、全面的“预表叙事”风格；三、始终在场的隐含主角：“圣灵”；四、对日后基督教史学的其他重要影响。伴随对路加“前后书”中这些特征的把握与探讨，本文展现出路加是如何进行其富有基督教史学特征的历史写作，从而实现了基督教史学的初始构型。

关键词：路加　《路加福音》《使徒行传》　早期基督教　基督教史学

尽管有论者认为：“路加乃是一个真正的历史学家”[①]，但许多西方权威史学史研究者，似乎并不认可路加的“历史学家”地位。比如汤普森，他虽然承认《使徒行传》是“《新约》中唯一公认的史书”，[②]却从未确认路加是历史

① 梅琴：《新约文献与历史导论》，杨华明译，上海人民出版社，2008年，第171页。

② J. W. 汤普森：《历史著作史》，上卷，第一分册，孙秉莹、谢德风译，商务印书馆，1996年，第179页。

学家，更批评《路加福音》等“诸《福音书》的历史价值很小”；[①]再如莫米利亚诺（Arnaldo Momigliano），即便他承认在优西比乌之前，早期基督教史学已经有了《使徒行传》等作品，[②]可他还是坚持认为，优西比乌才是“第一位从信教者的角度来撰写教会历史的人”；[③]至于凯利，更只是尊崇优西比乌为“基督教世界中的希罗多德”，[④]对路加则采取了完全回避的态度。

但回到《教会史》就会发现，当优西比乌着手叙述耶稣生平来“记录历史的真实”[⑤]时，他先是引入了《路加福音》中关于当时人口普查的记载，[⑥]然后才补充说这次普查，“最著名的犹太历史学家约瑟夫斯也提到过”；[⑦]紧接着，优西比乌又将路加称为“我们的路加”，[⑧]以《使徒行传》第5章第37节关于“加利利的犹大”之记载为基本史实，再引征约瑟夫斯《犹太古史》第18卷中的相关文字加以佐证。[⑨]可见，至少在“教会史之父”优西比乌自己的文本中，路加的作品不仅代表了第一序位的“历史的真实”；而且，路加本人的地位也超越了其他的史家，就连“最著名的”犹太史家约瑟夫斯，也只是路加的一位旁证。

一、关于《路加福音》与《使徒行传》的作者路加

虽然西方学界对路加的史学家地位评价不一，但历来还是基本一致地认为：正是路加，写作了《路加福音》与《使徒行传》这两本基督教的经典文本。[⑩]

在这两本著作中，有一个较明显的证据，表明它们由同一位作者所写：

---

① J. W. 汤普森：《历史著作史》，上卷，第一分册，第180页。

② 莫米利亚诺：《现代史学的古典基础》，洪洁音译，华东师范大学出版社2009年，第191页。

③ 同上，第188页。

④ 唐纳德·凯利：《多面的历史：从希罗多德到赫尔德的历史》，陈恒、宋立宏译，生活·读书·新知三联书店，2003年，第154页。

⑤ 优西比乌：《教会史》，梅尔英译、评注，瞿旭彤译，生活·读书·新知三联书店，2009年，第34页。

⑥ 参阅《圣经·新约·路加福音》2：2。

⑦ 优西比乌：《教会史》，第35页。

⑧ 同上。

⑨ 同上。

⑩ E. A. Livingstone, *The Concise Oxford Dictionary of the Christian Church*, Oxford: Oxford University Press, 1977, p. 311.

在《路加福音》的起始，其作者就明言是写给“提阿非罗大人”的；[①]而《使徒行传》的开篇则说：“提阿非罗啊，我已经作了前书，论到耶稣开头一切所行所教训的。”[②]由此可知，此二书皆由同一人写给某位名为“提阿非罗”的人物，且《路加福音》还是《使徒行传》的“前书”。另外，有研究者在分析后也指出：“《路加福音》与《使徒行传》的行文风格与表达方法上有着明显的一致性。”[③]因此，现代专治路加的学者结论认为：“是一位单独的作者撰写了《路加福音》与《使徒行传》，作为一部两卷本的文集。”[④]这位单独的作者，就是曾伴随了保罗一同传教的医生路加。[⑤]

时至今日，研究者对路加的了解依旧有限。但依据《使徒行传》的叙事，特别是那个表明路加在场的第一人称复数代词：“我们”，研究者可以推知，路加部分地参与了保罗的传道旅程。比如根据《使徒行传》中第16章所用的“我们”及其总体行文，就能推断出至迟在保罗第二次去特罗亚传道时，路加便已经开始伴随保罗并到达了腓立比。[⑥]在腓立比，保罗与西拉被关进了监牢，路加则很可能得以幸免，因为他在此开始转用第三人称复数代词的“他们”，来记述同伴们的苦难。[⑦]其后，当保罗获释并去帖撒罗尼迦与希腊传道时，路加则应该没有随同，因为《使徒行传》直到几年后保罗第三次传道旅途快结束返回腓立比时，才又回复使用“我们”的在场者口吻加以叙事。[⑧]此后，路加就和保罗一起，途径多地并到达耶路撒冷，[⑨]在那里，保罗被捕遭囚后又转囚于恺撒利亚，历经了两年多的牢狱生活。[⑩]后来，当

① 《圣经·新约·路加福音》1：1—2。

② 《圣经·新约·使徒行传》1：1。

③ 梅琴：《新约文献与历史导论》，第37页。

④ Clare K. Rothschild, *Luke-Acts and the Rhetoric of History: An Investigation of Early Christian Historiography*, Tübingen: Mohr Siebeck, 2004, p. 21. 这本书共8章近400页，有着对近年西方路加研究详细的梳理总结，其总体思路则着重于以历史解释学来探讨《路加福音》与《使徒行传》。

⑤ 参阅《圣经·新约·歌罗西书》4：14。

⑥ 参阅《圣经·新约·使徒行传》16：10—17。

⑦ 参阅《圣经·新约·使徒行传》16：19。

⑧ 参阅《圣经·新约·使徒行传》20：5—6。

⑨ 根据《使徒行传》，其作者伴随了保罗一起途经特罗亚、亚朔（在去亚朔时，路加曾与保罗短暂地分开过，路加坐船保罗则走陆路，后两人在亚朔会合）、米推利尼、撒摩、米利都、哥士、罗底、帕大喇、推罗、多利买、恺撒利亚，并最后到达耶路撒冷（参阅《圣经·新约·使徒行传》20：5—21：17）。

⑩ 参阅《圣经·新约·使徒行传》21：17—26：32。

保罗被押送往罗马去“上告于恺撒”[①]时，路加又再次以“我们”来展开叙事。此处，根据文本所述，路加接到了巡抚非斯都要求“我们坐船往意大利去”[②]的命令，然后他写道：“我们就上了那船开行，有马其顿的帖撒罗尼迦人亚里达古和我们同行”。[③]其后，路加就陪伴保罗一道，幸免于海难而终至罗马。[④]

《圣经·新约》中所留存的保罗书信，也从另一侧面揭示了路加于保罗传道中在场的相关信息。在《歌罗西书》的末尾，可以看到保罗不仅称呼路加为“亲爱的医生”，还有意地将路加与“奉割礼的人”区分开来，因而，这位医生路加应非犹太人。[⑤]在《腓利门书》的结尾问候语中，保罗也提到了路加，[⑥]而且《歌罗西书》与《腓利门书》乃保罗于同一时期内所写。[⑦]故而，这两封信也参证了《使徒行传》中，路加所叙述保罗在罗马“自己所租的房子里”度过两年多软禁生活的记载，[⑧]并也能推断路加陪伴了保罗在罗马坐监与传道（“第一次”）的经历。此外，保罗还在《提摩太后书》中，指出当时“独有路加在我这里”；[⑨]参照优西比乌《教会史》中的记载：保罗曾“第二次来到罗马”传道，[⑩]在此又被收监并写下了《提摩太后书》，及至最终殉道；[⑪]因此，亦可推知路加还陪伴了保罗生命中的最后时日。

基本上，目前所知较明确的路加生平记载，也就是上述路加自己在《使徒行传》与《路加福音》中的相关叙述，连同保罗书信中对路加的三次提及。但即便在这些少之又少的文字中，研究者也还是能看出：路加有着与保罗非同一般的亲密关系，路加不仅深受保罗这位早期基督教最重要传道者的

---

① 参阅《圣经·新约·使徒行传》25：11—12。
② 参阅《圣经·新约·使徒行传》27：1。
③ 同上。
④ 参阅《圣经·新约·使徒行传》27：1—28：15。
⑤ 《圣经·新约·歌罗西书》4：10—14。
⑥ 《圣经·新约·腓利门书》1：24。
⑦ E. A. Living stone, *The Concise Oxford Dictionary of the Christian Church*, pp. 119, 398. 另参阅梅琴：《新约文献与历史导论》，第128—129页。
⑧ 《圣经·新约·使徒行传》28：30。
⑨ 《圣经·新约·提摩太后书》4：11。
⑩ 优西比乌：《教会史》，第91页。此处，英译批注者梅尔认为时间约在公元66年。
⑪ 同上。

影响，而且还亲自参与了保罗向外邦传播基督教的大部分历程。

正因如此，路加才能够以其自身角度见证早期基督教的向外传播，并广泛深切地接触到诸多早期基督教教徒与团体，从而掌握了大量第一手的历史资料。就记载早期基督教历史而言，路加有着他人无法比拟的客观优势。更为重要的是，路加在其主观上，也有着以“历史”来记录早期基督教发展的意愿。在《路加福音》的开篇序言中，路加就有如下一段相当直白的动机剖白：

> 提阿非罗大人哪，有好些人提笔作书，述说在我们中间所成就的事，是照传道的人从起初亲眼看见，又传给我们的。这些事我既从起头都详细考察了，就定意要按着次序写给你，使你知道所学之道都是确实的。①

从中，我们至少可以推断出如下三点：首先，路加采用希腊语词汇“καθώς”（英译：“just as”，中译：“是照”）来区隔了“有好些人提笔作书，述说在我们中间所成就的事”以及“传道的人从起初亲眼看见，又传给我们的”。这表明，在路加写作《路加福音》时，至少有两个主要写作来源：他不仅阅读并参照过“好些人”所写的关于“我们中间所成就的事”的早期基督教福音书卷；他还直接或间接地接受过“传道的人”关于“这些事”的传授（相对于“提笔作书”，这种传授很可能是口头传授）。

其次，路加自己来动笔写作《路加福音》，显然对以上两个主要来源有着不满足的意欲。他自己也在行文中表明了对此的完善及改进：“这些事我既从起头都详细考察了，就定意要按着次序写给你。”由此得见，路加的确有着“历史”书写样式中重要的考证批判与编年叙事意识。

第三，路加对其受众明言，他之所以写作乃是为了“使你知道所学之道都是确实的”。因此，传播基督教宗教信仰是其最重要目的。另外，在《使徒行传》的开篇中他有言：“提阿非罗啊，我已经作了前书”，显然他将《使

---

① 《圣经·新约·路加福音》1：1—4。

徒行传》作为《路加福音》的续篇来写作，因此《使徒行传》也就有着与《路加福音》一致的写作意图。

至此，我们就能察看到，一位基督教内较早试图以"历史写作"来记录早期基督教发展的作者路加形象。

就历史叙事内容来说，他不单单以亲历者的身份见证与记载了早期基督徒保罗等向外邦人传道的旅程，并且还记述了那些他不曾亲历过的诸如耶稣、其他早期使徒（如彼得）的传道事迹，这些主要源于他所阅读的大量相关早期基督徒的文字书写，以及许多"亲眼看见"过这些事迹的早期基督教传道者的口头传授。尤为重要的是，当路加"定意要按着次序"来写作这些事件时，他特意宣称他对这些文字资料、口头传授都进行了"从起头都详细考察"的考证。

路加这种在写作范式上的自我宣示，可说极其类似于（甚至是模仿）西方"史学"奠基者之一修昔底德那段著名的自我表白："部分是我的亲自参与，部分是我从其他人那里得来的信息，并尽我所能地进行了确证。"[①]因此，虽然路加没有明言他在写作一部"历史"，但不管就其记叙内容还是作者意愿而言，都显露出该作品已经相当符合于传统"历史"撰述的样式；而作者自己也在有意识地在向"历史"书写趋近。

诚然，路加在写作中还蕴含了一个至为强调的传播新兴基督教的目的，但这非但不能否定他是基督教内较早的一位历史写作者，反而更显示出，当时的历史学在新兴基督教影响下，已经展现出了新的构型特征。

在路加的笔下，讲说"神的大作为"的早期基督徒，曾被人讥诮说："他们无非是新酒灌满了。"[②]其实路加自己，也将基督教的"新酒"灌满在旧有史学的皮袋之中。路加曾记载耶稣言说："没有人把新酒装在旧皮袋里；若是这样，新酒必将皮袋裂开，酒便漏出来，皮袋也就坏了"，[③]这也似乎预告了基督教的"新酒"迟早将碎裂陈旧的史学样式。当然，这种"旧瓶新酒"的

---

① Thucydides, *History of the Peloponnesian War*, Books Ⅰ and Ⅱ, with an English Translation by Charles Forster Smith, Cambridge, Massachusetts: Harvard University Press, reprinted 1999, p.39.

② 《圣经·新约·使徒行传》2：13。

③ 《圣经·新约·路加福音》5：37。

借用，只是研究者在认识路加时的一个比喻意象。值得更多注意的，还是路加文字中属于早期基督教史学的新特征。

二、《路加福音》与《使徒行传》：基督教史学的初始构型

（一）《路加福音》

前已指出，路加在《使徒行传》中已经明言《路加福音》是其“前书”。而《路加福音》的叙事，乃终止于耶稣的门徒们返回耶路撒冷；[①]《使徒行传》的叙述，则起始于耶稣嘱咐众门徒“不要离开耶路撒冷”。[②]这也反映出：《路加福音》与《使徒行传》在叙事内容上有着紧密的前后连接关系。所以，虽然西方有学者认为：“《新约》中唯一公认的史书是《使徒行传》”，[③]但这种论断，更多的只是一种后人的人为隔断。并不代表路加自己是将《使徒行传》作为“史书”来写，而将《路加福音》看作了非“史书”。因此，当我们讨论路加的早期基督教史学构型时，似乎也不能只强调《使徒行传》，而忽视了它的前作——那本“可能在公元80年之前就写成了”[④]的《路加福音》。

1.《路加福音》，基于特定写作对象的基督教史学初始构型

回到前引的《路加福音》开篇序言，我们可以看出，《路加福音》有着它特定的写作对象：一位名为“提阿非罗”的人物，路加还尊称该人物为“大人”。不难想见，这位“提阿非罗”在当时有着较高的社会地位（很可能是位官吏），其文化程度也相应较高。另外，该人物显然已经初步地接触了早期基督教教义的宣讲，否则路加也不会试图与这位人物探讨“所学之道”。因此，对于这样一位有着较高异教文化背景，并粗略地接受了早期基督教教义宣讲的提阿非罗来说，我们也就很容易理解为什么路加会采用一种“既从

① 《圣经·新约·路加福音》4：52。
② 《圣经·新约·使徒行传》1：4。
③ J. W. 汤普森：《历史著作史》，上卷，第一分册，第179页。
④ 梅琴：《新约文献与历史导论》，第168页。

起头都详细考察了，就定意要按着次序写给你”的传统“历史”文本样式。这也使得《路加福音》表现出了相当注意历史细节的史学叙事风格，比如其中所大量出现的罗马帝国官员名称，就是其他三部福音书中没有的。[①]

尤其路加在序言中，还进一步明言了他写书给提阿非罗的意图，乃是：“使你（提阿非罗）知道所学之道都是确实的”。此处的“确实”一词，更是我们将《路加福音》理解为早期基督教史学构型的关键。正因为《路加福音》以提阿非罗为特定受众，就使得路加的写作，并不是像其他福音书作者那样直接地以宗教布道来宣扬耶稣所传之道“就是道路、真理、生命”；[②]而是迂回地、有意识地采用了当时罗马文化阶层更为熟悉，也更容易信服的历史写作形式，首先去强调文本中早期基督教史事的真实，然后再来证明其“所学之道”的“确实”。当路加强调他像历史家那样地对史料加以“详细考察”，并“按着次序”来编年叙事时，他应该敏锐地认识到了：在当时罗马的主流思想中，历史才是最与“确实”相挂钩的写作样式。这就如早前的西塞罗所指出：“在历史中，评价一切的标准就是真实。”[③]

故而，尽管路加没有明言他的写作是一部“历史”，但他的确基于其特定的写作对象——提阿非罗大人，有意地来实现了一次早期基督教史学的初始构型。与此同时，《路加福音》也很自然地显现出了某些基督教史学的初始构型特征。

2.《路加福音》中的基督教史学构型特征

（1）强烈的“预言叙事”风格

如我们所知，基督教创始者耶稣在讲道时，经常会使用一种以“预言”

① 比如《路加福音》在讲述耶稣降生事迹时，首先就交代了当时帝国官员正在进行人口普查：“当那些日子，恺撒奥古斯都有旨意下来，叫天下人民都报名上册。这是居里扭作叙利亚巡抚的时候，头一次行报名上册的事”（《路加福音》2：1—2），而这种对当时罗马“恺撒”与“巡抚”的指明是其他三卷福音书中没有的历史背景（参阅《马太福音》1：18）。再比如《路加福音》在描写施洗约翰的传道事迹时，也叙述了当时时代背景是：“该撒提庇留在位第十五年，本丢彼拉多作犹太巡抚，希律作加利利分封的王，他兄弟腓力作以土利亚和特拉可尼地方分封的王，吕撒聂作亚比利尼分封的王，亚那和该亚法作大祭司。那时，撒迦利亚的儿子约翰在旷野里，神的话临到他”（《路加福音》3：1—2），而此处对当时罗马官吏的详细指明也是在其他三本福音书中所没有的（参阅《马太福音》3：1，《马可福音》1：1—4，《约翰福音》1：9），如此等等。

② 《圣经·新约·约翰福音》14：6。

③ Cicero, “De Legibus” (the Laws), *Cicero XVI*, with an English Translation by Clinton Walker Keyes, Cambridge, Massachusetts: Harvard University Press, reprinted 1994, p.301.

来阐述其自身及人类历史的解释范式。比如在初次向众人讲道时，[①]耶稣就先从《旧约》中摘引了一段经文。[②]然后再将这段经文作为对他自己的“预言”，来解释他就是那个“传好消息”的使者。再如耶稣在即将受难时，也曾援引《旧约·以赛亚书》中的话语，[③]向门徒解释了他的甘愿赴死。[④]以此说明他的受难乃神所预定，规劝门徒们放弃抵抗。

然而值得注意的是，路加将耶稣这种“预言”范式，富有创新性地应用到了《路加福音》的史学叙事之中：首先，他不仅记载了耶稣对历史的种种“预言”解释，更以第三者的历史叙事口吻，对那些在之前时代尚是“将来”，但在路加时代已是“过去”的诸多“预言”，进行了一种事后的历史“再解释”。其次，正是通过对各种“预言”的再现与再解释，路加在叙述中就形成了一种强烈的“预言叙事”风格：即一种以史事叙述来力证那些基于基督教信仰的各种“预言”，将在现实历史中不断得到“应验”的史学阐释模式。

比如在《路加福音》的第9章中，路加笔下的耶稣就曾对其门徒预言他将受苦、被杀及复活。[⑤]并且当耶稣再次稍隐晦地向门徒“预言”其将受难时，众人并没有理解到他的意思。对此，路加有如下叙述：“众人正希奇的时候，耶稣对门徒说：‘你们要把这些话存在耳中。因为人子将要被交在人手里。’他们不明白这话，意思乃是隐藏的，叫他们不能明白，他们也不敢问这话的意思。”[⑥]在此可见，叙事者路加不但再现性地记载了耶稣的“预言”，还以旁白者的身份来“再解释”了耶稣该段预言的隐含意思。后来当《路加福音》叙述耶稣又一次“预言”他将在耶路撒冷受难时，耶稣笼统地借“先

---

① 《圣经·新约·路加福音》4：16—30：耶稣来到拿撒勒，就是他长大的地方。在安息日，照他平常的规矩，进了会堂，站起来要念圣经。有人把先知以赛亚的书交给他，他就打开，找到一处写着说：“主的灵在我身上，因为他用膏膏我，叫我传福音给贫穷的人；差遣我报告：被掳的得释放，瞎眼的得看见，叫那受压制的得自由，报告神悦纳人的禧年。”于是把书卷起来，交还执事，就坐下。会堂里的人都定睛看他。耶稣对他们说：“今天这经应验在你们耳中了。”

② 《圣经·旧约·以赛亚书》61：1。

③ 《圣经·旧约·以赛亚书》53：12：所以，我要使他与位大的同份，与强盛的均分掳物；因为他将命倾倒，以至于死，他也被列在罪犯之中，他却担当多人的罪，又为罪犯代求。

④ 《圣经·新约·路加福音》22：37。

⑤ 《圣经·新约·路加福音》9：22。

⑥ 《圣经·新约·路加福音》9：43—45。

知所写”来预言了他将要遭受的苦厄，[①]路加在此则再度以旁白者的身份解释道:“这些事门徒一样也不懂得，意思乃是隐藏的，他们不晓得所说的是甚么。”[②]

显然，路加在上述叙事中，不仅担任了耶稣“预言”的再现者，更充当了耶稣“预言”将在事后得到应验的再解释者。作为一名早期基督徒，路加基于他所信服的耶稣信仰，将耶稣受难与复活的“神迹”作为了“历史事实”，在文本叙述中来为耶稣的神性“预言”作证。从而将耶稣的“先知性预言”，推进到了史学叙事上的某种“后知性阐明”。事实上，路加的文本受众，也正是依靠他这位“再解释者”的阐释，从而超越了当时门徒们对耶稣“预言”的懵懂无知，清晰地获得了耶稣预言所指向的文本叙事结果。也正是在路加这种以事前“神性预言”与事后“历史解释”相环绕的史学叙事中，形成了体现基督教史学构型特质的“预言叙事”风格。

路加的这种“预言叙事”风格，首先应该还是渊源于基督教创始者耶稣。因为从《路加福音》中所叙述的耶稣言语来看，耶稣这种以“预言”来阐明其自身与人类历史的做法可说全面而系统。比如耶稣曾在宏观上“预言”了“神的国”的到来，[③]也曾在细节上“预言”了诸如圣殿的被毁[④]以及耶路撒冷的被践踏，[⑤]以及在耶稣受难时门徒彼得的三次不相认，[⑥]并又“预言”了自己在离世后将再临时的种种预兆，[⑦]甚至就在“复活”神迹之后，耶稣也还

① 《圣经・新约・路加福音》18：31—33。

② 《圣经・新约・路加福音》18：34。

③ 《圣经・新约・路加福音》18：20—37。

④ 《圣经・新约・路加福音》21：6。

⑤ 《圣经・新约・路加福音》21：20—24。在此应该注意，根据目前所知公认的史实，在公元70年，罗马大军围困耶路撒冷并最终攻破城池拆毁了圣殿。而《路加福音》所记载的耶稣此处关于“圣殿”与“耶路撒冷”的被毁“预言”，的确似乎相当“精准”地指向了这一次耶路撒冷所遭受的灾难。而这种“精准”很可能使人们在“常识”上推断这段记载应该是后人（当然也包括路加，这样路加就必须是在公元70年以后写作此段）为了增加耶稣的“神性”而附会的“人为”。但这毕竟只是依据“常识”的一种解释，它并不代表耶稣在“当时”（也即耶稣的历史生活时期）就肯定没有做出过“圣殿与耶路撒冷被毁”的“预言”。因为即便到今天，我们也经常看到有人也在做出各种“预言”，诸如地球末日、种群消亡、个人命运或者股市涨跌，而这些预言也都会在事后表现为应验或者没有应验。因此，人们并不能仅因为某种预言在“事后”得到了准确应验，就断言它一定是“事后”的添加附会。另外，本文关注的主要是早期基督教史学的思想发展，故只是对这种可能的思考以脚注形式在此说明。

⑥ 《圣经・新约・路加福音》22：34。

⑦ 《圣经・新约・路加福音》21：8—19、21：25—28。

是继续引征摩西与众先知的“预言”来向门徒们阐明自身。[①]尤其在《路加福音》的结尾处，耶稣还极详细地以“预言”形式就其自身与日后历史对门徒做了一次总的回顾与预示。耶稣首先指明他的人间遭遇、受难与复活等事迹，都是早记录在“经上”的预言的应验。[②]随后耶稣又向门徒们“预言”：日后人们将奉他的名传道，“从耶路撒冷起直传到万邦”，[③]并预告门徒们将为这些事迹作见证，以及领受他所赐予的能力。[④]

至此观之，《路加福音》较完备地再现了耶稣种种以“预言”来解释自身及历史的范式。与此同时，路加也逐渐展现出他在早期基督教史学写作中的“预言叙事”风格，这也构成了早期基督教史学明显有别于传统史学写作的一个新特征。以路加为代表的早期基督教历史写作者开始意识到，影响人类历史理解的重要因素，不仅包括对过去的忠实记载，更应包含对于未来的果敢预言，尤其这些预言还须在历史叙事中得到应验。而耶稣的“预言”范式，无疑就是他们所遵从的一个典范。于是，路加开始尝试以历史写作来阐明基督教的种种神性“预言”，也即通过许多预言都已得到实现的历史叙事，来引导受众们相信那些尚未应验的“预言”终将应验。这当然也符合路加的写作意图，因为那些确实被“应验”了的预言叙事，正具备了“使你知道所学之道都是确实的”例证力量。

在此，不妨再仔细分析一下《路加福音》对于耶稣降生的语言叙事处理，以便我们更清楚地把握到：路加已经开始有意识地模仿耶稣的“预言”范式，对基督教创始者的生平历史以及传道事迹做出“预言叙事”。

比如在叙述耶稣诞生事迹时，路加先是特意插入了一段对施洗约翰诞生的描述，同样也是密集地使用了预言叙事方式。在这段描写中，原先神意所“预言”的诸如不能生育的伊丽莎白将要产子、[⑤]这个小孩将被命名为“约翰”、[⑥]众人将因为约翰的诞生而喜乐，[⑦]尤其是天使预言撒迦利亚将直到儿子

① 《圣经 · 新约 · 路加福音》24：27。
② 《圣经 · 新约 · 路加福音》24：44—46。
③ 《圣经 · 新约 · 路加福音》24：47。
④ 《圣经 · 新约 · 路加福音》24：47—49。
⑤ 《圣经 · 新约 · 路加福音》1：7—13。
⑥ 《圣经 · 新约 · 路加福音》1：13。
⑦ 《圣经 · 新约 · 路加福音》1：14。

出生之日才能开口说话[①]等，都全面得到了应验。并且《路加福音》更指明这些预言的应验，极大地震撼了当时的人众并很快四处传播，“周围居住的人都惧怕。这一切的事就传遍了犹太的山地”。[②]

并且，《路加福音》反复以“预言”来阐明施洗约翰为耶稣做铺垫的性质。比如首先以一段预言[③]表明了施洗约翰是耶稣到来的先导，“因为你要行在主的前面，预备他的道路”。[④]再如在《路加福音》的第3章第4节，路加又借用《旧约·以赛亚书》的预言，再次解释了施洗约翰乃是“预备主的道，修直他的路”。[⑤]并且，路加还叙述了施洗约翰自己的预言，解释他的确是为耶稣到来做铺垫的：“约翰说：‘我是用水给你们施洗、但有一位能力比我更大的要来（即耶稣），我就是给他解鞋带也不配，他要用圣灵与火给你们施洗。’”[⑥]

而在真正叙述耶稣的诞生事迹时，《路加福音》的“预言叙事”方式更是得以凸显。诸如叙述天使加百利向马利亚预言耶稣的诞生，[⑦]就通过天使的预言，来阐明了耶稣的“神子”性质。[⑧]进一步地，《路加福音》又叙述伊丽莎白见到马利亚后“被圣灵充满”，[⑨]从而再次确证该预言：“主对她所说的话都要应验。”[⑩]而马利亚在听闻这些预言之后，也开始自己以预言形式赞颂主以及解释她自己：“从今以后，万代要称我有福。”[⑪]

之后《路加福音》又记叙了天使在伯利恒的野地里向牧羊人们“预言”耶稣的降临，[⑫]并宣示耶稣就是“救主，就是主基督”。[⑬]特别地，作为耶稣诞生事迹的余音，《路加福音》还讲述了耶路撒冷人西面（Simeon）得到“圣

① 《圣经·新约·路加福音》1：20。
② 《圣经·新约·路加福音》1：65。
③ 《圣经·新约·路加福音》1：67—79。
④ 《圣经·新约·路加福音》1：76。
⑤ 《圣经·新约·路加福音》3：4。此处《旧约》经文参阅《以赛亚书》40：3—5。
⑥ 《圣经·新约·路加福音》3：16。
⑦ 《圣经·新约·路加福音》1：26—38。
⑧ 《圣经·新约·路加福音》1：32—33。
⑨ 《圣经·新约·路加福音》1：41。
⑩ 《圣经·新约·路加福音》1：45。
⑪ 《圣经·新约·路加福音》1：48。
⑫ 《圣经·新约·路加福音》2：8—14。
⑬ 《圣经·新约·路加福音》2：11。

灵”临在，受启示手捧耶稣讲出“耶稣的被立”是“要叫以色列中许多人跌倒，许多人兴起”等情事的“预言”，[①]并记录女先知亚拿（Anna）对众人预言讲解耶稣的事，“将孩子的事对一切盼望耶路撒冷得救赎的人讲说”。[②]

从上述研读中不难得见，《路加福音》中对于耶稣诞生的叙事既有例如“天使”“先知”等超验角色的直接预言，也有许多凡人在“圣灵”的充满与感动下所做的预言，当然还有叙事者路加直接引用《旧约》经文来做出的预言阐释。并且这些预言有部分已经在叙事中得到了应验，比如预言童女马利亚怀孕、耶稣将降生马槽等。

尤其引人注意的是，《路加福音》还在叙事中前置了一个施洗约翰的段落，指明关于施洗约翰的种种预言都全面得到了应验，以增强其叙事的说服能力。试想，类比文本中普罗大众在亲见对于施洗约翰的各种预言皆得以应验后的震撼效果，“周围居住的人都惧怕。这一切的事就传遍了犹太的山地”。那么，围绕“能力”远大于约翰的耶稣所展开的各种“预言”，并且这其中还包括了施洗约翰自己对耶稣的“预言”，又怎么不会使大众充满敬畏而满怀信服呢？

同时相比于施洗约翰的事迹“传遍犹太的山地”，天使对耶稣到来的“预言”则是“大喜的信息，是关乎万民的”，[③]而西面更“预言”了耶稣“是照亮外邦人的光，又是你民以色列的荣耀”。[④]在这种约翰仅影响“犹太”而耶稣将影响“外邦”的明显对比与递进处理上，研读者如果结合路加“外邦人”（非犹太人）的身份，以及他跟随保罗向“外邦人”传教的经历，多少也就能看到路加在其“预言叙事”中所展现出的作者自我痕迹。

（2）一条隐含线索：“圣灵”的持续在场

同样在对这段叙事的研读中，我们还可以看到一个有趣的现象：那就是路加在叙述某些“凡人”也能做出神意“预言”时，特意指明他们乃是获得了“圣灵”的“充满”与感召。比如伊丽莎白就“被圣灵充满”，[⑤]方才向马

① 《圣经·新约·路加福音》2：25—33。
② 《圣经·新约·路加福音》2：36—38。
③ 同上。
④ 《圣经·新约·路加福音》2：32。
⑤ 《圣经·新约·路加福音》1：41。

利亚高声预言说:“你在妇女中是有福的、你所怀的胎也是有福的……”[①]再比如在描写耶路撒冷人西面对耶稣的未来做出预言时，路加更在行文中连续三次地指明西面受到了“圣灵”的临在与感召。[②]

如果仔细梳理《路加福音》第1章到第2章第40节关于耶稣诞生事迹的叙述，研读者可以看到，除开“天使”与“先知”(比如女先知亚拿)能够直接预言，以及叙事者直接引用《旧约》中的“先知预言”之外。所有“凡人”在“预言”时，都被路加特意注明了他们有着“圣灵”临在与感动的前提。即便像耶稣的生母马利亚，也有“天使”提前说明:“圣灵要临到你身上。”[③]因此，对于宣称其写作乃是“从起头都详细考察”了的路加来说，“圣灵”在这里似乎承担了一种解释“凡人”为什么能够准确“预言”未来的作用。

其实，“圣灵”在《路加福音》中的作用远不止于此，它的持续存在更像一条贯穿于整本《路加福音》的隐含线索，对文本的叙事推进起到了关键而多样的作用。

“圣灵”首次出现于“天使”向撒迦利亚的预言之中，它解释了“施洗约翰”日后何以能有种种神奇的作为，因为约翰乃是“从母腹里就被圣灵充满了”。[④]随后“圣灵”的第二次出现，则解答了童女马利亚怎么可以怀孕。[⑤]再到“圣灵”的第三次出现，则是在马利亚去看望伊丽莎白(施洗约翰的母亲)的叙事中，“伊丽莎白一听马利亚问安，所怀的胎就在腹里跳动，伊丽莎白且被圣灵充满”。[⑥]在此段叙事中，“圣灵”不再是解释某种神迹，而承担了一种解释与链接文本人物间关系展开的作用，因为伊丽莎白与马利亚由于“圣灵”的参与，才导致彼此间的对话，也才引出了马利亚对其腹中耶稣的总括性评论。[⑦]再后来，则是撒迦利亚被“圣灵”感动，做出施洗约翰将

---

① 《圣经·新约·路加福音》1:42—45。
② 《圣经·新约·路加福音》2:25—27。
③ 《圣经·新约·路加福音》1:35。
④ 《圣经·新约·路加福音》1:15。
⑤ 《圣经·新约·路加福音》1:35。
⑥ 《圣经·新约·路加福音》1:41。
⑦ 《圣经·新约·路加福音》1:39—56。

为耶稣“预备道路”的预言，[①]以及西面得到“圣灵”启示而预言耶稣的人间未来，[②]“圣灵”在此则用于解释撒迦利亚与西面这两个“凡人”，何以能做出神意“预言”。在随后第3章第16节，则通过施洗约翰来指明“圣灵”乃是耶稣救赎众生的权能，“他（耶稣）要用圣灵与火给你们施洗”，[③]从而起到了一种尊崇“救主”耶稣的作用。

当《路加福音》以耶稣为绝对主角，展开关于其传道、受难与复活等事迹的叙述时，[④]路加就同时强调记述了“圣灵”对耶稣的临在与伴随。首先，当耶稣在施洗约翰处受洗，《路加福音》指明正是在此时，“圣灵降临在他（耶稣）身上，形状仿佛鸽子”。[⑤]此后“圣灵”不单“充满”了耶稣，还指引他去接受魔鬼的试探，“耶稣被圣灵充满，从约旦河回来，圣灵将他引到旷野，四十天受魔鬼的试探”。[⑥]由此，耶稣就在“圣灵”的陪伴下，“满有圣灵的能力，回到加利利”，[⑦]开始了他的传道生活。并且，即便已经交代过耶稣被“圣灵”所充满，“满有圣灵的能力”才开始传道，《路加福音》在后来的叙事中，还是不忘再次点明耶稣曾因为“圣灵”的感动而欢乐。[⑧]

因而不难看出，《路加福音》中的“圣灵”在降临于耶稣身上之后，便一直伴随未曾离开过。而且“圣灵”在陪伴耶稣的同时，也多次被耶稣所提到。比如耶稣在其传道中曾向受众明示：“你们虽然不好，尚且知道拿好东西给儿女，何况天父，岂不更将圣灵给求他的人吗？”[⑨]也正是基于此段言说，“圣灵”就首次被耶稣预示，它日后能够降临在门徒等“普通人”身上。后来耶稣在传道中，又再指明“圣灵”有着比他自身更不容侵犯的权威，“凡说话干犯人子（耶稣）的，还可得赦免，惟独亵渎圣灵的，总不得赦免”。[⑩]并且，耶稣还具体预言了一个“圣灵”将降临在门徒身上的例子，也就是

---

① 《圣经·新约·路加福音》1：67—79。
② 《圣经·新约·路加福音》2：28—32。
③ 《圣经·新约·路加福音》2：16。
④ 这部分可以看作由《圣经·新约·路加福音》第3章第21节起直到结尾。
⑤ 《圣经·新约·路加福音》3：28—32。
⑥ 同上。
⑦ 《圣经·新约·路加福音》4：14。
⑧ 《圣经·新约·路加福音》10：21。
⑨ 《圣经·新约·路加福音》11：13。
⑩ 《圣经·新约·路加福音》12：10。

“圣灵”在日后将指引门徒们在公堂上应付诉讼：“因为正在那时候，圣灵要指教你们当说的话。”[①]

可见，《路加福音》不仅叙述了“圣灵”对耶稣的降临与伴随；更也通过对耶稣言语的记述，阐明了“圣灵”在今后也将降临与伴随“普通人”（当然主要是信教的门徒们）。

于是我们就发现，如果说《路加福音》叙事的主要线索是耶稣的诞生、传道、受难，与复活事迹。那么，“圣灵”的持续在场，就是伴随这条叙事主线的一条附属线索，它隐含于整本《路加福音》之中。同时如前所分析，这条线索基本分为三个阶段来伴随了耶稣事迹的主线：首先，“圣灵”伴随了对于耶稣诞生的种种预言与神迹，主要解释了许多“凡人”何以能够行神奇的预言与事迹；其次，“圣灵”伴随了耶稣自受洗后的所有人间经历，部分印证与解释了耶稣为什么能够成为神奇的“救主”；[②]最后，《路加福音》又在对耶稣言语的记述中，充分预示了“圣灵”的降临与陪伴，将使得日后的基督教徒们获得神奇能力。

因此《路加福音》就通过这条隐含的“圣灵”线索，部分展现出路加以“历史”样式来记叙耶稣事迹时的“详细考察”。正是通过“圣灵”的持续在场，路加为那些原本很容易遭受“确实”质疑的神迹叙事，提供了一条“圣灵”线索来隐含在文本中加以解释。“圣灵”既在形式上为叙事行进提供了隐含的解释与关联，同时也在实质上深化了受众对文本所叙述内容的理解与信服，透过抽象“圣灵”的持续在场，文本就在很大程度上规避了诸如“凡人能否预言”的日常质疑，而将受众引诱到类似“圣灵是否存在”的宗教思考。

尤其值得注意的是，作为《使徒行传》的前书，路加预设的这条“圣

① 《圣经·新约·路加福音》12：10。

② 在此应该注意，在《路加福音》中，“圣灵”的降临与伴随，只是耶稣拥有神力的原因之一；并且，圣灵的降临更是耶稣作为“神子”的一个表征，这在《路加福音》中关于耶稣在约翰处受洗的描述就能看出，书中对当时情形的描述如下：“圣灵降临在他身上，形状仿佛鸽子；又有声音从天上来，说：‘你是我的爱子，我喜悦你。’”（《路加福音》4：22）可见，圣灵的降临不是耶稣享有神力的唯一原因，其主要原因还是耶稣乃神的“爱子”。因此，这与该书中其他处“圣灵”降临在“凡人”身上，即能让凡人获得神力的处理很不一样。这也在侧面说明，为了凸显耶稣的“神子”身份，《路加福音》对于“圣灵”的降临细节叙述有仔细的考虑。

灵”线索显然还有着关乎后书的深意。当然，这点我们将留待到对《使徒行传》的研读时再加以探讨。

（3）对叙事时序的重视，以及对相关罗马史事的考察引征

另外，路加在《路加福音》开篇就宣称其所述内容乃是：“我（路加）既从起头都详细考察了，就定意要按着次序写给你（提阿非罗）。”[①]因此，我们既可以推想，同时也被行文本身所证实的一个早期基督教史学构型特征，就是《路加福音》在叙事上对时序的高度重视，以及对同期历史事件的考察引征。

比如《路加福音》的叙事首先从“为主预备道路”的施洗约翰开始，作者一开始就指明了施洗约翰的诞生事迹发生在：“当犹太王希律的时候”。[②]再比如，在叙述耶稣降生事件时，路加则引入罗马恺撒奥古斯都的人口普查作为具体历史背景，[③]并确切指明当时乃由名为“居里扭”（Quirinius）的官员担任叙利亚巡抚，进而点明是次人口普查乃该官员任内的“头一次”[④]人口普查，从而极大地增强了叙事中的历史真实感。而其他三部福音书中均无此种处理，并且前述行文也在日后被优西比乌所全面承袭，作为了《教会史》中关于耶稣诞生事迹的史实。[⑤]

还比如在叙述施洗约翰的传道事迹时，路加准确指出事迹发生在“恺撒提庇留在位第十五年，本丢彼拉多作犹太巡抚，希律作加利利分封的王，他兄弟腓力作以土利亚和特拉可尼地方分封的王，吕撒聂作亚比利尼分封的王，亚那和该亚法做大祭司，那时，撒迦利亚的儿子约翰在旷野里，神的话临到他”。[⑥]与之相比较，《马太福音》中只是使用了一个“那时”的时间背景就开始叙述：“那时，有施洗的约翰出来，在犹太的旷野，传道”。[⑦]至于《马可福音》与《约翰福音》中，则根本没有提及约翰开始传道的具体时间。[⑧]

① 《圣经·新约·路加福音》1：1—4。
② 《圣经·新约·路加福音》1：5。
③ 《圣经·新约·路加福音》2：1。
④ 《圣经·新约·路加福音》2：2。
⑤ 参阅优西比乌：《教会史》，第34、35页。
⑥ 《圣经·新约·路加福音》3：1—2。
⑦ 《圣经·新约·马太福音》3：1。
⑧ 参阅《圣经·新约·马可福音》1：3—4；《圣经·新约·约翰福音》1：19。

从上述引征分析中可以看出，《路加福音》确实有一种将早期基督教相对神秘的事迹，置于公众所熟知的罗马“历史”中的叙事特征。这也表明，路加确实做出了某种他自己所明言的“详细考察”，因为如前所述，路加已经交代过他的写作资料来源主要是当时“好些人”所写的福音性质文书，以及许多“传道的人”的口头传授。而基督教作为一个最初在犹太人中兴起的宗教派别，路加所接触的这些书面与口头资料也自然是最早由犹太人所创作，并在犹太人中流行的，因而很难想象它们中会夹杂如此详尽的对同期罗马历史背景的关注。

所以，当路加以一个“外邦人”的信徒身份，又试图将基督教教义首先特定地推广到“提阿非罗”这位罗马大人时，路加在其叙事中所表现出的注重历史时序，并有意整理添加相关罗马历史事件作为叙事背景的“历史”化叙事特征，就应该可说理所当然也符合其本来的写作意图。并且事实上，我们通过比较，也的确看到其他三本福音书中并没有路加这种“从起头都详细考察”的“历史”叙事特征。某种意义上，这也使得日后优西比乌在写作其《教会史》时，将《路加福音》作为了“确实”无疑并且值得全面采信的第一手历史资料。

（二）《使徒行传》

1. 关于《使徒行传》的成书年代与资料来源

作为《路加福音》的后书，在《使徒行传》的开端路加就明言：“提阿非罗啊，我已经作了前书，论到耶稣开头一切所行所教训的”，[①]这句话不仅点明了路加曾写作过“前书”——《路加福音》，并且也表明《使徒行传》同样是写给“提阿非罗”的，故而也有着与《路加福音》一脉相承的写作意图。

因此，如果说《路加福音》乃是以耶稣的传道为主线，那么《使徒行传》则聚焦于耶稣复活升天之后，以使徒彼得与保罗等为代表的早期基督教教会（或者说是早期教会组织雏形）的传道与发展。而在前面的讨论中我们

① 《圣经·新约·使徒行传》1：1。

已经知晓，路加曾经亲身参与了保罗的传道历程，并且《使徒行传》也终止于保罗“第一次”在罗马的被软禁。所以，现代学者梅琴据此推断：“《使徒行传》的成书时间大约是在公元63年”，[①]当然他也指出，这不是一个确定的答案，“《使徒行传》也可能成书于保罗后期，比如说在公元80年左右”。[②]

也由于路加对保罗传道的亲身参与，促成《使徒行传》的写作资料来源发生了一个重大的变化，那就是相比于《路加福音》中所有耶稣事迹都源于他人的书写与口传，《使徒行传》中的不少内容则系路加所亲历。随后，我们就集中讨论一下这本承接《路加福音》的《使徒行传》，其中所展现出的某些早期基督教史学特征。

2.《使徒行传》中的基督教史学初始构型特征

（1）极强的“见证”意味

或许正因为路加对《使徒行传》中部分叙事的亲历体验，《使徒行传》便展现出我们随之将讨论的第一个值得注意的叙事特征，也即它在行文中极强的“见证”意味。

然而根据路加的行文，这种“见证”首先还是来自耶稣在升天前对其信徒的要求，在《使徒行传》第1章第8节，耶稣自己就对信徒讲明，日后“圣灵”将降临在众信徒身上并使他们得到能力，去在全世界做耶稣的“见证”。随后《使徒行传》也指出，秉承耶稣的要求，早期教会的传道活动，很大程度上就是去为耶稣的传道、受难与复活等事迹做出“见证”。

比如彼得就曾在布道中对当时百姓明说：“你们杀了那生命的主，神却叫他从死里复活了。我们都是为这事作见证”；[③]而且当时早期教会内部重要职位的委任，也主要是为给耶稣做出“见证”。如《使徒行传》曾描写在耶稣离世后，彼得等人集会决定再选举出一位信徒担任使徒，来代替背叛了耶稣的犹大，其主要理由就是：“必须从那常与我们作伴的人中，立一位与我们同

---

① 梅琴：《新约文献与历史导论》，第38页。

② 同上。

③ 《圣经·新约·使徒行传》3：15。

作耶稣复活的见证”；[1]再如保罗也曾讲明，他之所以能够皈依基督并担任教会的重要职位，就是因为耶稣曾在其神秘体验中授意保罗：“你起来站着，我特意向你显现，要派你作执事，作见证，将你所看见的事和我将要指示你的事证明出来”。[2]

并且在早期教会看来，为耶稣做出“见证”不仅是使徒们的任务，更也是他们的能力与荣耀，《使徒行传》就对此指明：“使徒大有能力、见证主耶稣复活，众人也都蒙大恩”；[3]而彼得甚至在讲道中将“见证”定义为神的预选，乃是使徒们的特权：“不是显现给众人看，乃是显现给神预先所拣选为他作见证的人看，就是我们这些在他从死里复活以后和他同吃同喝的人。他吩咐我们传道给众人，证明他是神所立定的，要作审判活人死人的主。”[4]因此完全可以断言，为耶稣做出“见证”并在传道中为之证明，这既是耶稣对信徒的要求，也是早期教会及其领袖的重要使命与权能。

理所当然地，早期教会（主要是使徒们）的“见证”使命，无疑得到了路加的全面信奉，否则他也不会在《使徒行传》中如此地广为强调与宣扬。尤其作为保罗传道的伴随者，路加自己也见证了早期使徒与教会的事迹，可以说得上是“见证”者的见证者。因此也就不难理解，当路加在《使徒行传》中进入到对保罗传道的描述时，为何其叙事笔触一反之前的宏观概述，而进入到极为详尽甚至细腻的陈述之中。

路加可说极为重视保罗传道中的种种细节，各个名目繁多的地点与人物都一一记载，保罗所涉的争讼事端也详细记录，甚至就连保罗从恺撒利亚去罗马的海上航程，路加竟也花了差不多一章半的篇幅加以详述。[5]可以说，正是路加的如此处理，使得《使徒行传》在强调与宣扬了早期基督教教会及使徒对耶稣的“见证”使命与权能之后，又以路加的在场亲历者身份，“见证”了早期基督教“见证者”们的事迹，因而凸显出《使徒行传》在叙事上的极强“见证”意味。

---

① 《圣经·新约·使徒行传》3：15。
② 《圣经·新约·使徒行传》26：16。
③ 《圣经·新约·使徒行传》4：33。
④ 《圣经·新约·使徒行传》10：41—42。
⑤ 参阅《圣经·新约·使徒行传》27：1—28：14。

至此，路加也就以丰富而确凿的自我“见证”，承接了之前对他人书面与口传资料的“详细考察”，进一步证明其“所学之道是确实的”。相对于日后优西比乌“为了记录下足够的证据来证明神的判断”[①]而撰述的《教会史》，那么这本富有极强“见证”意味的《使徒行传》，的确就是早期基督教史学发展上一个不容忽视的前导与实践。

（2）全面的“预表叙事”风格

并且《使徒行传》的“见证”意味，还蕴含了文本的另一重要指向，也即“见证”所有关于耶稣传道、受难与复活等神迹的“预言”。如在《使徒行传》所载保罗对亚基帕王的申诉中，保罗就曾如此言说：

> 然而我蒙神的帮助，直到今日还站得住，对着尊贵、卑贱、老幼作见证。所讲的并不外乎众先知和摩西所说将来必成的事，就是基督必须受害，并且因从死里复活，要首先把光明的道传给百姓和外邦人。[②]

《使徒行传》在此明晰地以保罗言辞揭示出，早期基督教会及使徒们所做的“见证”，不外乎是证明众先知关于耶稣的种种基督教宗教信仰“预言”。

长期以来，西方学界曾以专有名词“预表解经法”，[③]指称早期基督徒以先知“预言”来解释耶稣及早期教会事迹的解经方法，但顾名思义，该术语主要适用于解经学等神学研究领域。而在前述分析中，我们业已阐明，作为基督教教内较早的史学实践，《路加福音》中已经存在着极强的“预言叙事”风格。且在随后的史学史发展中，早期基督教史学理论家提阿菲罗斯[④]更曾

---

① Eusebius, *The Ecclesiastical History*, Vol. 2, with an English Translation by J. E. L. Oulton, Cambridge, Massachusetts: Harvard University Press, reprinted 2000, p. 257.

② 《圣经 · 新约 · 使徒行传》26：22—23。

③ “预表解经”（typological interpretation），是指早期基督徒“在《旧约》出现的事物、对象和观念中，找出神所默示的预表（即模式或象征），预言神在未来历史中的作为。它的假设是先前的事物 / 对象 / 观念，将会在以后重复出现。”参见克莱恩等：《基督教释经学》，尹妙珍等译，上海人民出版社，2011年，第41页。另可参阅E. A. Livingstones, *The Concise Oxford Dictionary of the Christian Church,* p. 524。

④ 参见拙文《提阿菲罗斯在〈致奥托莱库斯〉中的史学阐释理论体系》，载《世界宗教研究》，2012年第4期，第108—116页。

明确要求，基督徒应该以“预言”来叙述历史。[①]因而在此，我们不妨比照“预表解经法”的指称，将早期基督教史学中这种以《旧约》先知“预言”来阐释耶稣事迹及早期教会相关事件的叙事方法，称为“预表叙事法”。

实际上，作为《路加福音》的“后书”——《使徒行传》，其叙事内容已经进入到耶稣复活升天之后，早期教会及使徒们的传道事迹。故而正如前述保罗在申辩中所言，《使徒行传》中的早期教众，已经开始以其“见证”来证明与阐释关于耶稣的诸多先知“预言”。于是在《使徒行传》中，也就相应地大量刊载了诸如彼得、司提反、保罗等早期教众的此种“预表叙事”性阐释言论。而且整本《使徒行传》所见证的历史，很大程度上就是由先知们早已“预言”过的："基督必须受害，并且因从死里复活，要首先把光明的道传给百姓和外邦人"[②]的早期基督教历史。这些都促使了《使徒行传》展现出全面的“预表叙事”特征。

这种“预表叙事”是如此全面，甚至就连犹大对耶稣的背叛，以及犹大自身的悲惨下场，也都被叙述为早已由先知于《旧约》中做出过“预言”。如《使徒行传》第1章，便记载了彼得对犹大的如下“预表”阐释：

> 弟兄们，圣灵借大卫的口，在圣经上预言领人捉拿耶稣的犹大。这话是必须应验的。他本来列在我们数中，并且在使徒的职任上得了一分。这人用他作恶的工价，买了一块田，以后身子仆倒，肚腹崩裂，肠子都流出来。住在耶路撒冷的众人都知道这事，所以按着他们那里的话，给那块田起名叫亚革大马，就是血田的意思。因为诗篇上写着说："愿他的住处，变为荒场，无人在内居住"，又说："愿别人得他的职分。"[③]

在这里，彼得不单将犹大背叛耶稣阐释为早有先知大卫借“圣灵”启示

① Theophilus of Antioch, *Ad Autolycum* (*To Autolycus*), Text and Translation by Robert M. Grant, Oxford: Oxford University Press, 1970, p. 83.

② 《圣经·新约·使徒行传》26：22—23。

③ 《圣经·新约·使徒行传》1：16—20。

所"预言"，更以《旧约·诗篇》中的"愿他们的住处变为荒场；愿他们的帐棚无人居住"[①]以及"愿他的年日短少,愿别人得他的职分"[②]这两段经文，作为了犹大死后他的田地荒芜，他的职位被人顶替等事件的"预表"。而《使徒行传》对此的全面记叙，无疑也表明了叙事者对此"预表"阐释的深刻认同。当然《使徒行传》更也全面记录了彼得在耶路撒冷，于耶稣复活事迹发生后的传道中所大量使用的"预表"阐释。[③]在此段行文中，犹太先知约珥、[④]大卫[⑤]都被阐释为曾经"预言"了耶稣的事迹。

再如在《使徒行传》对基督教早期殉道者司提反的记述中，则花费超过一整章的篇幅，详尽记录了司提反在被捕后的当众申诉。[⑥]这一大段言辞基本可以看作是司提反关于犹太人历史的简略回顾，他从犹太人祖先亚伯拉罕一直讲到了耶稣（"义者"[⑦]）。其中也特意将犹太先知摩西在《申命记》中的预言："耶和华你的神要从你们弟兄中间，给你兴起一位先知像我，你们要听从他"，[⑧]解释为是对耶稣的"预表"。[⑨]

至于曾与路加朝夕相处的保罗，则更表现出全面彻底以"预表"来解释耶稣及相关事迹的特点，比如《使徒行传》记载中保罗的初次长篇讲道，就富含了对耶稣及相关事件的预表阐释，不仅耶稣的受难"正应了先知的预言"，[⑩]"成就了经上指着他所记的一切话"；[⑪]而且使徒们当时所传播的"好消息"（福音），"就是那应许祖宗的话"；[⑫]传道者还以《旧约·诗篇》中的语句"你是我（神）的儿子，我今日生你"，[⑬]以及《旧约·以赛亚书》中的"我（神）必与你们立永约，就是应许大卫那可靠的恩典"，[⑭]连同《旧约·诗篇》

① 《圣经·旧约·诗篇》69：25。
② 《圣经·旧约·诗篇》109：8。
③ 《圣经·新约·使徒行传》2：14—36。
④ 此处"预表"参阅《圣经·旧约·约珥书》2：28—32。
⑤ 此处"预表"参阅《圣经·旧约·诗篇》16：8—11，以及《圣经·旧约·诗篇》110：1。
⑥ 《圣经·新约·使徒行传》7：2—8：60。
⑦ 《圣经·新约·使徒行传》7：52。
⑧ 《圣经·旧约·申命记》18：15。
⑨ 《圣经·新约·使徒行传》7：37。
⑩ 《圣经·新约·使徒行传》13：27。
⑪ 《圣经·新约·使徒行传》13：29。
⑫ 《圣经·新约·使徒行传》13：32。
⑬ 《圣经·旧约·诗篇》2：7。
⑭ 《圣经·旧约·以赛亚书》55：3。

中“你（神）必不叫你的圣者见朽坏”，[1]来综合阐释了耶稣是神的儿子，是神叫耶稣“从死里复活，不再归于朽坏”。[2]

尤其值得注意的是，根据《使徒行传》的记载，保罗在到达罗马后也曾试图向犹太人宣讲基督教“福音”，但并没有取得理想的效果，《使徒行传》对此记载如下：

> 他们彼此不合，就散了。未散以先，保罗说了一句话，说：圣灵借先知以赛亚向你们祖宗所说的话是不错的。他说：“你去告诉这百姓说，你们听是要听见，却不明白；看是要看见，却不晓得。因为这百姓油蒙了心，耳朵发沉，眼睛闭着；恐怕眼睛看见，耳朵听见，心里明白，回转过来，我就医治他们。”所以你们当知道，神这救恩如今传给外邦人，他们也必听受。[3]

此处不难得见，保罗正是摘引《旧约·以赛亚书》中第6章第9、10节的语句，作为“预言”来“预表解释”了当时犹太人不听从其教诲，他因此转向外邦人传道并获得信从的现实经历。这不仅清楚地表明保罗已经开始以“预表解释”来理解他的此生遭遇；更表明《使徒行传》通过对此的叙述，也认同与展现出其对早期教会与使徒遭遇的“预表叙事”特征。

（3）始终在场的隐含主角：“圣灵”

在前文对《使徒行传》中“见证”意味以及“预表叙事”等特征的探析中，我们能发现《使徒行传》中还隐含了一位角色：“圣灵”。

比如前述彼得对犹大“预表”阐释中，他就点明了乃是“圣灵借大卫的口，在圣经上预言领人捉拿耶稣的犹大。这话是必须应验的”；[4]再比如《使徒行传》在叙述殉道者司提反的大段“预表”申诉前，也特意指出“司提反是以智慧和圣灵说话，众人敌挡不住”；[5]又比如在《使徒行传》末尾，保罗

① 《圣经·旧约·诗篇》16：10。
② 参阅《圣经·新约·使徒行传》13：33—35。
③ 参阅《圣经·新约·使徒行传》28：25—28。
④ 《圣经·新约·使徒行传》1：16。
⑤ 《圣经·新约·使徒行传》6：10。

对那些犹太人所言的“预表”，也指明是由“圣灵”所直接主导：“圣灵藉先知以赛亚向你们祖宗所说的话是不错的”。[①]

并且，这个隐含角色“圣灵”不只主导了这些“预表”言说，更主导了早期教徒的所有“见证”。

前文中我们曾提到，保罗明讲他“对着尊贵、卑贱、老幼作见证”，[②]不外乎是“证明”众先知关于耶稣的预言，实际上《使徒行传》也交代过“圣灵”早已经充满保罗：“扫罗又名保罗，被圣灵充满”；[③]而彼得更在讲道中直接揭示，“圣灵”与早期教徒们一起为耶稣的受难与复活等事迹做出“见证”：“我们为这事作见证，神赐给顺从之人的圣灵也为这事作见证。”[④]

因此这个“圣灵”，其实更是《使徒行传》中一个始终在场的隐含主角，它既主导了各种关于耶稣的“预表”，也主导了早期使徒与教会对于耶稣的“见证”。事实上，这一隐含主角的存在，于《使徒行传》中早由耶稣对其信众的临别嘱咐所预设：“但圣灵降临在你们身上，你们就必得着能力；并要在耶路撒冷、犹太全地和撒玛利亚，直到地极，作我的见证。”[⑤]也正是响应耶稣的这一要求，《使徒行传》就将彼得、司提反、保罗等早期教徒与教会教众，归于这个始终在场的隐含主角“圣灵”的统辖之下。

于是，“圣灵”就告别了它在《路加福音》中的隐含线索作用，而在《路加福音》的后书《使徒行传》中，代替耶稣担当起了“隐含的”主角，以便凭借其超验神力来帮助文本去增强其说服力。至此，我们也借由对《使徒行传》中的“见证”意味、“预表叙事”、隐含的“圣灵”主角等特征的分析，把握到了《使徒行传》所内含的总体叙事框架：即“圣灵”降临在信众身上，去“见证”耶稣以及随后教会与教众的所有“预表”。

并且作为隐含主角，“圣灵”在《使徒行传》的叙事中还展现出许多重要的特点。比如相对于《路加福音》中将“圣灵”叙述为“形状仿佛鸽

① 《圣经·新约·使徒行传》28：25。
② 《圣经·新约·使徒行传》26：22。
③ 《圣经·新约·使徒行传》13：9。
④ 《圣经·新约·使徒行传》5：32。
⑤ 《圣经·新约·使徒行传》1：8。

子”，[1]那么在《使徒行传》中则增加了“圣灵”像火焰般的舌头的叙述，使得原本抽象的“圣灵”概念进一步具象化，增加了对部分信众的说服力。

对此《使徒行传》有如下的生动叙述：

> 五旬节到了，门徒都聚集在一处。忽然从天上有响声下来，好像一阵大风吹过，充满了他们所坐的屋子；又有舌头如火焰显现出来，分开落在他们（门徒们）各人头上。他们就都被圣灵充满，按着圣灵所赐的口才，说起别国的话来。[2]

同时在《使徒行传》中，“圣灵”有时候还会作为实际角色来直接参与文本中的叙事发展，从而进一步使得“圣灵”具象化。比如《使徒行传》在记载腓利劝说一个太监皈依基督教的故事中，就有圣灵登场直接指导现实情节发展的处理：“圣灵对腓利说：‘你去贴近那车走。’”[3]又在记载保罗传道事迹时，关于保罗传道的路线，“圣灵”也有直接的参与：“到了每西亚的边界，他们（保罗等人）想要往庇推尼去，耶稣的灵却不许。”[4]甚至在叙述保罗前往耶路撒冷受苦经历时，《使徒行传》也叙述了“圣灵”曾经降临在门徒身上，试图阻止他但却没有起到效果，“他们（门徒们）被圣灵感动，对保罗说：‘不要上耶路撒冷去。’”[5]

透过这种种对“圣灵”的具象化处理，尤其是“圣灵”直接参与早期教众传道经历的叙述，《使徒行传》就既符合耶稣意愿地体现了“圣灵”对教众们的始终伴随，更也为原本极其抽象的“圣灵”在现实历史中争取到了一个“确实”的位置。

（4）《使徒行传》对日后基督教史学的其他重要影响

除开前文所分析的几个主要特征，《使徒行传》也还在许多方面为后世

---

① 《圣经·新约·路加福音》3：28—32。

② 《圣经·新约·使徒行传》8：29。另外，这种由“圣灵”降临而促使各人能讲说其他国家/民族语言的观念，对西方语言学发展历史也可谓意义重大，现代哲学家海德格尔还曾特意摘引此段经文来指明这是西方历史上的“圣经语言观”。参阅海德格尔：《在通向语言的途中》，孙周兴译，商务印书馆，2008年，第197页。

③ 《圣经·新约·使徒行传》8：29。

④ 《圣经·新约·使徒行传》16：7。

⑤ 《圣经·新约·使徒行传》21：4。

基督教史学展现与保留了不容忽视的史学思想与历史资料，并带来了如下几个值得注意的重要影响。

比如路加极为关注并详尽记录了早期基督教"使徒"们的种种相关，事实上，《使徒行传》并非路加所命名而是后世的称呼，但这也侧面说明了《使徒行传》对于"使徒"的重视。路加曾在其行文中非常详尽地叙述了早期基督教教会组织对于"使徒"职位的推选程序；[①]并曾多次地强调了早期使徒所行的"奇事、神迹"，[②]以及他们所享有的特殊权能：诸如见证耶稣受难与复活、[③]通过"按手"让"圣灵"降临于信众；[④]还曾详细记载了早期使徒通过"按手"来拣选管理日常事务的门徒。[⑤]这在某种意义上可以认为是启发了日后基督教史学对于"使徒统绪"的特殊重视。

再比如《使徒行传》中大量着墨于司提反被捕殉道的事迹，[⑥]也开启了日后基督教史学对于"殉道者"事迹的特别关注。同时，《使徒行传》中还记录了大量早期使徒及教会针对邪派异端所进行的斗争，比如彼得对"行邪术"的西门的驳斥与劝勉、[⑦]保罗使"行法术的以吕马"瞎眼的争端[⑧]等，甚至还记录了士基瓦的儿子们假冒保罗所奉耶稣之名赶鬼而最终被鬼所伤的事件。[⑨]这些，也都可以看作是日后基督教史学注重基督教与异端之间争斗叙事的肇源。

并且《使徒行传》也还可说是一部关于早期教会事迹的纪录文书，它有着对早期教会历史较全面的记载。路加笔端所触，不仅有诸如早期教会的内部礼仪、组织形式、经济分配，以及早期各地教会的建立等，还大量书写了早期教会关于在外邦人中传道的争论，以及随后在外邦人中的传道情况。而这些叙事，都对日后基督教教会史的书写有着思路开拓与史实刊载的关键作

① 《圣经·新约·使徒行传》1：15—26。
② 《圣经·新约·使徒行传》2：43、5：12。
③ 《圣经·新约·使徒行传》4：33。
④ 《圣经·新约·使徒行传》8：17。
⑤ 《圣经·新约·使徒行传》6：2—8。
⑥ 《圣经·新约·使徒行传》6：8—8：54。
⑦ 《圣经·新约·使徒行传》8：9—24。
⑧ 《圣经·新约·使徒行传》13：8—11。
⑨ 《圣经·新约·使徒行传》19：13—17。

用。前述西方权威学者认为《使徒行传》是"《新约》中唯一公认的史书"[①]的看法，虽然有其偏颇之处，但也可谓充分肯定了《使徒行传》在早期基督教史学中的重要地位。

* * *

前已指出，近现代西方学界对路加的"历史学家"地位颇具争议。但路加却从未自诩为一位"历史学家"，甚至，他就连自己的名字也没有在《路加福音》与《使徒行传》这两部作品中注明。因此，对于这样一个连自我姓名都无意"载于史册"的人物来说，过多地纠结于他的身后史学家地位多少有违其初衷。

然而对研究早期基督教史学而言，路加的谦逊与隐匿，却绝不意味研究者可以轻视或者回避他的文本，因为如前所示，正是路加写作的《路加福音》与《使徒行传》，构成了早期基督教史学发展中的关键开端。相对于耶稣在总体历史观念上为后世基督徒们提供指引。路加，则在具体的历史写作中尝试着去回答了应该如何记述耶稣、使徒以及早期教会的事迹。也因为此，本文认为路加实现了基督教史学的初始构型。

（肖超，内蒙古大学历史与旅游文化学院讲师）

① J. W. 汤普森：《历史著作史》，上卷，第一分册，第179页。

1427年佛罗伦萨“卡塔斯托”税制改革：背景、争论及其内涵*

陈　勇

摘要：15世纪20年代，佛罗伦萨政府的财政赤字与民众不断加重的税收负担加剧了原有税收体制的矛盾，迫使政府不得不实施“卡塔斯托”改革。围绕税改，佛罗伦萨各阶层展开了激烈的论辩，形成了以里纳尔多和以乔万尼为首的阿尔比齐党与美第奇党。党派争论的源头看似属于因税改而引发的经济问题，实际也反映了佛罗伦萨传统政治势力与“新人”阶层之间的矛盾，暴露了寡头制政府决策权的高度集中与表决权的极度分散之间不可克服的矛盾，为我们提供了一把理解文艺复兴时期佛罗伦萨政治生态的钥匙。

关键词：卡塔斯托　税制改革　佛罗伦萨

“Catasto”源自希腊语“kata-stikhos”，意为“目录”或“明细表”。[①]“卡塔斯托”税制，指“以纳税人自己呈递的申报表为基础，统计他们的资产与负债情况，最终确定每位纳税人的应税财产，并以此作为参数，用以征收政

---

* 本文为2016年国家社会科学基金青年项目“‘商人—银行家’与文艺复兴时期佛罗伦萨的社会过渡问题研究”（项目编号：16CSS027）项目研究成果。

① David Herlihy and Christiane Klapisch-Zuber, *Tuscans and their Families, a study of the Florence Catasto of 1427*, Yale University Press, 1985, p.9.

府所要求的强制借款税”。[①]国内有学者将其翻译为“财产申报税制”“财产税”，因为“它是一种以佛罗伦萨公民拥有资财的详细申报单为依据而征收的新税”。[②]

“卡塔斯托”税制实施期间，佛罗伦萨政府编订了大量税收申报表。这些报表数量众多、内容丰富，涉及佛罗伦萨的城市人口、财富分配、社会各阶层的经济地位以及农产品价格等多方面的信息，自然成为历史研究的重要资料。[③]最早接触“卡塔斯托”申报表的是艺术史家，其目的是通过“卡塔斯托”申报表，获取一些知名艺术家的资料。[④]“二战”以后，随着经济史研究的兴起，“卡塔斯托”申报表的经济特性逐渐受到经济史家的重视。雷蒙德·德·鲁弗（Raymond de Roover）的研究就是其中的典型代表。他利用“卡塔斯托”申报表研究美第奇家族的财富状况。[⑤]不过，由于申报表的内容过于丰富，同时又受到研究手段的限制，早期经济史家还无法做到对“卡塔斯托”申报表进行全面系统的分析研究。20世纪60年代和70年代，随着计算机技术的日渐普及，对“卡塔斯托”申报表的系统研究逐渐成为可能。埃利奥·孔蒂（Elio Conti）以“卡塔斯托”税表为基础，考察了佛罗伦萨农村及其属地“卡塔斯托”税制的实施情况；[⑥]大卫·赫利希（David Herlihy）与克里斯提阿内（Christiane Klapisch-Zuber）两人合作，利用最新的计算机技术，在对大量“卡塔斯托”税表进行归档、整理的基础之上，系统研究了税

---

① Elio Conti, *L'imposta diretta a Firenze nel quattrocento*, Roma: Istituto Storico Italiano per il Medio Evo, 1984, p.91.

② 坚尼·布鲁克尔：《文艺复兴时期的佛罗伦萨》，朱龙华译，生活·读书·新知三联书店，1985年，第71页。

③ 早期的研究大多以文献的整理与出版为主导，这方面的代表作品包括：Pagnini, *Della decima e di varie altre gravezze imposte dal Comune di Firenze, della moneta e della mercatura de' Fiorentini, fino al secolo XVI*, Lisbono e Lucca, 1765. P. Berti, “Nuovi documenti intorno al catasto fiorentino”, in *Giornale storico degli archivi toscani*, Ⅳ (1880); Otto Karmin, *La legge del Catsto fiorentino del 1427*, Firenze: Seeber, 1906.

④ G. Gaye-G. Milanesi ed., *Carteggio inedito d'artisti dei secoli XIV, XV, XVI*, Florence, 1839–1840; G. Pini ed., *La scrittura di artisti italiani*, Florence, 1876, Ⅰ.

⑤ Raymond de Roover, *The Rise and Decline of the Medici Bank, 1397–1494*, Harvard University Press, 1963, pp.21–31.

⑥ Elio Conti, *I catasti agrari della Repubblica fiorentina e il catasto particellare toscano* (sec.14–19), La formazione della struttura agraria moderna, Vol. 3, parte 1, sez. 1: Le fonti. Istituto storico italiano per il Medioevo, Roma: 1966.

表所反映的佛罗伦萨城市人口、财富以及婚姻状况。[①]与此同时，申报表丰富的历史内涵也引起社会史家的关注。坚尼·布鲁克尔（Gene Brucker）根据纳税人提供的免税申请书，利用申请书里的这些“声音”，分析不同社会阶层所关注问题的广度与深度，借此来研究15世纪佛罗伦萨市民阶层的社会心态。[②]

上述这些研究均可视为对“卡塔斯托”税收申报表的衍生研究，其存在的共同问题是忽视了对税改事件自身的关注。1427年的“卡塔斯托”税改既是经济事件，同时也是政治事件。围绕“卡塔斯托”税改，佛罗伦萨寡头统治集团内部及其他社会阶层中间均出现了意见分歧。这些分歧对于我们理解15世纪初佛罗伦萨的政治与社会生态具有重要参考价值。因而，本文拟从税改的背景、围绕税改展开的争论、税改的过程及其内涵四个层面着手，以税改作为切入点，以期系统呈现15世纪初佛罗伦萨的政治与社会生态。

一、“卡塔斯托”税制改革的背景

15世纪20年代的佛罗伦萨，战争连绵不断，[③]政府财政压力和民众的税收负担因而长期居高不下，这无疑是卡塔斯托税改得以实施的直接原因。同时代历史学家布鲁尼评价：“税收频繁征缴，税额高得离谱，城里的居民沦为赤贫，国库几乎被耗光殆尽。”[④]这些并非夸大之词。据学者推算，1347年，政府的财政赤字为45万佛罗琳；1380年，赤字翻了一番，约为100万佛罗琳。[⑤]1415年，攀升到300万佛罗琳；1427年，税改前夕，赤字更是高达

① David Herlihy and Christiane Klapisch-Zuber, *Tuscans and their Families*, 1985.

② Gene Brucker, “Florentine Voices from the Catasto, 1427–1480”, in *I Tatti Studies in the Italian Renaissance*, Vol.5, 1993, pp.11–32.

③ 1424—1428年，佛罗伦萨与米兰公爵之间爆发战争；1428—1429年，佛罗伦萨出兵镇压属地沃尔泰拉的反叛；1429—1433年，佛罗伦萨为征服卢卡而发动战争。参见J. R. Hale, *Florence and the Medici: the Pattern of Control*, Phoenix Press, 1977, p.20。马基雅维里：《佛罗伦萨史》，李活译，商务印书馆，2005年，第181—214页。

④ Leonardo Bruni, *History of the Florentine People*, Vol. 3, James Hankins ed. and trans., Harvard University Press, 2007, p.373.

⑤ Antohny Molho, *Florentine Public Finances in the Early Renaissance, 1400–1433*, Harvard University Press, 1971, p.20.

400万佛罗琳。[①]

其次，与1390年代的战争不同，[②]在15世纪20年代的战争中，佛罗伦萨属于失败的一方。经过与米兰之间的长期战争，1428年4月，佛罗伦萨、威尼斯与米兰缔结和约。根据和约，佛罗伦萨在付出了惨重的损失以后，结果只是收复了数个军事据点。获利最大的是威尼斯，后者成功地把自己的疆界扩展到布雷西亚。[③]对此，马基雅维里评论说，“在这次战争中，佛罗伦萨共支出军费350万佛罗琳，使威尼斯的领土和威力大为扩张，给自己城邦带来的却只是贫困和分裂”。[④]战争的失败使得寡头制政府面临严峻统治危机。民众把统治寡头视为战争的真正发动者，把战争失利的责任完全归咎于政府。民众的不满尤其集中于税收问题，他们不仅抱怨捐税过重，而且还普遍认为政府花费如此之巨，目的却仅是为了满足大人物的野心。因而，迫于形势压力，统治寡头不得不在税收问题上向民众做出让步。

长期、持续的财政赤字对政府税收体制形成巨大压力。在这些压力面前，现有税收体制的矛盾逐渐暴露出来。首要的矛盾在于，传统税源无法有效解决政府财政赤字问题。“卡塔斯托”实施以前，政府税源主要有三项：第一，直接税，它以土地财富为基础，征收对象为佛罗伦萨乡村地区与附属城市；第二，间接税，即消费税和商品进出口税。它以工商业为基础，征收对象为城市居民。第三，强制借款（prestito forzoso），征收对象主要是佛罗伦萨市民，偶尔也针对僧侣和附属城市的市民。[⑤]

面对持续的财政压力，实践证明，三种税源都满足不了政府的需求。就直接税而言，安东尼·莫尔霍的研究指出，14世纪末15世纪初，佛罗伦萨属

---

① Richard A. Goldthwaite, *The Economy of Renaissance Florence*, The Johns Hopkins University Press, 2009, p.498.

② 经过1390年代的战争，米兰的威胁消除。在失去米兰的庇护之后，1406年，佛罗伦萨顺利攻占比萨，政府的威望得到大幅度提升。

③ Ferdinand Schevill, *Medieval and Renaissance Florence*, Vol. 2, New York, 1961, pp.349−350.

④ 马基雅维里：《佛罗伦萨史》，第197页。

⑤ Anthony Molho, *Florentine Public Finances in the Early Renaissance*, p.22.

地进入经济衰退期：人口减少[①]、财富总额缩水。[②]与此相对，佛罗伦萨政府对属地的经济压榨却日益强化。[③]莫尔霍因而指出，属地的税收不能满足佛罗伦萨政府增加财政收入的需要。[④]佛罗伦萨乡村地区也同样面临经济衰退的窘境。1350—1415年，从佛罗伦萨近郊四个区的资料来看，由于经济衰退，各个区所分摊到的税款也在不断减少。

表1　1350—1415年佛罗伦萨近郊四个区分摊税款情况[⑤]

年份/地名	坎皮（Campi）	法尼亚（Fagna）	尼波扎诺（Nipozzano）	塞尔沃勒（Selvole）	总数（单位：里拉）
1350	381	118	86	15	600
1357	383	98	67	20	568
1365	156	57	33	14	260
1373	122	53	31	12	218
1384	82	54	28	15	179
1394	81	53	（？）	5½	139½
1402	82	36	43	7	168
1415	77	30	28	3	138

随着佛罗伦萨工商业的发展，至14世纪初，间接税逐渐取代直接税，成为政府收入的主要来源。据统计，1338年，间接税占到了政府收入的四分之

① 14世纪30年代，佛罗伦萨属地的总人口约为15万至20万人。1429年，人口下降至12万左右。总体而言，1330—1430年期间，佛罗伦萨属地的人口减少了近三分之一。Anthony Molho, *Florentine Public Finances in the Early Renaissance*, pp.25-26.

② 1404年，属地财富总额为330.0358万佛罗琳；1414年，236.2522万佛罗琳；1428年，168.1500万佛罗琳，相较1404年缩水二分之一。Anthony Molho, *Florentine Public Finances in the Early Renaissance*, pp.26-27. 另据学者估计，14世纪末，乡村地区的直接税收入大约2.5万镑；1425年8月，直接税下降至2.5万镑。参见David Herlihy and Chritiane Klapisch-Zuber, *Tusacans and their Families*, p.2。

③ 1330年，属地的税金总额约为7.5万佛罗林。14世纪末，税金的绝对数额上升明显。1392年，9.7万佛罗琳；1399—1400年，略有下降，约为8.5万佛罗琳；1409年，12.5万佛罗琳；15世纪10年代，税金总额徘徊在12.5万佛罗琳与13.5万佛罗琳之间。总体而言，14世纪末15世纪初，属地居民每年上缴的税款约为1330年代的两倍。Anthony Molho, *Florentine Public Finances in the Early Renaissance*, pp.28-29.

④ Ibid., pp.30-46.

⑤ Elio Conti, *I catasti agrari della repubblica fiorentina e il catasto particellare toscano*, p.6.

三。[①]但是，间接税的特质并不适合战时财政的需要。间接税主要为消费税及商品进出口税，其增长取决于城市的经济状况：在城市经济繁荣发展的时期，商品往来频繁，居民消费需求旺盛，间接税自然呈增长趋势。反之，则会导致间接税的下降。战时，间接税的弊端暴露无遗。一方面，为应对财政压力与增加税收，佛罗伦萨政府时常罔顾经济规律，通过行政命令的手段，人为提高间接税的税率。[②]政府的这种做法无异于竭泽而渔。高额的间接税实际对城市经济的发展有害，从长远看，并不利于增加税收。另一方面，战争使得商贸往来的连续性遭到破坏，与此相关的商品往来税也深受其害。以城门税、盐税、合同税和酒零售税这四种间接税为例：1403年与1404年，四种税收的总额分别为22.1579万佛罗琳和20.5541万佛罗琳。1409年，佛罗伦萨与那不勒斯之间的战争爆发以后，税收骤然下降至20万佛罗琳。同样的情况在15世纪20年代再度发生。1423年，受佛罗伦萨与米兰战争的影响，间接税直线下降：1424年，15.9044万佛罗琳；1426年，13.7210万佛罗琳。因而，莫尔霍认为，在佛罗伦萨财政需求最迫切的时刻，政府的直接税与间接税收益都不能满足需要。[③]

于是，在直接税与间接税之外，政府开始诉诸第三条渠道，即向市民借钱，通常被称为强制借款。此系统实施于14世纪早期，1340年代中期得到完善：政府宣布将公民的所有债务都归于统一基金名下，称为“政府公债”（Monte Comune），承诺向市民支付5%的年息，同时允许政府债券在市场上自由流通。[④]此举被认为是佛罗伦萨政府“公债”市场确立的标志。[⑤]为吸引投资者，政府还采取了许多激励措施。1362年，鉴于5%

① David Herlihy and Christiane Klapisch-Zuber, *Tuscans and their Families*, p.2.

② 14世纪下半叶，间接税的税率一直在增长。例如，14世纪20年代，每奥尔乔（Orcio）橄榄油需要纳税3索里迪；14世纪下半叶，税率增长为15索里迪。14世纪30年代，每头肉猪纳税6索里迪；14世纪50年代，税率上升为60索里迪。1320年，每克诺（Cogno）酒需要纳税10索里迪；14世纪50年代，上升为60索里迪。参见John M. Najemy, *A History of Florence, 1200–1575*, Blackwell Publishing, 2006, pp.119–120。1424—1425年，佛罗伦萨与米兰战争期间，政府将城门税的税率提高了3.7%。参见David Herlihy and Christiane Klapisch-Zuber, *Tuscans and their Families*, p.3。

③ Anthony Molho, *Florentine Public Finances in the Early Renaissance*, pp.50–53.

④ Raymond de Roover, *The Rise and Decline of the Medici Bank*, p.22.

⑤ 关于公债市场确立的具体时间，学者之间存在分歧。雷蒙德·鲁弗倾向于14世纪40年代；戴维·赫尔琳等人则倾向于1345年。参见David Herlihy and Christiane Klapisch-Zuper, *Tuscans and their Families*, p.3。

的利息回报太低，许多大商人不愿意借款给政府，因而，一位名叫皮埃罗·迪·格里弗（Piero di ser Grifo）的公证人向政府提出建议，对于那些愿意向政府提供借款的市民，每提供一笔借款，在做记录的时候，以实际借款的三倍数额记入账册。这样，在不违背5%利息规定的大前提下，每笔借款都可以拿到15%的回报。新创立的政府“公债”因而被称为“三比一借款”（dell’uno tre）。[①]在此基础上，政府后来又创立了“二比一借款”。政府“公债”的市场化也使得投资者一般都能都得到15%至20%的利润回报。[②]在这些措施的激励之下，自14世纪70年代开始，政府公债投资因为收益稳定，回报率高，深受佛罗伦萨人的追捧，政府也因此成功筹措大量资金。

然而，繁荣的背后也潜藏着危机。14世纪下半叶，随着公债数额的不断攀升，[③]政府延期支付利息的情况经常出现，这使得政府公债的信誉严重受损。受此影响，债券的市场价值持续下跌：1427年，债券的市场价值下跌为面值的60%；1431年，下跌为35%；1458年，更是低至20%。[④]另外，14世纪80年代，庶民阶层发动政变，控制政府。新政府建立不久，庶民的减税请愿以及对寡头政府财政体制的批评之声就开始充斥各大议事会。至1380年12月，政府最终决定实施改革。新法案规定，废除以前政府“公债”里的“三比一借款”与“二比一借款”；从此以后，“公债”利息一律不得超过5%。[⑤]此举一经实施，政府公债的收益率大幅下跌，再加上不断贬值的风险，实际上使得公债投资逐渐变得无利可图。至14世纪80年代和90年代，强制借款逐渐被佛罗伦萨市民视为一种不受欢迎的投资方式，他们不愿意向政府提供借款。1381—1406年，佛罗伦萨圣乔万尼区强制借款的支付情况很清晰地反映了这一发展趋势。数据表明，到期未付或拒绝支付的纳税人数字呈明显上涨趋势（见表2）。

---

① 参见Ferdinand Schevill, *Medieval and Renaissance Florence*, p.281; Raymond de Roover, *The Rise and Decline of the Medici Bank*, pp.22–23。

② Gene A. Brucker, *Florentine Politics and Society, 1343–1378*, Princeton University Press, 1962, p.20.

③ 1380年，政府公债多达100万佛罗琳，约为初创时的两倍。Anthony Molho, *Florentine Public Finances in the Early Renaissance*, p.65.

④ Raymond de Roover, *The Rise and Decline of the Medici Bank*, p.22.

⑤ Ferdinand Schevill, *Medieval and Renaissance Florence*, pp.281–282.

表2 1381—1406年圣乔万尼区强制借款支付情况表[①]

时　间	家庭总数	全额支付	未支付
1381	791	397	93
1384	587	200	107
1390	796	253	不详
1395	708	182	174
1397	837	127	342
1399	1201	63	743
1402	1304	51	860
1404	838	98	不详
1406	601	95	不详

在巨大财政压力之下，不仅传统税源无法满足需求，而且税收体制中的一些弊端也逐渐凸显出来，进一步助长了民众要求改革的呼声。这些弊端主要表现为：首先，税收分配方案中的贫富不均现象。经历近百年的共和政体，尤其是经历三次平民政府的统治以后，民众不仅要求与显贵阶层分享政治权力，而且这种平等的观念还进一步渗透到经济层面，即要求政府根据每个人的经历能力征税，公平税收的观念由此形成。但在传统税收体制之下，税收的主要负担者是平民而非富人，明显有违公平税收的原则。间接税是此时期佛罗伦萨税收的主要来源，它以消费税与商品进出口税为基础。就消费税而言，穷人与富人实际承担着同样的税收负担，穷人的负担甚至更重：因为穷人每购买一份生活必需品，必须交纳与富人一样的消费税。而且，富人因为在乡村地区拥有地产，他们还可以通过在乡村别墅消费的方式来规避城里的消费税。[②]因而，有学者指出："间接税本质上是一种递减税，负担主要落在穷人和工匠身上。"[③]正因为此，每当战争爆发、政府决定征收新税时，民众的抱怨声总是不绝于耳。[④]

其次，应税财产的评估方法缺乏客观标准，全凭税官的主观判断，税收的

① Anthony Molho, *Florentine Public Finances in the Early Renaissance*, pp.67–68.

② 坚尼·布鲁克尔：《文艺复兴时期的佛罗伦萨》，第185页。

③ John M. Najemy, *A History of Florence*, p.119.

④ 1423年，佛罗伦萨与米兰之间的战争爆发，政府决定增收新税，此举引发民众的普遍不满。马基雅维里评论说，"由于社会底层增加的负担比上层阶级重，因而全城怨声载道，纷纷谴责大人物的野心和贪欲"。参见马基雅维里：《佛罗伦萨史》，第182页。

公正性广受质疑。在强制借款的征收方面，佛罗伦萨是以行政区为单位，[①]参照各区的富裕程度，摊派数额不等的税收。在各行政区内部，成立九名成员组成的估税委员会。每名成员都按照自己的标准，分别估算区内每个家庭的应税财产。在这些数据中，扣除三个最高值与三个最低值，然后再取剩余三份的平均值，是为最终的应税财产。这种估税方法由于简单、快捷、花费少，广受政府的欢迎。但是，它的劣势也很明显：评估是以个人的主观意见为主，而且委员会很容易受到权贵的操纵，成为他们保护自己，帮助朋友，打击敌人的工具。[②]

佛罗伦萨政治与社会生活中普遍存在的党派、家族、商业联系以及贿赂等现象，使得税收评估工作的公正性愈发广受质疑。实际上，佛罗伦萨社会的每一位成员，无论是什么社会背景和财产等级，都千方百计地设法与估税委员会的成员拉关系，走后门，尽最大努力争取少交税。“1395年，兰弗律迪诺从费拉拉给儿子奥尔西略写信说，他已打听到摊派税额将要复核，‘我已经写信给乔万尼和诺弗里奥·德·罗西，以及雅各波·地·色尔·福尔乔、路卡·代勒·卡尔伐尼和乔凡尼·兰弗律迪尼……请求他们把我的税额尽可能减少……’1409年，多纳托·阿奇亚约利写信给里恰尔多·代勒·本尼说，‘我刚才获悉你是负责减免公债的委员之一’。阿奇亚约利强调了他们两家由来已久的亲密友谊，又提到他本人的穷困，然后就请求把他评定的公债数目减少一半。”[③]

二、围绕“卡塔斯托”税改的争论

“卡塔斯托”税制的正式实施虽然始于1427年，但有关“卡塔斯托”税改的呼声最早却可以追溯到1402年。[④]不过，14世纪初期，税改只是议会讨

---

① 15世纪的佛罗伦萨共划分为四个区，分别为圣斯皮里托（S. Spirito）、圣克罗切（S. Croce）、圣玛利亚·诺韦拉（S. Maria Novella），以及圣乔万尼（S. Giovanni）四个区。

② David Herlihy and Christiane Klapisch-Zuber, *Tuscans and their Families*, p.4.

③ 竖尼·布鲁克尔：《文艺复兴时期的佛罗伦萨》，第197页。

④ 1402年7月14日，在一次政府例行会议上，马泰奥·迪·尼科洛·德利·斯特罗奇（Matteo di Niccolò degli Strozzi）建议政府“为市民的财产编订卡塔斯托表，让每个人都能够按照自己的能力纳税”。参见Elio Conti, *L'imposta diretta a Firenze nel quattrocento*, pp.116-117。不过，也有学者持不同意见，如安东尼·莫尔霍(Anthony Molho)认为卡塔斯托税改最早可以追溯到1424年3月24日。参见Anthony Molho, *Florentine Public Finances in the Early Renaissance*, p.77。

论中偶然出现的议题。随着政府财政压力的持续紧张以及民众对税制不满的加剧，有关“卡塔斯托”税改的讨论逐渐由偶然的、次要的问题发展成为经常性与主体性的问题。围绕税收问题，政府多次召开“咨议会”[①]，征询各方面意见，在此基础上反复提交议事会讨论。[②]在历次讨论会中，1422年8月6日和7日召开的“咨议会”对我们的研究尤为重要，原因是当时的政治环境相对宽松，论辩的双方都能够以比较客观的态度来全面分析和认识“卡塔斯托”税改的优点与不足。在这次会议上，公开发言赞成实施“卡塔斯托”税制的与会人员共有14人，能够确定身份者包括三名律师、一名骑士、一位银行家和一名商人。律师佛朗切斯科·迪·洛伦佐·马基雅维里（Francesco di Lorenzo Machiavelli）的发言颇具代表性，他说道:“为实现市民的和平与团结，应该成立专门机构，负责调查所有市民的财产，实施‘卡塔斯托’税制。这样，我们将不再需要颁行‘强制借款’税或其他税制。未来的财政收益将会比目前的税制要大得多。市民中间也将不再有不公平的事情发生，所有人都会敬畏我们的权势。”[③]银行家阿韦拉尔多·迪·佛朗切斯科·德·美第奇（Averardo di Francesco de'Medici）发言说:“我建议实施‘卡塔斯托’税制，……威尼斯人他们就是这样做的，他们的政府已经统治了900年时间。正如他们所做的一样，我们也应该这样做。我们不应该因为该项制度是从威尼斯人那里借鉴来的而感到耻辱。”[④]从上述这些发言里，我们可以总结出，“卡塔斯托”税制的提倡者主要基于以下三点理由：第一，“卡塔斯托”税制的实施有助于消除不公正现象，从而实现和平与团结。第二，有助于增加政府税收。第三，威尼斯共和国一直采用“卡塔斯托”税制，而威尼斯又向来以政治稳定著称，因而值得佛罗伦萨学习。

反对者共有九人，能够确定身份者包括四名银行家，一位丝绸商人和两名商人。丝绸商人乔万尼·迪·安德烈·米内尔贝提（Giovanni di Andrea

① 咨议会，原名为“Consiglio dei richiesti”，即“受招者参加的会议”，其并不属于佛罗伦萨常规性的政治制度。每当国家面临重大决策问题时，领主团(Signoria)及其两大顾问委员会通常都会召开咨议会，其成员由领主团及其顾问团根据自身意愿挑选，参加者通常都是国内那些政治经验丰富、具有很高个人威望的上层市民。

② 即民众议事会（Consiglio del Popolo）与公社议事会（Consiglio del Comune）。按照惯例，政府提案必须同时获得民众议事会与公社议事会超过三分之二的投票才能成为法律。

③ Elio Conti, *L'imposta diretta a Firenze nel quattrocento*, p.120.

④ Ibid., p.121.

Minerbetti）的发言言简意赅，他说“我们的城市建立在商业的基础之上：如果实施‘卡塔斯托’税制的话，那些拥有现金的人就会把钱转移走，城市的贸易活动势必因此而削弱。”①银行家尼科洛·迪·多纳托·巴尔巴多罗（Niccolò di Donato Barbadoro）的发言则更加激进，他说“如果人们对不动产征税的话，势必降低不动产的价值。这样，对于那些拥有不动产的人以及那些拥有现金的人来说，这样做有失公平。（我们商人）没有了借来的钱，我们就不能经商。我们承受了异常沉重的负担而又耗时甚久的战争：商人的商铺拯救了我们的城市。现在，我们的商业甚至扩展到了东方的国家。没有我们的钱，我们是不能从事这些活动的。……如果实施‘卡塔斯托’税制的话，商人的经营活动势必缩水，这将会摧毁整个城市。当人们谈论引入新税时，他们从未把现金也包括在征税范围。威尼斯人从来不用借来的钱从事商业。……‘卡塔斯托’税制的实施将会毁掉穷人，而非富人。”②因而，总的来看，反对者不赞同实施“卡塔斯托”税改的理由集中于对现金征税这一点上。在他们看来，佛罗伦萨以商业立国，流动资金是佛罗伦萨商业繁荣的基础；对现金征税势必导致现金缩水；商人为规避税收，甚至会把现金转移到国外；另外，有些商人做生意的资金实际是借来的，对这些钱征税并不公平。

总体而言，在1422年8月6日至7日召开的咨议会上，参与发言的市民共73位。其中，有36位属于1427年卡塔斯托税收报表里的500首富。这些市民当中，6人明确支持“卡塔斯托”税改，12人表示反对，另有11人只是把“卡塔斯托”税改视为一种可能的选项，最后7名市民的发言模糊其词，没有表明观点。③

1422年8月的咨议会之后，政府最终决定搁置争议。随后，有关“卡塔斯托”税改的提案逐渐淡出公众视野。在1422年9月与1423年1月的咨议会里，个别与会者重提税改，但应者寥寥。④形势的转变始于1423年5月，时值

① Elio Conti, *L'imposta diretta a Firenze nel quattrocento*, pp.119–125.

② Ibid., p.122.

③ Ibid., p.124.

④ 两份议案的提案者均为前述律师佛朗切斯科·迪·洛伦佐·马基雅维里。参见Elio Conti, *L'imposta diretta a Firenze nel quattrocento*, pp.124–125。

佛罗伦萨陷入与米兰公爵菲利波·玛利亚·维斯孔蒂的战争，政府财政压力骤然紧张。有关“卡塔斯托”税改的呼声再度充斥各大议事会。至1425年，“卡塔斯托”税改俨然已成为历次议事会讨论的主题。1425年11月15日、16日、21日，12月5日、10日和21日，政府多次向民众议事会与公社议事会提交“卡塔斯托”法案，均遭议事会否决。佛罗伦萨政府面临两难处境：一方面，战事吃紧，政府财政持续紧张；另一方面，新的税改法案却一再遭到否决，政府迟迟拿不出解决问题的方案。民众的不满与日俱增，要求实施“卡塔斯托”税改的呼声日益高涨。至1427年3月7日，政府召开新一轮咨议会讨论税改问题时，反对者没有一个敢于发言，因为大家都知道绝大部分民众都急切盼望新税法能获得通过。此次会议共有24名代表发言，13名发言者明确表示支持，7名发言者有些态度谨慎，有些则提出了一些保留意见，另有4人没有表明自己的立场。①

1427年5月12日，政府召集新一轮“咨议会”。此时，在佛罗伦萨，卡塔斯托已经发展成为人们街谈巷议的热门话题，但此次咨议会还是因为分歧较大，未能取得一致意见。至此，有关“卡塔斯托”税改的争论已经持续了数年时间，公众早已经厌倦了这些争论。最终，迫于民众与形势的压力，1427年5月22日，“卡塔斯托”税改法案最终获得民众议事会的通过，但遇到的阻力仍然不小：144票赞成、70票反对。1427年5月23日，法案提交公社议事会讨论，遭到否决；第二天，即1427年5月24日，法案再次提交公社议事会，最终以117票赞成，58票反对，比三分之二多数票多出一票的结果通过了“卡塔斯托”税法。②

在所有支持与反对的声音中，寡头制政府的核心人物——里纳尔多·德利·阿尔比齐（Rinaldo degli Albizzi）及其主要反对者——乔万尼·迪·比奇·德·美第奇（Giovanni di Bicci de'Medici）两人的态度至关重要。同时代的编年史家卡瓦尔坎蒂（Cavalcanti）记载说，“卡塔斯托”税改引起许多大人物的不快，但乔万尼·德·美第奇除外，所有人都认为他是推动“卡塔斯

① Elio Conti, *L'imposta diretta a Firenze nel quattrocento*, p.131.

② Ibid., pp.131-136.

托”税改的第一人。[①]稍后的马基雅维里也记载说，“由于这项新税法对有钱有势的人们抽的税很重，于是他们就竭尽全力阻止它变成正式法律。只有乔万尼·德·美第奇一个人公开表示支持，于是这项法律就在他的支持下通过了。”[②]在两位历史学家的影响之下，很长一段时间里，人们都偏向于认为身为平民领袖的乔万尼·德·美第奇是税改的坚定支持者，而寡头制政府的核心人物——阿尔比齐则站在反对改革的一边。[③]但是，19世纪末，学者P. 拜尔蒂（P. Berti）在对“咨询与实施”（Consulte e Pratiche）卷宗——领主团及辅助班子讨论法案的详细记录——进行一番仔细研究后发现，事实与两位历史学家的描述恰恰相反：大部分寡头政府的支持者，包括阿尔比齐在内都对税改持积极支持的态度，反倒是乔万尼一直持否定态度。[④]

不过，在对待税改的问题上，阿尔比齐的态度并非一成不变。在1422年8月7日的发言里，阿尔比齐虽然表态支持“卡塔斯托”税改，但他同时还表示，其他更好、效果更佳的税改方案也应该纳入考虑的范围。“如果‘卡塔斯托’税制的效果更佳，更能实现团结一致的话，那我们就实施‘卡塔斯托’税制。但反过来，如果‘强制借款’税的效果更佳的话，那我们就应该实施‘强制借款’税。总之，不管是什么征税方法，只要被证明是效果最佳的，那我们就实施哪种方法。”[⑤]

1423年5月，佛罗伦萨与米兰的战争爆发，政府财政因此空前紧张。面对紧迫的财政危机，阿尔比齐的态度开始松动，逐渐向支持税改的一方靠拢。1425年2月，为解决财政危机，政府决定颁行新税法。阿尔比齐不无担忧地表示：“贫困迫使许多市民无钱支付税款……值得担忧的是，一旦新的分配方案公之于众，势必引发很多抱怨之声。”[⑥]1425年2月19日，政府召开咨议会，阿尔比齐的态度发生了一百八十度的大转变。会上，阿尔比齐发言说：“人们都在谈论威尼斯人所采用的‘卡塔斯托’税制。……‘卡塔斯托’

① Giovanni Cavalcanti, *Istorie Fiorentine*, Firenze, 1838, p.198.

② 马基雅维里：《佛罗伦萨史》，第194—195页。

③ Ferdinand Schevill, *Medieval and Renaissance Florence*, p.345.

④ P.Berti, Nuovi documenti intorno al catasto fiorentino. 转引自Dale Kent, *The Rise of the Medici: Faction in Florence, 1426–1434*, Oxford University Press, 1978, p.6。

⑤ Elio Conti, *L'imposta diretta a Firenze nel quattrocento*, pp.119–120.

⑥ Ibid., p.126.

税的征收公平公正，在征收过程中，不会犯下不公正的罪过……”[①]在1427年3月7日召开的咨议会上，阿尔比齐的态度变得更加明确，他宣称消弭民众不满的唯一方式就是实施“卡塔斯托”税制。对于“卡塔斯托”税制实施以后政府的财政收入情况，阿尔比齐也持非常乐观的态度，他估算到，“政府‘公债’里的存款是明白无误的。有人说，如果对这些公债征收哪怕是1%的税，收入就会达到3万佛罗琳。市民的其他收入是公债的两倍。现金的数额虽然不能确定，但短时间内，正如一些人所说，通过行会或其他方式，我们就可以弄清楚现金的数额……在威尼斯，现金税达到4万佛罗琳；在我们佛罗伦萨，现金税将达到8万佛罗琳，甚至更多。”[②]毫无疑问，阿尔比齐的会议发言表明，他之所以转而支持“卡塔斯托”税改，主要是基于两点理由：第一，平息民众对政府的不满。第二，期望通过“卡塔斯托”税改，增加政府的财政收入，以应对财政危机。

在所有反对者者，乔万尼·德·美第奇的态度无疑最具代表性。1425年11月，政府连续向议事会提出多项征税法案，主旨是把新的“强制借款税”法案与“卡塔斯托税改”法案捆绑在一起，共同提交议事会讨论。1425年11月23日，乔万尼·德·美第奇在会议发言里明确表示赞同实施新的“强制借款税”法案，因为这样做是必需的；但是，对“卡塔斯托”税改法案，他却未置一词。[③]1427年3月7日，在政府召开的“咨议会”上，如前所述，阿尔比齐慷慨陈词，积极赞同实施税改，同时对税改实施以后政府的财政收益情况进行了非常积极的预测。当轮到乔万尼·德·美第奇发言时，他用明显嘲讽的口吻说，“卡塔斯托”税制实施以后，能否达到阿尔比齐所声称的数额，尚需要进一步核实。如果真是那样的话，听从阿尔比齐的建议还是很有助益的。“但是，在没有显示出有任何确定结果的情况下，人们应该特别谨慎，为的是确保城市不致处于危险之中。”1427年5月12日的咨议会，民众要求进行税改的呼声达于顶峰，政府压力异常沉重。即便是在这样的情况下，乔万尼·德·美第奇仍对“卡塔斯托税”改持怀疑态度，“很多人都劝说实施‘卡

① Elio Conti, *L'imposta diretta a Firenze nel quattrocento*, pp.126–127.

② Ibid., p.132.

③ Ibid., p.128.

塔斯托’税制，一些人则质疑说，‘卡塔斯托’税制可能并不能带来其他人所声称和演示的结果……实际上，他也不知道‘卡塔斯托’税制能够带来这些结果，但是，既然其他市民强烈呼吁实施‘卡塔斯托’税制，那么他只好顺从他们的意见。”[①]由此可见，在对待税改的问题上，美第奇家族对税改的效果始终持怀疑态度，因而刻意保持着距离，因而，美第奇家族并非税改的支持者。

三、“卡塔斯托”税制

总体而言，“卡塔斯托”税改以公平税收作为指导原则。所谓公平税收，意指每位公民必须按照自身的经济能力纳税。不过，如欲真正实现公平税收，前提在于政府必须确证每位公民真实的财产状况。财产核查因此自然成为税改工作的核心，决定税改的成败与否。于是，在税改法案通过之后，政府立即成立由十名成员组成的“卡塔斯托十人委员会”（Dieci del Catasto）负责财产调查工作。法律规定，十名委员之中，八人必须来自大行会；两人来自小行会，而且还不能来自同一个城区；[②]年龄须在30岁以上，每月工资8佛罗琳。另外，鉴于巨大的财政压力，政府要求他们必须在一年内完成所有调查工作，否则处以1000佛罗琳的罚款。1427年5月28日，第一批官员开始履职。原计划任期一年，后来因为任务繁重，他们不得不向政府申请延期，任期持续到1428年6月底。此后至1434年，每届官员的任期都严格限制在一年时间，即从每年的7月1日到第二年的6月30日。[③]总体而言，自1427年卡塔斯托税制实施以来至1495年税改方案最终遭废止，伴随着“卡塔斯托”税制的间歇性回归，期间共进行了十次财产调查，它们分别为1427年、1431年、1433年、1442年、1447年、1451年、1458年、1469年、1480年 和1495年。[④]

---

① Elio Conti, *L'imposta diretta a Firenze nel quattrocento*, pp.132–135.

② Otto Karmin, *La legge del Catasto fiorentino del 1427*, p.14.

③ David Herlihy and Christiane Klapisch-Zuber, *Tuscans and their Families*, pp.10–11.

④ 每次核查，税制的名称与应税财产的构成都不一样：后来的七次核查中，只有1458年和1469年的核查仍然沿用“卡塔斯托”的名称，应税财产包括动产与不动产。其他五次核查，名称都不一样，而且应税财产只包括不动产。参见 Elio Conti, *I catasti agrari della Repubblica fiorentina e il catasto particellare toscano*, p.23。

在所有这些财产调查工作当中，1427年、1431年和1433年进行的三次财产调查工作最为完整和细致。后来的一些财产调查，大多局限在不动产，而且调查工作粗枝大叶，因而在资料的丰富性与内容的准确性方面都要逊色于前三次调查。①

面对如此艰巨的任务，“十人委员会”明显无法独立承担。因而委员会成立以后，立即着手寻找办公地点、雇佣人手的工作。1427年7月1日，“十人委员会”租下达维齐宫（Davizi）作为办公地点。1427年9月，聘请洛伦佐·迪·帕拉·迪·诺弗里·斯特罗奇（Lorenzo di Palla di Nofri Strozzi）担任司库。另外，他们还雇用了大量专业技术人员，如会计、估算员、律师、公证人等协助完成调查工作。雇佣期限一般为两个月，雇佣人数不等，视调查工作的轻重缓急而定。例如，1429年6月，因急于完成佛罗伦萨乡村以及比萨地区的财产调查工作，十人委员会共雇用了78名书记员。②

在一切准备工作就绪以后，“十人委员会”正式开始进行调查工作。一般而言，财产调查需要遵循固定程序。首要的步骤是收集居民提交的税收申报表。然后由文书负责核查申报表，检查报表的真实性，调查针对纳税人的所有指控，改正其中的一些文句错误，然后誊抄到“样本册”（campioni）里。在此基础上，文书再对这些账簿进行系统的计算，确定征税的税额，最后将这些数额和纳税人的名字写进总账（sommarii）。

为方便调查，委员会根据佛罗伦萨居民成分的构成情况，将调查对象划分为六大板块，即：1. 市民（cittadini），即那些享有公民权，长期居住在佛罗伦萨的城市市民；2. 宗教团体（religiosi），即基督教团体、慈善机构、在俗兄弟会以及僧侣的财产等；3. 乡村居民（contadini），即居住在佛罗伦萨乡村地区的居民，同时也包括那些居住在城市里，但没有取得佛罗伦萨市民权的居民；4. 佛罗伦萨属地（distrettuali），即附属城市及其乡村地区的居民；5. 外国人（forestieri），即其他国家的属民以及一些享有特权的团体；6. 行会（arti），即手工匠人的团体及其直接管辖下的财产。③

① Elio Conti, *I catasti agrari della Repubblica fiorentina e il catasto particellare toscano*, p.24.

② David Herlihy and Christiane Klapisch-Zuber, *Tuscans and their Families*, p.21.

③ Elio Conti, *I catasti agrari della Repubblica fiorentina e il catasto particellare toscano*, p.22.

首先进行的是佛罗伦萨城市居民的财产调查工作。1427年6月底7月初，调查工作正式展开。1428年6月30日，调查工作完成。其他五个板块的调查工作相对较为困难，耗费时间也比较长。1428年7月，十人委员会开始展开对佛罗伦萨乡村地区的财产核查工作，1429年6月30日调查工作结束。1428年7月30日，对属地的财产调查工作开始启动。但由于各属地的情况存在差异，调查工作的步调也因此并不一致。1429年6月30日，对比萨的调查工作顺利完成。1429年7月，除沃尔泰拉之外，大部分属地的调查工作完成。前者的调查工作直至1430年6月30日才完成。对行会的财产调查工作，大概在1429年6月30日之前完成。其他团体，如外国人与僧侣，由于他们属于免税的对象，因而政府只要求他们提交财产申报表，但并未对其予以核查。①

调查以家庭作为最基本的单位。②根据法律规定，每位佛罗伦萨市民都有义务向卡塔斯托官员呈交税收申报表，表中需要详细记载个人的全部财产及其家庭成员的情况，如性别、年龄、健康状况等。凡是那些拒绝提供税收申报表者或弄虚作假者，一经发现，政府当即宣布其失去法律保护。隐藏的财产一经发现，一半充公。③政府希望通过这些严厉的惩罚措施，迫使每一位公民都能够诚实公正地提交个人的资产状况表。

技术层面而言，委员会面临的最繁重，同时也是最苦困难的工作在于财产核查。由于新税法首次将不动产也纳入征税范围，这进一步增加了财产核查工作的难度。总的来说，纳税人的财产结构主要分为两块，即不动产和动产。不动产包括土地、房屋、家具等。这部分财产看得见也摸得着，不容易隐藏，因而核查工作相对比较容易。相比之下，动产成分则较为复杂。由于佛罗伦萨属于典型的工商业城市，居民中经商者甚众，财富形式多种多样，动产占据了其中很大一部分比例。总体而言，动产包括投资资本、当前库存、持有的公债股票、借出去的钱以及欠别人的钱等。由于动产具有流动不定的性质，因而对核查工作的技术要求很高，也是核查工作中最困难的

---

① David Herlihy and Christiane Klapisch-Zuber, *Tuscans and their Families*, pp.22–25.

② 与当代“核心家庭”概念不同，“卡塔斯托”税表里的家庭概念更加广泛：在直系亲属以外，另外还包括仆人、学徒等所有依附于家主的依附者。

③ David Herlihy and Christiane Klapisch-Zuber, *Tuscans and their Families*, pp.17–18.

地方。

对于不动产的调查，主要是土地，十人委员会要求纳税人以耕地上种植的作物为单位，如粮食产地、葡萄园、橄榄园等，呈交税收申报表。申报表里需要详细写明土地所在的地点、所属的行政区、土地的边界、附属建筑物、耕种者的名字、运营资本、家畜数量、租种的方式以及年度收入等信息。但是，由于税收申报表均由纳税人自己提供，同时又由于每个人受教育水平以及书写习惯的不一样，结果导致收集上来的申报表，在内容与格式方面往往千差万别，缺乏统一性。[①]调查委员会需要在这些资料的基础上，根据土地的租金或地产收入来确定其应税价值。按照当时通行的标准，农业用地的租金一般相当于土地总收成的一半。因而，土地所有者实际上只需要对其一半的收成负纳税责任。委员会因而要求纳税人提供详细的清单，写明自己近三年来的租金或地产收入。为进一步将地产收入换算成货币，官员还制作出详细的农作物价格表，把每一种农作物通常的市场价格列入其中，便于换算。[②]

对于动产的调查相对较为复杂。所有动产之中，对纳税人所持政府公债股份的调查相对较为容易，理由是有关这部分财产的资料，原本就掌握在政府手中，民众无从隐瞒。1427年评估时，公债的市场价值是按照其面值的50%来换算的。[③]对其他动产的核查则相对较为复杂。其他动产主要包括货币、私人或商业贷款以及库存的商品。对这部分财产的调查主要采取两种方式：第一，查账本。调查人员可以要求商人提供公司的分类账。在商人的申报表中，通常都附有这些账本的抄件，以此来证明自己的诚实无欺。如果商人涉嫌欺诈，“卡塔斯托”官员会立即提起诉讼，并获准进入商人家中进行搜查，对象包括隐藏的现金、商品、食物以及账册等。在此基础上，进一步核查商人提交的申报表。第二，对比借贷双方各自提交的税收申报表。很多时候，纳税人都会以欠账作为借口，申请少缴税或免税。面对这种情况，1430年的一则法律规定，那些“置于债务人减税项目的数额必须同时出现在

① Elio Conti, *I catasti agrari della Repubblica fiorentina e il catasto particellare toscano*, pp.24–25.

② David Herlihy and Christiane Klapisch-Zuber, *Tuscans and their Families*, pp.14–15.

③ Ibid., pp.15–16.

债权人的资产项目当中"。[①]实践证明，这两项举措对于佛罗伦萨城市居民而言比较有效。因为佛罗伦萨大商人都非常重视记账。他们参加各种各样的合伙公司，动产一般都不容易隐藏。

核查工作结束之后，接下来进行的工作是确定纳税人的应税财产与税额。所谓"应税财产"并非纳税人的全部资产，而是指纳税人在扣除债务、每位家庭成员每人每年200佛罗琳的基本生活费用之后，剩余的那部分财产，"资产与债务之间的差额即为应税财产"。[②]政府认为这些财产有可能被纳税人用于投资盈利，因而也被称为"可赢利资产"。根据法律规定，纳税人居住的房屋，日常生活中使用的家具和工具，耕地用的牲畜，雇佣耕牛队翻耕土地的花销等都属于免税的范围。除此之外，佛罗伦萨还借鉴威尼斯的传统，在全部应税财产的基础上，扣除每位家庭成员每人每年200佛罗琳的基本生活开支。[③]在此基础上，最终计算出纳税人的应税财产。至于税率，各个地区并不统一。佛罗伦萨市区，税率为应税财产的0.5%；佛罗伦萨属地比萨，税率为0.25%；佛罗伦萨乡村地区，税率为0.19%。[④]另外，与威尼斯不同的地方在于，佛罗伦萨政府规定，每一位成年男子每年需要交纳数额不等的人头税：在佛罗伦萨，凡是年龄在18—60岁的男子，每人每年需要交纳2—6索里迪的金币；在佛罗伦萨属地，年龄在15—70岁的男子，每人每年需要交纳4索里迪的银币。[⑤]

四、"卡塔斯托"税改的社会、政治内涵

综上所述，与以往税制不同，"卡塔斯托"税改的新颖之处主要体现在两个方面：第一，动产首次纳入征税范围。第二，核定税额的主体发生了转变：在旧体制下，税收评估委员会负责估算与确定纳税人的税额；改革以后，由纳税人自己呈交税收申报表，申明自身财产状况，然后再由"卡塔斯托"

① David Herlihy and Christiane Klapisch-Zuber, *Tuscans and their Families*, p.16.

② Ibid., p.17.

③ Otto Karmin, *La legge del Catasto fiorentino del 1427*, p.27.

④ David Herlihy and Christiane Klapisch-Zuber, *Tuscans and their Families*, p.18.

⑤ Ibid., pp.18–19.

官员负责核查，最后确定税额。[①]因而，与过去相比，税改极大限制了征税过程中税官的主观能动性，使得应税财产的评估工作更加客观、公正，确实意味着佛罗伦萨政府在公平、公正方面的巨大进步；[②]同时，由于对现金等动产征税以及每人每年200佛罗琳的免税举措，在“卡塔斯托”税制之下，富人确实负担了比过去要沉重的赋税，一定程度上实现了公平税收的原则。[③]

因而，从社会阶层的角度而言，中下层民众实际是税改的“受益方”，自然应归入税改的支持者阵营；佛罗伦萨的富裕市民则因为税改而负担加重，实际是税改的“受害方”，理应归入税改的反对者阵营。不过，从前述有关“卡塔斯托”税改的争论来看，实际情况远比人们的设想复杂。首先，与人们对1382—1433年寡头制政府的一般认知不同，颇具民主化色彩的“卡塔斯托”税改却是在寡头制政府的核心人物——里纳尔多·阿尔比齐等人的支持下实施的。其次，佛罗伦萨的富裕市民并非铁板一块：在对待税改的问题上，出现了支持税改的阿尔比齐派与反对改革的乔万尼·德·美第奇派。最后，下层民众的利益诉求也呈现多元化的趋势：作为中下层民众利益代表的民众议事会与公社议事会多次否决税改提案，反而成为税改决策过程中的最大障碍。

关于寡头制政府与“卡塔斯托”税改之间的关系，费迪南德·谢维尔（Ferdinand Schevill）认为，税改是寡头制政府为了巩固自身统治而不得已做出的自我牺牲之举。同时，新税改虽然结束了富人迄今为止所享受的许多优惠，但它却保留了强制借款体系；由于政府通过这种方式征收上来的“税金”，原则上都要支付利息，因而实际代表着富人的利益，是对他们的另一

① Francesco Bettarini, *I fiorentini all'estero ed il catasto del 1427: frodi, elusion, ipercorrettismi*, Annali di Storia di Firenze, Ⅵ, 2011, p.37.

② 当然，后世学者的研究表明，所谓的公平、公正也仅只是相对意义上的公平公正，因为随着税改的实施，佛罗伦萨人逐渐发现了许多规避与欺骗手段，如造假账、向国外转移资产等，以图达到少交税，甚至不交税的目的。参见Francesco Bettarini, *I fiorentini all'estero ed il catasto del 1427: frodi, elusion, ipercorrettismi*, pp.37–64。

③ 据卡瓦尔坎蒂记载，“卡塔斯托”税制实施以前，尼科诺·达·乌扎诺交纳的强制借款税从未超过16佛罗琳；卡塔斯托税制实施以后，尼科诺的税款涨到了250佛罗琳。参见Giovanni Cavalcanti, *Istorie Fiorentine*, p.214。后世学者的研究也表明，“卡塔斯托”税制实施以后，尼科洛的负担比过去增加了：1403年，尼科诺和他的兄弟阿尼奥洛两人一共交纳强制借款税20佛罗琳；“卡塔斯托”税制实施以后，尼科诺一个人交纳的税款就达到232佛罗琳。参见John M. Najemy, *A History of Florence*, p.258。

种补偿。[①]阿尔比齐的咨议会发言进一步证明了谢维尔的观点。在佛罗伦萨尚未卷入战争、财政运转良好的时候，阿尔比齐始终避免在税改问题上表态；但当佛罗伦萨因为战争而面临巨额财政赤字，政府急需征收新税以应对燃眉之急的时刻，他也不得不做出“自我牺牲”，态度转变，开始明确表态支持税改。

1427年的“卡塔斯托”税改并不仅仅只是一个经济事件，同时也是一个政治事件。同时代的历史学家，如卡瓦尔坎蒂与马基雅维里，均把围绕税改而产生的分裂视为阿尔比齐党与美第奇党正式形成的标志，因而赋予税改以非同寻常的政治内涵。[②]按照两位历史学家的解释逻辑，阿尔比齐党的联合是因为税改损害了他们的经济利益。反之，平民阶层则因为税改遭到寡头分子的反对，转而投靠乔万尼·德·美第奇，组成美第奇党，希望凭借乔万尼的力量对抗寡头分子，最终实现公平征税与参政议政的双重目的。

但如前所述，历史资料证明，实际情况与两位历史学家的描述正好相反：阿尔比齐实际是税改的支持者，乔万尼·德·美第奇恰恰是税改的反对者。这意味着卡瓦尔坎蒂与马基雅维里有关阿尔比齐党与美第奇党形成原因的解释逻辑缺乏事实基础：阿尔比齐党并没有因为反对税改而与平民为敌；而平民之所以转向乔万尼·德·美第奇也并非因为后者支持税改。

学者尼古拉·奥托卡尔（Nicola Ottokar）的研究表明，简单的阶层分析方法并不适合用来解释佛罗伦萨的政治事件，因为历史表明，几乎所有政治事件其实都发生在同一个阶层的内部。[③]戴尔·肯特的研究也证实，15世纪初期，佛罗伦萨统治阶层中间的政治冲突虽然呈现明显的党派特征，但与今天的党派冲突不同，佛罗伦萨的党派冲突并非发端于执政理念方面的不同，而是源自不同个体试图控制政府而引发的冲突；维系党派的纽带因而带有更多的个人色彩：亲属与邻里关系、联姻、相互间的业务往来以及友谊等，均可以成为党派联系的基础。党派成员的身份构成因此复杂化，每个党派都含

---

① Ferdinand Schevill, *Medieval and Renaissance Florence*, pp.345-346.

② Giovanni Cavalcanti, *Istorie Fiorentine*, p.45；马基雅维里：《佛罗伦萨史》，第191页。

③ Nicola Ottokar, *Il comune di Firenze alla fine del dugento*, Firenze, 1926.转引自Dale Kent, *The Rise of the Medici: Faction in Florence, 1426-1433*, Oxford University Press, 1978, p.7。

有来自社会各个阶层的成员。不过，戴尔·肯特同时指出，党派成分的复杂并不表明两个党派之间不存在任何差别。总体而言，阿尔比齐党大多属于佛罗伦萨政治舞台上的保守派与传统的贵族精英；美第奇党成员大多属于佛罗伦萨政治舞台上的“新人”。[①]作为政治上的后来者，虽然他们对政府的渗透呈现日益增强的趋势，但实际政治权力仍然控制在传统贵族阶层的手中。税改是在以里纳尔多为首的保守派的推动下实施的，以美第奇家族为代表的“新人”完全有理由担心，所谓的新税改法案会成为保守派借以打击政敌的手段。坚尼·布鲁克因此评论说：“投反对票的人也对现存税收制度不满，但他们显然害怕另一套办法可能更坏。”[②]

围绕税改的争论，还有一个问题比较困惑，即民众议事会与公社议事会为何会频繁否决对平民阶层有利的“卡塔斯托”税改法案？寡头制政府时期政治权力的高度集中是导致两大议事会频繁否决税改法案的原因之一。学者约翰·M.纳杰米指出，1382年以后的佛罗伦萨政治社会出现一个明显的矛盾现象：一方面，政府的统治基础在不断扩大；[③]另一方面，实际统治权却日益集中到少数上层精英的手中。[④]在纳杰米看来，这些现象表面看起来矛盾，实际上并不矛盾，甚至是相辅相成的。政治候选人数量方面的大幅度增长，目的是为了扩大政治参与者的人数与统治基础，凭此来增加民众对政府的政治“认同”。权力的高度集中则体现在资格审查与候选人的遴选方面，目的是消弭因为广泛参与而可能带来的负面影响，如反对党派的形成以及平民势力的增长等。[⑤]权力的高度集中带来许多负面影响。大部分中下层民众因为失去参政议政的机会或者说因为感到机会渺茫，逐渐疏离政治，把政治看作少数“大人物”的事情。因而，当税改法案提交两大议事会讨论时，在大

---

① Dale Kent, *The Rise of the Medici: Faction in Florence, 1426–1433*, pp.346–351.

② 坚尼·布鲁克尔：《文艺复兴时期的佛罗伦萨》，第198页。

③ 统治基础的扩大主要体现为政治候选人的数量不断增加方面。1382年，被提名者总数约5320人；1385年，约6310人；1433年，约6354人。参见John M. Najemy, *Corporatism and Consensus in Florentine Electoral Politics, 1280–1400*, The University of North Carolina Press, 1982, pp.270–275。

④ 1382年3月至1387年5月，5年的时间里，共有105个“新人”家庭进入领主团任职，占比37%；1387年至1393年，进入领主团任职的“新人”家庭数量为114，占比33%；1393年11月至1399年末，“新人”家庭总数为58，占比19%。参见John M. Najemy, *Corporatism and Consensus in Florentine Electoral Politics, 1280–1400*, p.297。

⑤ John M. Najemy, *Corporatism and Consensus in Florentine Electoral Politics, 1280–1400*, pp.301–303.

部分成员看来，战争原本就是政府的事情，是控制政府的少数大人物为了实现个人“野心”而做出的决策。税改工作的核心，在他们看来，并非在于它使得征税过程变得更加公正、透明，也并非富人从此比穷人负担了更重的税收，而在于它从本质上来讲，仍是政府为了应对财政危机而征收的“新税”，因而仍是一种“新的负担”。

因而，有学者指出，1427年的“卡塔斯托”改革并没有根除佛罗伦萨的强制借款与赤字财政体系，只是使得这些贷款的征收更加公平。然而，15世纪佛罗伦萨政府面临的真正问题并不是税收负担的分配不均，而是税收不足以满足佛罗伦萨政府的政治需要。“即便税收负担已经做到公平分配，问题是佛罗伦萨这样规模的城市能够筹集足够的资源来资助其外交与军事冒险？”①

在正常的税收渠道无法满足的条件下，佛罗伦萨政府不得不依靠向富裕的市民和银行家借款。通常而言，这些借款的时间都比较短，而且需要利用政府的税收作抵押，同时还要承诺支付的高额利息。②这些抵押款与利息支出绝大部分均来自佛罗伦萨的中产阶层。因而，一定程度上可以断言说，15世纪20年代至30年代，佛罗伦萨政府的赤字财政体系，建立在大商业家族持续不断地剥夺中产阶级市民的基础之上。15世纪20年代和30年代，政府对大商人，特别是银行家的财政依赖程度有向少数人集中的趋势。据学者统计，1390—1392年，“巴利阿”累计共向83名市民借款20.6万佛罗琳，每人平均支付借款不到2500佛罗琳。单笔最大的借款为1万佛罗琳，不足总额的5%。1420年代至1430年代初期，每位债权人提供的单笔借款平均都超过了8700佛罗琳，约为之前的三倍多。更重要的是，最大的一笔借款，即美第奇家族提供的借款，超过总额的四分之一。③在军事与财政危机的双重压力之下，佛罗伦萨政府的正常运转日益依赖如美第奇家族这样少数几个富裕的商人—银行家，后者的政治影响力因而与日俱增。于是，当佛罗伦萨政务会议决定授予乔万尼·美第奇以显赫职位时，马基雅维里借助乔万尼的政敌——尼科

---

① Anthony Molho, *Florentine Public Finances in the Early Renaissance*, pp.87–88.

② 如前所述，市民的强制借款，年利息收入一般为5%；而政府向少数富裕市民的借款，利息则高很多：年均20%至40%不等。Anthony Molho, *Florentine Public Finances in the Early Renaissance*, p.176.

③ Anthony Molho, *Florentine Public Finances in the Early Renaissance*, p.182.

洛·达·乌扎诺之口提醒说，“对一个已经有这么大势力的人物再加以抬举，是极其危险的”。[①]

* * *

15世纪20年代和30年代，佛罗伦萨政府面临的财政危机以及传统税收制度中普遍存在的不公平现象，最终导致了1427年“卡塔斯托”税改的实施。“卡塔斯托”税制改革确有其进步的方面。它确立了税收的个人负责制，同时也在一定程度上消除了以往财政史上存在的不公平现象。然而，“卡塔斯托”税改并没有根除政府赤字财政这一核心问题。在正常的税收渠道无法满足的条件下，佛罗伦萨政府不得不继续依靠向富裕的市民和银行家借款来维持财政的正常运转。此举最终导致商人—银行家对政府财政的控制及其政治影响力的扩大。

与此同时，围绕“卡塔斯托”税改，佛罗伦萨社会各阶层展开激烈争论。作为政府实际掌控者的寡头集团——阿尔比齐党，迫于战争与财政压力，为维持政府的顺利运转，不得不赞同实施税改。此时佛罗伦萨政治架构方面几乎所有拥有动议权的机构，如领主团、两大顾问委员会以及“咨议会”等实际均为寡头集团所控制。于是，一方面，他们利用对提案权的控制，不断向民众议事会与公社议事会提交税改法案。另一方面，由于税改要求把动产也纳入征税范围，因而遭到佛罗伦萨有产者，特别是“新人”的激烈反对，他们利用在民众议事会与公社议事会中的人数优势，多次行使否决权，使得税改法案迟迟不能通过。因而，有关“卡塔斯托”税改的论争实际反映了1382—1433年寡头制政府所面临的难以克服的矛盾：一方面，政府的决策权日益向少数寡头集团集中；另一方面，政府的政体框架却是以广泛的认同作为基础。共和政治的稳定性不可能建立在这样的基础之上。抑制两大议事会的政治权限也因此成为美第奇家族当政时期重要的政治举措。

（陈勇，武汉大学历史学院博士后，温州大学人文学院副教授）

① 马基雅维里：《佛罗伦萨史》，第180页。

18世纪英属新英格兰的消费革命与勤劳革命 *

王伟宏

摘要：18世纪，英属新英格兰经历了消费革命和勤劳革命。新英格兰殖民者消费的商品种类和数量快速增长，因而引起殖民者家庭扩大面向市场的生产，增加家庭收入，以便有更多的货币购买进口商品，这成为勤劳革命的主要推动力量。最终，勤劳革命与消费革命互为促进，并最终推动整个殖民地经济的增长。

关键词：英属新英格兰　消费革命　勤劳革命

18世纪，英属新英格兰[①]受浓郁的商业意识所驱使，其经济商业化的程度显著提高。[②]一方面，该地的殖民者积极地扩大市场化生产；另一方面，他们对各类消费品的需求日益增长，并且这二者互为因果，一场“消费革命”（consumer revolution）悄然兴起。与17世纪相比，新英格兰殖民者对进口商品的种类和数量需求都有巨大增长。同时，受欧洲影响，殖民者的消费

---

* 本文为中央高校基本科研业务费专项资金资助项目“大西洋世界经济与英属新英格兰经济商业化趋势研究”（项目编号：SWU1709645）的阶段性成果。

① 从历史上讲，英属新英格兰即是指由英国的清教徒移民在北美东北部建立的殖民地，包括普利茅斯、马萨诸塞、康涅狄格、罗得岛、新罕布什尔和缅因。

② 关于英属新英格兰经济商业化的研究，参见王伟宏：《论英属新英格兰经济商业化成因》，载《经济社会史评论》，2016年第2期。

模式发生重大变化，一些新的消费内容，如茶饮、咖啡等风靡。因此，提高对各类消费品的购买能力，满足新的消费需求，成为殖民者努力扩大市场化生产的动力，因此“勤劳革命”（industrious revolution）也蔚然成风。关于该问题，国内学界尚无专门的研究成果。而美国学界对殖民地时期消费问题的研究，侧重从消费增长与美国革命的关系进行分析，[①]就消费革命和勤劳革命这二者之间的互动关系，尚无精深的研究。有鉴于此，本文拟对英属新英格兰消费革命与勤劳革命二者之间的联动反应进行初步探讨。

一、消费革命的含义及起源

从概念上看，消费革命包括两层含义：一、消费的商品种类和数量出现革命性地增长；二、消费者推动了这场革命，其利润、品位、对商品的欲望，以及最终的购买力引起并赋予这种经济现象文化上的意义。[②]或者说，消费已经不仅仅是为了满足生存的需要，而是成为一种精神上的需求。通过消费，人们所要展示的是一种身份和地位，甚至是在文化品位上的与众不同或超凡脱俗。因此，围绕消费新产品展开的是一副全然不同于生存型社会的消费新图景，在该过程中，人的经济观念已然发生根本性的改变，因而推动全社会朝着经济商业化道路快速迈进。

西方学界普遍认可，消费革命最早发生在近代早期的英国。[③]在近代早期，英国经济的商业化程度大大提高，被卷入其中的人口和地区不断扩大。各地区人口通过参与日益扩大的地区经济和全球经济，获得了比以往自给自足经济更多的利润，因此他们逐步有能力扩大必需品以外的商品购买范围。到18世纪，英国出现了一个“消费热潮”，特别是到该世纪中后期，这种热潮达到一种革命性的程度，男性，尤其是女性购买他们此前从未购买过

---

① 参见T. H. Breen, *The Marketplace of Revolution: How Consumer Politics Shaped American Independence*, New York: Oxford University Press, 2004。

② Karen Halttunen ed., *A Companion to American Cultural History*, Malden: Blackwell Publishing, 2008, p.34.

③ 关于英国消费社会的研究，参见曹瑞臣：《近年来西方学界对英国消费社会兴起问题的研究》，载《世界历史》，2014年第6期；李新宽：《17世纪末至18世纪中叶英国消费社会的出现》，载《世界历史》，2011年第5期。

的商品，是其子女也比以前享有更多数量的商品……他们不仅购买各种必需品，而且购买各种体面的商品，甚至是奢侈品。[①]而这种消费热潮是受到英国全球贸易增长的推动。英国全球贸易的发展使得原有的消费品种类大为扩展，所能提供的商品种类和数量都呈几何级的增长。其中，那些海外贸易商成为新消费模式的最先示范者，之后在全社会普及开来。另外，进口商品价格持续走低，加上本国生产和制造能力的不断提高等都促进了消费革命的发生。[②]

那么，18世纪之前的西欧基督教社会，在社会意识层面上是否为消费革命的兴起提供了充分的条件和土壤呢？在中世纪，《圣经》是经院学者的灵感之源，他们有关经济的论著，大量涉及《圣经》中的经济及其他经文。[③]从《圣经》文本来看，基督教对逐利和消费，总体上持中立态度。《圣经》对信众的教导更强调“出世”，即对上帝的虔诚信仰绝对超越对世俗物质的追求。[④]中世纪经院神学的集大成者，托马斯·阿奎那说：“利润本身既不该谴责也不该赞美，在道德上它是中性的。”[⑤]16世纪之后，随着宗教改革的进行和资本主义经济的快速扩张，人们对逐利与消费的态度开始改变。

宗教改革时期，人们将逐利的观念根植于对上帝的信仰中，逐利成为荣耀上帝的一种“天职”，这种观念在经济商业化的大潮中，日益被大众所接受。按照马克斯·韦伯的解释，正是这种天职观的新教伦理促进了资本主义的发展。毋宁说，资本主义经济的发展倒逼了宗教观念的变迁。在很多宗教改革家看来，逐利和消费并非一定会成为影响个人与上帝联结的障碍。例如，加尔文主张，个人要通过一种严肃、朴实和节制的纯洁和劳动来获得利润。在如何使用财富的问题上，加尔文的观点是，财富的一部分应用于赠送，一部分用于新的投资，即财富应该“作为生产资料之一而投入再生产，而不

---

① Neil McKendrick, John Brewer and J. H. Plumb, *The Birth of a Consumer Society: The Commercialization of Eighteenth-Century England*, London: Europa Publications Limited, 1982, p.9.

② 关于欧美消费革命的起源及争论，参见Paul G. E. Clemens, “The Consumer Revolution: Now, Only Yesterday, Or a Long Time Ago”, *Reviews in American History*, Vol. 23, No. 4(Dec., 1995), pp.574–581。

③ 亨利·威廉·斯皮格尔：《经济思想的成长》，晏智杰等译，中国社会科学出版社，1999年，第4页。

④ 参见《传道书》5：10；《以西结书》7：19；《路加福音》12：15、21；《提摩太前书》6：8、10。

⑤ 亨利·威廉·斯皮格尔：《经济思想的成长》，第52页。

是以生活上的奢侈浪费掉所取得的利润”。[①]所以，在17世纪末以前，消费受到诸多的束缚，特别是“英国的主流经济思想认为进口消费品会危及贸易平衡”。但到18世纪上半期，“许多英国人摆脱了过去道德观念的束缚，站在经济发展的角度看待消费问题”。[②]英国的大卫·休谟更是对消费持完全的赞成态度。他认为：“一切美化生活的商品的增加和消费，都对社会有好处；因为它们在成倍地扩大满足那些无害的个人欲望的同时，也增加了劳动（产品）的贮存，这种贮存，在国家一旦出现紧急情况时，就可能转入社会服务。”[③]这也就是说，消费行为从社会道德层面，具有了正当性或合理性。况且，人性中对物质乃至精神的享受又岂能是被长期压抑的。正如彼得·斯特恩斯所言：“人性中的重要因素对获得新商品所产生的愉悦毫不设防。加上不断增长的繁荣和金钱收入，让这些人性的因素穿过重重障碍。还有吸引人的新商品和营销手段，它们为操纵普通人民提供了新机会，而且建立在普通人民的自然冲动和新收入的基础之上。这样必将产生的结果是：消费主义将会出现并得到发展。”[④]随着大西洋贸易的快速增长，英国的新消费观念和消费模式漂洋过海，到达北美，尤其在英属新英格兰表现得最为明显。可以说，新英格兰消费革命的诸多特征直接是英国的翻版，英国进入到殖民地的商品种类和新消费模式推动殖民者消费观念的变迁，反过来再推动消费的扩展。

二、消费革命在新英格兰的表现

18世纪初，大西洋贸易快速增长，运输成本的降低和制成品价格的下降，导致新英格兰进口海外商品的种类和数量日益增长，因而使殖民者相对购买力的提高。与此同时，殖民者通过参与多样化的商业经济，获得了更多的收入。这些都为殖民者扩大消费提供了重要的基础，先是殖民地商人模仿英国的消费模式，之后全社会起而效仿，导致消费革命的扩展。

---

① 保罗·蒂利希：《基督教思想史：从其犹太和希腊发端到存在主义》，尹大贻译，东方出版社，2008年，第244—245页。

② 李新宽：《17世纪末至18世纪中叶英国消费社会的出现》，第57页。

③ 休谟：《休谟经济论文选》，陈玮译，商务印书馆，1984年，第21页。

④ 彼得·N.斯特恩斯：《世界历史上的消费主义》，邓超译，商务印书馆，2015年，第29页。

第一，除基本的必需品外，新英格兰进口各种欧洲制成品和其他殖民地产品。例如，从切萨皮克湾殖民地进口烟草，从巴巴多斯进口棉花、蔗糖和靛蓝，从加那利群岛和马德拉群岛进口烟具和葡萄酒，从法国和西班牙进口水果、油、柠檬、肥皂、葡萄酒等，并且从葡萄牙、西班牙购买各类欧洲商品，从英国主要进口衣服、居家用品和农具等。①这些进口商品种类的增多反映出殖民者日益提高的生活水平。加上到过伦敦的人越来越多，他们将英国大都市的各种礼仪和消费品位带回了殖民地。②因此，如英国一样，饮茶逐渐在殖民地各社会阶层中流行，导致一系列相关消费的增长，从茶几到各种瓷器和玻璃器具等。而且，殖民者对服饰的消费品位不断提高，服装都由进口面料制作，男士佩戴假发以彰显英国上流社会绅士之文雅。当时英国的一位观察家提道："新英格兰人非常时髦，因此，这些地方是我们倾销各种商品的巨大市场。"③所以，这些新的消费品位和习惯的形成极大地推动了各类消费品的进口。

第二，进口商品总值和人均消费量不断提高。到18世纪60年代，新英格兰从英国进口的各种商品年均总值达39.5万英镑。④人均消费英国制成品的价值为1英镑30先令，其中三分之二为毛纺织品，这一比例与英国本土的人均消费水平持平。⑤此外，蔗糖消费增长惊人。新英格兰殖民者在日常饮食中广泛使用蔗糖，特别是朗姆酒、茶和咖啡的普及消费，增加了对蔗糖的需求。例如，1762年1月到1763年1月，波士顿从西印度群岛进口了超过7000大桶的糖蜜。⑥这些糖蜜多被加工成朗姆酒，供殖民地社会各阶层人口消费。1766年，一位殖民者提道："生活在北美的穷人，包括大部分从事鳕鱼业的殖

① Charles M. Andrens, *The Colonial Period of American History, the Settlement* Ⅰ, New Haven and London: Yale University, 1934, 1964, p.517.

② Joseph A. Conforti, *Saints and Strangers: New England in British North America*, Baltimore: The Johns Hopkins University Press, 2006, p.175.

③ Sam. Buckley, *The Trade and Navigation of Great-Britain Considered*, London: Her Majesty's Stationery Office, 1729, p.100.

④ E. and C. Dilly, *The American Traveller: or Observations on the Present State, Culture and Commerce of British Colonies in America*, London: Her Majesty's Stationery Office, 1769, pp.60–61.

⑤ Thomas Fleet, "The State of the North American Trade and Settlements", Early American Imprints, Series 1, No.6346, Boston, 1749, pp.15, 22. 每桶为100加仑，1加仑=4.546升。

⑥ "Reasons against the Renewal of the Sugar Act", Early American Imprints, Series 1, No.9812, Boston, 1764, p.13.

民者，用从西印度群岛进口的糖蜜制作啤酒，海事工人也因为他们消费了大量的朗姆酒而备感自豪。一艘7—8人的渔船在海上航行4—8周，一般需要12加仑朗姆酒和至少60加仑苹果酒，平均每人每天需要1夸脱苹果酒和6盎司朗姆酒。一次航行，总共需要消费2532盎司或14.7加仑朗姆酒。”[①]而且，随着蔗糖进口渠道的多元化以及价格的降低，使得蔗糖及其附属产品成为大众消费品。

第三，商业营销方式多样化，特别是报纸广告的流行。英属新英格兰的报刊每天刊登各种商业广告，刺激着人们的消费欲望。1704年，英属北美殖民地第一份报纸《波士顿新闻周刊》(*Boston News-Letter*)发行，直到革命的前十年，商业和文学内容一直都占据着该报的头版头条。1736—1773年间，《波士顿晚间邮报》(*Boston Evening Post*)刊登英国商品广告的数量，从约10条增加到500条。[②]1739年的《波士顿周报》(*Boston Gazette*)每期都会刊登各种商业广告，而且广告内容占整个报纸版面的四分之一以上。广告的内容除了少量的公务信息外，就是关于土地、房屋和各类商品（包括奴隶）的销售信息。广告的商品种类极其丰富，以各种进口商品为主。以该报第992期为例，其中一则广告出售的商品包括：药品、胡椒、甜胡椒、肉豆蔻、丁香、肉桂、生姜、白糖、红糖、冰糖、葡萄干、无花果、大米、西米、法兰西大麦、杏仁、淀粉、靛蓝、胡荽籽、面粉、硫黄、各种食品、洋苏木、红杉、黄颜木及各种画色，等等。[③]这些广告每一天都在勾起人们的消费欲望，成为殖民地消费市场扩展的重要推手。

最后，各种店铺、酒馆、咖啡馆等新的消费场所强化着殖民地消费市场的扩展。到1771年，马萨诸塞和康涅狄格东部80%的市镇都有店铺，康涅狄格西部山区及中部丘陵地区，42%的市镇也都拥有店铺。[④]这些店铺出售各种商品。例如，1768年波士顿的一家店铺出售各种英国、印度或苏格兰商

---

① Christopher Paul Magra, The New England Cod Fishing Industry and Maritime Dimensions of the American Revolution, Ph. D. diss., University of Pittsburgh, 2006, p.158.

② Joseph A. Conforti, *Saints and Strangers*, pp.176-177.

③ John Boydell, *"From Monday January 15 to Monday January 22"*, in *The Boston Gazette*, No. 992, 1739, The University of Chicago Libraries.

④ Richard L Bushman, "Markets and Composite Farms in Early America", *The William and Mary Quarterly*, Series 3, Vol. 55, No. 3(1998), p.363.

品，还有大部分种类的五金器具，各种棉毛制品，各种颜色的宽布、衣服，以及来自中国、德国的长笛、小提琴、罗马管弦乐器等。[①]而且，波士顿以外的地区也可以在当地店铺买到同样的商品。例如，伍斯特的店铺销售各种漂亮的玻璃、陶器、优质茶叶、面包、蔗糖、亚麻及羊毛制品、棉衣；铜、矾、硫黄、粉笔、松香、咖啡、巧克力、糖蜜、盐、鱼、大米、姜、胡椒、丁香、肉豆蔻、肉桂、无花果、葡萄干等。[②]另外，殖民地的大小酒馆除了销售酒以外，也出售其他进口商品。与此同时，日益增多的咖啡馆，不仅成为人们品尝咖啡和休闲娱乐的新的消费场所，而且也是一个人们展示自我时尚消费品位的新"竞技场"。[③]新英格兰殖民者还模仿英国上流社会，发展各种体育或户外休闲活动。例如，马萨诸塞的波士顿和塞勒姆等镇，开设了保龄球场、音乐厅、舞厅、餐厅及其他户外徒步空间等。[④]通过这些内容可以发现，新英格兰殖民者的消费，不仅种类丰富，而且消费品位和层次在不断提高，他们已经不仅仅满足于物质层面的消费，开始注重文化或精神消费。

三、消费革命推动新英格兰勤劳革命

美国学者简·德·弗雷斯（Jan De Vries）认为，在漫长的18世纪，约1650—1850年，西北欧及英属北美经历了一场勤劳革命。[⑤]在这个过程中，日益增长的家庭成员以多种方式重新分配其生产资源（主要是家庭成员的时间），一方面增加了面向市场的生产，另一方面扩大了由市场供应的各种消费品需求。[⑥]或者说："由于欧洲人把更多的时间用于为市场而生产，他们就

---

① Gilbert Deblois, "At his shop opposite School-Street, near the Rev. Dr. Sewall's Meeting-House", Early American Imprints, Series 1, No.41810, Boston, 1768.

② "Hard-Ware Goods. S. and S. Salisbury, Continue Importing from London, Bristol, Birmingham and Sheffield", Early American Imprints, Series 1, No.42499, Boston, 1793.

③ Martha J. McNamara, "In the Face of the Court: Law, Commerce, and the Transformation of Public Space in Boston, 1650-1770", in *Winterthur Portfolio*, Vol. 36, No. 2/3(2001), p.136.

④ Christa M. Beranek, *Merchants, Gentry, Farmers, and Brokers*, Ph. D. diss., University of Pennsylvania, 2007, p.70.

⑤ 关于西方学界"勤劳革命"的研究，参见刘景华、张松韬：《用"勤勉革命"代替"工业革命"？——西方研究工业革命的一个新动向》，载《史学理论研究》，2012年第2期。

⑥ Jan De Vries, *The Industrious Revolution: Consumer Behavior and the Household Economy, 1650 to the Present*, Cambridge: Cambridge University Press, 2008, p.10.

要用一部分挣到的现金购买他们以前自己生产的日用品的成品或半成品：面包、蜡烛及其他，等等。”[①]因此，勤劳革命成为市场经济扩展的重要推力。这场革命，不仅表现在从事市场化生产的农业家庭中，而且存在于从事原工业化生产的家庭中，更表现在市场化导向的妇女和儿童的劳动中。[②]具体在英属新英格兰，表现在以下几个方面：

首先，新英格兰殖民者重新配置家庭劳动力以扩大市场化生产。整个殖民地时期，新英格兰与其他种植园殖民地不同，从未大规模引进契约移民或奴隶劳动力。这一方面是因为地理和气候条件的限制，难以开展大宗经济作物的生产，也就没有从外部大规模引进劳动力的需要。另一方面，殖民地政府对劳动力市场实行严格的管制。按照一些市镇的规定，任何家庭不得雇佣外来劳动力超过两周。[③]所以，农业家庭的经济生产主要依赖家庭成员。另外，有美国学者指出："在一个稀疏定居的乡村，大多数户主可以获得一块独立的自由保有土地，这意味着他们不需要给别人劳作，所以帮手特别少而且工价高。”[④]但这并不意味着家庭经济生产仅限于自给自足。相反，受消费革命的影响，殖民者家庭不断调整生产结构，扩大市场化的生产。例如，18世纪的康涅狄格殖民者就参与了消费革命：一波消费热潮由希望获得最新款式的英国布料、陶瓷、玻璃器皿、纸张、餐具和热带杂货所推动。于是，很多家庭重新分配家庭劳动力以便饲养和生产更多的牲畜和剩余产品出售。一些家庭的男性户主，主要让儿子们去从事各种劳动，增加生产在市场上出售的产品，提高家庭的购买力。[⑤]此外，男性殖民者的年度劳动时间增加，他们除了在农业季节劳作之外，也在非农季节劳作以增加收入。例如，一些男性在冬季从事伐木业。因此，这种家庭劳动力配置会提高家庭生产的专业化，

---

① 参见彭慕兰：《大分流：欧洲、中国及现代世界经济的发展》，吴建云译，江苏人民出版社，2003年，第88页。

② 刘景华、张松韬：《用“勤勉革命”代替“工业革命”？——西方研究工业革命的一个新动向》，载《史学理论研究》，2012年第2期，第81页。

③ Barry Levy, *Town Born: The Political Economy of New England from its Founding to the Revolution*, Philadelphia: University of Pennsylvania Press, 2009, pp.44–45.

④ Stephen Innes, *Work and Labor in Early America*, Chapel Hill: The University of North Carolina Press, 1988, p.53.

⑤ Joseph Avitable, The Atlantic World Economy and Colonial Connecticut, Ph.D. diss., New York: University of Rochester, 2009, pp.330, 332.

最终每个家庭对外部市场的依赖性强化，需要拓宽收入来源的渠道，以增强购买力。

其次，劳动力的商品化趋势加强，劳动力交易收入在家庭总收入中的比重增加。新英格兰市场经济的扩展，伴随着殖民地劳动力市场流动性的加强。在农村社区，年轻人通过为他人劳动，增加家庭收入和积累个人财产。而且，这“对于那些只有一个或不完整的小农场的人来说，劳动力作为一种可出售的商品意义更为突出”。也就是说，劳动力交易所获得的收入支持了一个家庭的生存和发展。“(这种)劳动力交易不仅是穷人或无地者向大农场流动，而且拥有大量土地的富人有时也会出雇自己及其儿子，去犁地、运送肥料或干其他农活。”①所以，劳动力交易成为殖民者一种普遍的增加收入的方式。在港口市镇，工资劳动力的人口比例更是不断增长。据估计，1700—1729年间，康涅狄格的成年男性中有60%的农民，只有30%的手工业者。但到1770年，农民的比例降为55%，手工业者上升至35%。②另据估计，在整个殖民地时期，新英格兰“从事海上运输业的劳动力可能占劳动力总数的5%—10%，比农业之外的任何一个部门人数都要多”。③这些劳动者的工作专业性强，他们主要依靠工资收入供养自己和家人，并满足日益增长的消费需求。

最后，妇女和儿童成为市场化生产的劳动力构成部分。18世纪，新英格兰妇女的工作范围已经不再局限于家庭，而是日益参与到各种市场交易之中。其中，一些寡妇和已婚妇女在街上游荡，寻求与其他商贩的产品交易；还有一些妇女开办店铺，以自己或丈夫的名义开办货栈；也有部分妇女从事加工业等。④到1755年，许多妇女成为工资劳动者，从事农场工作和传统上由男性主导的职业，如裁缝和制衣等，从而实现在家庭之外的就业，并在经

---

① Bettye Hobbs Pruitt, “Self-Sufficiency and the Agricultural Economy of Eighteenth-Century Massachusetts”, *The William and Mary Quarterly*, Series 3, Vol. 41, No. 3(Jul., 1984), p.350.

② Joseph Avitable, The Atlantic World Economy and Colonial Connecticut, pp.326–327.

③ 杰里米·阿塔克、彼得·帕塞尔:《新美国经济史：从殖民地时期到1940年》(第二版)，罗涛译，中国社会科学出版社，2000年，第43页。

④ Joseph F. Cullon, Colonial Shipwrights and Their World: Men, Women, and Markets in Early New England, Ph.D. diss., University of Wisconsin-Madison, 2003, p.172.

济上更加独立。[①]通过这些方式，她们直接赚取各种制成品或现金收入。另外，儿童在殖民地经济生产中也发挥着一定的作用。一些男孩子长到10多岁时，就要和父母一起下田劳动或放牧；女孩子则在家里帮助母亲做家务或是打理园子。[②]一些家庭还会把子女送到其他殖民者家里，以减轻家庭负担。这些外送的儿童，雇主许诺给予其更好的教育，并提供衣服和食物等。有些家庭，男孩多于女孩，可能会把子女送到情况相反的家庭从事必要的工作。[③]这些儿童劳动力，无论是在自家还是外送，都增加了单位家庭的劳动量，增加了殖民者的家庭收入。

* * *

总之，18世纪的新英格兰，消费革命与勤劳革命互为促进，成为推动殖民地经济增长的双翼。因为殖民者通过各种努力增加家庭收入，从而有更多的货币购买新的消费品，所以推动了消费革命的扩展。反之，消费革命推动殖民者扩大市场化的生产，因而推动殖民地经济增长。德国学者维尔纳·桑巴特对这种经济现象概括道："在很多情况下，为资本主义打开大门，并使之渗透到各行各业的，恰恰是消费的增长。"[④]所以，英属新英格兰经济在消费革命和勤劳革命的共同作用下实现增长。

（王伟宏，西南大学历史文化学院讲师）

---

① Richard Middleton, *Colonial American: A History, 1565–1776*, Malden, MA: Blackwell Publishing, 2002, p.253.

② Alan Taylor, *American Colonies: The Settling of North America*, New York: Penguin Group Inc., 2001, p.171.

③ Amy D. Schwartz, "Colonial New England Agriculture: Old Visions, New Direction", *Agricultural History*, Vol. 69, No. 3 (1995), p.464.

④ 维尔纳·桑巴特：《奢侈与资本主义》，王燕平等译，上海人民出版社，2005年，第229—230页。

求解“马基雅维里之谜”：哈维·曼斯菲尔德的探索*

朱　兵

摘要：哈维·曼斯菲尔德为当代西方学界公认的马基雅维里研究权威专家，他不仅翻译（或合译）了马基雅维里的主要著述，且对这些著述之中的诸多核心论点和关键词汇进行了细致入微的阐发。曼斯菲尔德始终遵循其师列奥·施特劳斯研究马基雅维里的预设和方法：“邪恶之师”和“字里行间细读法”，深入挖掘马基雅维里著述之中的隐秘教义和潜在意图，借此彰显马基雅维里与古典政治哲学传统相背离之处，以及这种背离与现代政治秩序和规范之间的复杂关联。在曼斯菲尔德的思想视域中，马基雅维里不仅仅是一位拘囿于文艺复兴特定历史背景下的思想家，而是一位超越时空且在重大政治问题上可与之进行永恒对话的贤哲。值得注意的是，与施特劳斯几乎完全醉心于古典政治哲学而基本漠视实际政治命题相比，曼斯菲尔德对马基雅维里的解读更加植根于现实政治制度框架之中，是一种以古典政治哲学为导向，同时奠基于现代政治科学之上的持衡稳健的解释模式，其间充满一种思辨的张力，力图将马基雅维里思想中的诸多革命性内涵更为清晰地呈现出来。

关键词：“马基雅维里之谜”　列奥·施特劳斯　剑桥学派　现代性　德性　隐秘教义

*　本文是国家社会科学基金一般项目“意大利古典精英主义民主观研究”（项目编号：16BZZ004）的研究成果。

一、导论

拉厄曾言："在漫长、复杂而费解的政治思想史中的所有人物里，没有哪一位比起尼科洛·马基雅维里来更加难以定位。这个问题现在已是老生常谈了，它从一开始就让解释者们感到苦恼。在很大程度上，这种情况源自马基雅维里写作了两本而非一本政治学经典著作，而且因为这两部著作似乎是互相矛盾的，那就是有德行的共和国是否是决定性的，以及在所有方面都比依照统治者的自我利益而残暴统治的王国更优。"[①]尼德尔曼也曾说："确实，比起马基雅维里来，没有对哪位政治理论家的学术见解更加分化，几乎从他一去世开始，马基雅维里就成为热烈而持续的审视之主题。随着时间的演进以及各类解释的扩散，马基雅维里变得更加扑朔迷离。"[②]以上两位学者所表达的困惑代表了诸多研究者的共同心声，在西方思想史中，文艺复兴时期的标志性人物马基雅维里（Niccolo Machiavelli，1469—1527）始终是谜一般的人物，誉之者赞其为天使，贬之者斥其为魔鬼，中道者视之为天使与魔鬼的合体。费米亚准确地指出了这一颇为吊诡的现象：学术界一方面对马基雅维里是充满切骨之仇和无度责备，另一方面则又是无拘无束的激情和抒情诗式的颂扬。[③]若干年后，费米亚继续感叹道："研究马基雅维里的学者遭遇到一个由充满矛盾的解释和反应所构成的使人困惑的迷宫，这使得我们怀疑大家谈论的是否为同一人。"[④]

对于马基雅维里思想的接受史，卡恩认为，马基雅维里代表了一种实用主义和理想主义交错的辩证法；布克哈特认为马基雅维里首先将国家视为一件艺术品而值得称赞，是因为他看到了马基雅维里思想中的创造性层面；而迈内克则认为马基雅维里将一把利剑刺入了西方的政治有机体之中，这是看

① Paul A. Rahe, "Situating Machiavelli", in James Hankins ed., *Renaissance Civic Humanism: Reappraisals and Reflections*, Cambridge: Cambridge University Press, 2000, p.270.

② Cary J. Nederman, "Amazing Grace: Fortune, God, and Free Will in Machiavelli's Thought", *Journal of the History of Ideas*, Vol. 60, No. 4 (1999), p.617.

③ Joseph V. Femia, *The Machiavellian Legacy: Essays in Italian Political Thought*, Basingstoke: Macmillan, 1998, p.5.

④ Joseph V. Femia, *Machiavelli Revisited*, Cardiff: University of Wales Press, 2004, p.6.

见了马基雅维里思想中的毁灭性层面。[①]著名文艺复兴研究史家吉尔伯特曾说到："马基雅维里的教诲是如此之丰富，以至于接下来的每个世纪都可以从中找到自身主要关注之政治问题的答案，马基雅维里之谜可能会继续增长和变化，而且不会与激发这个谜的人物失去联系。"[②]若干年后，对于马基雅维里诞辰五百周年以来围绕他的诸多争论，吉尔伯特认为，学界对马基雅维里的定位的一个有趣特征，便是模糊性，从16世纪起马基雅维里就有两张面孔：一面是遭受诅咒的邪恶之师，道德的敌人；另一面则是真正的政治学的明智导师，自由的捍卫者。与此同时，对马基雅维里思想的解读分为两派，一派视马基雅维里的思想为一个统一的系统（unifiers），另一派认为马基雅维里的思想处于不断变化之中，难有定论（dividers）。[③]约半个世纪之前，在他那篇著名的《马基雅维里的原创性》一文的收尾处，自由主义思想大师伯林不无感慨地引用了克罗齐那句名言来衬托自己的心声："一个或许永远无法了结的问题：马基雅维里问题"。[④]

公元2013年，距离伯林的哀叹已过半个世纪之后，在《君主论》成书500周年之际，马基雅维里这位生前在隐居小屋里与古人对话的落寞思想家，实在无法预料今日他所享有的这般喧嚣与高光。在后现代主义思潮尘嚣日上，前现代复古思潮涅槃重生，现代性思潮余音未袅的时代，学界对马基雅维里的研究可谓精彩纷呈、争奇斗艳、派别林立、琳琅满目。同在2013年，在纪念马基雅维里的一篇文章中，麦考米克认为，我们仍然没有很好地解决如下问题：马基雅维里究竟是一位僭主的谋士还是自由党人？是一位权力政治的中立技师或是意大利爱国者？一位反教会的古典异教德性之复兴者或是现代虚无主义的邪恶开启者？马基雅维里在何种程度上是一个"马基雅维里

---

① Victoria Kahn, "Machiavelli's Afterlife and Reputation to the Eighteenth Century", in John M. Najemy ed., *The Cambridge Companion to Machiavelli*, Cambridge: Cambridge University Press, 2010, pp.239–255.

② Felix Gilbert, "The Composition and Structure of Machiavelli's *Discorsi*, Review of *The Discourses of Niccolo Machiavelli* by Leslie J. Walker", *Journal of the History of Ideas*, Vol. 14, No. 1 (Jan., 1953), p.137.

③ Felix Gilbert, "Machiavelli in Modern Historical Scholarship", *Italian Quarterly*, Vol.14, No.53 (1970), pp.9–26.

④ 详见Isaiah Berlin, "The Originality of Machiavelli", in M. Gilmore ed., *Studies on Machiavelli*, Florence: Sansoni, 1972。这篇文章最初以《一份特别补充：马基雅维里问题》（A Special Supplement: The Question of Machiavelli）为名发表于1971年11月4日出版的《纽约书评》（*The New York Review of Books*）上，后收入《反潮流》（Isaiah Berlin, *Against the Current: Essays in the History of Ideas*, Henry Hardy ed., London: Hogarth Press, 1979）一书，中译本见伯林：《反潮流：观念史论文集》，冯克利译，译林出版社，2002年，第97页。

主义者”？对于当代政治问题，这位自封的以及广为人知的关于政治审慎的大师，有什么可说的呢？[①]据此可知，在未来很长时间内，只要人类还继续从事于政治生活，或是继续存在于政治共同体之中，只要人们继续关注于国家、正义、自由、平等、民主和权利等诸如此类的政治理论和实践命题，马基雅维里其人其著仍将充满争议和魅力，依然为思想史研究中的一道靓丽风景，求解“马基雅维里之谜”依然路漫漫其修远兮。

在当下西方学界的众多马基雅维里阐释者[②]中，有两派尤为引人注目，一派是以波考克、斯金纳和维罗里等人领军的剑桥学派，他们秉承历史语境主义的研究方法，视马基雅维里为古今共和主义思想转化中的关键性人物，塑造了我们栖身其中的现代政治秩序，而另一派则为政治哲学家施特劳斯（Leo Strauss，1899—1973）所开创的施特劳斯学派（以下简称施派）。施特劳斯认为，马基雅维里代表了古今传统的断裂和古典政治品行的异化，开启了与政治哲学大传统的背离，是现代政治哲学的奠基人。与多数试图为马基雅维里正名的现代学者不同，施特劳斯依然坚持“老派”观点，视马基雅维里为使得高贵的自然正当（natural right）降低为自然权利（natural rights）的“邪恶之师”。但与以往纯粹而简单的道德批判不同的是，施特劳斯认为，我们需要超越条件反射式的厌恶感，以古今之争的大传统来重新审视和定位马基雅维里，并且恰如其分的认识他身上令人钦羡的品格素质：思想的勇敢无畏、目光的深邃广阔、语言的优雅精致。[③]在施特劳斯的思想视域中，马基雅维里肇端了现代性浪潮，对马基雅维里的批判也就是对现代政治哲学和现代自然权利观进行彻底清算的逻辑起点，有学者甚至指出，施特劳斯的整个思想志业都可以视作一种努力，那就是“复兴被马基雅维里所破坏的古典—

① John P. McCormick, “Machiavelli's *The Prince* at 500: The Fate of Politics in the Modern World”, *Social Research: An International Quarterly*, Vol. 81, No. 1 (2014), p.xxiii.

② 对于马基雅维里思想的接受史，有学者归纳出了如下五种视角：1. 以斯金纳、波考克和维罗里为代表的语境主义视角；2. 以施特劳斯为代表的“邪恶导师”视角；3. 作为一名科学家的马基雅维里，以卡西尔、奥尔西克（Olschki）、沃林、巴特菲尔德和查波德为代表；4. 区分政治学与伦理学的马基雅维里，以古奇、克罗齐、伯林为代表；5. 作为极端革新者的马基雅维里，以阿伦特、阿尔杜塞为代表。详见Patricia Vilches and Gerald Seaman eds., *Seeking Real Truths: Multidisciplinary Perspectives on Machiavelli*, Leiden & Boston: Brill, 2007, pp.280–300。

③ 利奥·施特劳斯：《关于马基雅维里的思考》，申彤译，译林出版社，2003年，第6页。

圣经式诠释理路"[①]。

作为施特劳斯的知名弟子，曼斯菲尔德（Harvey C. Mansfield，Jr.，1932— ）严格遵照其师的理路，认为那种将马基雅维里视为"邪恶之师"的传统观念必须被接受，以便对这种观念进行超越，他甚至暗示马基雅维里事实上甚至比这种旧有见解更加可怕。[②]对曼斯菲尔德而言，以剑桥学派为代表的历史语境主义思想家们错失了通常是潜在于表面之下的真理，并且将与政治以及生活目标紧密相关的话题降低为无关紧要的相对性——在对马基雅维里的研究之中就是"不愿意面对恶的问题"。[③]因此，曼斯菲尔德试图将马基雅维里的诸多微言大义揭示出来，并厘清其与现代政治制度与现代公民生活的紧密相关性。由是之故，马基雅维里便成为曼斯菲尔德整个政治思想框架中无所不在的中心人物，在曼斯菲尔德对古往今来的诸多政治思想家以及政治观念和制度的考察中，他都将追溯到马基雅维里这个原初起点。需要指出的是，在对马基雅维里的研究上，曼斯菲尔德虽在大方向上受施特劳斯的引导，但并非亦步亦趋、毫无主见，而是在具体的研究取径上存有偏差，形成了自身别具一格的研究理念和模式。基于此，通过梳理曼斯菲尔德对马基雅维里的阐释理路和研究成果，可以为我们求解"马基雅维里之谜"提供一种新的视角，也可以借此更为深入地认识施特劳斯以及曼斯菲尔德自身的政治理念，展现出"视域融合"下思想的多维性、流动性与交错性。

二、多面的马基雅维里

作为一位文艺复兴时期的历史人物和名垂后世的思想家，马基雅维里

① Michael Anton, "*Machiavelli's Virtue* by Harvey C.Mansfield", *Commentary*, 103: 1 (1997), p.70.

② Athanasios Moulakis, "Which Machiavelli?" *Perspectives on Political Science*, 22: 2 (1993), p.84.

③ Bernard Crick, "Religion & philosophy", *Wilson Quarterly*, Vol. 20, Issue 2 (Spring 1996), p.87. 对此斯金纳也有自己对立的表述："但他们当中的某些人，特别是利奥·施特劳斯和他的门生，至今仍固守传统的观点，依这位施特劳斯之见，马基雅维里只能被视为'一个邪恶的导师'。然而，历史学家的职责理应是做忠实记录史实的天使，而不是负有执刑使命的法官。因此，上面我所力求去做的一切，是重视历史并把它呈现于现在，而不试图用任何现代的难免具有偏狭和局限性的标准褒贬前人往事。"（昆廷·斯金纳：《马基雅维里》，王锐生、张阳译，工人出版社，1985年，第167页）

被冠以众多的名号，剧作家、政治家、军事家、政治学家、历史学家，等等。在其漫长的学术生涯中，曼斯菲尔德对马基雅维里思想的各个层面都有深入研究，后将其汇集在《马基雅维里的德性》一书中。此书共分为四大主题，分别为“作为君主的马基雅维里”“马基雅维里的初始”“马基雅维里的著作”，以及“马基雅维里的政治”，涵盖13篇文章，“是一份令人钦佩和重要的贡献，有助于厘清马基雅维里对‘国家’、权力以及人类本性的理解”。①在这本著作中，曼斯菲尔德的核心思想可化约为一句话：“马基雅维里是现代性的奠基性思想家”。②曼斯菲尔德此书的意图“就是想让我们意识到马基雅维里所带来的革命这个事实以及这个革命的特征”。③值得指出的是，曼斯菲尔德在此书中对马基雅维里的政治思想和历史思想的交错关系进行了深入解读，而且发掘了其文学作品与政治思想的关联，而这是诸多学者经常忽视的。

如果要认识马基雅维里的思想全貌以及马基雅维里对之前的政治思想传统的继承与背离，对诸如命运、国家、抱负、荣耀、自由、秩序这些关键词汇的认识都是不可或缺的。作为西方政治思想谱系中的一个重要概念，德性④也是马基雅维里政治思想中的一个关键性概念，施特劳斯曾言：“所谓‘德行’这个概念在马基雅维里那里的含混不清，语焉不详，是最为众所周知的不争事实。”⑤对此曼斯菲尔德提出了自己的独特解释，“最有趣的莫过于那篇标题文章，就目前情况而言，它总结了曼斯菲尔德的思考。它是这本集子之中最强劲有力的文章”。⑥曼斯菲尔德在文章的开篇之处便说道：

---

① Roger D.Masters, “Review of *Machiavelli's Virtue*, by Harvey C.Mansfield, Jr”, *Ethics*, Vol.107, No.4 (Jul., 1997), pp.757–758.

② William McCuaig, “Review of *Machiavelli's Virtue*, by Harvey C.Mansfield”, *H-Italy* (Dec. 1996), p.2.

③ Michael Anton, “*Machiavelli's Virtue* by Harvey C. Mansfield (Book Review)”, *Commentary*, pp.68–70.

④ 对马基雅维里的德性观比较有代表性的研究有：J. H. Whitfield, “The Anatomy of Virtue”, in his *Machiavelli*, Oxford: Basil Blackwell, 1947, pp.92–105; Neal Wood, “Machiavelli's Concept of *Virtue* Reconsidered”, *Political Studies* 15(1967), pp.159–172; Russel Price, “The Senses of *Virtue* in Machiavelli”, *European Studies Review* 3(1973), pp.315–345。

⑤ 利奥·施特劳斯：《关于马基雅维里的思考》，第55—56页。

⑥ Timothy Fuller, “Review of *Machiavelli's Virtue* by Harvey C. Mansfield”, *The American Political Science Review*, Vol.91, No.4 (Dec., 1997), p.944.

众所周知，马基雅维里对“Virtue”（德性）一词的用法，有某种异乎寻常之处。几乎每部有关马基雅维里的著作都要讨论“德性”一词，许多学术著作还专门解释该词的意涵。该词确实需要一些解释，因为乍看起来，马基雅维里的用法让人吃惊，且前后不一。……而且令我们感到尴尬的是，至少马基雅维里开启了一场道德革命，用我们的话来说，这场革命可大致被界定为从宗教护佑下的德性到世俗主义支持下的自利的转变。这场革命就是我们所说的（再用我们自己的话来说）“现代性”。由于我们身处现代性之中，这一方面使我们对德性诉求持怀疑态度，同时没有德性的生活却又使我们感到某种程度的内疚。因此我们宁可不用这个词，而当我们看到马基雅维里使用这个词时，我们就感到浑身不自在。……讨论马基雅维里的德性，还有另外一个原因，即我们思考的是他的德性，而不仅仅是他的德性概念。如果说马基雅维里是现代性的开启者，那么他凭什么具有如此能耐？一位报道者、参与者、领袖抑或一位奠基者？考察这么多的可能性，我们必须从最后一种可能性开始。……马基雅维里本人的德性，是解开他的德性概念谜团的钥匙。[①]

曼斯菲尔德在这里提出要回返到马基雅维里自身以洞察其真实的意图，他认为马基雅维里所谓的德性不再是古典意义上的德性，而是善恶兼备的一种新品质。他继续认为：“他深知，德性若不经历危险就称不上德性；那种力图通过克服偶然、确保德性行为的科学式伦理，实际上将使德性走向死亡。对于我们时代典型的对无危险幸福的可怕追逐，马基雅维里的著作无疑是一种有效的解毒剂。”[②]在考察其德性的过程之中，曼斯菲尔德始终将马基雅维里与亚里士多德进行参照对比，以揭示这种新的德性观与现代性之密切关系。曼斯菲尔德认为，马基雅维里已经与传统道德哲学的德性概念彻底决裂。在马基雅维里看来，无论从各个不同方面还是从整体上来说，亚里士多德的权威性论述都是错误的，因为他的论述无法对古典德性作出描绘。德性

---

① 哈维·曼斯菲尔德：《马基雅维里的Virtue》，宗成河、任军峰译，见复旦大学思想史研究中心主编：《共和主义：古典与现代》（思想史研究第二辑），上海人民出版社，2006年，第91—96页。

② 同上，第152页。

永远不是自在的，它必定有其他的目的，它的目的就在于获取。马基雅维里的德性概念比亚里士多德的德性概念更有自知之明，它抛弃了那种对自然或上帝的仁慈的信仰，代之以迫不得已这一可靠根基。迫不得已是人类惟一可资信任的东西，而这种信任充分体现了人没有能力信任。迫不得已意味着获取的迫不得已；因而，通晓迫不得已的人，必须致力于获取。德性的这种新的、牢靠的根基使其发生转变。[①]因此，"与亚里士多德不同，在马基雅维里看来，德性并不意味着品德高尚。德性是一种警觉，野心勃勃，它不是一种习惯"。[②]曼斯菲尔德进而说到，对德性的理解不再是一种抽象的概念，而应该与行动相结合起来进行评价，也就是实效真理。因为在马基雅维里看来，德性完全是一种社会性的东西，能够给人留下深刻印象的德性是政治化的德性，政治效果是人们理解德性的依据。德性必须暴露在光天化日之下，必须产生一种可见的效果。统治的实效真理要求君主通过制造一种效果，从而获得这种效果；这里的效果具有双重意涵，它不仅能够产生实效，而且引人注目。在马基雅维里看来，无论是古典的、中世纪的还是人文主义的哲学传统，都建立在一种"立誓行善"而不是实效真理的基础之上。[③]曼斯菲尔德对马基雅维里的德性观进行了彻底的除魅工作，他认为马基雅维里的德性寻求的是一种真正意义上的现世伦理，它源自一种试图指导未来的历史分析，"新模式和新秩序"也成为他为自己赢得荣耀的保障。[④]德性是一个极其重要的古典政治哲学概念，通过将马基雅维里的德性观与古典的德性观进行比较，便可以清晰地展现出马基雅维里与古典以及中世纪传统的背离之处，这种"除魅"之后的德性已经开始摆脱与亚里士多德式古典伦理学和基督教神学的交错关系，开始获得其自立自存的自主性地位，为"世俗化"的现代性做好预演和铺垫。

在此书中，通过采用一种政治哲学传统对马基雅维里进行定位，曼斯菲尔德挑战了传统的马基雅维里诠释模式。苏利文指出，曼斯菲尔德对于将马基雅维里描述为一个文艺复兴时期的佛罗伦萨人、公民人文主义者以及古典共和主

---

① 哈维·曼斯菲尔德：《马基雅维里的Virtue》，第101—104页。
② 同上，第145页。
③ 同上，第111—133页。
④ 同上，第150—151页。

义者这种传统的历史主义解读模式表达了强烈的质疑。在曼斯菲尔德看来，马基雅维里虽然是文艺复兴时代的人，但并没受到文艺复兴之制约；他不是一位公民人文主义者，因为他丢弃了那种与自然正当观念相关的人文主义者语汇；他也不是一位古典共和主义者，因为他教导君主为了自身去获取，去掠夺那些相信德性是在共善名义下牺牲自我之人。简而言之，那些对马基雅维里进行传统描述的学者未能把握其计划之视域，故不能理解其思想的重要性与原创性。因此，曼斯菲尔德的这部著作可以作为一种厘清现代性含义的途径。这本著作出色地揭示了马基雅维里的德性。任何思维敞开的读者在与这部著作相遇之后，对马基雅维里在政治哲学史中的角色之理解将会更加深入透彻。[①]但与此同时，也有学者对曼斯菲尔德无视时代背景的态度提出质疑："曼斯菲尔德是作为一位政治学家而不是历史学家来进行写作的，他采取一种长远的观点（在这部著作之中，从亚里士多德经马基雅维里而延伸至霍布斯和柏克），而且将马基雅维里从其所处的语境之中分割开来。……这必定又引发这样一个问题，忽视历史语境以及马基雅维里著作的历时性序列是否可行？不管《曼陀罗》和《佛罗伦萨史》如何，难道可以说《君主论》的作者是这样一个对他同时代人是否会留意他的言论漠不关心的人吗？"[②]

评论家们更进一步指出了曼斯菲尔德这部著作中强烈的施派痕迹，认为此书在很大程度上是曼斯菲尔德对施特劳斯的结论和文本解释方法所进行的铺展。曼斯菲尔德声称，通过对超验存在的抨击以及对德性和邪恶的吸收，马基雅维里成了现代性的开创者，这种现代性被定义为用世俗的自我利益取代了由宗教维系的德性。但与许多施特劳斯式的解读一样，曼斯菲尔德误读了马基雅维里革新的程度。马基雅维里也不应该为现代性的过度而承担责任。但曼斯菲尔德修正了施特劳斯的主张，那就是美国是马基雅维里式模式的例外。[③]另有学者指出，《马基雅维里的德性》让我们深入理解了关于马基

① Vickie B.Sullivan, "Review of *Machiavelli's Virtue*, by Harvey C.Mansfield", *The Journal of Politics*, Vol.59, No.2 (May, 1997), pp.613–615.

② Eric G.Haywood, "Review of *Machiavelli's Virtue*, by Harvey C.Mansfield and *Discourses on Livy* by Niccolo Machiavelli; Harvey C.Mansfield; Nathan Tarcov", *Renaissance Quarterly*, Vol.51, No.3 (Aut., 1998), pp.966–968.

③ Douglas Moggach, "Review of *Machiavelli's Virtue* by Harvey C.Mansfield", *Canadian Journal of Political Science/Revue Canadienne de Science Politique*, Vol.30, No.2 (Jun., 1997), pp.416–417.

雅维里政治思想的一个特殊解释派别，也就是施特劳斯所主张的方法论。在视角方面，这种特征就是对文本谨小慎微而又富有推测性的解读，以及尝试探测重大的沉默之处，马基雅维里通过这种沉默传达了另外一种隐秘含义。在内容方面，这种方法所揭示的隐秘教义呈现出了一个古老的“恶魔”形象，他是一个推荐罪恶和僭政的邪恶导师。这是政治学中的马基雅维里而不是历史情景之中的马基雅维里。然而，通过聚焦于“基本的原则”而不是语境，聚焦于现代自由主义而非文艺复兴时期的人文主义，曼斯菲尔德是为特定拥护者而著述的。对政治思想史家而言，《马基雅维里的德性》所揭示出关于列奥·施特劳斯的内容与关于马基雅维里的内容一样多。[①]内德尔曼也指出，《马基雅维里的德性》的最终关怀是马基雅维里在西方政治哲学的宏大传统之中享有（或者说应该享有）的地位。然而，此书中最好的文章是那些与传统的、施特劳斯相背离的文章。尽管如此，此书中的绝大部分内容是对施特劳斯之教诲的详细阐述，其中的《马基雅维里的德性》一文重申了这个学派所认可的对马基雅维里的传统解释。曼斯菲尔德将否定这些论点的学术研究谴责为“逃避”和“过分拘谨”，而且含蓄地与这种邪恶的马基雅维里式事业共谋。曼斯菲尔德反复地谴责我们可能持有的对马基雅维里“温情而模糊不清的观点”（尤其是波考克所普及的）：马基雅维里是一个公民共和主义者，其德性应该得以平反昭雪。内德尔曼对曼斯菲尔德的这种解释方法提出了强烈的批评，认为这与马基雅维里本身的思维方式是相背离的。他指出，当前的这个评论不能提供足够机会来思考施特劳斯式解释学的价值，尤其是当他们陷入诸如马基雅维里的所谓数字命理学或是他可能故意留下的错误这种秘传之事时。施派要求我们在其文本中寻求一个作者之真实意图，而且仅仅就是在文本之中，革除掉所有对历史因素或环境之参照。要通过完全集中于其思想之内在性而限制我们对其著作的解读——或是将其著作置于与诸如亚里士多德式古典“贤人”想象的对话中，而马基雅维里对其（正如曼斯菲尔德自身所承认的）很少或者说没有明显地注意——不仅是无礼的，而

---

① M.S.Kempshall, “Review of *Machiavelli's Virtue* by Harvey C.Mansfield” , *The English Historical Review*, Vol.113, No.453 (Sep., 1998), pp.982–983.

且是一种有意的偏执。①

但有学者已经敏锐地观察到，曼斯菲尔德并非仅仅是在机械地沿袭施特劳斯的思想，而是已经形成了自身一套成熟的政治哲学理念。“曼斯菲尔德属于当代一流的马基雅维里研究者之列，而且也是最具煽动性和争议性的。首先，他是列奥·施特劳斯之马基雅维里观的公开赞赏者。细心的读者将会发现，尽管他并非仅仅重复施特劳斯的观点。他是马基雅维里最重要著作的翻译家和评论家，他是诸多哲学学派中的一个原创性贡献者。第二，曼斯菲尔德尤其批评现代史学界对马基雅维里的研究，以及批评总体的政治哲学。这不是因为曼斯菲尔德没有历史意识；相反，显而易见的是，他已经掌握了那些具有历史意识的同事们的著作以及对马基雅维里历史语境之论述。例如，他花费时间来描述他所认为的马基雅维里自身对古代思想的历史视角是与我们的历史视角相反的。”②

与此同时，与施特劳斯醉心于古典学术而基本不涉入现实政治不同，曼斯菲尔德的写作具有极强的当下性与针对性，在某种程度上，他是在为他所深为忧虑的时代而写作，马基雅维里在很大程度上成为他对现实问题进行诊断的“台前人物”。曼斯菲尔德曾向自己的学生透露了他的真实想法，那就是他自身思想来源之中最重要的大家“从短期看来是洛克，从长期看来是亚里士多德”，尽管曼斯菲尔德有时被视为一个“马基雅维里主义者”或是认为他信奉自身长期以来所关注的“邪恶教诲”。在阅读《马基雅维里的德性》时，同为施特劳斯门人的富勒认为自己所得到的印象是：曼斯菲尔德在警告自由主义传统之中的乐观主义者，那就是在人类境况以及政治之中存在着根深蒂固而且深为不安的特征，对此他们却熟视无睹，这本身存在极大风险。那些坚持这种天真的人太容易受自满的进步主义以及后来绝望的虚无主义之诱惑。曼斯菲尔德致力于严肃对待这个最具煽动性和争议性的政治思想家，其目的在于导向某种他认为更好但却不是那么引人注目的事物，这种事物通常被丢弃或是在现代的扰攘嘈杂之中并未被充分把握。曼斯菲尔德充

① Cary J.Nederman, “The Renaissance of a Renaissance Man”, *The European Legacy*, Vol.5, No.5 (1999), pp.102–103.

② Timothy Fuller, “Review of *Machiavelli's Virtue* by Harvey C.Mansfield”, pp.944–945.

满敬意地理解马基雅维里，视之为一个真正的哲学对手：我们必须直率地面对政治的世俗世界。但是曼斯菲尔德认为，将我们自身完全限定于对世俗事件的运作，就是过多地向马基雅维里让步。要研究马基雅维里的德性——实际上就是用一种历史的意识对其进行充分的研究——必然为这种方式做好了准备，那就是唤起其他的德性观念以及从事关于德性的哲学对话，在对话之中我们必须最终决定德性对我们意味着什么。因为上述原因，曼斯菲尔德质疑许多现代思想假定上的执着，以及他的拒绝使对马基雅维里的接受变得轻松，都不可避免地会引起争论，但这同时是重要的。[①]在《马基雅维里的德性》中，曼斯菲尔德也指出马基雅维里与现代政治的相关性：马基雅维里的政治科学中启发性的原则是使人们将严酷的必然性加诸自身，以便政府可以逃避责任。比起其他人对你所施加的伤害而言，一种自我施加的伤害影响会更小。当我们对这个原则进行思考的时候，难道说这不是现代、民主以及代议制政府的基础吗？我们的政府让人民对自己征税，对自身施加惩罚。我们必须是一个愤世嫉俗的人才能看出一个选举产生的政府是一种自我施加的伤害吗？马基雅维里不是一个愤世嫉俗的人；他期待他的革新所带来的巨大进步。然而，他的专长是逆耳忠言，也就是他自身的实效真理。从他的政治科学之中，我们可以领悟到，他的实效真理与其说是关于他那个时代的政治，不如说是关于我们当下的政治。他对他所在的时代抱有敌意，却是我们时代之奠基者。看上去与马基雅维里所论证的国家有巨大差别的现代的非人格化国家，却是在他的原则之上运作并使用了他的操作性策略，马基雅维里的智慧与我们如影随形。[②]

通过上文的分析我们可以发现，在曼斯菲尔德的笔下，马基雅维里的思想是“多向度的”，需要在古今之争的大视域中来理解其在西方政治思想谱系中的关键角色，需要站在一个超越马基雅维里的前现代视角来认识其思想全景，这样才能避免“身在此山中”的狭隘性，澄明马基雅维里思想的继承性与创新性。同时，曼斯菲尔德认为，与亚里士多德、柏克、托克维尔等经

---

① Timothy Fuller, “Review of *Machiavelli's Virtue* by Harvey C.Mansfield”, pp.944–945.

② Harvey Mansfield, *Machiavelli's Virtue*, Chicago: University of Chicago Press, 1996, pp.233–234.

典政治思想家一样，马基雅维里的思想并不是僵死的教条与历史故纸堆，而是鲜活的、与当下政治境况密切相关的灵动智慧（living wisedom），一种可实践和操作的永恒政治指南，可以让我们更为清晰地认识我们身处其中的现代政治秩序的优点与缺陷，在价值中立和实证主义、科学主义和虚无主义流行的年代呼吁对基本政治价值观的重拾。

三、索解马基雅维里的微言大义

曼斯菲尔德运用施特劳斯式的文本细读法对马基雅维里的《论李维》进行细致注疏，因此有了《马基雅维里的新模式与新秩序》（以下简称《新模式与新秩序》）一书的面世。曼斯菲尔德指出，这是一部疏解类的著述，这种性质的著述是要提出并阐释作者并非一目了然的意图，因此就会试图将作者的观点用作自己的观点，直至作者的意图清晰地显现出来，疏解者展开必要的批评之时。在通常的情况下，作者会将自己与他人进行对比，提出自己的著述有新颖独到或胜于他人之处，而马基雅维里则肯定也是如此，这就要求疏解者评判作者是否言之有理。所以，做评述的工作到后来还会承担起批评自己的活动的责任，而且无须一开始就从批评者的立场出发。[①]曼斯菲尔德指出，与施特劳斯的研究相对照起来，他将会效法马基雅维里的评述方式，而且在加入他的各篇讨论之时，将会把每一篇的讨论视为一个整体。订立的规则是，在讨论时笔者不会提到以后将会出现的事情，而且会把很多问题悬置起来，或者即便表面加以处置也会留待以后更正。在讨论时不时会有简短的小结将讨论的各项事情会聚一处，而不会损害马基雅维里原著的形式，也不会考虑他的著述引发的很多值得关注的问题。……至于《论李维》整体上有什么样的安排以及马基雅维里如何运用李维，笔者运用了施特劳斯的发现结果。因为笔者的阐释工作主要在于揭示马基雅维里认为应该谨慎藏匿的东西，所以笔者经常会让读者揭开某一个故事的要点或者发现隐蔽要点

① 哈维·曼斯菲尔德：《新的方式与制度——马基雅维里的〈论李维〉研究》，贺志刚译，华夏出版社，2009年，第1页。

的东西。[①]

毫无疑问，按照施特劳斯思维的逻辑推演，“现代性”占据曼斯菲尔德对马基雅维里进行诠释的中心位置。[②]在《新模式与新秩序》一书中，曼斯菲尔德明确指出，这种“新模式和新秩序”就是现代性。[③]“尽管‘文艺复兴’的字面意思是旧事物的‘再生’，但它更为人们熟知的含义，则是被后人称为现代性的某种新事物的起点。如果在马基雅维里看来它没有这层含义，那么它是否有这层含义，就是令人怀疑的。因为现代性不局限于指新事物，而且还指一种新观念，它从原则上赞成创新，不断促进各种新思想和新制度，即能够接纳进一步变革的变革。这就是马基雅维里在《论李维》中所说的‘新方式和新秩序’（new modes and orders），以及他在《君主论》中所说的新君主。马基雅维里鼓励创新本身，并在他本人的原创性中达到了顶点，这在当时或以前的作家那里是绝对找不到的。……马基雅维里的解释把古代的德行变成了正确的德行、马基雅维里的德行。同时，它也把文艺复兴从再生转变为新事物、现代事物的黎明。马基雅维里在谈到‘现代’时，总带有不屑的语气，认为它积弱难返。他没有像弗朗西斯·培根那样，公开声称现代人可以比古人更强大。但是，他给现代的虚弱提供了药方，它将使现代人能够胜过古人。‘现代性’是这样一种观点：现代强于或能够强于古代——现代人能够从对他们有利的、不可逆转的进步中获益。马基雅维里的贡献，是把文艺复兴变成了现代性。所以，就他和他的时代而论，人们大可断言，他有功于文艺复兴，不亚于文艺复兴给予他的恩惠。”[④]在其他地方，曼斯菲尔德也表明了这种“新模式和新秩序”与当下现实的相关性。“他站在风口浪尖，由他发起的革命前无古人，他进入的是一个未知的新世界（《李维史论》，卷一，前言）。其他人都承接他所开创的风气，因而需要依靠他。尽管他的后继者不乏宏论，但只有他才是独一无二的（uno solo），他是现代惟一的新君主。甚至我们当今在名义上（ipso nomine）与现代有着

① 哈维·曼斯菲尔德：《新的方式与制度——马基雅维里的〈论李维〉研究》，第9—10页。

② Anthony J.Parel, “Mansfield on Machiavelli”, *The Review of Politics*, Vol. 59, No. 2 (Spr., 1997), pp.404-407.

③ Donald McIntosh, “The Modernity of Machiavelli”, *Political Theory*, Vol. 12, No. 2 (May, 1984), pp.184-203. 此文认为，马基雅维里的思想有助于我们理解现代性的两大建制：民族国家和资本主义。

④ 马基雅维里：《论李维》，冯克利译，上海人民出版社，2005年，第4—5页。

千丝万缕联系的后现代主义，也不得不承认自己并未完全摆脱马基雅维里主义。”①

曼斯菲尔德在此著中指出，马基雅维里所开创的这种“新模式与新秩序”包含诸多实实在在的面相，诸如：

> 在马基雅维里的学说中，自由得到保障依靠自己拥有深谋远虑的能力，而不是一种理论、一门学科或者自然的权利。因为没有什么东西可以替代深谋远虑的能力，那么能够深谋远虑的人必然会比草率从事的人从协定或者合同中得到更多自己的利益，得到更大的自由度，其方法是依据深谋远虑的能力指引决定守约或爽约。所以，与霍布斯和洛克提出的学说相悖，马基雅维里由反对愚蠢地与人签订自己不能遵守的协定，进而提出如下的见解：遵守愚蠢的和过时的协定是做一件愚蠢的事情。②
>
> 与西塞罗、西塞罗所推动的古典政治学以及将西塞罗推为英雄的人文主义的政治学不同，马基雅维里认为有必要对民众友好。……在马基雅维里的政治学与他生活的那个时代和地区见到的古典政治学之间的显著区别在于，前者不是明确地或肯定地具备基督教的特征。③
>
> 马基雅维里谨慎地用giovanissimi（年轻）结束第1卷的讨论，因此表明他对古典政治学敬奉的道德价值观总体而言是反对的。那些年长者受到道德价值观长期的熏陶，仅仅从自己的人生阅历就能知晓，不能像血气方刚之时那样莽撞行事，而他们身上的克制品质已然被作者抛弃一旁。马基雅维里树立起来的是通过民众选举上台而且敬奉长者，有审慎的判断力，还能做出轰轰烈烈的事业的官员。这样的人能够抓住机会实施他们的宏大抱负，而且能够做到“不问血统”或者不顾流血。④

鉴于此，在这种“新模式与新秩序”的外表之下，一种新型的政治意识

① 哈维·曼斯菲尔德：《马基雅维里的Virtue》，第148页。

② 哈维·曼斯菲尔德：《新的方式与制度——马基雅维里的〈论李维〉研究》，第100页。

③ 同上，第189—190页。

④ 同上，第225页。

形态已经慢慢成长和培育起来，这种对普通民众能力的肯定、对新君主的推崇、对基督教传统道德观的批判以及对古典政治观的创造性转化，都在为新的现代政治秩序的出现进行预演和铺垫。曼斯菲尔德继而将这种新的政治意识形态的新颖之处清晰明了地呈现出来：

> 马基雅维里将观察着古人的现代人比作回首自己豆蔻年华的老人，因而效法古人就可以比作返老还童。我们还可以发现作者给予的一个暗示，后来的现代哲学家都会持发展的见解：现代人是真正的古人，因为他们形成或可能形成对事物的更好的认识。[①]
>
> 马基雅维里没有道理地指责现今的时代，其结果促使人们赞扬古代，但首先是企望拥有未来。他对现在的指责不是怀旧性的而是革命性的。……马基雅维里对年长者赞颂区别于他们的自我赞颂，实际上是对年轻人的赞颂。[②]
>
> 研究制度的政治学，这种体现了现代特点的政治学，依赖制度多过依赖virtù的政治学就是药方，可以治疗循环往复的腐败。这样的腐败使得哲学家失去信心，不相信在政治中会有良好的作为；他们还会认为，手中掌握异常大的权力必将给继承人树立很坏的榜样（第1卷第34章）。总之，良好的统治后面会出现很坏的统治。[③]

基于此，曼斯菲尔德给予马基雅维里极高的评价："马基雅维里建立起'政治学的自主地位'，而自主性的政治学不受道德观念和他人思想的控制，结果因为他完成的工作，他应该被人们称作第一位政治学者。"[④]亦正如施特劳斯所言，马基雅维里虽降低了政治学的尊贵地位和政治生活的道德标准，但将其建立在低下但却稳固的基础之上。

曼斯菲尔德的这些颇为"反潮流"的思想受到了学术界毁誉参半的评

---

① 哈维·曼斯菲尔德：《新的方式与制度——马基雅维里的〈论李维〉研究》，第233页。

② 同上，第236页。

③ 同上，第420页。

④ 同上，第439页。

价。曼斯菲尔德的学生布里茨认为，此书是曼斯菲尔德所有著作中最透彻的一部，有助于重建评注作为一种哲学探寻方式的恰当位置，在同时代学者之中，只有赛斯·伯纳德特[①]对柏拉图对话集的评注能与其媲美。曼斯菲尔德从来没有掩饰他受之于施特劳斯的情义，而且将其公之于众，他更进一步阐明了马基雅维里的论点，帮助另一代学人扫清了学术迷雾。[②]有学者剖析了这部著作的主题及研究方法论，认为这是一本与众不同的著作。“这是一部对后者的《论李维》细心而论述广泛的评注。曼斯菲尔德教授以一种逐章逐页的方式对原始文本进行展开。他在方法论上的论点是，马基雅维里是首尾连贯而一致的。依照他的看法，在论证或例证之中明显的反常现象都是有意为之。它们是为那些迟钝的人准备的陷阱，然而却是细心读者之线索，他们通过这种线索意识到大胆的信息，这不仅是马基雅维里，而且是所有哲学论述的中心：也就是说所有显著的事业都是通过对古典根基冷酷的复兴而得来的，而那个激起人们从事这样的事业的人便是他们合法的统治者。……这是一本微妙而隐晦难解之作。对于为什么政治哲学是重要的，以及为什么其重要性与颠覆性的潜能如此直接与这个问题相连，它单刀直入；对于那些仅仅了解曼斯菲尔德作为一名政治保守主义者之声名的人而言，这样一种视角将会让其感到惊讶。在最近的著作当中，它可以恰如其分地与波考克的《马基雅维里时刻》相媲美。”[③]

亦有学者对这部著作中那些太过于新奇和特立独行之处提出了中肯的批评。帕雷尔认为，这本著作是非凡且受人欢迎的，在任何语言范围内的马基雅维里整体研究之中，都没有与这种类型的研究相匹敌的，因为数量众多的对《论李维》现存的研究基本不涉入任何精密的文本分析。帕雷尔认为，对一般的研究者而言，《论李维》仍然是一本深奥难懂，或者甚至是无法阅读的著作，但由于曼斯菲尔德的出现，所有这一切可能改变了，但他同时也指

---

① 伯纳德特（Seth Benardete，1930—2001）是美国著名的古典学家和哲学家，曾与布鲁姆（Allan Bloom，1930—1992）和罗森（Stanley Rosen，1929—2014）一起师从于列奥·施特劳斯。关于伯纳德特、布鲁姆、曼斯菲尔德之研究领域的关联与差异，以及共同受之于施特劳斯的思想启发，见刘小枫：《施特劳斯的路标》，华夏出版社，2011年，第95页。

② Mark Blitz, “Philosophy as a Way of Life”, *Humanities*, 28: 3(2007), pp.12–15.

③ Mansfield, “*Machiavelli's New Modes and Orders: A Study of the Discourses on Livy*”, *Perspective*, 9: 6 (1980), p.114.

出了这种思路的缺陷所在。

在曼斯菲尔德笔下,《论李维》142章之中的每一章都得到了深思、解码以及被置于一种明确的——施特劳斯式的——解释框架之中。曼斯菲尔德提供了他自身对每一章节的总结以作为解释的背景。如果我们希望对曼斯菲尔德自身也进行查实的话，与原始（意大利文）文本的参照将是必要的。在曼斯菲尔德的手中,《论李维》如果说不是变得有趣的话，至少也是完全生动起来了。甚至是那些不愿意接受这种解释框架的人也会发现，这部著作所汇聚起来的资料，所显示的学术功底以及所提供的洞察力是对他们的努力之足够回报。没有哪位严肃的马基雅维里研究者会忽视这部著作：他可能会质疑其中的某些结论或是谴责其中某些过激之处，或者他甚至可能会将其全盘否定。但是他不能忽视它，而且一定不能。……我放胆预言，这本书最为重要的一个贡献就是使《论李维》成为一部比现在更易阅读的著作，至少在英语世界里如此。这不是一般的成就。虽然如此，这本书的瑕疵却是源自曼斯菲尔德使用的那种特定方法固有的瑕疵，而不是由于他的基本论点或他的学术之中的任何瑕疵。这是一本为学者而不是为业余爱好者准备的著作。那就是说，要领悟其争辩之中的细微差别以及学术敏锐性，以及要认可它在马基雅维里研究主要著作之中的恰当地位，对其他关于马基雅维里的解释——例如波考克、迈内克以及克罗齐的解释——有一种先前的把握是必需的。没有这样一种把握，初学者可能会迷失其中。①

对于曼斯菲尔德那种扑朔迷离的评注方式以及探求作者意图的方法，有学者肯定了曼斯菲尔德所进行的这种极其艰辛而烦琐的尝试，但同时亦质疑其成效。“曼斯菲尔德认为，马基雅维里有一个明确的意图，这在他的著述

① Anthony Parel, “Review of *Machiavelli's New Modes and Orders: A Study of the Discourses on Livy* by Harvey C.Mansfield, Jr”, *Political Theory*, Vol. 9, No. 2 (May, 1981), pp.273–277.

中间接地表现出来，而评注者的任务便是发现它并将其揭示给其他读者。这样一种信念明显在引导着曼斯菲尔德的写作。曼斯菲尔德尊重个体探索的必要性，并不希望把事情弄得如此直白以至于不需要读者的参与。他通常仅仅部分地梳理一个论点，尊重那些沉默之处，拒绝给出最终评价。这种方法为诠释技艺提供了新的素材，因为读者也必须弄清楚曼斯菲尔德自身可能想要表达什么，或是想要隐藏什么。有时这种双重的诠释任务让读者感到沮丧，他们的主要兴趣在于理解马基雅维里而不是曼斯菲尔德。"①惠特菲尔德对曼斯菲尔德的这种解读方式也提出了质疑。他认为，在《论李维》中，马基雅维里对李维颇为敬重，但是在曼斯菲尔德对马基雅维里的解释之中，由于施特劳斯式视角之介入，这种对马基雅维里隐秘意图之探究有时会对作者的本意造成一定的歪曲。曼斯菲尔德是一个控方律师，他列举出马基雅维里的错误，谴责他肆无忌惮的欺骗。曼斯菲尔德认为，马基雅维里的每一个错误都是有意的，"旨在隐藏一种欺骗"。他从来没有想过，当马基雅维里在名字上出差错的时候，可能是由于他的记忆或是文本出错了。在两种情况下马基雅维里都不是旨在欺骗；尽管曼斯菲尔德主张这种看法，但他也不打算展示马基雅维里是如何做的。曼斯菲尔德的著作中充斥着他误解马基雅维里词汇的地方。这种对词汇的不熟悉是一个小瑕疵，主要的瑕疵在于曼斯菲尔德将马基雅维里视为一个从事隐秘写作之人。曼斯菲尔德在他承认隐秘写作不存在的地方，仍然执意如此。或者将对堡垒的讨论作为一例：堡垒这个词有隐秘的含义吗？"它可能是一本这样设计的书吗？它在友好和敌对国家都赢得了'扈从'，而不让他们如此地依赖于一个权威性的文本以至于他们不能自立或是从经验之中学习。这种如此奇特的论调遍布全书，有时让人怀疑作者的严肃性。他有时做得很粗糙，如果他不能责难马基雅维里，他就嘲笑他；但是他通常是将其观点进行扭曲以表达他的喜好（以及他不喜好的）"。在马基雅维里表示对马其顿的菲利普深深厌恶的地方，变成了"新君主应该像马其顿的菲利普那样行事"的建议。要理解曼斯菲尔德的著作，一方面我们必须阅

① Nannerl O. Keohane, "Review of *Machiavelli's New Modes and Orders: A Study of the Discourses on Livy* by Harvey C.Mansfield, Jr", *The Journal of Politics*, Vol. 43, No. 4 (Nov., 1981), p.1289.

读李维的著作，另一方面我们需要阅读马基雅维里的《论李维》。[①]

冈恩对曼斯菲尔德评注之思想渊源、手法以及一些似乎乖谬的主张更是进行了全面而细致的解析。他首先认为，在施特劳斯教诲所激发下，学者们组成了当代政治哲学之中主要的思想派别之一，而且无疑他们是最容易被辨认为一个学派的学者们。曼斯菲尔德教授是他们之中的一员，也是施特劳斯的文本阐释原则的坚定捍卫者。曼斯菲尔德非常频繁地援引施特劳斯。所有与施特劳斯相关的注释技巧都在这里——计算引用的频率以及词汇的出现，对数字、章节的位置以及意味深长的沉默之强调，加上那种回避所有有助于理解的东西的坚定决心，除了那些作者——在这种情况下是马基雅维里——所提供的。首要的是，这种对马基雅维里的解读建立在这样的基础上，那就是奇特的施特劳斯式的对文本语词的字面强调以及对许多篇章应该被隐喻解读的同样强调之混合。从第一条诠释规则中我们获悉，可以假定马基雅维里所表达的完完全全是他的真实想法，包括明显的错误，等等。因为这些错误不是真正的错误，而是表达隐秘含义的方式。因此，每一个词都是重要的，但是——在这里进入第二条规则——不是每一个段落都可以被期待展现其珍宝给任何莽撞的读者。这本著作的主要趣味在于作为一个施特劳斯式阐释模式的橱窗。但他是正确的吗？对重大而有意的错误所给出的证据在某种程度上更是令人印象深刻，尤其是在例证不恰当的情况下，但是当我们面临马基雅维里宣明的错误之时信心动摇了（第289、335、364页），因为在这些错误之中似乎没有包含重要性或是重要性是模糊不清的。有时错误是意义的关键；有时它们仅仅是错误而已。曼斯菲尔德也不能免于人所具有的那种弱点，当他说马基雅维里允诺写作“为对抗君主而激发的情绪”而没有这样做的时候（第319页）。实际上，马基雅维里在允诺的地方（第3卷第6章）陈述了反对君主的计谋，而且仅仅通过一种过度字面的翻译不会发现这里掀起的反对君主的情绪。难道我们不应该至少给马基雅维里同样的余地吗？与往常一样，有独创性的阐释没有给自身设

---

① J. H. Whitfield, “Review of *Machiavelli's New Modes and Orders: A Study of the Discourses on Livy* by Harvey C.Mansfield, Jr”, *Renaissance Quarterly*, Vol. 35, No. 4 (1982), pp.606–610.

定边界，因此是无法证伪的。而且另一个让人不安的问题是，如果我们被劝告在错误之中去发现要点，我们不能确信，对于作者本身明显的缺点作何理解？更为让人明显不安的是他那种扭曲的主张，那就是马基雅维里已经告诉我们，我们必定不要依赖外部材料。对于一个如此明显使用他人武器而不是自身武器的学者，他的这种要求也是不恰当的。这是一本相对可读的著作，包含了大量细心的学术研究以及一种吸引人的思想博弈。然而，作者全身心地投入施特劳斯那种吹毛求疵而神妙莫测的风格之中，而且他那种假定就是错误的，亦即对这种研究方式的不满可以视为“呆滞的真诚”而不用放在心上，是对施特劳斯“超凡才智”之畏缩。这种对证据的要求是真诚的但却不是呆滞的；某些施特劳斯和曼斯菲尔德的阐释有一种魔术师技法那种不诚实的气派，并不因此而显得才智超群。这不是一本为政治思想领域初学者所准备的著作。它是对一些现在熟悉的论证模式最为有趣的考验，而且给专家学者们提供了一份细致入微的对《论李维》的解读，对马基雅维里的幽默进行了有益的强调。但是我们不禁有这样的疑问：这样的尝试值得吗？①

围绕曼斯菲尔德的这部注疏著作存在着极大的争议与分歧，我们或可比照其师列奥·施特劳斯的《关于马基雅维里的思考》一书来预示这部著作的命运，冯克利曾如是高度评价施特劳斯的这部著作：“一部经典被后人解读，其成就竟能超过那部经典本身，这样的事例可谓少之又少。利奥·施特劳斯对马基雅维里的解读，便是这种努力之一，他是否能够打破这一常规，我们不得而知。但是他的文本诠释的功夫，他在紧扣文本脉络方面表现出的深度和想象力，以及他对作者未明言的意图和心理动机的揣测能力，的确令人叹服。”②对施特劳斯一直较为关注的杰米诺，对《关于马基雅维里的思考》更是不吝溢美之词：在近年所出版的马基雅维里研究著作中，有一本尤其值得从事政治思想研究的学者们认真审视，因为它声称已经解决了克罗齐所言之

① J. A. W. Gunn, “Review of *Machiavelli's New Modes and Orders: A Study of the Discourses on Livy* by Harvey C.Mansfield, Jr”, *Canadian Journal of Political Science/Revue Canadienne de Science Politique*, Vol.14, No.1 (Mar., 1981), pp.181–183.

② 冯克利：《尤利西斯的自缚》，江苏人民出版社，2005年，第73页。

谜，而且用令人印象深刻的学术研究对这种声称进行支撑，那就是列奥·施特劳斯的《关于马基雅维里的思考》。或许是因为这种声称的直率性，或是因为其有意较少关注历史语境，或是因为其忽视最近的学术研究之贡献，这本书未能从马基雅维里研究者那里获得它理所当然应该享有的那种关注。似乎可以理直气壮地说，没有任何其他人曾经如此细心地研究马基雅维里的教诲，在试图揭示这种论证之深层含义的时候，也没有任何学者展示了同样的技巧和想象力。依照其惯常的方法，在他和对文本自身的审视之间，施特劳斯使可能存在的中介物降低到最低限度。结果便是一份对于这个伟大的佛罗伦萨人确确实实的全新审视。对于政治理论家而言，施特劳斯的著述是不可或缺的，因为其聚焦于马基雅维里的教诲之中的实质部分，那就是关于政治形而上学之恒久问题。在其皓首穷经和包罗万象方面，《关于马基雅维里的思考》是无与伦比的，在此书之中，探究了其研究主体的政治思想之全部内容。确确实实，施特劳斯致力于一劳永逸地解决这个神话，那就是马基雅维里并没有秉持任何哲学，而仅仅只是从一种“直率的经验立场”进行创作。[①]

作为施特劳斯的学生，曼斯菲尔德紧随其师的步伐，在《新秩序与新模式》中，再次运用这种文本细读的方法对马基雅维里进行了“庖丁解牛式”的注经式诠释，精细地展示了《论李维》一书之中诸多未曾被学界关注的隐秘线索和微言大义，以及马基雅维里思想与现代性之间复杂微妙的关系。这种理路和由此得出的结论之优劣所在已由上述各位学者指出，无论这是怎样的一家之言，无论这是如何的片面深刻，但对于我们全方位地理解马基雅维里无疑是有裨益的。

四、对当代马基雅维里研究之批评

对于当代研究马基雅维里的学术成果，施特劳斯基本上持一种漠视和蔑

① Dante Germino, “Second Thoughts on Leo Strauss’s Machiavelli” , *The Journal of Politics*, Vol. 28, No. 4 (Nov., 1966), p.795.

视的态度而不予理睬，有学者指出了其中的缘由："从文本的内在要素看，施特劳斯为了获得一种与《君主论》和《李维史论》作者密谈的感觉，几乎完全不理会后人的研究文献。与其说这是为了避开马基雅维里在其身后500年里引起的种种复杂繁难的问题，不如把它理解为他根本不把后人的研究放在眼里。他认为，自从法国大革命以后，在政治思想的领域里发生的根本性急剧变化，对我们阅读早期思想家时采取的视野造成了严重的侵害，使我们在阐述古典思想家时往往犯下错误，看不到19世纪和20世纪的视野所具有的狭隘性质，'这种狭隘视野，不可避免地总在佯装伪饰，仿佛它比此前任何时代的视野都更为广阔'。"[①]与其师施特劳斯不同的是，曼斯菲尔德对学界的马基雅维里研究成果进行了认真对待，总体上持强烈的批判和质疑态度。

首先是作为施派的曼斯菲尔德对老对手剑桥学派的批评，围绕曼斯菲尔德的《施特劳斯的马基雅维里》一文，曼斯菲尔德和波考克曾以著名刊物《政治理论》为战场，进行了一场激烈的遭遇战[②]，而他对后者的名著《马基雅维里时刻》也进行了认真的评论。曼斯菲尔德承认波考克这部著作的权威性，因为此著将从古至今的思想家们串联起来，其敏锐的分析通常建立在一种对文本的新颖审视之上，这部著作内容充实，其中充满大量的复杂语句和从句，充斥大量有表达力的副词。在肯定这部著作的学术分量时，曼斯菲尔德也对这本著作的基本理论预设、论点和结构都进行了批评。他认为，虽然波考克的方法取得了一个让人印象深刻的综合体，但他让"马基雅维里时刻"不具有那种详加区分便可获得的清晰性。曼斯菲尔德认为波考克对自由主义涉及过少，而对于现代科学则只字未提，马基雅维里没有依赖于现代科学，而霍布斯和洛克则不然，这个事实也值得进行评论。曼斯菲尔德继续认

① 冯克利：《尤利西斯的自缚》，第75页。但曼斯菲尔德为其师辩护说，施特劳斯远非对马基雅维里研究保持沉默，他调侃道：施特劳斯在学术礼节上唯一的缺点是"未能记住其他学者的名字"。曼斯菲尔德认为，施特劳斯在《关于马基雅维里的思考》中处理了学术界所惯常关心的马基雅维里诸问题，也提出了自己的问题，他将这些问题与自己的理解联系起来，且尽其所能地回答。参见曼斯菲尔德：《施特劳斯之马基雅维里》，田立年译，见刘小枫选编：《施特劳斯与现代性危机》，华东师范大学出版社，2010年，第156—157页。

② J. G. A. Pocock, "Prophet and Inquisitor; or, a Church Built upon Bayonets Cannot Stand: A Comment on Mansfield's 'Strauss's Machiavelli'", *Political Theory*, Vol. 3, No. 4 (Nov., 1975), pp.385–401; Harvey C. Mansfield, Jr., "Reply to Pocock", *Political Theory*, Vol. 3, No. 4 (Nov., 1975), pp.402–405. 这两篇文章的中译本刊于《马基雅维里的喜剧》，见刘小枫、陈少明主编：《经典与解释辑刊》，第10辑（华夏出版社，2006年）之中。

为，波考克忽视或是轻视了马基雅维里认为对德性（包括共和主义德性）而言有必要为之的犯罪行为。曼斯菲尔德还详尽地批判了波考克所持的历史主义方法论：许多学者都同意世界上的事务大约在马基雅维里那个时代发生了巨大的转折，而且他们都同意这带来了一种通向通常与他的名字联系在一起的世俗主义和现实主义的变化。但是因为现代历史主义的力量，大家似乎都极不情愿将这种变化归于马基雅维里，或者甚至是考虑那种可能性。波考克比他们之中的大多数人都更加博学和深邃，但他也不情愿。对他而言，马基雅维里不是一个君主或奠基者，而是波考克自身“模式”所提供的语境之下的单独个体而已。①而对于剑桥学派的另一位重要人物维罗里②，曼斯菲尔德更是毫不留情，他尖锐地批评道："毛里齐奥·维罗里对于在马基雅维里那里所遇到的一切并没有感到不安，更不用说震惊。他的著作是一份对马基雅维里的全面申辩，致力于移除每一种引起读者惊慌的原因以及源自作者本身的每一个挑衅之处。"③对此论点他继续延伸道："维罗里视马基雅维里致力于如下的目标——必然是符合惯例的——这些目标也是修辞学家感兴趣的，诸如正义、法治、公民和谐以及爱国。……为了解释他那种符合惯例的马基雅维里观，自相矛盾的是，维罗里不得不排除所有对马基雅维里的流俗印象，并对除了昆廷·斯金纳、列奥·施特劳斯（他将其著作赞美为一部“被误读的杰作”，此书第208页），以及萨索以外的所有马基雅维里研究者进行抨击。在这个过程之中，维罗里的著作开始看起来在某个方面比马基雅维里的著作更加令人印象深刻。是他，而不是马基雅维里踏上了一条杳无人迹之路，尽管这条路是更为远见卓识的斯金纳为他所指出的。在主张我们应直接面对事

---

① Harvey C. Mansfield, Jr., "Review of *The Machiavellian Moment: Florentine Political Thought and the Atlantic Republican Tradition* by J. G. A. Pocock", *The American Political Science Review*, Vol. 71, No. 3 (Sep., 1977), pp.1151–1152.

② 维罗里已有以马基雅维里为主题的四重奏面世，分别为：Maurizio Viroli, *Machiavelli*, Oxford: Oxford University Press, 1998; Maurizio Viroli, *Niccolo's Smile—A Biography of Machiavelli*, Translated by Antony Shugaar, New York: Farrar, Straus & Giroux, 2000; Maurizio Viroli, *Machiavelli's God*, translated by Antony Shugaar, Princeton: Princeton University Press, 2010; Maurizio Viroli, *Redeeming* The Prince: *The Meaning of Machiavelli's Masterpiece*, Princeton: Princeton University Press, 2013.在其《从政治学到国家理性》（Maurizio Viroli, *From Politics to Reason of State: The Acquisition and Transformation of The Language of Politics, 1250–1600*, Cambridge: Cambridge University Press, 1992）一书中，马基雅维里也占据核心位置。

③ Harvey C. Mansfield, "Review of *Machiavelli*. By Maurizio Viroli", *The American Political Science Review*, Vol. 93, No. 4 (Dec., 1999), pp.964–965.

物的实效真理而非其假定的或声称的善之时，马基雅维里似乎摒弃了修辞学家的浮夸目标，正如在他自身的例子之中，他承诺毫无粉饰地写作《君主论》。他从来没有谈到修辞学，这个词在他的两部主要著作之中都没有出现。而且他强力地批判文艺复兴修辞学家眼中的英雄西塞罗。这不是一个看起来相信优美言辞力量之人。……如果维罗里没有将马基雅维里的修辞学作为其主题，我们将可能会得出这样的结论，那就是他的著作缺乏对马基雅维里修辞学之欣赏，或者是实实在在的好奇心。然而，他对待马基雅维里的方法允许他将对马基雅维里的共和主义式解释发挥得比任何前人所做的更远：这是一个世界纪录，一个马基雅维里式的成就。”①由此可见，与波考克存在的问题一样，曼斯菲尔德认为维罗里这位马基雅维里的意大利同胞对其思想有过度美化之嫌②，力图用一种拟定的共和主义范式和修辞学传统去对马基雅维里思想的多元性进行机械地裁剪和切割，使其固定化、模式化和脸谱化，这在很大程度上偏离了原生态的马基雅维里思想，忽视了其思想体系的革命和创新维度，也就是与我们身处其中的现代社会的密切联系，从而降低了马基雅维里的思想高度和历史地位。

对于文艺复兴史研究专家吉尔莫的马基雅维里研究，曼斯菲尔德这样说道：“当钦佩那种学术成就的技艺之时，然而我们可能会观察到，总体说来，它不是建立在对马基雅维里的意图的一种严肃研究之上，正如其著作之中所揭示的那样，而且全盘缺少对马基雅维里的幽默之领悟。”③学者赫利翁（Hulliung）著有《公民马基雅维里》一书，此书与施特劳斯的《关于马基雅维里的思考》秉持几近相同的立场，那就是认为马基雅维里就是无可争辩的“邪恶之师”，但在具体论证路径上则与施特劳斯存有较大差异。曼

① Harvey C. Mansfield, “Review of *Machiavelli*. By Maurizio Viroli”, pp.964–965.

② 维罗里认为，《君主论》的根本性含义蕴藏在全书最后一章，而曼斯菲尔德则认为是全书中段的第十五章，马基雅维里在此处宣称他与其他人的秩序（order）分道扬镳，与其哲学前辈不同，他将会寻求事物的“有效真理”。因此，在维罗里的叙述之中，马基雅维里的抱负集中于意大利，而在曼斯菲尔德的叙述中，马基雅维里的抱负则远为宏大。在维罗里的叙述中，马基雅维里期盼一个救赎性的君主，而在曼斯菲尔德的叙述中，马基雅维里知道自身便是那一位救赎性的君主。详见 Vickie B. Sullivan, “Review of *Machiavelli's Legacy*: 'The Prince' *after Five Hundred Years*, edited by Timothy Fuller”, *Interpretation: A Journal of Political Philosophy*, Vol. 43, Issue 1(2016), pp.191–192。

③ Harvey C. Mansfield, Jr, “Review of *Studies on Machiavelli* by Myron P. Gilmore”, *Renaissance Quarterly*, Vol.27, No.3 (1974), p.322.

斯菲尔德对这部著作也进行了详细地评价："与施特劳斯相比，赫利翁并不依赖马基雅维里文本之中的隐秘含义，'在其中，一种细心的解读和一种对文本的扭曲有时是很难识别的'（第239页）——或许因为细心的解读和扭曲都需要耐心和策略。马基雅维里没有隐藏其革命性的意图，但是他的确隐藏了这种意图的程度，以便他的事业可以在他自身的某种标准的版本之掩饰下行进。这是施特劳斯所提供的解释（《关于马基雅维里的思考》第32—35页），而赫利翁否认这是施特劳斯提供的，也就是说为什么像马基雅维里这样一个直率的作家会部分地掩藏其意图。我们可以补充说，他的直率掩藏了他的直率，因为人们不准备相信一个看起来直率的人会比他看起来更加直率。尽管赫利翁偶尔对马基雅维里的反语点头称是（第108、131、148、205、283页），他仅仅是消极地将其理解为回避。他知道欺诈对于马基雅维里的政治而言是必备的（第55、196页），而且'他旨在将理论和实践结合起来'（第249页），但是他未能考虑这种可能性，那就是马基雅维里自身可能在他的政治中已经使用了欺诈。因此，赫利翁低估了马基雅维里的根本意图，而且在呈现这种意图的时候痛苦地徘徊，或是鲁莽的。他否认马基雅维里与柏拉图和亚里士多德的政治哲学相决裂，那是基于这样的理由，在把《君主论》和《论李维》加起来的情况下，柏拉图和亚里士多德仅仅被提到一次。"[①]对于格兰茨那部获得1989年普利策传记奖的《地狱之中的马基雅维里》和帕雷尔的《马基雅维里式的宇宙》，曼斯菲尔德同样不吝批评："阅读马基雅维里不是进入一种平等者之间的对话；……两位作者都在符合现代学术研究惯例的真诚前提下著述。无论基于哪种原因，马基雅维里都是真诚的，绝不试图欺骗读者。格兰茨引用马基雅维里在一封信件里的陈述，'我绝不说我相信的，也不相信我所说的，而且尽管有时我得知了真相，我将其掩藏在如此多的谎言之中，以至于很难再次发现它'，但他却没有认真对待这句话（第364页）。帕雷尔接受这个观点，那就是马基雅维里用'正统的基督教立场以达到修辞效果'，但是他主张马基雅维里真

① Harvey C. Mansfield, Jr, "How Dangerous Is Machiavelli?" *The Review of Politics*, Vol. 47, No. 2 (Apr., 1985), pp.298–300.

诚地相信命运女神的神性（第82页）。格兰茨说，尽管马基雅维里在宣布一个笑话的时候知道如何讲述出来，在他所有无论是主要还是次要的政治著述之中，'他总是不苟言笑'（第335页）。没有什么比这句话更能让我们的马基雅维里发笑了。”[①]

当然，曼斯菲尔德对学界的马基雅维里研究之关注远远不只局限于上面几本著作，他秉持自身独有的理论视角和价值预设对众多马基雅维里研究路径和著述进行了分析和批评。这样的批评本是学术交流的惯常情景，在某种程度上的确反映了每种学派自身不周全之处和盲点，因为各个学科或学者自身的本位意识、惯性和价值立场总是隐含在这种解释之下，这让每一种解释皆不可能面面俱到，毕其功于一役，而现代学科建制的人为切割更是易使诸方家如盲人摸象一般只见树木不见森林，呈现一种原子化的马基雅维里形象，反言之，其他学派或学者对曼斯菲尔德及其师施特劳斯的批评也是基于此理。不过，借助这种光光相映、互相驳难及回应的良性效果，一个更加清晰和完整的马基雅维里思想肖像必定会慢慢凸显出来，可以无限接近马基雅维里的真实思想内核。

* * *

特别需要指出的是，曼斯菲尔德对马基雅维里微言大义的阐发是建立在对其文本极为熟悉的基础上的，欲知字里行间的前提是对于表层意思的准确把握，而这种熟悉则来自对马基雅维里主要著述的翻译，否则可能沦为大而化之的任性发挥。学术界所共知的是，施派热衷于翻译古典著作，意图重新挖掘其中蕴含的政治智慧，他们也确确实实尽力而为，取得了诸多重大成果。在翻译活动中，施派一如既往地追求忠信（literalness）原则[②]，主张尊重原始文本之教义，为此不惜牺牲可读性，以保留原著的思想原貌，给读者预留广阔的思考空间。曼斯菲尔德在翻译方面用力颇深，他始终遵循施

---

① Harvey C. Mansfield, "Review of *Machiavelli in Hell* by Sebastian de Grazia & *The Machiavellian Cosmos* by Anthony J. Parel", *The American Political Science Review*, Vol. 87, No. 3 (Sep., 1993), pp.764–765.

② 艾伦·布鲁姆在其《巨人与侏儒——布鲁姆文集》（增订版）（张辉选编，秦露等译，华夏出版社，2007年）之中有一篇名为《对“信”的辩护》的文章，其中对“信”的原则进行了细致的理论阐发并结合其翻译柏拉图著述的具体实践进行了系统论证，详见氏著第104—119页。

派所倡导的“忠信”原则，力图尽可能地呈现出原著的真实面貌，而不是越俎代庖地曲解原作者的含义，在其中投射翻译者本身的思想。曼斯菲尔德在翻译马基雅维里文本上所取得的成就得到了学界的普遍认同，他的译本公认是比较权威的，中文学界所译的《论李维》[①]基本参考的是曼斯菲尔德译本，这便是对其翻译努力的极大肯定和认可。《新亚特兰蒂斯》杂志在介绍曼斯菲尔德的网页上如是说道："曼斯菲尔德对马基雅维里和托克维尔著作的翻译因为其清晰和对文本的忠诚而广受赞誉"，这应是比较恰当而中肯的评价。

通过翻译马基雅维里的文本，曼斯菲尔德可以更加充分地厘清马基雅维里字里行间之微言大义；通过对马基雅维里思想各个层面的剖析，可以将一个更加整全清晰的马基雅维里形象剥离出来；而通过对马基雅维里原著字斟句酌地解释学释读，曼斯菲尔德为我们展示了马基雅维里文本中的精巧细微与博大精深。曼斯菲尔德沿着施特劳斯的研究路径前行，将其师的观点发扬光大，而对其论证不充足之处则尽量完善、补遗和铺展，“在发展施特劳斯的马基雅维里研究方面，没有人的贡献能够超过曼斯菲尔德”。[②]学界普遍认为，施特劳斯对马基雅维里研究最大的贡献之一就在于把争论的水准上升到新的哲学高度，而曼斯菲尔德将这种路数持之以恒，既用一种政治哲学式的宏大架构来透视马基雅维里，又凸显其与现代政治科学与现代政治实践的相关性，这种宏大思维方式与精致案例分析之结合将对马基雅维里的认识奠基在更为牢固与夯实的基础之上，兼具价值判断和事实判断。正如有学者所指出的，在施派中，曼斯菲尔德学会了客观而冷静地阅读古典文本。因此，经过批判性政治哲学的学科训练后，他准备按照马基雅维里被要求的那样来解读马基雅维里——平实而直率，但是也很审慎。曼斯菲尔德笔下的马基雅维里与学术界围绕马基雅维里所达成的共识分道扬镳。他向那些细心的读者发出挑战，那就是去直面这位既没有模仿前人也没有模仿当代人的完全与众不同的作家，以便发现马基雅维里亲

① 分别为马基雅维里：《论李维》，2005年；马基雅维里：《马基雅维里全集·君主论·李维史论》，潘汉典、薛军译，吉林出版集团，2011年。

② 刘玮：《马基雅维里与现代性——施特劳斯、政治现实主义与基督教》，华东师范大学出版社，2012年，第66页。

自留下的教诲。[①]因此之故，在曼斯菲尔德的心目中，马基雅维里既是一个邪恶的颠覆者，也是一个伟大的革新者，与我们所生活的现代世界有千丝万缕的关系，是很多现代政治价值观和政治实践的导师："马基雅维里帮助创造了现代世界，这种世界带有对自我实现的强调以及关于人类平等之观念。马基雅维里不是自由民主主义者，但是他所提出的观点是导向某种民主或准民主政治制度的涓涓细流之一，柏拉图和亚里士多德都预示了这种制度所具有的优点和危险。马基雅维里促成了旧有哲学体系之衰败并用新的理解取而代之，这使他跻身一流政治哲学家的行列并值得认真研究。马基雅维里思想的这个方面比起他对君主关于获取和保持权力的恰当手腕进言远为重要。"[②]鉴于此，在曼斯菲尔德的思想视野中，对马基雅维里进行认真的学理研究对于认识现代世界的重要性已不言而喻，诸如现代政党制度、行政权以及宪政等自由民主制度要件的形成等，都可以在马基雅维里那里找到源头。

同其他施派学者一样，曼斯菲尔德也经常论及古今之争，但他并非一边倒地尊古抑今，而是注意到了现代人优于古代人的地方，并且将这种优越性追溯到了马基雅维里。曼斯菲尔德认为，马基雅维里创立了一种关注实际目标的政治科学，而不是由崇高但不切实际的理念所组成的一种高贵理论[③]，也就是说完成了从政治理念到政治实践的转换。曼斯菲尔德在《马基雅维里的事业》一文中指出，《君主论》与《论李维》一起宣告了一件影响今天所有人的事业之诞生，那就是现代世界的创生。这项事业有如下的特点：其本身是新的，也推崇新奇的事物；它表明使用肮脏的手腕是为了我们的利益而为之；它揭示了作为君主之哲学家；它召唤用实效真理与想象真理相对抗；它在这个世界上发现了如是真理，那就是这是一个充满必然性和感性的世界，它揭示并解释了后来可以称之为"事实"的事物；它通过用现代自然科学和社会科学的方式简化问题而予以解决。[④]此时此刻，在曼斯菲尔德的心目中，马基雅维里与现代性的关系获得了一种明确而具体的肯定，不仅仅是施特劳

---

① John Gueguen, "Review of *The Prince*. Niccolo Machiavelli. Trans., Harvey C. Mansfield, Jr." , *The Sixteenth Century Journal*, Vol. 18, No. 3 (1987), pp.446–447.

② Stanley Rothman, "Presentation: A Solitary Defender" , *Academic Questions*, 2002, pp.12–14.

③ Jerry Z. Muller, "The Princes Pay Tribute. Book Review" , *Public Interest*, 2001.

④ Harvey Mansfield, "Machiavelli's Enterprise" , *The New Criterion*, 2013, pp.4–11.

斯笔下那位朦胧的“堕落天使”。

简而言之，在对马基雅维里的释读上，无论曼斯菲尔德存在何种弊端和疏谬，无论他如何剑走偏锋，但它对我们从新的视角认识马基雅维里的整体思想无疑是有所贡献和增益的。正如有学者所指出的，施派和剑桥学派两种不同类型的马基雅维里研究对于我们理解这个重要历史人物是大有裨益的，“两种类型的学术成就竞争性的存在是有益的，因为阅读两种类型的著作比单独专注于一种更能理解马基雅维里”[①]，而“多元的诠释路径当然比一种霸权式的自说自话更为可取”[②]。依照此理，曼斯菲尔德那种与其师施特劳斯既有高度重合，亦有不少分端的马基雅维里思想诠释方式，对于我们求解“马基雅维里之谜”，以及对于我们理解施特劳斯和曼斯菲尔德自身的思想，自然提供了一个很好的路标，尽管马基雅维里的思想将继续充满争议和魅力，求解“马基雅维里之谜”依然任重而道远。[③]

（朱 兵，贵州大学历史与民族文化学院历史系副教授）

① William McCuaig, “Review of *Machiavelli's Virtue*, by Harvey C.Mansfield”, pp.1–2.

② Terence Ball, “Discordant Voices: American Histories of Political Thought”, in Dario Castiglione and Iain Hampsher-Monk eds., *The History of Political Thought in National Context*, Cambridge: Cambridge University Press, 2001, p.133.

③ 朱克特指出，“马基雅维里的《君主论》之意图和影响皆已被讨论了500年之久，看起来它们将会继续被讨论下去”。关于马基雅维里的一本著作便是如此，要认识马基雅维里的整全思想，就更是难上加难了。Catherine H. Zuckert, “Machiavelli's *Prince* — Five Hundred Years Later”, *The Review of Politics* 75 (2013), p.496.

评 论 | Review Articles

浅析“社会规训”范式在意大利宗教史研究中的出现、发展及其问题*

付　亮

摘要：1980年，20世纪杰出的教会史学家胡贝特·耶丁辞世。这位德国学者的“天主教改革和反宗教改革”范式（即“耶丁范式”），曾极大启发了“二战”后的意大利天主教学者，让他们能够以新的视角重估近代天主教，并探究其自我革新运动。但耶丁退出历史舞台的这一年，随即成为意大利宗教史研究的转折点。耶丁的高足保罗·普罗迪宣告耶丁的史观已完成其历史使命，他力主引入德国学界的“社会规训”范式来审视近代意大利历史中有关大众社会和宗教演变的重要发展脉络。普罗迪认为，该范式一方面能够为近代化理论提供一个长时段的框架，另一方面则可以将传统的政治史、制度史与其时活力四射的社会史串连起来。普罗迪与其他意大利史家揭示出：近代意大利社会借由世俗政权和教会权威的结合而被形塑或规训。“社会规训”范式目前仍在意大利宗教史领域处于支配地位。但该范式也不无问题，譬如遗漏了微妙的信仰动机，故有简化历史之嫌。

关键词：意大利宗教史　天主教改革与反宗教改革　社会规训

*　本文是国家社科基金项目“卡洛·博罗梅奥的米兰大主教区改革与近代早期意大利社会转型研究（1565—1610）”（项目编号：17BSS045）的阶段性研究成果。

1980年7月16日，20世纪最伟大的教会史学家胡贝特·耶丁（Hubert Jedin）辞世。这位德国学者的研究生涯与意大利学界渊源甚深。他早年在罗马爬梳史料、寂寞治学，学问成熟后在德意两国作育英才，以一己之力开创并形塑了意大利宗教史的半壁江山。第二次世界大战后，耶丁在特兰托大学创办了意大利—日耳曼历史研究所（Istituto Storico Italo-Germanico），推广他的"天主教改革和反宗教改革"范式（Katholische Reform und Gegenreforation）。该范式驳斥了曾在欧美学界大行其道的史学诠释：天主教会的"反宗教改革"运动乃是反动力量，阻碍了意大利乃至欧洲迈向近代的步伐。"耶丁范式"（the Jedinian Paradigm）启发了"二战"后的意大利天主教学者，让他们能够以新的视角重估近代天主教，并探究其自我革新运动。[①]

尽管耶丁的诠释范式有助于修正以往的历史偏见，也有助于呈现天主教的历史连续性，但其蕴涵的问题也益发明显。天主教改革与反宗教改革之间的区分，实则是对16世纪天主教所身处的复杂困顿局面进行人为切割。耶丁将一些历史现象——诸如敬虔行为、教牧关怀或教士培养的创新——归结为"自改革"，将其他一些现象——诸如宗教裁判所、审查制度、禁书索引等压迫行为——归结为"反新教行动"。这实则是武断的，甚至是误导的。实际上，所谓压迫性的反宗教改革运动与建设性的天主教改革运动之间的区别，乃是史学建构，而非历史本身。教会在改革过程中选择镇压还是规劝，端视当时的目的和文化语境而定，是无法预测的。因此，即便是将反宗教改革和天主教改革这两个框架合在一处，也是无法准确解释16世纪天主教的多元复杂之处的。

耶丁退出历史舞台的这一年，成为意大利基督宗教史研究的转折点。同年，耶丁的高足保罗·普罗迪（Paolo Prodi）[②]，继承乃师志业，接手意大利—日耳曼历史研究所。他旋即召集一批天主教学者齐聚意大利北部小城特兰

① 对于"耶丁范式"的介绍，可参见付亮：《天主教的主体性与历史诠释——约翰·奥林的天主教改革研究》，载《世界历史》，2017年第2期，第127—128页。

② 据笔者管见所及，中国学界对以耶丁、普罗迪等人为代表的当代德国、意大利天主教史学者及其著述缺少关注与研究。而且，不夸张地说，我们对国际学界的近代早期天主教史研究仍缺少准确翔实的梳理。故而，笔者不揣浅陋，欲撰写一系列文章来介绍和评析20世纪中期以来最为重要的天主教史专家及其研究成果。本文即是其一。

托，纪念导师的史学贡献。会上，早年服膺“耶丁范式”的普罗迪，虽然高度评价了导师的学术成就，却同时宣告：耶丁的史观已完成其历史使命，未来亟须采用新的史学视角重新检视近代意大利的社会发展与天主教的近代性问题。[①]转换范式的第一枪打响了。

在普罗迪心目中能够代替“耶丁范式”的正是“社会规训”范式（Disciplinamento Sociale/Social Discipline）。普罗迪力主在意大利—日耳曼历史研究所举办“近代早期时代的社会规训”研讨班，并延请德国史家向意大利同侪绍介在德国发展迅猛的“社会规训”范式和“教派化”命题（Konfessionalisierung）。多年后成为德国近代早期世界史研究领军人物的沃尔夫冈·莱因哈德（Wolfgang Reinhard），即是当时主要演讲人之一。在1981年的一场研讨会上，普罗迪指出，源出德国的“社会规训”范式固然颇具争议性，但有助于审视近代意大利历史中有关大众社会和宗教演变的重要发展脉络。该范式一方面能够为近代化理论提供一个长时段的框架，另一方面则可以将传统的政治史、制度史与其时活力四射的社会史串连起来。普罗迪意在借“社会规训”范式抗衡以自下视角考量大众心态和文化机制的社会史。易言之，他针对的乃是“没有时间感”的微观史。

普罗迪的做法可谓其来有自。现代意大利宗教史学的一大传统是天主教史家与厌恶天主教的世俗史家之间的对抗。前者关注教会制度、教会政治以及神学教义等，后者则乐于着墨遭受教会压迫的群体。如果以1980年耶丁下世为节点，那么在此之前是以耶丁为首的天主教学者的天主教改革研究，“对抗”奉德里奥·坎蒂莫里（Delio Cantimori）为宗的意大利左派史家的异端史研究。坎蒂莫里1939年出版的《16世纪意大利的异端分子》一书，可谓现代意大利异端史研究的滥觞。[②]20世纪70年代，异端史研究更是花开几枝，其中一派尤其关注大众文化的历史，并巧思出一种揭橥庶民阶层的朦胧世界的研究方法，亦即微观史。1980年之后，便成为以普罗迪为首的天主教史家与以卡尔洛·金兹伯格（Carlo Ginzburg）为代表的微观史学者之间的较量。

---

① 参见Paolo Prodi, “Il binomio jediniano ‘riforma cattólica e controriforma’ e la storiografia italiana”, *Annali dell’Istituto storico italo-germanico in Trento*, Ⅵ, 1980, pp. 85–98。

② 关于坎蒂莫里的史学特色与贡献，参见付亮：《意大利宗教史学概述》，载《光明日报》，2015年9月12日。

只不过双方都升级了“武器”。“社会规训”成为此后30年意大利学者（特别是天主教史家）乐于接纳的诠释范式。

帮助普罗迪在意大利推广“社会规训”范式的正是德国史家莱因哈德。他的一篇重量级文章《作为“近代性”的反宗教改革？“教派时代”理论刍议》，刊登于1977年的《宗教改革史研究年鉴》，影响深远，迄今仍有价值。[①]莱因哈德在此文中将杰哈德·约斯特里奇（Gerhard Oestreich）的“社会规训”和恩斯特·沃尔特·奇登（Ernst Walter Zeeden）的“教派建构”整合起来，做深入反思。他认为，以纪律和教化为基础的新教各宗派以及革新后的天主教（即“由特兰托大公会议形塑的天主教”，Tridentine Catholicism）为推动近代国家的社会规训做出了贡献。究其实质来看，莱因哈德对于“社会规训”和“教派化”的理解，是要将新教与天主教放在平等的位置上来衡量。其比较研究的策略剑锋指向曾在历史书写中长期占支配地位的“新教沙文主义”，即认定新教和宗教改革是催生近代世界出现的唯一力量。莱因哈德质疑这种看法。他认为，经历革新的天主教亦参与建构近代世界，拥有和新教相似的“近代性”，理应在历史书写中拥有以往所没有的权重。

这就吸引了以普罗迪为代表的意大利史家。意大利学界与德国学界一样，其史学研究素来排斥和贬低天主教。直言之，这是意大利民族复兴运动的自由主义史观的产物。自由主义史观认为天主教会的反宗教改革运动是近代意大利在经济和文化上落后的根源。是故，意大利学者认为“社会规训”范式可用以抵消本国史学传统的后设观点，重评官方教会及其所推动的天主教信仰。在普罗迪看来，“社会规训”范式大大有助于修正彼时盛行的社会史（特别是微观史）中的一些取径。普罗迪所针对的社会史，重“大众”文化，轻“官方”文化，并且强调两者的差别和对抗，从而忽视了两者之间微妙的互动关系。金兹伯格1976年的经典之作《奶酪与蛆虫》即是一例。普罗迪并不完全认同莱因哈德在其经典文章中所提出的纯粹自上而下的规训理念，他提出了更加微妙复杂的互动模式。普罗迪认为可以给“社会规训”做

---

① 参见Wolfgang Reinhard，“Gegenreformation als Modernisierung? Prolegomena zu einer Theorie des konfessionellen Zeitalters”，*Archiv für Reformationsgeschichte*, 68, pp. 226–252。

三组定义：1. 机制与社会之间复杂互动进程的总和；2. 个体行为模式和集体行为模式在被形塑过程中的连结组织；3. 通过精心计划、强迫接受、多层过滤以及严加控制之间的持续交互作用，而注定被转换为结构的模式。

普罗迪的“社会规训”范式旨在揭示：近代意大利社会借由世俗政权和教会权威的结合而被形塑或规训。他认为，“社会规训”主要体现的是一个政治视角，关注权力的运作。故此，在他的理解中，神学教义主要被视为彼此竞争的“意识形态”，为政治权力所用。此外，值得注意的是，普罗迪设定了一个长时段的时间框架，特别是其上限始于16世纪之前。这就与耶丁就天主教改革早于宗教改革的看法相契合，也与意大利文艺复兴时期存在早熟的国家建构的认识有交集。由此，便将新教的宗教改革拉下“神坛”，剥夺了其独尊地位，让其恢复为形塑近代社会的多种力量中的一种。1994年，普罗迪主编了会议论文集《中世纪与近代之间的灵魂规训、身体规训与社会规训》，涉及教士戒律、女性的行为操守和着装、儿童教育、戏剧表达、婚姻生活和家庭生活，等等。该文集呈现出教俗力量竭尽所能重建新的社会准则，强化男女差别和圣俗差别的历史图景。[①]普罗迪坚信，社会规训开启了文明的进程。

在“社会规训”范式的引领下，主教区和宗教裁判所等旧题得以有新的突破。意大利史家逐渐将主教区和宗教裁判所视为社会规训的重要驱动力。主教区巡查记录，因其既体现了政治力量对社会的渗入，又记录了规训的成就以及规训过程中遇到的各种社会现实，而成为史家最为看重的文献。在爬梳材料的过程中，史家追问主教是如何在近代重建司法审判机制，建立近代化的组织机构以连接中心和边缘，从而代替既有的权力和特权网络的。进而，他们欲图揭橥政治和宗教是如何与物质利益和属灵利益实现对接的。这方面的代表当推意大利特兰托大学的16世纪天主教史专家奇莉亚·努波拉（Cecilia Nubola）。她的力作《通过管治途径体察灵魂：卢德维科·玛德卢佐开展教牧巡查期间的特兰托主教区（1579—1581）》，是善用主教区巡查记录的典范。[②]

---

① 参见 Paolo Prodi ed., *Disciplina dell'anima, disciplina del corpo e disciplina della società tra medioevo ed età moderna*, Bologna: Il Mulino, 1994。

② Cecilia Nubola, *Conoscere per governare: La diocesi di Trento nella visita pastorale di Ludovico Madruzzo*（*1579–1581*）, Bologna: il Mulino, 1993.

“社会规训”范式也开启了“宗教裁判所转向”。阿德里亚诺·普罗斯佩里（Adriano Prosperi）在《良心的法庭：宗教裁判官、忏悔神父以及传教士》一书中提出新看法，认为1542年重建的罗马宗教裁判所绝不仅仅是用来打压新教思想的所谓反宗教改革的武器，更重要的是，它还是教宗管理机制中的一个重要部门，在亚平宁半岛拥有强大的司法审判权，堪称教宗国开展社会规训的驱动力。[①] 在该书中，我们能看到宗教裁判官尽管与主教、堂区教士以及修会修士时有龃龉，却客观上和他们一道为天主教会重新控制意大利做出努力。

“社会规训”范式目前仍在意大利宗教史领域处于支配地位。但普罗迪的初衷——从长时段考察各机制与社会之间的复杂互动，尚未充分实现。需要指出的是，该范式也不无问题。譬如，它固然有助于学界认识到近代天主教会的“近代性”，却遗漏了微妙的信仰动机，故有简化历史之嫌。笔者将在下文以16世纪的米兰大主教卡洛·博罗梅奥（Carlo Borromeo，1538—1584）为例，就该范式的问题略做分析。

博罗梅奥是意大利历史上的一位重要人物，对天主教会的演变以及意大利社会的发展与变迁影响深远。这位大主教在伦巴第——意大利北部大区、最重要的经济区之一——开启的教会改革，波及宗教、政治、经济、文化、思想、艺术等各个方面，堪称一场“社会实验”，不仅是天主教改革历史当中的一个重要篇章，而且是近代意大利社会转型的一个缩影。对于博罗梅奥及其米兰大主教区的历史变迁，研究成果虽不少见，却问题颇多。相关问题，一方面主要体现在“天主教改革”和“反宗教改革”这一组二元对立的解释框架之上，另一方面则以桎梏意大利宗教史研究的“教派史学”和“世俗史学偏见”为特色。

在19世纪之前，对博罗梅奥的历史论述大多受制于“圣徒传”类型的历史记录以及教派论争，亦即将博罗梅奥的思想和行为神话化。隐藏在这种“神话化”背后的乃是改革话语权之争，亦即新教和天主教双方对谁代表真正的改革展开角逐。在新教学者的论述中，博罗梅奥是打击宗教改革的旗

① Adriano Prosperi, *Tribunali della coscienza: Inquisitori, confessori, missionari*, Torino: Einaudi, 1996.

手、打压新教的代表，不是真正意义上的“改革人士”。19世纪的德国史学巨匠兰克在其《教皇史》一书，旨在展现宗教改革之于德意志民族复兴和国家近代化的历史进步性，故而尽管承认天主教会有改革行为，却不惜从价值判断出发，将博罗梅奥看作反宗教改革的急先锋。对博罗梅奥采取轻慢乃至敌视的态度，并且无意深入分析这位历史人物的思想和作为，是16—19世纪新教历史学者的一贯立场。

天主教一方的学者在很长一段时间同样无法摆脱教派立场的束缚。他们竭力抬高博罗梅奥的历史地位，对其打压新教的行为避而不谈。虽然天主教史家在神话博罗梅奥这一点上态度一致，但在天主教内部，就如何诠解博罗梅奥，斗争相当激烈。博罗梅奥究竟是体现特兰托大公会议（Council of Trent，1545—1563）改革精神的主教典范，抑或是忠于教皇的完美枢机，成为斗争焦点。这一斗争的背后实际上是主教至上主义者与教廷派之间的激烈较量。在天主教自我改革的过程中，教皇集权与主教夺权是当时最重要的一组张力。为巩固和强化自身的集权体制，遏制乃至打击主教的分权倾向，罗马教廷利用种种手段神话特兰托大公会议，并借此对抗世俗势力和其他社会思潮的挑战。在博罗梅奥死后，与其关系紧密的神职人员已经意识到这个问题，他们在书写历史时有意凸显这位大主教是如何不惧外部势力干扰而殚心竭虑维护主教权威的。这方面的代表是卡洛·巴斯卡佩撰写的《博罗梅奥传记》。而罗马教廷则有意打压这种历史描述，希望弱化博罗梅奥的主教改革事迹，只将其刻画为忠于教皇的枢机廷臣。这方面的代表作当数朱萨诺的《博罗梅奥行迹》。可以说，在20世纪上半期之前，新教史家和天主教学者对博罗梅奥的研究并无突破之处。

这一情况在20世纪40年代发生变化。上文提及的德国基督宗教史学者耶丁不再将反宗教改革和天主教改革作二元区分，而是将它们加以整合，提出“天主教改革和反宗教改革”的解释范式。此范式激发愈来愈多的学者深入开掘16世纪的天主教历史。在此范式的刺激下，博罗梅奥因其历史重要性，自然成为备受关注的对象。史家对博罗梅奥如何理解特兰托精神以及如何在具体实践层面实现特兰托理念尤有兴趣。譬如，意大利博洛尼亚学派的旗手朱塞佩·阿尔贝里戈（Giuseppe Alberigo）即是代表。还有学者将博罗梅奥的改革理念与做法与其他改革派主教做比较研究。例如，普罗迪就对博罗梅奥与博洛尼亚大主教加布里埃来·帕莱奥蒂（Gabriele Paleotti）的相似之处与差异之处有较为精细的分析。

但随着“耶丁范式”的谢幕，“社会规训”范式逐渐成为分析博罗梅奥的主要解释框架。例如，普罗迪的名篇《圣卡洛·博罗梅奥时期的内部改革与社会规训》即是代表。[①]荷兰史家魏策·德·波尔（Wietse de Boer）的《征服灵魂：反宗教改革时代米兰的忏悔圣事、规训以及公共秩序》则是另一代表作。[②]上述研究虽然让学界认识到博罗梅奥注重塑造公共秩序与规训信众灵魂的“近代性”，却简化甚至轻视了这位宗教人物的信仰动机。原因无他，恰恰是受制于“社会规训”范式背后的元观点，即深受福柯影响的近代性“迷思”。

笔者要指出的是，“社会规训”这一解释框架虽有其重要价值，但只能呈现历史的某些方面，难以充分解释博罗梅奥及其开展的社会实验的复杂之处，也无助于更准确地揭示近代早期意大利社会转型的独特性。实际上，与英法等国不同，在近代早期，意大利是一个基于地理、文化和社会结构的复数概念，由多个领地国家或政权——除了公爵领、共和国外，也包括教皇国、主教区等——组成。在当时宗教与政治、社会不分彼此的情况下，以博罗梅奥为代表的地方神职人员，既是教会力量的代表，也是俗世社会的掌管者。

可以说，博罗梅奥是双脚分别踩在中世纪与近代两界的一个过渡性人物，拥有极其复杂的历史面向。他不只是教会牧者、改革家、圣徒、主教至上主义者，同时也是忠于教皇的枢机和欧洲宫廷社会的产物。在其青年时代，博罗梅奥甚至是特兰托大公会第三阶段上辅助教皇阻击改革派主教的重要人物。在他踏入米兰大主教区之前，他更是教皇最为信任的廷臣——“枢机侄甥”（cardinal nephew，教皇国国务卿之前身），享有各种财富和荣誉。无疑，他是当时欧洲社会“恩主—荫庇”机制的一位既得利益者。对于他如何

① Polo Prodi, “Riforma interiore e disciplinamento sociale in san Carlo Borromeo” , *Intersezioni*, V , 2 (1985), pp. 273–285.

② Wietse de Boer, *The Conquest of the Soul: Confession, Discipline, and Public Order in Counter-Reformation Milan*, Leiden: Brill, 2001.

快速转变为一位生活极其朴素的教会牧者，甚至是一个极端严酷的社会实验家，“社会规训”范式没能辅助学界做出让人信服的分析。而且，近代早期社会仍是一个宗教至上的社会，彼时宗教信仰和政治忠诚是一回事。宗教渗入到社会的各个环节。我们不应从当代世俗化社会的角度误解和误读古人。博罗梅奥毕竟是一个宗教人物，他有自己的信仰动机和宗教情怀。即令他追求深度的社会控制和决绝的社会改造，其行为背后仍然以其宗教信仰为支撑。意大利学界在运用“社会规训”范式的过程中，走向了一个极端：将宗教信仰等同于意识形态，从而忽视或无视宗教人物的微妙的信仰动机。这同时阻碍了对近代早期天主教的完整认识。

其实，与其说博罗梅奥是社会规训的践行者，毋宁说他是一个同时具有中世纪晚期特点与近代早期特质的复杂人物。在宗教即为政治的近代早期社会，博罗梅奥面对的是如何改造社会、建构新的社会秩序和价值观的棘手问题。他面临的是多组张力和多重压力；他的困境与抉择是近代早期天主教信仰在动态过程中的一种表现形式。而且，其他力量在与博罗梅奥展开博弈的过程中，亦体现了近代早期天主教社会的多元形态。总之，博罗梅奥身上既有中世纪的色彩，同时在追求主教至上和灵魂控制的过程中，又不自觉地运用了具有近代色彩的手段，从而因应并参与塑造了新时代的历史发展趋势。如果我们要重新描绘博罗梅奥的历史形象并重新铺排其所处的历史图景，那么我们不得不摆脱“社会规训”范式的桎梏，而需另寻途径。

2016年12月16日，推动“社会规训”范式的旗手之一普罗迪去世，享年84岁。另一位代表人物莱因哈德则早已逐渐将兴趣转向建构宏观的近代早期全球史书写框架。自1980年迄今，“社会规训”范式由兴起到发展已历30多年，其内在问题愈发明显。此范式未来走向如何，我们仍需拭目以待。

（付亮，中山大学历史系副研究员）

《鼻尖之战，围城滋味：一部美国内战的感觉史》读后

万 澍

摘要：感觉史学者马克·史密斯的著作《鼻尖之战，围城滋味：一部美国内战的感觉史》致力于考察普通人在内战期间的“感觉”（包括视觉、听觉、嗅觉和味觉）遭际。通过数个案例（包括1860年和1861年查尔斯顿的声音图景，战争幸存者科妮莉亚·汉考克的恶臭记忆，第一次布尔河之战中士兵的视觉记忆和维克斯堡围城战如何打破不同阶级和种族平民在味觉上的区隔），史密斯考察了内战的另一面。从他的处女作《由时钟主宰——美国南方的时间，奴隶制和自由》开始，史密斯就一直关注于种族差异和阶级分化的感觉意涵——这个国内专业读者仍较陌生的领域。笔者引介史密斯的著作，旨在帮助国内读者熟悉感觉史研究。

关键词：感觉史　马克·史密斯　美国内战

内战史研究，可谓是美国史中的一朵“金花”，名家云集且大师辈出。直到今天，每年仍有大量成果涌现，修正或重塑着我们对于这场战争的理解。其中，美国南卡罗来纳大学历史系教授马克·史密斯于2014年出版的新著《鼻尖战争，围城滋味：一部美国内战的感觉史》[①]就是该领域的一部研究

① Mark M. Smith, *The Smell of Battle, the Taste of Siege: A Sensory History of the Civil War*, Oxford & New York: Oxford University Press, 2014.

佳作。

在美国学界以往的研究中，“内战”之于亲历者的印象，及其在后世记忆中的嬗变，已有不少学者予以关注。不过，以专著的篇幅探讨内战中普通人的“色声香味触法”，则尚属首次。在书中，史密斯教授着重分析了内战中的几个片段和事件，以折射出战争在个体与群体的听觉、味觉、视觉、嗅觉中如何得到反映。例如在1860—1861年的查尔斯顿，分裂的政治演讲、狂热的大呼小叫、交战的炮弹轰鸣，轮番充斥着这座城市。巨大的各类噪音开启了听觉的内战。又如在亲历战争中的科妮莉亚·汉考克（Cornelia Hancock）的记忆中，葛底斯堡战役则意味着“长久萦绕的恶臭体验”。[①]在第一次布尔河之战（First Battle of Bull Run），南北军服的混乱，给双方士兵的“视觉”带来极大困扰，导致了大量误伤。对于1863年在维克斯堡（Vicksburg）坚守的士兵平民，战争的“滋味”就是食品的极端匮乏以及随之而来的“食谱”扩大：“对于所有阶级和种族的人而言，围城意味着‘能吃’和‘可吃’范畴的巨大转变。”[②]即使是上流社会的达官贵人，吃起并不新鲜的食物时，也是甘之若饴。对于亲历者而言，内战不仅是精英之间政治观念的斗争，更是水深火热的切实生存状态。

不过相较于本书的主题，更令笔者感兴趣的则是它的方法论基础：“感觉史”，即对于人类各种“感觉”历史变迁的研究。按照马克·史密斯本人表述，感觉史的研究旨趣包括如下方面：“强调感觉——包括直观的视觉感受——在塑造人类过去经历中的作用，展现各种感觉世界的如何且何以发生。并且在避免把感觉视为‘自然’或物化的基础上，将其含义和功能放归特定的历史语境中加以理解。”[③]作为社会史领域中新兴的研究方法，“感觉史”源自20世纪法国的年鉴学派。按照马克·史密斯的观点，甚而可以追溯至费弗尔的名著《17世纪的不信神问题》。[④]不过，以“感觉”为对象的系统研究，则迟至20世纪80年代才出现。1982年，年鉴学派史家阿兰·科尔班（Alain Corbin）的《恶臭与芬芳：气味与法国社会想象》（*The Foul and the Fragrant:*

① Mark M. Smith, *The Smell of Battle, the Taste of Siege: A Sensory History of the Civil War*, p.81.

② Ibid., p.101.

③ Mark M. Smith, *Sensory History: An Introduction*, Oxford: Berg Publishers Ltd, 2007, p.4.

④ Ibid., p.6.

Odor and the French Social Imagination）出版。这本书独辟蹊径，从气味的角度分析18世纪与19世纪的法国社会和观念史。1986年，随着此书的英文译本问世，"感觉史"也逐步为美国史学家所关注。

在美国史学界，"感觉史"研究的主要推动者之一，就是这位追溯了内战中"感觉"变迁的马克·史密斯。他长期致力于美国的非裔美国人和南方史研究，并且著述颇丰。在其首部著作《由时钟主宰——美国南方的时间，奴隶制和自由》中，他就曾另辟蹊径，专门探讨时钟在南方奴隶制中的意义，以及奴隶主和奴隶的"时间感"。通常认为，"时钟时间"，即定点上下班，与工业化兴起紧密相连；而在农业劳动中，人们则更熟悉"自然时间"，即日出而作、日落而息。通过对大量史料的整理分析后，马克·史密斯却提出：在美国南方的奴隶制社会中，"时钟时间"已广泛采用，且深入人心。直到内战前夕，奴隶制对于时钟的依赖已经"与自由-工资-劳工制度几无差异，而在某些方面则更甚"。[①]在"自然时间"和"时钟时间"的分野中，起主导作用的是人对于时间的感受和衡量方式，虽然，"时间感"研究无法纳入"感觉史"的范畴，但两者却都以人的主观感受为研究对象。对此问题的关注，构成马克·史密斯个人学术历程中的基本旨趣。他后来的"感觉史"转向，作为博士论文思路的延伸，无可厚非。

在"感觉史"的实证研究方面，马克·史密斯于2001年出版了《倾听19世纪的美国》。在此书中，他从声音的角度探寻美国从内部对立分裂，到内战重建的脉络。在内战前的美国，经济制度的差异在声音世界中亦有所体现。以北方吵闹的机器轰鸣与南方宁静的田园牧歌之间的对立为背景，"在日常声音世界中，社会、经济和政治的相互作用，逐步塑造了精英的分裂意识"。[②]与此同时，北方所代表的"自由"在内战中的胜利，也在声音世界产生回响；"尽管有限，但是对于被奴役者而言，内战代表了他们在声音世界的胜利。这不仅是因为他们利用声音的冲突定位了自由的界限；而且由于他们消弭了奴隶制之声，让自己的声音在邦联据有一席之地"，并在

① Mark M. Smith, *Mastered by the Clock: Freedom, Slavery and Freedom in the American South*, Chapel Hill: University of North Carolina Press, 1997, p.16.

② Mark M. Smith, *Listening to Nineteenth-Century America*, Chapel Hill: University of North Carolina Press, 2001, p.12.

战后南方社会变得更为响亮。[①]2006年，他又出版了《种族如何被制造：奴隶制、隔离与感觉》，将感觉史的视角延伸至种族化研究之中。自20世纪80年代以来，"白人性"和"黑人性"研究兴起，美国历史上"黑白"二元种族关系的构建过程成为热门课题。作为对此潮流的回应，马克·史密斯试图从"感觉史"角度出发，发掘主流社会对于"黑人"的污名化过程，以厘清"'黑'和'白'这一组界定种族身份的对立概念，何以在美国社会流行"。[②]

与此同时，马克·史密斯还具有强烈的理论意识，致力于"感觉史"的历史编纂研究。2007年，马克·史密斯的《感觉史：简介》一书出版。在回顾了"感觉史"的谱系之后，他对"感觉史"中流行的"重演"观点提出批判。按照马克·史密斯的观点，史家虽能还原客观的声音或气味，但却不可能以"古人的方式"重现感觉世界。[③]对"感觉史"而言，源自柯林武德的"重演"只能是"那高尚的梦想"。不过，马克·史密斯并非后现代主义历史哲学家的同盟。实际上，他的批判表明其对"感觉史"内在局限的清晰认识：文字张力的有限性，以及为时代与语境所局限书写困境。不过，笔者认为他还是忽视了一点：感觉的高度个人化。即使我们以口述的方式，探讨当代的感觉史，"感同身受"也是知易行难；毕竟，"子非鱼，焉知鱼之乐"。

正是在马克·史密斯等学者长期不懈的努力之下，英语世界的"感觉史"研究逐步发展壮大，主流学界对"感觉史"关注也与日俱增。2008年9月号的《美国历史杂志》刊登了一组"感觉史"论文，马克·史密斯、加拿大感觉人类学家大卫·华威（David Howie）以及另外五位年轻学者，分别从不同感觉以及人类学方法的运用等角度，深入探讨美国的"感觉史"及其历史编纂，扩大了"感觉史"在学界的影响力。来自美国史各领域的学者都在尝试将"感觉史"运用于自己的研究之中。例如《感受芝加哥：噪音制造者、罢工破坏者和扒粪者》中，历史学家亚当·马克就率先把"感觉史"方法在城市史研究中加

---

① Mark M. Smith, *Listening to Nineteenth-Century America*, pp.236–237.

② Mark M. Smith, *How Race Is Made: Slavery, Segregation, and the Senses*, Chapel Hill: University of North Carolina Press, 2006, p.9.

③ Mark M. Smith, *Sensory History: An Introduction*, pp.121–125.

以运用。[1]

遗憾的是，对于美国“感觉史”研究，国内世界史至今缺乏足够关注，马克·史密斯等学者在“感觉史”研究上学术贡献亦鲜为人知。除了我们与美国学界的联系还相对有限等原因以外，这也与中国学者的研究旨趣和学术习惯有关。固然，宏大的历史叙事和历史解释是史学的重要组成。但是，在客观的事件和因果之外，前人何所见、何所闻不也应成为“历史原貌”的必要部分吗？仍以马克·史密斯对内战的研究为例。众所周知美国内战是一场“总体战”，人不分男女黑白，地不分南北东西，都为战火所裹胁。但是，战争的阴霾如何具体地渗透到每一个人——无论士兵或是平民——的周遭？“感觉史”让我们重新认识了亲历者所体验的“总体战”。遑论忠诚与背叛、正义与邪恶，战争中的人所体会最深的是苦难；它径直体现于环绕周身的哀号和尸臭，以及挥之不去的饥饿与伤痕。这些最直接的感受，理当进入历史书写。“感觉史”所得结论往往难以石破天惊，但是却能提醒我们在理解历史时，倘若仅仅依靠单一感觉（如亲历者的所见所闻）的记录，则论断不免狭隘。就这一点而言，感觉史研究应该为社会史学者所重视。社会史研究在沿着阶级、性别、种族、族裔等维度向外拓展研究对象的同时，也应向内丰富研究视角，将人的“眼耳鼻舌身意”纳入视野。美国史家乔治·罗德在20多年前对美国学界的诤谏，也同样适用于今天：“当‘感觉’书写的全面和严谨程度，与我们讨论政策、哲学和社会运动的程度一致时；我们的受众和研究领域得以扩大，对过去的理解也将深化。”

（万澍，爱荷华大学历史系博士）

① Adam Mack, *Sensing Chicago: Noisemakers, Strikebreakers, and Muckrakers*, Urbana and Champaign: University of Illinois Press, 2015.

“外围”国家对外关系的思考与探寻

——读《独立以来拉美外交思想史》

韩 琦 徐 睿

摘要：拉美各国较早开启了本国的开始现代化进程，某种程度上给包含我国在内的众多发展中国家提供了不少宝贵的经验教训。孙若彦教授在《独立以来拉美外交思想史》一书中考察了拉美外交和其现代化的互动，这种别具匠心的构思给全书增添了一抹亮色。全书对拉美外交思想的独特主题和分期问题做出了全新解释，在兼顾地区共性和不同国家个性的同时，没有拘泥于就思想论思想，而是兼顾了当时政治、经济、社会文化思想的变化，凸出了外交思想和现代化模式的阶段转换和融合。作为国内拉美国际关系研究首次大胆尝试的成果，全书同时也存在着诸如缺乏对有代表性人物外交思想的介绍，忽略了加勒比海沿岸国家，没能对历史上拉美外交思想给予一个总体评价和过于拘泥于美国因素等问题。总而言之，瑕不掩瑜，全书比较引人入胜。

关键词：外交思想　外围国家　现代化战略　反美主义

外交是内政的延续，“外围”国家如何处理好与“中心”国家的关系，如何做到外交为国内的政治和经济发展服好务，是“外围”国家的外交家、政治领导人、思想家、知识分子、国际法专家需要思考和探寻的问题。拉美国家是发展中国家现代化进程启动较早的国家，在长期与“中心”国家的对外交往中，既得到不少教训，也积累了不少经验，对这些经验和教训加以梳理和总结，对当下中国乃至其他发展中国家的现代化无疑具有重要的借鉴意义。山东师范大学孙若彦教授撰写的《独立以来拉美外交思想史》一书在这方面做出了勇敢的尝试。该书洋洋30余万字，除导论和结语部分外，全书共分为五章，第一章写拉美外交思想的历史渊源，重点介绍了拉美的政治文化传统、玻利瓦尔的外交思想遗产和民族主义的演变。然后，第二章至第五章分别写四个阶段（现代化早期阶段、冷战时期、新自由主义时期、后新自由主义时期）的拉美外交思想，包括拉美国家不同时期的外交政策及其实践。

通读全书，笔者认为该书有以下三个突出特点：

一、创新性，第一次系统梳理了拉美外交思想史。

作者认识到，独立以来的拉美外交史有其明确的定位和不同于发达国家的独特主题，但长期以来西方经典国际关系理论多以发达国家的历史经验和权力政治学来解释拉美国际关系和外交政策，结果是出现了理论与现实的明显背离。为了完善对拉美独特外交历程和对外关系思考的解释，作者指出，必须深入挖掘拉美本土化的外交思想和理论，并把西方理论和拉美特殊的历史文化有机地结合在一起。在“目前国内外尚无有关拉美外交思想的通史性著作”的情况下，她第一次系统地梳理了拉美外交思想的历史。[①]其实，要完成这样一项创新性研究，并非易事，作者首先需要回答两个重大问题，即拉美外交思想的独特主题是什么？拉美外交思想史应该如何分期？关于前一个重大问题，她的答案是，自主、发展和对美关系是拉美外交思想史的独特主题。作者借鉴了智利国际关系学者赫拉多尔·穆尼斯奥的观点，在书中写道：“实现国家和地区最大限度的独立自主；促进经济和社会发展；美国对本地区国家的强大影响力”，“反映了拉美对外关系的基本内容和特点，也折射出其外交思想的基本主题”。[②]关于后一个重大问题，即拉美外交思想史的分期问题，作者批评了美国学者将美国对拉美政策的演变史作为拉美国际关系史的历史分期依据的做法，认为不应该从外部视角和依据发达国家的历史

① 孙若彦：《独立以来拉美外交思想史》，北京：人民出版社，2015年，第2页。

② 同上，第353页。

来进行分期，而是应该从拉美本身的地区视角或民族国家的视角来进行历史分期。[①]由于独立以来拉美现代化是拉美历史的主线，因此，作者便将拉美现代化模式的演变阶段作为拉美外交思想史的分期依据，并认为，拉美国家在其现代化的各个阶段，占主导地位的意识形态都在不同程度上影响了外交思想以及决策者的政策制定和实施。在现代化的第一阶段（独立运动至1870年），自由主义是主导意识形态，在第二阶段（1870—1930）是实证主义占主导地位，第三阶段（1930—1982）则是本土化的发展主义和依附论居于主导地位，第四阶段（1982—2000）是新自由主义占主流。[②]同时，围绕现代化出现的其他一些政治的、经济的以及社会文化方面的思想或思潮也对外交思想产生了重要影响。主流意识形态和围绕现代化出现的一些政治经济理论主导了外交思想史的大方向。由于作者抓住了拉美外交思想的独特主题，并根据这些主题对拉美外交思想史做出了比较合理的分期，因此，作者对拉美外交思想史的展现自然不会失其大体。另外，该书中的不少章节颇有新意，如对拉美政治文化传统的勾画，对拉美民族主义、反美主义演变的梳理，对迪亚斯政府的外交分前后两个不同时期所给予的评价，对依附论外交思想、外围现实主义外交思想的论述等。

二、共性与个性的统一，既指出拉美外交思想原则在整个地区的共性，同时也注意到了这些原则在每个国家具体运用上的特点。

一方面，作者追溯了拉美地区外交思想的共同的历史渊源，即类似的政治文化传统、玻利瓦尔的外交思想遗产，以及民族主义思潮。这些共同的历史经历导致拉美国家逐渐形成了一些重要的具有明显的地区一致性的外交思想，包括主权独立和不干涉的思想、反美主义的思想、发展主义和依附理论、大陆团结联合的思想、经济一体化的思想，等等。同时，由于拉美现代化发展阶段的相似性，拉美外交思想的发展演变也呈现出基本的同步性，如主权独立和不干涉原则、反美主义的思想，出现于现代化的第二阶段，当时伴随拉美国家早期现代化的启动，对外资的开放，欧美资本纷纷涌入拉美，

① 孙若彦：《独立以来拉美外交思想史》，第2页。

② 同上，第5—6页。

但北方大国对拉美的侵略和干涉加强，于是便催生了“卡尔沃主义”“德拉戈主义”“埃斯特拉达主义”等拉美主权独立和不干涉原则，以及反美主义的第一次浪潮。[①]再如发展主义和多元外交的思想，在现代化的第三阶段得到加强。由于前一阶段拉美现代化发展取得的成就和中产阶级的增加及其民族意识的增强，“二战”后第三世界风起云涌的民族解放运动的影响，以及推行进口替代工业化战略的需要，拉美国家普遍提高了独立外交的意识，冲破泛美主义藩篱、追求多元化外交格局成为拉美主要国家外交政策的核心。但是，到冷战后阶段，伴随债务危机而来的新自由主义改革，以及柏林墙的倒塌和全球化浪潮的席卷，拉美外交思想又出现了新的调整，其主要特点是实用主义特征占据了上风。进入21世纪之后，反思和批判新自由主义在拉美成为一股潮流，出现了反美主义的新一波浪潮。

另一方面，作者对拉美地区的外交思想并非泛泛而谈，而是对各国家的鲜明个性给予了相应的关注。如在讲现代化第二阶段拉美的反美主义思想的时候，作者除了提到作为思想渊源的玻利瓦尔“两个美洲”的思想外，还提到何塞·马蒂反对美国扩张的思想，何塞·恩里克·罗多在《爱丽尔》中表达的文化反美主义思想，何塞·巴斯孔塞洛斯的“宇宙种族”思想，桑地诺的反美主义思想，共产主义思潮中的反美因素、民众主义思潮中的反美因素，等等，同时，通过墨西哥波菲里奥·迪亚斯政府外交政策的演变，说明该阶段拉美国家是如何处理与西方国家特别是美国的外交关系的。再如，在讲现代化第三阶段拉美外交思想的时候，作者在强调发展主义和依附理论影响的同时，还论述了古巴菲德尔·卡斯特罗与切·格瓦拉共同提出的社会主义思想、游击中心论思想，大陆革命的思想[②]；卡斯特罗的反美主义和通过武装斗争实现革命变化的思想，古巴社会主义宪法中体现的国际主义和人道主义思想[③]；墨西哥埃切维里亚政府和波蒂略政府奉行的第三世界主义和多元化外交思想[④]；阿根廷的庇隆主义和独立自主的外交思想[⑤]；秘鲁贝拉斯科政府在

① 孙若彦：《独立以来拉美外交思想史》，第109—113页。

② 同上，第138页。

③ 同上，第146—150页。

④ 同上，第158—168页。

⑤ 同上，第168—171页。

"秘鲁革命"旗帜下倡导的民族主义和独立自主的外交思想[①]；巴西盖泽尔政府提出的巴西外交服务民族利益、坚持独立自主、实行多元外交的"负责任的实用主义"的外交思想[②]，等等。另外，在讲冷战后现代化阶段时，作者论述了墨西哥萨利纳斯总统提出的"新民族主义"思想，阿根廷卡洛斯·埃斯库德提出并被梅内姆总统奉行的"外围现实主义"思想。

三、整体关联性，注重从地区视角出发，将外交思想与当时的政治、经济、社会文化思想的变化联系起来，将外交思想与现代化模式的阶段转换联系在一起。

作者注意到，拉美历来思潮流派众多，每当现代化模式转换时期，各种思潮更是纷纷涌现，这些思想往往通过各种渠道对拉美国家的外交思想和外交政策产生影响。如政治思想方面，20世纪30年代出现的民众主义思潮，导致阿根廷产生了庇隆的正义主义，巴西产生了瓦加斯主义，墨西哥产生了卡德纳斯主义，厄瓜多尔产生了贝拉斯科主义。第二次世界大战后的社会主义思潮导致古巴产生了卡斯特罗的社会主义思想和实践，智利出现了阿连德的社会主义改革，等等。再如，经济思想方面，发展主义和依附论是拉美主要大国在"二战"后奉行第三世界主义和多元化外交的指导思想，冷战后的新自由主义也是拉美主要国家外交转向的重要思想根源。因此，很难将外交思想与拉美的政治思想、经济思想以及社会文化思想截然分开。所以，在该书中，作者对拉美的民众主义思想、社会主义思想、经济民族主义思想、发展主义、依附论、经济一体化理论、新自由主义理论、文化民族主义思想等均有介绍。

同时，作者不是就思想论思想，而是将拉美外交思想的产生置于整个拉美现代化进程之中，将外交思想的"舞者"置于现代化进程的大"舞台"上。从19世纪70年代开始，拉美先后经历了初级产品出口战略、进口替代工业化战略、新自由主义和后新自由主义思潮所指导的发展战略。这四个阶段的现代化战略的选择，既是拉美自身社会经济发展的结果，也是国际格局变

---

① 孙若彦：《独立以来拉美外交思想史》，第171—174页。

② 同上，第179—183页。

化的反映，而拉美外交思想和外交政策的选择则深受拉美国家现代化战略选择和国际格局变化的影响。因此，作者在书中不惜笔墨介绍拉美现代化模式的转换和国际格局的新变化，这一特点在第四章和第五章中特别明显。第四章第一节是“国际格局的变化及新自由主义传入拉美”，第五章的第一节写“新自由主义的退潮与拉美政治局势的变动”。这种写作方法有助于读者理解不同阶段拉美外交思想会出现不同特征的原因所在。

由上可知，《独立以来拉美外交思想史》向读者较好地展现了拉美国家独立之后200余年现代化进程不同时期的外交思想的不同内容，但是，该书作为国内拉美国际关系研究领域的第一次大胆尝试，不免也有缺憾之处。在笔者看来，这本书在以下方面还有待进一步完善。

首先，外交思想史应该更多地介绍代表性人物的外交思想。拿到一本外交思想史，读者首先想到的会是怎样的问题？在笔者看来，读者会想到，拉美外交思想的主要内容是什么？这本书介绍了哪些提出外交思想理念或原则的代表性人物？他们提出了怎样的外交思想？他们为什么会提出这样的思想？这些思想对拉美外交思想的形成有怎样的贡献？又产生了怎样的影响？2013年巴西外交部组织出版了由何塞·维森特·德·沙·皮门特尔（José Vicente de Sá Pimentel）担任主编的三卷本的《巴西外交思想：外交政策的制定者和代理人（1750—1964）》，其中系统介绍了26位巴西外交思想的贡献者。尽管孙若彦教授的著作也介绍了若干拉美外交思想的贡献者，但在数量上和所给予的篇幅上仍有提升的空间。

其次，似应对历史上的拉美外交思想的影响给予一个总体评价。在不同时期拉美外交思想究竟发生了怎样的影响，如在现代化早期阶段，拉美外交思想对民族国家的形成、边界纠纷的和平解决，对欧美大国侵略和干涉行径抵制与反抗的影响，进口替代工业化时期，外交思想对赢得拉美国家国际和平、合作和稳定的外部环境的影响，新自由主义时期，外交思想对拉美国家融入全球化进程以及其现代化进程受挫的影响，等等，作者在结语中均应该给予一个比较全面的评价，以便使读者能够更好地感悟拉美外交思想对拉美现代化影响所产生的经验与教训。

第三，国别视角似应进一步加强。拉美外交思想的形成，尽管具有地区性的共同特征，但其形成的基础和基本单位仍是民族国家，民族国家仍是最基本的分析层面。如前所述，作者在展现拉美国家外交思想的时候，较好地注意到了共性与个性的关系，但是，由于拉美地区国家众多，作者在进行国别分析的时候，只能照顾到主要国家和典型国家，不可避免地会忽视拉美小国。作者已经注意到自己对加勒比国家和中美洲国家研究的不足。[①]这一地区曾被美国看作是自己的“内海”，地缘政治地位非常重要，与美国的关系剪不断理还乱，美国在历史上曾多次介入加勒比海的事务，如果能够对这一部分给予更多的关注，则会更好地看出拉美国家的外交与现代化的关系，以及拉美国家在全球格局中所呈现出来的特点。

第四，应增加对美国之外的其他“中心”国家的关注。作者在反美主义研究上用足了气力，但却相对忽视了与拉美有重要关系的其他“中心”国家。在拉美国家与“中心”国家的对外关系中，不难看出它们借力打力、平衡外交的思想和策略，如它们在不同的时期内曾经先后寻求英国的支持抵抗西班牙，寻求美国的支持抵抗英国，寻求德国的支持抵抗美国和英国，寻求苏联的支持抵抗美国的霸权。在19世纪拉美各国的力量尚未壮大，英国、法国、荷兰、美国在拉美激烈争夺的时候，这种情况尤为突出。尽管作者以墨西哥为例介绍了迪亚斯政府的外交思想和政策，其中也提到了平衡外交的策略，但对19世纪其他拉美国家的外交思想的研究仍显薄弱，对美国之外其他列强在拉美争夺所引起的效应的研究还有待深入。

总之，尽管尚有许多问题值得深入研究，但可以说，《独立以来拉美外交思想史》在填补国内拉美外交思想史研究的空白方面迈出了坚实的第一步，书中有不少亮点，对研究拉美国际关系和拉美史的学者来说，该书很值得一读。

（韩琦，南开大学世界近现代史研究中心和拉丁美洲研究中心教授；

徐睿，南开大学拉丁美洲研究中心博士生）

① 孙若彦：《独立以来拉美外交思想史》，第357页。

探索美国经济公民权的性别生成

——评艾丽斯·凯斯勒-哈里斯《追寻平等：20世纪美国的女性、男性以及对经济公民权的追求》

焦　姣

摘要：艾丽斯·凯斯勒-哈里斯是美国著名的新劳工史和妇女史学者，她的《追寻平等》一书从美国"经济公民权"的话语建构角度出发，重新阐释了20世纪的美国妇女寻求经济、社会和政治平等的历史。凯斯勒-哈里斯提出，作为经济公民权基础的工作权利并不是完全开放的，而是始终受到社会想象的塑造，在20世纪中期以前，有关劳动的社会想象是高度性别化的。性别化的社会想象不仅影响了女性参与经济生活的限度和方式，也深刻塑造了美国的公共福利制度。

关键词：性别　社会想象　经济公民权　交叉性

近20年来，随着20世纪70年代兴起的"新劳工史"研究热潮逐渐平息，美国的劳工史研究似乎随之陷入了尴尬的境地。正如评论者指出，"新劳工史"受到社会史转向的影响，热衷于挖掘劳工史中"向下而上"和多元化的侧面，强调话语、族群、性别和技术分工对劳工群体行为逻辑的塑造，这固然有助于我们理解劳工组织的复杂性、劳工运动的机动性，但反过来也削弱了劳工史研究中固有的阶级分析的力量，割裂了劳工生活史与劳工政治。①

① 佟新：《新劳工史研究——从历史唯物主义、文化主义到解构主义》，载《国外社会科学》，2002年第2期，第40—45页。

美国的劳工群体是由多次移民潮塑造的，劳工群体的构成十分复杂，社会的自组织又格外发达，这更是为美国劳工史的研究者增添了难题：劳工史在社会史中还有一席之地吗？劳工群体的认同和行为是否可以完全由其性别、族裔等身份要素来化约呢？话语分析的新方法、社会领域的新视角挑战了劳工史的传统框架，也为历史学家提供了新的思路。

作为回应，部分劳工史学者试图从话语构建的角度出发，重新沟通社会领域与劳工政治。其中，著名新劳工史和妇女史学者艾丽斯·凯斯勒-哈里斯的《追寻平等》[①]一书具有特殊的地位。凯斯勒-哈里斯属于美国史学界第一批女性主义历史学者，而在女性主义学者中，她的历史观又带有明显的新马克思主义色彩。2001年出版的《追寻平等》从“性别化的社会想象”视角出发，把女性的工作权利看作理解美国不同时期“经济公民权”（economic citizenship）内涵演化的一把钥匙。[②]通过研究20世纪美国妇女如何塑造自身的经济公民权，在不同时期的“社会正义”语境中寻求经济、社会和政治平等的历史，凯斯勒-哈里斯深刻揭示了20世纪美国劳工史、妇女史和公共政策内部的勾连关系。因此，本书可以看作是近年来盛行的“交叉性”（intersectionality）社会研究在历史学中的前驱。[③]

① Alice kessle-Harris, *In pursuit of Equity: Women, Men and Quest for Economic Citizonship in 20th—Century America*, Oxford: Oxford University Press, 2001.

② 我2014年写下这篇书评初稿时，还没有想到由于美国工会法规的变化，“工作权利”（right to work）再次成为历史研究的热点。近些年来，保守派政客利用工作权利法限制某些州的工会活动（比如威斯康星的工作权利法规定，工会不得向同一部门的未参加工会的工人收取“代理费”，这相当于从侧面鼓励了工人“搭便车”享受工会集体谈判的成果，实质上不利于工会组织的发展），美国学界出现了许多关于工作权利的新研究。其中赛德里克·德里昂的研究将“工作权利”法的起源追溯到了19世纪中期芝加哥的城市社区，打破了美国工会研究以进步主义和罗斯福新政为中心的传统叙事，特别值得关注。参见Cedric de Leon, *The Origins of Right to Work: Antilabor Democracy in Nineteenth-Century Chicago*, Cornell University Press, 2015。不过，凯斯勒-哈里斯本书中的“工作权利”概念是个较为理论化和宽泛的概念，与当下公共政策讨论中的“工作权利”有所不同。简单说来，时政讨论中的“工作权利”更多涉及工会的控制力问题，而本书中的“工作权利”更多讨论的是一般意义上公民应不应该、有没有办法得到合宜的劳动机会并获得相应的公共福利，更接近于政治学家茱迪·史珂拉（Judith N. Shklar）界定的广义“工作权利”。可参考茱迪·史珂拉：《美国公民权：寻求接纳》，刘满贵译，上海人民出版社，2006年，第65页。

③ 有关“交叉性”的定义及其与社会性别的关系，可参考苏熠慧：《“交叉性”流派的观点、方法及其对中国性别社会学的启发》，载《社会学研究》，2016年第4期，第218—241页。

一、工作权利：一种性别化的社会想象

“经济公民权”本身是个庞杂的概念，凯斯勒-哈里斯特意从中选择了“工作权利”，作为介入分析劳动者与市场、国家、社会关系的一把钥匙。这恰恰是因为，“工作”从来不是一种独立于特定社会关系之外的普遍权利。在古典自由主义者构想的经济格局中，“劳动”是自由社会的基础，任何个体都可以自愿参与劳动，获得相应的报酬。然而，在历史学家眼中，抽象的“劳动者”从未真实存在过。首先，并不是每个人都可以自由工作。殖民时代的契约奴工、种植园的黑奴，都不能罔顾家中“主人”的意见而随意出门做工。在工业化时代，雇佣童工可能遭到社会的谴责，甚至是法律的制裁。可以说，工作的准入门槛总是由社会和国家来限定的。其次，工作之间并非完全平等，而是存在差等。同一工种内，学徒与师父不可能同工同酬，不同工种间的差异更大，家政工很难获得跟制造业工人同样的失业保障。因此，“工作权利”与更宽广意义上的“公民权”一样，一方面是一种准入资格，它排除了那些不“适于”和不“应该”参与经济生活的群体；另一方面，在现代福利国家的资源分配中，工作是连结个体与国家的节点，个体享受国家福利的机会与他工作的性质息息相关。而在美国，由于市场机制强势，雇佣关系构成了社会关系的基础，工作权利对个体公民权的影响格外突出。

凯斯勒-哈里斯对于经济公民权的界定主要参考了T.H.马歇尔关于社会公民权（social citizenship）的定义。根据马歇尔的定义，公民权的发展大致经历了政治公民权、经济公民权、社会公民权三个阶段。其中，社会公民权指“平等进入社会和经济领域的权利”，例如市易权、受雇佣的权利、获取劳动法规保护的权利等。国家对这一类型权利的保护可以追溯到殖民地时期的治安权传统。在马歇尔看来，三种公民权的发展分别构成了18、19、20世纪的主题，但不同权利之间的发展不是孤立的，而总是要建基在此前公民权利充分发展的基础之上。[①]事实上，凯斯勒-哈里斯对于经济公民权的分析也的确体现了马歇尔笔下三种公民权互相交缠嵌入的复杂关系。凯斯勒-哈里

① T. H. 马歇尔：《公民身份与社会阶级》，郭忠华、刘训练译，江苏人民出版社，2008年。

斯认为本书中的“经济公民权”指经济生活的参与者“获得足以自立的独立自主的经济地位，从而得以充分发挥权力和影响力，参与民主社会的能力”[①]换句话说，经济公民权本身必然不限于经济生活领域，个体的经济权利总是与人们对于更宽广意义上的社会秩序的体认密不可分。

凯斯勒-哈里斯发现，1945年美国国会激辩《充分就业法案》时，面对的就是这样的困境：民主理论中的平等雇佣原则认为，所有具有劳动能力并且愿意被雇佣的个人都可以进入劳动力市场，公众意见则认为家庭主妇加入劳动力大军必将极大破坏社会的公序良俗。实际上，早在20世纪30年代参议院讨论每周工时法案时，妇女的自由受雇权就是争论的焦点。更早之前，20年代的妇女改革派在这个问题上也无法达成共识：一派主张“平权女性主义”，要求在劳动权利上实现绝对平等，另一派则表示为了维护传统家庭秩序，应该适当限制妇女的经济权利，被称为“社会女性主义”。

正是在现代国家开始介入劳动秩序的过程中，性别与劳动这两个看似不相关的领域勾连了起来，暴露了社会中根深蒂固的对于劳动的性别化想象。历史学家们早已察觉，从工业化时代以来，性别要素一直包含在美国人对于劳动的社会想象之中。占据了19世纪大众政治话语核心的“自由劳动”观念就隐含着强烈的性别色彩：“自由劳动”源于手工劳动与行会的传统，并始终处于手工劳动与大工业生产两种意识形态的张力中。“自由劳动者”虽然受雇于人，但他认为这种对雇主的经济依附是暂时的，自由劳动者总是以成为自我雇佣的小业主为目标，他觉得总有一天能够完全掌握自己的身体、劳动和个人选择。因此，个体的财产权是他的政治公民资格的基础，一个人的经济自立是他参与公共生活的垫脚石。在19世纪的公众话语中，自由劳动不仅仅是对某种经济活动（个体进入劳动力市场）的描述，它总是激发起人们对于男性气概的联想。[②]

在现实政治中，这种劳动的性别化想象之所以如此有力，首先是因为工

---

① Alice Kessler-Harris, *In pursuit of Equity: Women, Men, and the Quest for Economic Citizenship in Zoth-Century America*, p.12.

② Eric Foner, *Free Soil, Free Labor, Free Men: The Ideology of the Republican Party before the Civil War*, New York: Oxford University Press, 1970; Daniel T. Rodgers, *The Work Ethic in Industrial America, 1850–1920*, Chicago: University of Chicago Press, 1978.

会在20世纪上半叶的劳工政治中发挥了关键作用，而主流工会的主体是白人男性。作为劳工群体参与公共生活的重要渠道，美国的工会文化部分继承了手工业行会和兄弟会的传统，熟练工人、技术工人在劳工团体中占据优势地位。工会专断的、家长式的决策风格与白人男性群体自尊自大的意识形态互相加强，导致工会在公共辩论中格外强调工作权利的性别差异。在工会领袖们看来，男性工作与女性工作的性质完全不同，（白人）男性工作是为了养家糊口，男性的工资应该是家庭经济的支柱，而女性无论是出去挣工资还是在家干活，她们支持家庭最重要的形式，就是支持作为一家之长的男性。表面看来，白人男性为主的工会并不反对女性参与工资劳动，但是，女性的工作绝不能威胁到男性在劳动力市场中的地位。如果女性分走了男性的工作机会，拉低了工资水平，甚至要求更多的经济权利，工会就会批评女性从事了“不合理”的劳动。按照“自由劳动”的逻辑，虽然女性可以自愿选择去工作，但女性的工作显然不能被视为“高贵的”自由劳动。女性的工作只是迫于家庭经济压力的权宜之计，她的劳动所得永远从属于家庭，并不能证明她已经是个经济自立的政治人了——换句话说，女性的工作不能创生一种经济公民资格。

女性不具有经济公民资格，并不表示女性不参与工资劳动。实际上，在20世纪初，大多数城市家庭的年轻白人女孩在结婚前都会去工厂里干几年活，她们的收入不仅用于养活自己，更是为了贴补家用。社会中到处都是挣工资的女性，女性的劳动对于家计和国民经济都已经不可或缺——到1900年，全美四分之一的工资劳动者是女性。可是，公众舆论仍然认为女性的劳动是暂时的、特殊的，它不是主流政治话语讨论的那种“自由劳动”。联邦最高法院对女性劳动的态度就很能代表这一时期的保守主义倾向。1873年，联邦最高法院裁定支持伊利诺伊州最高法院对布拉德韦尔案（Myra Bradwell v. The State）的判决，相当于否决了女性成为律师的资格。从统计上看，女性劳动者从事的行业与白人男性劳动者有明显的区隔。尽管各地对于女性工作的限制各不相同，但总体而言，那些更为技术化、知识性的“高级”工种往往排斥女性的加入。20世纪初的女性的确在工作，可在社会主流看来，她们从事的并不是“真正的”工作，而只是“自由劳动”的赝品。

除了主流工会之外，20世纪初的女性社会改革派很多时候也在支持这种对劳动的性别化想象。苏珊·安东尼和伊丽莎白·斯坦顿都认为，女权运动应该优先为妇女争取投票权，而不是经济权利。在其时的舆论环境中，妇女改革派这种强调政治权利先于经济权利的思路，最终导向了一种“放弃”女性经济独立的行动策略。这一时期的社会女性主义支持“母亲-公民”的理论，也就是说，为了成为政治意义上的完全的公民，女性不必拥有经济权利，尤其是不必拥有平等受雇的权利。相反，她们从女性的家庭地位出发来论证女性的投票权：女性养育了下一代公民，女性的政治影响也将通过家庭的纽带代代相传。因此，让女性——尤其是为人妻母的女性获得投票权，能够净化业已腐败不堪的公共政治生活。作为家庭的养育者和守护者，女性将会把家庭生活中蕴含的温情与道德传播到政治生活之中。这也就意味着，随着妇女权益运动的推进，这种性别化的社会想象不但没有被削弱，反而进一步加强了。

二、福利国家的演变：从母权到平等

对于劳动的“性别化想象”并不是孤立的，它代表的是特定时代对于家庭、经济和政治秩序的整体安排。例如，在联邦最高法院关于布拉德韦尔案的讨论中，布雷德利大法官就表示：“民法与自然本身都告诉我们，男人与女人在身份和使命上都大相径庭。……女性天然就是羞怯和纤巧的，因而明显不适于从事某些公众职业。……女人的至高使命仍然是成为贤良的妻子与慈祥的母亲。”①

正如凯斯勒-哈里斯所言，如果从性别视角来看，从19世纪末到罗斯福新政前期，美国的劳动和社会福利政策是围绕“母权主义”的思路设计的，在当时的社会想象中，男性气概往往与外出工作联系在一起，而女性则首先是家庭成员（母亲/妻子/女儿）。即使在为女性劳工争取权益时，这一时期的妇女改革派强调的也是女性作为家庭中被呵护的对象，作为未来维系家庭

① Opinion of Justice Bradley, Bradwell v. The State, 83 U.S. 16 Wall. 130 (1872).

纽带的关键角色，应该享有不同于男性劳工的特殊照顾。与争取平等雇佣相比，世纪之交的妇女改革派更愿意花时间去改善女性的工作条件，例如为女性劳工规定最低工资与最高工时。在这种性别化想象中，不论支持还是反对妇女权益运动的人，都不认为性别上的“公正”就是两性的平等，相反，他们肯定和强调的恰恰是性别之间不可逾越的差异。

1908年的穆勒诉俄勒冈州案最能体现这一时期性别公正观念中“区别对待”的原则。此前，在1905年的洛克纳诉纽约州案中，最高法院认定，纽约州限制工人每周工作不得超过60小时的法案违宪。纽约州限制工时的法案侵害了个人缔结契约的自由，违背了联邦宪法第十四条修正案“不经正当法律程序，不得剥夺任何人的生命、自由或财产”的原则。在1908年的穆勒诉俄勒冈州案中，洗衣店主穆勒正想援引洛克纳案，证明自己让女性洗衣工长时间工作并不违法。然而，最高法院这次的裁定意见却完全不同，布鲁尔大法官认为，俄勒冈州利用其治安权区别对待男性与女性的受雇权利，这与第十四条宪法修正案并不冲突，“女性的生理结构与母性职责使得她在生存竞争中处于劣势”，如果女性的工作环境给她的身体造成不可逆的伤害，将会影响她未来的子女和整个家庭的健康。因而，第十四条修正案的平等保护原则保护的并不是女性在劳动市场上的平等雇佣权，而恰恰是维护性别之间的差异。限制女性的工时不仅是为了保护女性劳工自身的健康，更是为了维护社会的公共利益。①

在法学界，穆勒案一直是以社会科学材料作为诉讼证据的经典案例之一。以今天的观点来看，将社会科学引入公共政策讨论固然有其“进步”“科学”的一面，但社会科学也无法脱离其产生的社会土壤。毕竟，社会科学知识起源之初就是浸淫在性别化的社会想象中的。凯斯勒-哈里斯在书中举了一个有趣的例子，1939年，组织行为学家罗斯里斯伯格（F. J. Roethlisberger）与迪克森（W. J. Dickson）在《管理与工人》一书中，基于对10300名工人的访谈，发现男性与女性劳工在经济选择模式、对工作的投入程度、工资期许、非正式组织方式等各方面都存在差异。然而，凯斯勒-哈里斯指出，研

① Syllabus, Muller v. Oregon, 208 U.S. 412 (1908).

究者在一开始介入调查时，对于不同性别就选择了不同的衡量尺度，而在最终的写作中，研究者更多地强调了性别间的差异而非共性，往往忽略了女性对于工作的抱怨与男人何等相似。结果，在社会科学家笔下，性别间的社会和经济差异被自然化了。《管理与工人》一书中这样写道："女人最感兴趣的是那种'轻松的'工作，不要太过操劳，工作环境怡人，报酬丰厚，足以养活她自己，也许还能给父母或丈夫家增添点收入，上班的时间也要合适，好让她能够兼顾家里的活计。"①也许20世纪初的工厂女孩确实有这样的想法，但这到底是性别的天性使然，还是社会环境和公众舆论使得女孩更愿意选择这类工作，恐怕就是一个孰鸡孰蛋的问题。

然而，到了新政时期，社会公正的观念出现了至关重要的转型，国家照料劳动者、对劳动者给予平等保护的思潮开始扩展。与此同时，美国行政权力的集中化也达到了高峰，新兴的联邦官僚机构越来越多地介入原本属于州政府治安权的行政范围，这同样也为美国劳动和福利政策的转型提供了机遇。但是，联邦政府权力的扩张并没有使得性别间经济权利的分配更"公正"，相反，性别间在经济公民权上的不平等程度加剧了。

一般认为，现代美国"福利国家"是基于劳动，尤其是工资劳动，来分配社会福利的。斯考切波（Theda Skocpol）在《保护士兵与母亲》一书中提出，这种强调劳动与福利关系的观点并不全面。如果我们把美国现代福利国家的历史追溯到内战之后，就会发现美国福利国家在起源和发展思路上与作为福利国家范本的欧洲现代福利国家有本质区别。欧洲福利国家在起源上具有"父权主义"的色彩，在对公共资源进行重新分配时，强调以照顾家庭主要的工资劳动力为核心。因此，许多人认为美国直到新政以后才建立起类似的福利制度。而斯考切波反对这种美国福利国家是"后发"或"迟滞"的观点，认为美国的福利国家建设自内战之后就已经开始，只不过遵循的是"母权主义"的逻辑。在斯考切波看来，美国最早、最重要的社会福利政策是对内战阵亡抚恤金的管理，因此福利的分配不是以工资劳动者为核心，而是以

① F.J. Roethlisberger W. J. Dickson, *Management and the Worker*, Cambridge: Harvard University Press, 1939, p.245.

家庭，尤其是阵亡者的寡妻遗属作为首要的管理单位。[①]

如果从斯考切波的分析角度来看，从进步主义时期到新政时期的社会福利制度改革，也可以视为从“美国式”福利国家向“主流”的欧洲福利国家模式的过渡。随着最后一批内战抚恤金的发放结束，美国社会福利的分配方式从以家庭为中心摆回到以工资劳动为中心的路线上，对女性这个“纤巧、脆弱”的未来母亲群体的倾斜照顾不再是经济权利分配的核心了。然而，与此同时，对于劳动的性别化想象并没有改变，在20世纪30年代，大众想象中的标准工资劳动者仍然是白人男性。这种“种族化、性别化的劳动话语”不仅排斥了女性劳动者，也否认了黑人男性（更不用说黑人女性）在经济公民权上与白人男性具有平等地位。最终，研究者们发现了这样不无讽刺的一幕：在新政这一政府介入加强、社会福利迅速扩展的“进步”时期，那些最弱势、最需要保护的群体的却陷入了更深重的不平等中。

有趣的是，按照前新政时代工会成员的普遍观点，“劳工法”主要是女人的玩意儿，因为只有女人和孩子才需要法律的额外保护。[②]而工会成员，主要是白人男性熟练工人，则大多具有“反国家主义”的倾向，与推动劳动立法相比，工会更支持利用自身集体谈判的能力来争取权益。然而大萧条的到来给男性劳工的自尊来了一记重拳。以美国最大的劳工组织劳联（AFL）为例，龚帕斯过世后，劳联对于政府官僚机构的态度有了微妙的转变，工会的自我认知由“美国式”的、与政府平起平坐的男性精英团体，逐渐向“欧洲式”的寻求政府支持的政治联盟转变。社会保险法发明了一种新的经济公民权，以平等主义的逻辑来照顾所有“劳动者”，但这种新的公民权却拒绝向女性和少数族裔开放。对于曾经受到劳工政策倾斜的白人女性劳动者来说，她们的权利相当于被剥夺了——对于劳动的性别化想象扭曲了新的经济

---

① Theda Skocpol, *Protecting Soldiers and Mothers: The Political Origins of Social Policy in the United States*, Cambridge, Mass.: Belknap Press of Harvard University Press, 1992.

② 琳达·戈登（Linda Gordon）在研究前新政时代劳工改革时就发现，从19世纪末到20世纪初，“福利”一词在公共政策中有一个逐渐被污名化的过程，从一个用于形容中产阶级丰足生活的词汇，逐渐被剥离去各种幸福美好的意象，变为形容底层“不幸”甚至“失足”女性的名词。在这一过程中，政府福利发放的重点也从关注公民的平等权利，转向了对弱势群体的特别救济。参见Linda Gordon, *Pitied but Not Entitled: Single Mothers and the History of Welfare, 1890–1935*, New York: Free Press, 1994。

公民权，把平等主义转变成了不平等。爱泼斯坦就曾经论证过，女性不是真正的工资劳动者，不应该受到社会保险法照顾："美国标准的正常家庭应该由一对夫妻和两到三个孩子构成，父亲的收入应该足以供养整个家庭。按照这一标准，妻子或未成年孩子不需要挣钱来贴补家用。……这种家庭的需求才是（社会保险）应该优先照顾的对象。"①

然而，在妇女改革家和妇女权益团体中，社会保险法对妇女权益的潜在损害却并未引发普遍反弹，女性似乎沉默着接受了自己被排除在经济公民资格之外的事实。在凯斯勒-哈里斯看来，这恰恰是因为新政时代的（白人）女性与男性仍然共享着从前的性别化社会想象，仍然认为家庭福利是社会秩序的基石。社会保险法并没有触发不同性别间关于社会公正的分歧，却演变成了劳资双方关于经济公正的辩论。在雇主看来，男性劳工不同于弱质女流，不应该处于经济依附的地位，给予男性劳工额外的经济补助对于雇主就是一种不平等——这恰恰与当年穆勒案的判决相映成趣，只不过性别的话语被转写成了阶级的话语。

三、非线性的公民权历史

凯斯勒-哈里斯对于经济公民权的分析，实际上挑战了马歇尔公民权理论中政治、经济、社会三种公民权线性依次发展的叙事，突出了三者间复杂交错的关系。对于个体而言，社会公民权的扩展有可能会导致经济公民权的丧失。例如，内战后接受战争抚恤的寡妇与遗孤，在受雇佣时就会受到限制。然而，社会公民权与经济公民权并非两个彼此独立的领域，在多数情况下，社会公民权首先是对经济公民权的肯定。因此，"工资劳动"从来就不仅仅是对经济生活的事实描述，所有领工资的人中，哪些人是"真正的"劳动者，哪些人应该受到公共政策的照顾，总是服膺于法律与公众意见的判断。换句话说，个体的社会公民资格影响了他的经济公民权，决定了他参与经济生活的边界和形式。而作为一种社会身份，社会公民权时刻都受到社会

① Abraham Epstein, *Insecurity: A Challenge to America*, 1933, p.101.

通行的性别化想象的影响。也许可以这样不无粗率地总结：性别化想象影响了公众政治生活中对于经济公民资格的判断，不同群体的经济公民资格决定了在其时的公正观念中，哪种社会关系是公众考量的核心，在其时的公共政策里，谁是更需要保护的人。

从研究公共政策演进的角度来看，凯斯勒-哈里斯借用“性别化社会想象”来分析女性群体“经济公民权”变革的方法，提供了一种“社会动力学”的新颖分析模式。传统的社会运动研究者往往认为，观念与政策的变革总是通过群体之间的权力博弈而推进，不同群体间因其利益殊异，意见发生分歧，而有活力的公众政治生活是将互为牴异的利益群体聚集在同一政治舞台上，通过明暗的政治角力来推动政策变革。然而，在凯斯勒-哈里斯笔下，女性经济权利变革的主线并不是争取自身利益的女性与反对她们的男性之间的对立和斗争，相反，在世纪之交，男性与女性共享着同一种强调两性差异的性别化的社会想象脚本，并且认为这种差异本身是更为公正和自然的。同样，这一以当代观点看来充满性别和种族偏见的社会想象脚本竟然也成为同时代黑人男性和女性认可和效仿的对象。凯斯勒-哈里斯分析的核心是在性别化社会想象笼罩下的“公正观念”的嬗变，随着经济和政策语境的变化，公众对于性别关系中“公正”与否的裁定标准也在不断变动，而这种观念的变化本身构成了政策进一步演进的原动力。另一方面，不论男性或女性，黑人或白人，他们对于自身处境的认识，对于自身利益的认同，对于政治策略的判断，并不是始终如一的。例如本书中反复提及的白人中产女性改革家群体，她们也许在某一时期特别倾向于对女性的特殊保护，在另一时期又强调性别间的经济平等。凯斯勒-哈里斯以观念为主线的分析思路避免了那种将某一社会群体本质化的“身份政治”，转而关照公众活动者复杂而细微的利益与情感诉求，理解她们在政治活动中的取舍逻辑，将政策的变迁更为全面地还原至历史语境之中。

另一方面，以观念为主线的分析视角并非贬低社会活动者的政治行为和政策诉求，相反，凯斯勒-哈里斯更为强调行动者在政策决策中的能动作用。世纪之交的妇女改革家们如此积极地支持性别化的社会想象，很大程度上是因为这种母权主义的性别话语提供了她们在社会改革中所需的政治话语资源。在妇女权益运动的内部辩论中，像苏珊·安东尼和伊丽莎白·斯坦顿这样的妇女改革家们主动选择了支持强调性别差异的政策倾向，这对于那些处于社会的性别想象图景之外的群体——尤其是黑人女性，也许是个悲剧。但对于处于性别差异想象荫庇下的那部分女性群体，则带来了直接的收益和法律的倾斜照顾。尽管以20世纪60年代之后的第二波女权主义视角来看，这种放弃经济平等的政治选择可能是短视的，但对于其时的改革者而言，或许是最为切实可行、阻力最小的策略方案。

作为新马克思主义视角的妇女史研究，凯斯勒-哈里斯本书在正视女性经济权利问题的同时，真正将性别置于历史研究的核心。20世纪70年代英美妇女史研究兴起以来，马克思主义的分析工具一直占据了重要地位。在70年代影响极大的马克思主义学派妇女史学者希拉·罗博特姆（Sheila Rowbotham）就主张“女性的从属地位既是性压迫，也是政治压迫”，应该通过妇女史打破阶级与种族的迷思，提供新的理解历史的融贯视角。然而，传统马克思主义学派妇女史在发掘稀见史料之余，往往堕为变形的“阶级”研究。传统马派妇女史研究者从性别不平等的前提出发，一味强调不同性别在政治经济诸方面的差异，却忽略了性别本身对于个体有何意义，性别如何塑造不同群体的生活方式，人们又如何利用性别来影响公众、促进社会变革。近年来，受到新史学中语言转向的影响，琼·斯科特（Joan W. Scott）等新女性史的研究者转向强调性别作为一个研究范畴的独立性，尤其是性别作为一种话语和政治行为对其他社会领域的塑造作用，凯斯勒-哈里斯本书正可以看作这一新的研究视角与马克思主义的综合。在凯斯勒-哈里斯笔下，性别问题的特殊性被重新发掘出来，性别成为研究者介入的一种视角。男性与女性并不是抽象对立的两个阶级，他们之间的差异是具象的、特异的，不存在本质化的男性或女性特质，相反，不同性别都被其时的历史语境所塑造。一个20世纪初美国男性家长的性别角色必然不同于同时代的欧洲男性家长，同样，也不同于美国的黑人男性或亚洲男性，个体在具体历史语境中的生活困境同时受到多方向力量的挤压。凯斯勒-哈里斯说：“我无法想象任何一个性别体系不是种族化的，同样，也不能不是深植于阶级之中的；反之，我也不能想象一个阶级体系不受性别和种族影响。”[1]不过，与其他社会范畴相比，性别影响个体生活的方式又有其特殊性：性别想象总是成对出现的，男性的独立必然对应女性的依附，在这一意义上，性别化的社会想象具有双向的塑造力，它既规训女性的生活方式，要求她们脆弱、顺从、温和和牺牲，也规训男性的生活方式，要求他们必须坚强、独立、具有男子气概。[2]

本书在方法论上受到诟病的一点，或许是作为一本社会史著作，在材料选择和分析上却选择了颇为精英化的视角。凯斯勒–哈里斯自称本书分析的核心是那些“中心行动者”——“工会领导，政府官员，自认为代表美国人的意见领袖”。凯斯勒–哈里斯认为，即使在众声喧哗的社会运动进程中，仍然存在着主流意见，而本书的主要着墨点，也在于中产知识阶层和社会改革者们如何设计政策、影响立法，即便是作为书中核心分析概念的“性别化社会想象”，凯斯勒–哈里斯援引的材料也多出于法庭判决、名人演讲、精英著作等。然而，本书分析的毕竟是一种社会普遍共享的观念如何影响了公共政策的变革，如果说在立法提案中，精英的观点还占据优势，在政策推进的过程中，公众的反应恐怕难以简单被精英所代表。凯斯勒–哈里斯所分析的这种社会想象到底为哪些群体共享？覆盖范围多大？其对立面是什么？为什么相对于其他意识形态，这种社会想象具有如此强大的政治生命力？在凯斯勒–哈里斯的分析中，性别化社会想象在塑造社会“公正”观念中起到了重要的媒介作用，然而，如果不能证明性别与社会公正间存在足够强的相关关系，那就需要尽可能论证这种性别化的社会想象传播极为广泛，为许多不同阶层所共享。换句话说，要论证某种思想与社会政策之间的相关性，可能性之一是通过完善逻辑链条，证明性别化想象在社会政策的决定过程中总是处于核心；可能性之二是将思潮的影响力问题转化为传播问题，通过足够多样化的材料，证明不同阶层群体都援引同一种性别化想象。要达到这两点之一都属不易。当然，几乎所有研究社会观念的历史学家都面临这一困境。人类

---

① Alice Kessler-Harris, *In Pursuit of Equity*, p.6.

② Sheila Rowbotham, *Hidden From History: 300 Years of Women's Oppression and the Fight Against It*, Pluto Press, 1977; Joan W. Scott, “Gender: A Useful Category of Historical Analysis”, *The American Historical Review* 91, No. 5 (1986), pp.1053–1075.

的精神生活如此精细复杂，政治决策的过程却往往充斥着偶然性，如何在两者间架设桥梁，是历史学家不得不经常思考的问题。

（焦姣，北京大学历史学系博士生）

库尔德犹太人的前世今生

杨　军

摘要： 在犹太流散史上，曾有一些很小的犹太社区分布在偏远的穆斯林地区。以色列于1948年建国后，他们大多数迁到了地中海东岸的这个犹太国家，并经历了艰难的同化岁月。约拿·萨巴尔是2008年的畅销书《父亲的失乐园》作者阿里埃勒·萨巴尔的父亲，其家族史折射出几十万穆斯林犹太移民的前世今生。

关键词： 国家　库尔德犹太人　阿拉伯犹太人　阿拉米语　以色列　犹太复国主义　《父亲的失乐园》

"我是谁"？从哪里来？

人们自青少年时期开始提出这些问题，但只有少数哲人和极少数普通人会刨根问底，甚至化时间精力追寻。阿里埃勒·萨巴尔是生于洛杉矶的美国记者，这些问题两度将他带到伊拉克西北部的库尔德山区，带到札胡，穿越百年千年时光，叩问家族和库尔德犹太人的前世今生。并写出一部堪称史诗的《父亲的失乐园》（*My Father's Paradise*）。

阿里埃勒经过了长长的叛逆时代，直到三十而立之年，直到生下自己的儿子，他才想起父亲约拿，想起父亲的父母，想知道他们来自哪里。他开始了解父亲和父亲的工作，在此过程中不断强化和放大自己的好奇，最终进行了一场寻根之旅。

成长于洛杉矶的阿里埃勒曾经极其看不惯父亲的古板做派。虽然是加州大学洛杉矶分校的教授，但父亲的节俭有时到了吝啬的地步，穿衣打扮与时尚的国际化都市格格不入，有时还会占点小便宜。青春期的阿里埃勒尽量与父亲划清界限，尽量疏远，对有关父亲的一切都不感兴趣。为远离父亲，他去美国东部上大学，之后在那边做记者。

2000年有天与母亲通电话，阿里埃勒得知，当时的热播剧《X战警》剧组找了父亲，请这位精通阿拉米语的教授帮忙翻译剧中人物耶稣说的话。阿里埃勒觉察到此事的新闻价值，以父亲为主角，写出令自己声名大噪的长篇通讯《学者老爸进好莱坞：用阿拉米语说"我是海象"》。一向秉承库尔德犹太人低调行事传统的父亲一时站到了聚光灯下，阿里埃勒的事业也进入了上升期，并对父亲的生平来历有了浓厚的兴趣。

原来阿拉米语2500年前是中东通用语，是近2000年前耶稣时代的通用语，7世纪伊斯兰教兴起后才渐渐式微；它曾传到远至中国西部的地方，使用者曾经包括部分佛教徒。[①] 到父亲约拿出生的1938年，世界上讲阿拉米语的人不多了，小小的库尔德犹太族群是其中之一，且只有口语，没有文字。约拿到以色列时，移居以色列的库尔德犹太人只有25000人，其中属于伊拉克的占大多数，18000人。

原来犹太人从2700年前就定居在库尔德地区了——这个时间惹人遐思，亚述时代掳去的以色列王国的撒玛利亚人跟他们有关系吗？他们属于所谓"失去的十个以色列部落"之一？无论如何，他们名列最古老的犹太社群之列，连有着2500年历史的巴格达犹太社团也稍有不如。在近乎与世隔绝、与现代文明隔绝的库尔德山区，这个犹太族群经历了什么，是如何生存下来的？缘于文字记录的阙如，久远的过去只能粗疏地勾勒，留下大片的空白；身为家族长子长孙，阿里埃勒产生了记述家史和库尔德犹太史的使命感，而父亲已年届七旬、祖父辈逐渐凋零的状况又令他有了紧迫感。2004年，阿里埃勒辞去很有前途的记者工作，进行走访、考察、研究，决意写一部家族史、库尔德犹太史。

---

① 阿里埃勒·萨巴尔：《父亲的失乐园》，徐丽松译，新星出版社，2017年，第17页。

父亲的乐园是哪里？不会是洛杉矶，不会是祖父辈辛劳困顿和失败失落的以色列。是伊拉克的库尔德地区札胡吗？对于在那里生活了12年的父亲约拿，札胡似乎是乐园；对于祖父拉哈明，札胡乐园的意味还可以更确定一些。他们世代是那里的染匠家族，在曾祖、祖父的时候相当兴盛，属于札胡地区的犹太望族。约拿度过了可称快乐的童年。

在库尔德地区，人少势弱的犹太人与作为主体民族的库尔德逊尼派穆斯林和谐相处，宗教、文化、传统方面相互包容——至少在20世纪50年代之前的相当长的时间里是这样的。不同族群、宗教的人们在库尔德地区水乳交融，形成一种密切的邻里关系，似乎可以一直持续下去。

当然，有了阶级分析、经济分析的工具，有了民族主义理论，乐园的形象就会变调变味了。从穷人的眼里看，哪里都称不上乐园。犹太社群与穆斯林大家族之间是一种压迫、剥削程度较轻的统属关系，在按照惯例纳贡和无偿劳役的基础上，穆斯林保护犹太人。这是长期以来行之有效的前现代政治，这种政治存在的前提是与现代文明、现代政治隔绝，偏远地区的库尔德崇山峻岭将库尔德人的生活地域变成了世外桃源。

以现代的眼光看，札胡地区的教育卫生水平相当低下原始。小城污水遍地，时常尘雾漫天。多数犹太男童上不完小学。阿里埃勒的家族史考察提供了一个令人心惊的事例：超高的婴儿死亡率。祖母米里亚姆在以色列有6个成年的孩子，而之前夭折的也有5个。

最终摧毁“乐园”的是民族主义，就伊拉克犹太人而言是双重民族主义：犹太复国主义和阿拉伯/巴勒斯坦民族主义，二者在对视、较量中不断成长升级。

1917年11月，英国发布《贝尔福宣言》，支持犹太人在巴勒斯坦地区建国。反犹太复国主义的阿拉伯民族主义应时而生，中心是巴勒斯坦，开罗、大马士革、贝鲁特、巴格达都有回应。

20世纪30年代，犹太复国主义的“使者”已在札胡活动，祖母米里亚姆的哥哥率先移民以色列建国前的巴勒斯坦犹太社区。不过，总的来说，札胡及伊拉克的犹太社团对犹太复国主义的反应与欧洲多数地区的犹太人如出一辙，反响很不热烈。巴勒斯坦在哪里？听说是荒凉贫瘠的地方，能在那里生活吗？怎么活？为什么要放弃本土本乡的宁静生活？巴黎的反犹主义、俄国的反犹暴行都是太遥远的事情。在巴勒斯坦地区建设犹太人自己的国家？对无论巴格达还是伊拉克库尔德地区的犹太人来说像是天方夜谭。

这是犹太复国主义史、以色列建国史的悖论所在：犹太复国主义本是19、20世纪应对欧洲“犹太人问题”——反犹主义——的犹太民族主义，在发展为犹太民族运动后，它需要动员散居各地的犹太人，需要对他们宣传，需要对他们灌输犹太复国主义理想，但效果很差，真正促使犹太民族主义有声有色发展壮大的是反犹主义——反犹主义越强烈，犹太人加入建国运动的声势越大。就让犹太人离开故土家园这一目标而言，犹太复国主义与反犹主义结成了同盟。

纳粹暴行发生、广为人知两年后，联合国于1947年11月通过巴勒斯坦分治决议，以色列国最终获得国际社会颁发的“准生证”。

虽然如此，对于札胡地区、伊拉克及广而言之的阿拉伯国家犹太古老社团来说，欧洲犹太人的确命运悲惨，但欧洲的事情毕竟很遥远，要让它们放弃家园、乐园，迁往前景难料的陌生之地，还需有更近的、近在咫尺的反犹主义刺激。

1948年5月14日，以色列临时政府总理本-古里安宣布建国，次日，包括伊拉克在内的5个阿拉伯国家进入巴勒斯坦，试图以武力推翻分治决议，摧毁犹太复国梦想。5个国家中，唯有伊拉克不与巴勒斯坦接壤，体现了它对反犹反以先锋的自认。虽然给了以色列沉重打击，但阿拉伯国家的军事目的未能实现，军事挫败使得阿拉伯世界的反犹反以情势更加高涨。在伊拉克等阿拉伯国家，一向恭顺低调的犹太人发现日子不好过了，没法过了。9月，巴格达犹太首富、与阿拉伯当权者长期维持着密切关系的沙菲克·阿德斯被吊死。[①]札胡来了巴勒斯坦的阿拉伯民族主义“使者”，宣传每一个穆斯林应承担的反犹使命。几个月后，札胡发生了迫害当地犹太筏工的事件，受害者包括阿里埃勒祖母米里亚姆的父亲和两个弟弟。“多年来经常与犹太人喝茶

① Martin Gilbert, *In Ishmel's House: A History of Jews in Muslim Lands*, Yale University Press, 2010, p.222.

或在街上打招呼的警察忽然变了一副嘴脸”，一直赖为保护者的穆斯林望族领袖抱歉地对犹太人说，这次没办法了。[①]犹太复国主义者讲述的反犹主义真切地在眼前出现了，出路似乎只有阿利亚（aliya）；这个希伯来语词汇指上升，转义为向巴勒斯坦、以色列的迁徙。1950年3月，伊拉克国会通过法案，“鼓励”境内的犹太人离开，放弃伊拉克国籍。阿拉伯世界的反犹反以大势滚滚而来，击碎了犹太人赖以与穆斯林邻居和平共居的惯例、习俗，强行扭转了历史的方向。

伊拉克变相驱逐犹太人的做法很怪异，据阿里埃勒分析，它与伊拉克的利益相悖，因为在伊拉克有着重要财经商业地位的犹太人的移出会使当地经济陷于混乱，陷入高度危机之中；它还会使急需犹太人口的以色列获得中东地区人数最多、最富有的犹太社群，从而使伊拉克客观上成为阿拉伯世界最大敌人的以色列的“帮凶”。[②]

1951年4月，阿里埃勒的父亲约拿离开伊拉克，来到以色列。

库尔德犹太人与自己的故土、文化断开了。

以色列不是札胡库尔德犹太人的乐园，不是伊拉克犹太人的乐园，不是被称作米兹拉希（东方人）的、来自穆斯林世界的犹太移民的乐园，至少在20世纪80年代以前难说是乐园，至少对第一代移民来说不是。

因为以色列是犹太复国主义的成果，犹太复国主义是欧洲犹太人、即阿什肯纳兹人发起和领导的民族主义运动。“西方犹太人比东方犹太人更易于适应以色列文化的发展模式。”[③]而且，欧洲领导以居高临下的姿态看待亚非国家的犹太人，视之为与现代文明隔绝的原始人、野蛮人，不经改造不能成为新犹太国的合格建设者、保卫者。对本-古里安总理而言，以色列是个大熔炉，他鼓励新来者让自己故乡的文化溶解在炉中，“认为犹太人离散在远

① 阿里埃勒·萨巴尔：《父亲的失乐园》，第117页。

② 同上，第121页。参见Ya'aov Meron, “The Expulsion of the Jews from the Arab Countries: the Palestinians' Attitude Towards it and their Claims”, in Malka Hillel Shulewitz ed., *The Forgotten Millions: The Modern Jewish Exodus from Arab Lands*, Continuum, London and New York, 1999, p.89。

③ Pnina Morag-Talmon, “The Integration Processes of Eastern Jews into Israeli Society,1948–1988”, in Malka Hillel Shulewitz ed., *The Forgotten Millions*, p.191.

方的这两千多年来培养出的各种奇异传统就像是外来的病毒，威胁着新国家的整体性。”[①]他将生活在穆斯林地区的米兹拉希犹太人描绘成缺乏最基本知识，“任何犹太教育乃至人类教育的蛛丝马迹”都付之阙如的人；前外长阿巴·埃班担忧大批东方移民的涌入，担忧他们会“将以色列文化下拉到周边世界的水平”；曾担任外长、总理的果尔达·梅厄期待将这些移民“提升到合宜的文明程度”。[②]

这些建国者代表着来自欧洲的以色列精英们的普遍态度，引导着全国的舆论和立场。政治、社会、经济上的歧视和压制随之而来。

在以色列对不同国家的犹太移民的“价值序列”估量中，约拿的伊拉克同胞排在底层。登记放弃伊拉克国籍后，虽然伊拉克有15天内离开的限令，他们却等待数月等不来以色列的飞机——飞机去接波兰和罗马尼亚的犹太人了。20世纪50年代担任世界犹太复国主义组织主席的纳胡姆·戈德曼甚至说：“来自东欧的犹太人身价是库尔德斯坦犹太人的两倍。”[③]

从建国到1951年底，在不到3年的时间里，66万犹太人从世界各地来到以色列，犹太国的犹太人口翻了一番。[④]半数以上的新移民来自伊斯兰世界。本-古里安的“熔炉”承受着巨大压力。移民彼此言语不通，文化传统各异，隔膜到处存在。西欧犹太人看不起东欧犹太人，又一起看不起亚非犹太人。建国初期，虽说全国人民都受苦，住不好，吃不好，其中仍有些微妙的差异。相对来说，亚非犹太人住最差的帐篷和铁皮房，做最脏最重的体力活，拿最少的工钱。

约拿经历了这一切。初来乍到，约拿只能做辛苦的报童，辛劳一天后去上以色列工会办的夜校。他还曾去简陋的小纸厂做搬运，后来好不容易找到替耶路撒冷工会去各处收拖欠会费的活。他在工会看到，有些欧洲犹太人平时根本看不见，只出现在发薪的日子。

---

① 阿里埃勒·萨巴尔：《父亲的失乐园》，第239页。
② 同上，第137页。
③ 同上，第138页。
④ 诺亚·卢卡斯：《以色列现代史》，杜先菊、彭艳译，商务印书馆，1997年，第270页。

虽然有种种不公正的现象，亚非犹太人近乎平静地承受了这些。20世纪50年代至60年代寥寥数次烈度甚低的族群抗议事件反证了政府的效率。[①]他们也接受了社会对他们文化歧视的状况，甚至以更紧迫的心态自我歧视，自我改造，迎合欧洲精英对他们的"融合"期望。

在阿里埃勒辞职探寻家族史的21世纪初，他的姑姑跟他谈过库尔德犹太人在以色列的状况："我们有好多年都没办法说自己是库尔德人……阿什肯纳兹等于是神，其次是摩洛哥人或伊拉克人，排在最底下的是库尔德人。库尔德人被视为人间渣滓。"[②]

教育改变了约拿的命运。在夜校，约拿成绩优异，之后申请希伯来大学成功。在大学里，以一种堪称奇妙的方式，约拿与以色列库尔德犹太人想要忘记的库尔德语言文化建立了新的联系。

与主流社会的熔炉政策不同，希伯来大学的语言学研究机构视各族群语言为可贵的学术资源和研究目标，约拿家里讲的阿拉米口语是焦点之一。大学里的闪米特语言学大师汉斯·雅各布·波洛斯基邀请约拿做记录、保存阿拉米语的工作，将约拿引入学术道路。约拿有了双重身份：既是语言的使用者，又是语言的考察者。约拿向父亲请教，向不识字但可以说是阿拉米语资源宝库的母亲请教，寻找库尔德犹太人中的传统说书人，为其所讲的库尔德犹太人故事、传说、历史做录音。由此，约拿还发展出个人对于库尔德犹太民俗的兴趣。

1964年5月，25岁的约拿·萨巴尔获第一届伊扎克·本-兹维研究奖学金。次年9月，他飞赴美国，去耶鲁大学读博士。

在许多以色列人的眼里，犹太人离开以色列的行为近于叛国。希伯来语称移民以色列为"上升"（阿利亚），持肯定赞许的态度，称离开以色列为"下降"（耶利达，yelida），有些遗憾、惋惜，有些鄙视。约拿在大学的一些老师、同学不赞成他去美国，一些朋友批评他，接受了犹太复国主义思想的弟弟妹妹们也是如此，尽管他辩称求学不是移民。

---

① 参见 Howard M.Sachar, *A History of Israel—From the Rise of Zionism to Our Time*, Alfred A.Knopf, New York, 1993, p.422。

② 阿里埃勒·萨巴尔：《父亲的失乐园》，第237页。

约拿·萨巴尔要再次离开家园，去一个陌生的新世界。

在美国，约拿学业有成，并娶妻生子，博士毕业后的1972年，他去了加州大学洛杉矶分校，过上了令人羡慕的优渥学者生活。美国的大都市离伊拉克北部库尔德地区的札胡有多远？离札胡的犹太社区有多远？回望札胡，约拿身后是一去不回的30年时光，是遥遥难及的地理距离，是已经被连根拔出的库尔德犹太生活，是真假难辨的乐园。

该如何解说加州大学教授约拿身上留存的库尔德犹太人痕迹？节俭的理念和态度是札胡生活、移民以色列初期困顿生活的印记，听库尔德音乐是对故乡的思念，有关阿拉米语的教学与学术研究既是谋生的工具，又是架在洛杉矶高尚生活小区与札胡之间的桥梁。

《父亲的失乐园》是一曲库尔德犹太人的挽歌。离开了库尔德地区，他们不再是库尔德犹太人，他们的文化渐行渐远，现实生活中已接近完全消逝，以后只能留存在历史和学术领域。

推而论之，在20世纪犹太复国主义和阿拉伯民族主义的斗争中，被动涉入的穆斯林国家犹太人的文化命运多是如此。总计迁入以色列的伊拉克犹太人有13万，其中的伊拉克库尔德犹太人数不足其零头。历史上，巴格达犹太人赫赫有名，对总体而言的犹太文化的贡献可称巨大。[①]然而，离开故乡来到以色列后，他们与原来的摩洛哥犹太人、埃及犹太人、也门犹太人、叙利亚犹太人、伊朗犹太人等一样，原有的文化渐渐凋零——好坏不论，他们的确在本-古里安的熔炉里溶解重生了，成为外貌上难以分辨的以色列犹太人。新的生存境遇产生新的生存问题，令各族群文化习俗不断适应性地扭曲、变形，并制造出新的文化，新的传统。

（杨军，上海大学文学院讲师）

① 公元6世纪，巴格达犹太人编成犹太教第二圣经《塔木德》。

中国人如何撰写西方史学史？
——“中国的西方史学史研究暨纪念耿淡如先生诞辰120周年学术研讨会”综述

奚昊捷

摘要：20世纪中国的西方史学史研究经历了曲折、发展与变化。西方史学史在中国作为一门独立的学科，兴起于20世纪下半叶。在复旦大学历史学系教授耿淡如（1898—1975）的努力与引领下，中国西方史学史的基本研究对象、任务与方法得到了明确，中国西方史学史的学科发展方向得到了确立。随着《西方史学史》与《西方史学通史》的出版，耿先生的治史方法得到了继承与发扬，中国的西方史学史研究也进入了一个迅速发展的阶段。当下，中国的西方史学史研究需要在继承固有的学术传统基础之上，密切本学科建设与时代需求之间的关系，把握当代西方史学的发展动向，努力拓展学科研究的前沿，完善本学科研究中国话语体系的构建。

关键词：西方史学史　中国　耿淡如　史学史书写

由复旦大学历史学系主办的“中国的西方史学史研究暨纪念耿淡如先生诞辰120周年学术研讨会”于2018年3月30—31日成功召开。来自国内多所高校、科研院所、出版单位的30余位学者参与了讨论。研讨会共分为开幕式暨耿淡如先生诞辰120周年纪念专场、《西方史学史》（第四版）发布会与圆桌讨论、“西方史学史研究的新趋势”青年学术论坛三个部分。与会的专家学者回顾了中国的西方史学史研究传统，探讨了当代西方史学史书写的方式方法，展望了中国西方史学史研究的发展方向。他们认为，当下西方史学史的学科建设要立足于中国的研究范式与理论指导，把握、发掘具有时代性的研究热点，充分吸纳外国优秀的史学史研究成果，并与新时代中国话语体系的构建联系起来。

一、中国西方史学史研究的缘起

研讨会开幕式暨耿淡如先生诞辰120周年纪念专场于3月30日下午举行，由复旦大学历史学系学术委员会主席顾云深教授主持，复旦大学历史学系主任黄洋教授致开幕辞。开幕式的主题是缅怀耿淡如先生，回顾中国西方史学史研究的初创阶段。张广智教授作主旨发言，追忆了耿淡如先生的生平事略以及他的学术贡献。耿淡如先生早年在复旦大学求学，后至美国哈佛大学深造。学成归国后，先生致力于中国国际关系史的研究，在《外交评论》《东方杂志》等期刊上发表了许多文章（后辑为100余万字的国际关系论文集）。耿先生既是国际问题研究专家，也是政治学家，曾长期担任上海光华大学政治学系主任。1952年调入复旦大学历史系，投身于当时研究水平较为薄弱的世界古代中世纪史方向的学术研究之中，卓有建树。耿先生长于外文翻译，曾被何炳棣先生誉为“翻译名家”。先生遂以翻译之长技，采集外文资料，编写出了《世界中古史讲义》。1959年以后，耿先生投入了我国西方史学史研究的“拓荒”工作之中。他发表了作为我国西方史学史研究具有开创性意义的论文——《什么是史学史？》，编译了《近代西方史学史资料选辑》。1961年，耿先生出任教育部教材《外国史学史》主编，并开始招收中国大陆首届西方史学史专业方向的研究生。耿先生逝世后，由他所开创的复旦大学西方史学史研究事业取得了长足的发展。在张广智教授的带领与指导下，《西方史学史》《西方史学通史》等学术专著相继问世，并涌现出一批从事西方史学史研究的专业学者。

在开幕式上，曾与耿淡如先生有过交集的复旦学子、友人追忆了耿淡如先生的学术风范与高尚人格。复旦大学历史学系原系主任余子道对耿淡如先生在介绍、评价、翻译西方史学史方面所做出的大量基础性贡献，予以高度肯定。复旦大学历史学系资深学者朱永嘉对耿先生的为人为学给出了既朴实又中肯的评价，认为耿先生是“真正做学问、诚心做学问的人”。复旦大学中文系教授、语言学家许宝华回忆了耿先生倾注于教学的往事。华东师范大学王斯德教授以手书致辞，缅怀耿师，鼓励史学后进继承耿师的治学传统。华东师范大学张耕华教授追溯了耿先生在上海光华大学执教的15年，回顾了耿淡如与吕思勉先生在政治史与政治思想史方面所产生的人生交集。胡逢祥、王鹤鸣、赵建鸣、刘其奎、刘文龙等先生相继回忆了有关耿先生生平的许多点滴。

西方史学史研究在20世纪中国的史学研究中占据了重要的地位，对相关学科产生了一定的影响。上海师范大学的汤勤福教授认为，西方史学史研究对于中国史学史研究具有促进作用。耿淡如先生治学、教学的方法是珍贵的学术遗产，足资从事史学史研究的学人加以借鉴。虞云国教授认为，20世纪中国史学的发展受到了时代背景的重大影响，中国的西方史学史研究也不例外。回顾我国西方史学史研究的发展脉络，可以发现，从一种史学传统而衍生出史学学派，保证学术传统的传承是其中的关键。

二、中国西方史学史研究的开拓与发展

由张广智教授主笔的《西方史学史》一书，在当代的西方史学史教学活动中有着广泛的影响。本书的问世，代表着由耿淡如先生所开创的中国西方史学史研究传统的接续与发展，也体现了当代中国西方史学史研究的部分成果。3月31日上午9时，《西方史学史》（第四版）发布会举行，复旦大学出版社总编辑王卫东先生致辞，张广智教授做“静静的水，深深地流”的主旨发言，阐述了本书编撰、修订的目的与要求。张广智教授认为，作为西方史学史这门学科的入门教材，必须秉持对万千莘莘学子负责的编写态度。在相关章节的叙述中，须要紧密结合西方史学史学科的研究动态与成果，并确保叙述的完整性与条理性。本书的写作，不单单是为我国高校相关系科的教学提供教材，也要使之成为社会人士进行跨界阅读的优秀读物。因此，必须保

证叙述文字的清正、畅达、易读。总之,《西方史学史》秉承了耿淡如先生一贯的治学方法，是一部严谨、通达的学术著作。

与会学者围绕《西方史学史》(第四版)的发布，就中国西方史学史的研究现状、发展态势发表了看法。他们认为，西方史学史的研究可服务于当代中国话语的建立；随着西方史学史研究范围的继续扩大与深入，将有助于我们更加全面地认识西方的知识体系，为西方知识的系统本土化创造条件。全国政协委员、上海大学历史系郭长刚教授表示，史学史研究有助于我们重新审视人类历史发展的模式。这也将有利于新时期中国话语体系的构建。中国的西方史学史研究将大有可为。上海师范大学副校长、历史系陈恒教授认为,《西方史学史》(第四版)建立了当代中国西方史学史研究的标准与起点。接下来所要面临的问题是如何开拓史学史研究范围。属于现代史学分支的科学史、艺术史等学科，尚待纳入史学史研究的整个体系之中。此外，非洲、美洲、阿拉伯世界的史学史也应当受到关注，让西方史学史与之共同构成“外国史学史”的研究范畴。复旦大学历史学系分党委书记刘金华则认为,《西方史学史》是复旦大学历史学系学术成果的一张“名片”。

在圆桌讨论会的环节中，与会学者围绕着“如何撰写西方史学史”这一主题，从西方史学史的学科特点、研究路径、理论指导等层面入手，针对西方史学史撰写的现状、所存在问题、解决的方法等方面，发表了看法。复旦大学历史学系教授吴晓群主持了本场讨论会。学者们认为，史学史本身具有反思性、反省性与跨学科性的特点，它提供了思考史学发展的环境、语境的要素。西方史学史的撰写应体现学科的特色，顺应学科本身的研究理路。在全球化、科技突飞猛进的时代里，西方史学史的书写方式、写作倾向于写作策略也将发生一定的变化。未来的西方史学史研究应把握时代的脉搏，适时地更新西方史学史的书写。

复旦大学历史学系李剑鸣教授认为，广义上的史学史是史学的“家谱”“家史”。通过史学史研究，不仅可以告诉我们史学学科的发展是如何演变为今天的样子、真正的史学家是什么样，而且它也能让历史研究本身与社会、其他因素建立互动联系。史学史应具备批判的意识，对于一批重要历史学家进行批判性审视，对史学研究的基本范型、研究路径做出归纳。通过史学史研究，可以在总结评价以往史学及相关各学科所取得的研究成果、贡献大小的基础上，找出研究本身所存在的问题，并探索研究可能取得的突破点在哪里。

复旦大学历史学系顾云深教授指出，中国西方史学史研究的特点在于坚持“西方史学”“中国眼光”的研究方向。除了针对史学思想与观念进行分析与梳理之外，史学史研究也具有跨学科性。从研究史学与史学家本身，拓展到研究其他学科领域及其代表性学者。西方哲学、人类学、经济史等学科学者的研究工作与成果，也应当被纳入西方史学史的书写中。此外，中国的西方史学史研究自创立之初，即与译介外国史学、史学史著作密不可分。因此，西方史学史研究的翻译工作必须加以坚持。

复旦大学历史学系李宏图教授认为，史学史研究离不开考察史学流派、范式形成的语境。回到历史语境之中，陈列史学流派、范式形成的因素，探寻它们与个人、时代的关系。如果割裂了史家与时代的联系，那么史家背后的丰富性就无从挖掘。史学史研究应当注重思考学术谱系发展的动力机制、学术流派变化的内在演进动力，进而可以了解原本属于某个学者、单一国家或民族的史学范式，是如何超越其个体性、民族性，而演变为某一区域，乃至全球范围的研究范式的。

浙江大学历史学系陈新教授提出，不断尝试史学史写作的新方式，或可将思想史的方法论运用于史学史的研究。在材料的使用方面，通过合理利用“大数据”的方式，可大大增加史学史研究的证据。这将有助于史学史学者在传统的史学文本之外，考察知识生产的模式以及历史意识的分布、产生、强度，从而探索史学著作是如何进入社会、公共生活的。这也是现代科技与传统的史学史研究方法相互结合的一种尝试。

中国社会科学院王建娥研究员认为，西方史学史研究或将更注重大时代的氛围与精神，探究史家形成各自史学视角的原因，关注史家与其他人物之间的关联。

那么，未来中国的西方史学史书写可能在哪些方面取得一定的突破呢？

李剑鸣教授认为可以从内、外两个方面分别进行探索。一方面，在史学史研究的大框架内，关注、吸收来自中国史学史研究的反思与思考；另一方面，注意将史学史与政治史、社会史的研究相结合。研究学术社会史，考察史学家的人际交往，了解他们学术思想的形成。引入的文学研究方法，也可以拓展对于史家、史学著作关注的传统研究路径。

复旦大学法学院赵立行教授认为，深入研究西方史学原典、完善学科体系，都可能拓宽西方史学史的写作脉络。对此，赵立行教授提出了几点意见与设想：从一般地了解西方学者对西方史学史著作的评价，到对西方史学原典进行研读，尚有许多空白需要填补；要打破西方史学史研究的封闭性，尝试将之运用于具体的历史研究之中；把握西方史学史分化为西方著作史、西方史学理论两个学科的趋势，适时地修改学科的架构；在学科建设方面，完善中国的西方史学史研究话语体系，将中国的历史认识论融入西方史学史的研究。

同样需要注意的是西方史学史的研究指导理论。中国社会科学院吴英研究员指出，加强西方史学史研究指导理论的建设是当务之急。正如史学理论研究为实证主义历史研究提供了理论指导与借鉴，西方史学史研究同样也离不开理论的指导。研究西方史学史的目的在于服务于中国的史学。因此，中国应建立有关西方史学史研究自己的评判标准与立场，增强研究的批判性。厘清西方史学史的长处与不足之处，为中国史学提供借鉴。

当下，虽然史学在中国获得了较为迅猛的发展，但是同时也积累了不少亟须加以解决的问题。西方史学史研究同样面临着相似的情况，需要适时地调整研究的视角。华东师范大学历史系孟钟捷教授在当代史学发展的大背景下，归纳总结了西方史学史研究视角在转型的过程中有待思考、解决的几个重要问题：一是如何把历史书写作为一种集研究、书写和传播为一体的综合行为来加以观察？二是如何在全球化背景下，将西方史学史置于全球史学史的视角之下加以重构？三是在高校传统历史学人才培养体系中出现的一些交叉现象，如在理论与方法、通史、专题史与国别史等课程内容出现重叠的情况下，怎样重新归置“西方史学史”？

三、西方史学史研究的新趋势

本次会议的青年学术论坛于3月31日下午举行，分为主旨演讲与分组讨论两个部分。与会学人分别探讨了西方史学史的理论支撑、编写方式、研究视角、研究材料、史学流派演变等方面，以期在整理传统西方史学史研究路径的基础上，把握西方史学史研究的最新动态与发展趋势。

在吴晓群教授的主持下，主旨演讲部分主要涉及的是西方史学史的理论指导、编纂方式、研究视野等方面。与会学人认为，继续吸纳国外史学史研究的成果、构建中国的史学史研究理论、建立中国的西方史学史话语体系，这三个方面是中国西方史学史研究未来发展的主要方向。中国社会科学院吴英研究员指出，西方史学史研究在我国虽然作为一个分支学科已经建立，并且出版和发表了大量学术成果，但就学科定位和要求来讲，西方史学史研究在揭示历史学的发展规律、为具体历史研究提供借鉴方面，还有着很大的提升空间。因此，不能忘记史学史研究为揭示历史学发展规律、为史学研究提供借鉴的根本宗旨。吴英研究员强调，应以唯物史观作为指导，来发展中国的西方史学史研究理论。淮北师范大学历史学系李勇教授认为，当前建构中国学术话语体系的工作应与时俱进，逐步建立中国的西方史学史编纂话语体系。在此过程中，一方面，要充分吸收中国史学史的传统做法，尽量使用中国的词汇来建立中国话语；另一方面，也要吸纳西方学者史学史的全球视野，注意不同民族、地区史学间的交流。而西方学者的史学史编纂与中国学者的中国史学史编纂，均可资中国的西方史学史编纂加以参照。

在分组讨论环节，与会学人主要探讨了西方古典史学著作的形式与内容、近现代以来西方史学流派的演变、现代史学学科的发展、西方史学理论新动向、西方历史研究的新材料与主题等方面的内容。

外国古代史的研究离不开对于经典著作文本的释读与分析，进而探讨古代史家历史写作的风格与特色。而在古代文献材料缺乏的情况下，当代学人仰赖对于考古资料的解读来追溯上古的历史。复旦大学历史学系欧阳晓莉副教授剖析了外国学者有关乌尔第三王朝国王舒勒吉（Šulgi）改革与“中央集权”形成的关系的一般观点，并通过对舒勒吉的十项改革措施进行逐条辨析。她认为，乌尔第三王朝“中央集权”的本质是经济集权。华东师范大学历史学系讲师王悦关注了罗马史家李维的写作手法，认为李维在历史写作中对于过去的重现，或以纪念物的形式加以呈现。由纪念物展现的记忆是一种劝诫性记忆，目的是重提过去的范例和德行，以便当下和未来的罗马人加以效仿，从而实现李维道德教化的写作用意。广西师范大学讲师肖超提出，路加的《路加福音》与《使徒行传》之所以构成了早期基督教史学的关键开端，是因为路加采取了富有基督教史学特征的历史写作的方式，从而实现了基督教史学的初始构型。复旦大学历史学系博士研究生奚昊捷、张娓分别对希罗多德《历史》的叙述手法进行了个案分析。奚昊捷认为，希罗多德的“木墙”神谕叙述与历史叙述相辅相成，神谕叙述为希罗多德对于一个历史事件的叙述提供了支点。张娓认为，《历史》的埃及卷记叙了希腊与埃及均存在的神话人物赫拉克勒斯，这一现象的产生很可能源于希罗多德对埃及当地“孔苏”神话的误读，或可归因为希罗多德未对他所搜集的神话本身加以探究。

近现代以来西方各国的史学流派竞相发展，引领史学走向现代化。在此过程中，各史学流派既呈现出带有国别色彩的差异，又在一定程度上相互影响，彼此贯通。厦门大学历史系副教授赖国栋试图从布罗代尔的早年经历中探求布罗代尔处理历史事件方式的成因。他认为，布罗代尔不是将一切都放在同一水平上、用同一标准加以衡量，而是将不同的事件类型纳入不同的时间广度和空间范畴中，从而找到不同的影响。因此，布罗代尔并不排斥事件，甚至在作品中展现了帝国政治。布罗代尔对事件的论述所引申出来问题是如何看待人类经验的历史模式。湖南师范大学历史文化学院易兰副教授回顾了德国历史学家兰普勒希特（Lamprecht）对于兰克史学的批判。她指出，兰普勒希特企望以社会心理学的理论来重新铸造历史学。在兰普勒希特看来，历史学家要从社会心理的角度来看待历史，将集中体现了社会心理的文化作为研究的重心，以便了解各个时代不同的社会心理。兰普勒希特将历史学家定位为“解释者”，而不仅仅是一位记录者或史料考证者。湖南师范大学历史文化学院讲师黄冬敏以18世纪50—60年代伏尔泰的重要著作为基础，尝试勾勒出伏尔泰史学思想的形成与伏尔泰“启蒙叙事”之间的关系。黄冬敏认为，伏尔泰的历史著作既受到人文主义和新古典主义思想的影响，又增添了理性的批判视角的新特色。他的作品是时代的反映，新的时代触发了史学家的自觉意识。北京师范大学历史学院讲师顾晓伟将德国历史学家德罗伊森（Droysen）的《历史知识理论》、法国历史学家朗格诺瓦（Langlois）和瑟诺博司（Seignobos）合著的《历史研究导论》视为西欧史学理论上的“双璧”。有关观念主义叙述和实证主义叙述，均可在其中找到各自的源头。两部著作中大量关于历史学实践中的操作程序和手段的论述，可以看作是社会规范意义上的“家法”或“礼规”。复旦大学历史学系博士研究生刘雨君介绍了职业化时期美国史学研究、教学和写作的转变过程，并指出其科学观念不仅来源于德国史学，更是吸收英法等国的科学思想的产物。自美国内战结束至第一次世界大战爆发前的半个世纪内，美国史学受欧洲史学影响，形成了独立的学科，并以科学观念作为指导思想，在学科化、制度化和专业化过程中最终确立了美国史学的职业化路径。

在19世纪末至20世纪初“西学东渐”的影响下，我国史学的发展受到了现代西方史学的冲击，开始逐渐吸取西方史学的方法理论，并初步形成了中国人对于西方史学的认知结构。北京大学历史系博士研究生张一博认为，民国时期以傅斯年为代表的留德学生在德国接受了受到新人文主义思潮影响的语义学（philology）。傅斯年将这种以科学面貌呈现的语义学带到中国，并运用于中国古代史研究之中。而中国西方史学史研究的诞生，同样受到了外国史学研究思想因素的影响。华东师范大学历史学系硕士研究生李少辉认为，耿淡如先生于1961年发表《什么是史学史？》一文，对于中国西方史学史研究来说具有划时代的奠基意义。耿淡如先生在这篇文章中从词源学的角度讨论其他国家对“史学史”的不同定义入手，着重从十个方面讨论了史学史的研究对象与任务。耿氏坚持以唯物史观作为研究史学史的指导思想。《什么是史学史？》一文为我国西方史学史的研究指明了方向，为我国史学史学科的发展争取到了短暂的“繁荣”。

西方史学在20世纪末又出现了一些新动向。不仅西方史学研究所关注的对象出现了变化，西方史学更是有演化出新的分支学科的趋势、西方史学的跨学科性不断得到增强。四川大学历史文化学院吕和应副教授探讨了“史学社会学”（la sociologie de l’histoire）的基本属性与研究范畴。他指出，“史学社会学”作为一种史学理论，关心的是现代史家为什么会不断强调历史认识的真实性和客观性，而不再纠结于历史学家的主观性以及历史认识的真实性和客观性等历史哲学问题。“史学社会学”将涉及历史学的相对衰落、史学著作与市场的关系以及历史学毕业生的就业等与现实生活密切相关的问题，这些问题完全超出了既有史学理论的范畴。“史学社会学”具有跨学科性与一定的批判性。苏州大学副教授张井梅指出，首创于1989年的“大历史”概念虽然有着共同反对的对象和一致追求的目标，但是这个概念并不完全统一，在各个国家、不同学者之中间都存在着一定的差别。“大历史”概念本身的多义和模糊，造成了“大历史”在研究中的多样性特点。“大历史”主张把人类历史纳入宇宙自然历史范围，追溯人类历史的从无到有。“大历史”学说至今还在不断地发展，逐渐演变为西方社会历史教学和历史研究的新领域。兰州大学历史文化学院讲师李娟探究了近年来西方学界兴起的情感史研究所面临的困境，认为其主要问题在于普世主义和文化建构主义的二元对立。这也是人文社会学科所普遍面临的问题。李娟提出，神经科学的引入将有可能打破这种局面，在人文学科的“客观性危机”之外为其寻找出一条客观性道路。情感作为人类生命的重要组成部分，必将成为人文学科和自然科学共同关注的问题。

西方历史研究需要不断挖掘、使用新材料，其研究的对象、主题也在不断变化。这种现象也应当在西方史学史的研究中有所反映与体现。档案资料的目录可以成为史学史研究对象的一部分。复旦大学历史学系副教授朱联璧认为，关于英帝国的史学史研究一般较为侧重著作的立场、著者的观念等，对研究目录尚未有过详细的讨论。以英国王家殖民地学会图书馆编目（1881—1971）作为研究资料，从空间视角反思过去一个多世纪里有关英帝国史的目录编纂，或为当代整理新的英帝国史研究作品以及重新挖掘已有的编目有所助益。与研究相关的空间不限于研究对象所处的空间，也可以将作者所在的空间和出版地作为统计、分析和可视化呈现的数据来源。对帝国史学史的观察或可跳出更早的编纂者提供的差序的地理视角。另外，概念的流变也能投射出当代其他学科的研究范畴与史学合流的倾向。据复旦大学历史学系博士研究生王闯闯的考察，在西方原本多属于政治学、社会学研究范畴的乌托邦研究，近来正在转向历史研究：乌托邦已从非历史的空想被理解为历史中推动变革的力量；从历史语境出发赋予乌托邦具体、动态、多元的特性，已被西方学界广泛地接受。

* * *

复旦大学历史学系教授向荣做本次学术研讨会的总结。向荣教授认为，西方史学史研究作为复旦大学的学术品牌之一，具有光荣的学术传统，这份宝贵的传统需要不断地加以继承与传递。史学史研究要与时代脉搏紧密结合，服务于时代需求。当下，中国人需要看到西方的历史，而西方人需要看到西方之外的历史，也就是说，一部整体的、可以揭示全球化动因的世界史是我们所需要的。中国人从事西方史学史研究对此必有所助益。至于西方的史学理论，我们应带有批评的眼光，从总体上加以把握，落实到中国的西方史学史研究之中。回顾总结20世纪七八十年代以来西方史学动态，利用好“大数据化”时代所带来的研究资料的增进，重视公共史学、大众史学等史学前沿分支学科的发展动向，把握史学与交叉学科的动态，这些都将有助于我们将西方史学史推向更广阔的研究天地，让青年学人在这片学术园地中继续加以开拓。

最后，“中国的西方史学史研究暨纪念耿淡如先生诞辰120周年学术研讨会”在张广智教授寄语“心之所向，无问西东”中落下了帷幕。

（奚昊捷，复旦大学历史学系博士生）

光启学术 | Guangqi Academics

《岁时记》第一卷第1—100行译注 *

王　晨

摘要：本文是对奥维德《岁时记》第一卷第1—100行的翻译，并简述了这部作品的背景和内容，介绍了主要的传世版本。译文采用与拉丁文对照的形式，并附上必要的简注。

关键词：奥维德　《岁时记》

奥维德在《哀怨集》2.549中表示，他已撰写《岁时记》12卷（sex ego Fastorum scripsi totidemque libellos），但命运打断了这部献给奥古斯都的神圣作品。这里的命运（sors mea）指公元8年他遭到流放，一般认为诗人从公元2年左右就开始创作该诗，与《变形记》之间的呼应和相互参照暗示他曾同时写作两者。[①]《变形记》在公元8年已经基本完成,《岁时记》的情况则存在争议。根据对意义含糊的2.549的不同解读，有人认为诗人在流放前已经完成了全书的草稿，但后来没能发表，也有人认为他在夸大其词，后6卷并不存在。[②]可以肯定的是，流放中的奥维德对前6卷内容做了修改，因为作品中不仅提到了公元8年后罗马发生的一些事件，而且被转献给了日耳曼尼库斯

* 本译注为国家社科基金重大项目“古罗马诗人奥维德全集译注”（项目编号：15ZDB087）阶段性成果。

① Elaine Fantham, *Ovid: Fasti Book Ⅳ* , Cambridge University Press, 1998, p.3.

② Syme表示，为了给他人留下尽可能好的印象，不同时代都有作者会对自己的未完成作品做出乐观的表述，见Carole Newlands , *Playing with Time*, Ithaca, 1995, pp.3–5。

(Germanicus)。但就像博伊尔所说，我们无法将流放前和流放后的元素放在不同语境下解读，它们的活跃互动丰富和加深了作品话语的流放色彩。①

《岁时记》现存1—6卷，每卷对应一个月，主要解读了月名和重要节日的由来。沙伊德认为，此类解读创造了崇拜与现实的纽带，使得崇拜仪式具有了确切的时代乃至政治意味。②在奥古斯都时代，它们不可避免地被和官方的时间话语联系在一起。③有人认为《岁时记》想要颠覆对时间的权威解读，因为诗人常常提出多种起源说，对它们莫衷一是，哪怕其中某一种是官方的说法。④有人则认为作品根本上是一首颂歌，诗人的所有选择都是为了取悦奥古斯都。⑤还有人认为，《岁时记》不仅是历表的诗歌化，也是以诗歌形式对时间的重构。⑥

作品采用哀歌双行体，可能借鉴了卡利马科斯(Callimachus)的《起源》(*Aetia*)和普洛佩提乌斯(Propertius)的《哀歌集》第四卷。⑦罗马宗教对于哀歌体无疑是全新的主题，奥维德在诗中也对此表达了不安，他在一开始就称自己的作品为“胆怯的船只”(timidae ... navis，1.4)，又说那是哀歌第一次张着更大的风帆航行(nunc primum velis, elegi, maioribus itis，2.3)。博伊尔认为，这样做让奥维德可以将《岁时记》同自己和他人的哀歌联系起来，促使读者寻找作品中缺席的反奥古斯都元素。⑧范瑟姆则认为，作为擅长哀歌体的诗人，通过把罗马宗教节日变成主题，奥维德调和了自己的诗歌口味和对奥古斯都表示忠诚的需要。⑨

《岁时记》有170多个抄本存世，但基本可以根据其中的5个来重构文本，代表了三个体系。⑩它们分别是A抄本，梵蒂冈女王文藏(Vaticanus Reginensis)1709号，来自10世纪，5.24后缺失。U抄本，梵蒂冈拉丁文

---

① A. J. Boyle , Postscripts from the Edge, *Ramus* 26 (1997), p.7.

② John Scheid, “Myth, Cult and Reality in Ovid’s Fasti” , *PCPS* 38 (1993), p.124.

③ 控制时间是当权者确立自身权威的手段之一，无论是恺撒推行的新历法，还是奥古斯都在战神校场上树立的巨型日晷，还是新增设的国家节日，从公元前45年到公元10年，此类节日的数量从49个增加到69个。

④ 如A. J. Boyle , Postscripts from the Edge, *Ramus* 26 (1997)。

⑤ 如Geraldine Herbert-Brown, *Ovid and the Fasti: An Historical Study*, Clarendon Press, 1994, pp.28–31; Andrew Wallace-Hadrill, *Rome’s Cultural Revolution*, Cambridge University Press, 2008, pp.242–245。

⑥ Molly Pasco-Pranger, *Founding the Year: Ovids’s Fasti and the Poetics of the Roman Calendar*, Brill, 2006, p.29.

⑦ 范瑟姆对奥维德之前的希腊和罗马哀歌作品的发展做了盘点，见Elaine Fantham, *Ovid: Fasti Book Ⅳ* , pp.7–25。

⑧ A. J. Boyle , Postscripts from the Edge, *Ramus* 26 (1997), pp.20–22。

⑨ Elaine Fantham, *Ovid: Fasti Book Ⅳ* , p.25.

⑩ Ibid., pp.49–50.

藏（Vaticanus Latinus）3262号，来自11世纪。第三体系包括3个抄本：I抄本，伊尔菲尔德残篇（Fragmentum Ilfeldense），来自10世纪，包含2.568—3.204，4.317—814，以及第1卷末到第2卷开头的残篇；G抄本，布鲁塞尔文藏5369—5373号，来自11世纪，从1.505开始；M抄本，牛津博德利图书馆Auct. F 4.25，来自15世纪，原为马扎兰枢机（Cardinal Mazarin）所有，包含全部6卷，上面有老海因修斯（Nicolaas Heinsius）等人的笔记。

本译注的拉丁文本来自开放资源“拉丁文库”，[①]并核对了托伊布纳（Teubner）本（E. H. Alton, D. E. W. Wormell, E. Courtney, *p.Ovidi Nasonis Fastorum libri sex*, Leipzig, 1978）和洛布（Loeb）本（Ovidius Naso, Publius, *Fasti*, translated by Sir James George Frazer, revised by G.p.Goold, Loeb Classical Library 253, Cambridge, MA: Harvard University Press, 1931, 2nd ed., 1989）。当不同版本出现对意思理解影响较大的异文时，会在注释中指出。格林（Steven J. Green）的*Ovid, Fasti 1, A Commentary*, Brill (2008)提供了重要参考。《岁时记》目前尚无中译，笔者的原则是尽量忠于原文的表达，译文中无法体现的地方尽可能在注释中指出，不如意之处还请读者见谅。

1—10

Tempora cum causis Latium digesta per annum
lapsaque sub terras ortaque signa canam.[②]
excipe pacato, Caesar Germanice[③], voltu[④]

---

① http: //thelatinlibrary.com/ovid/ovid.fasti1.shtml.

② 1.1—2，序章部分的前两行概括了作品的主题，即罗马的时间、节日的起源和星座知识。Feeney指出，这是希腊的计历知识和天文传统首次进入罗马的计历传统。Miller认为奥维德遵循了两种时间模式，即天上的节奏和罗马节日的固定循环。见Denis Feeney, *Literature and Religion at Rome*, Cambridge University Press, 1998, p.126。

③ 1.3，奥维德将《岁时记》献给日耳曼尼库斯，一般认为，这是诗人在流放中对作品做了修改的最清晰证据之一。根据《哀怨集》2.549—552，作品最初是为奥古斯都而写，被诗人的命运所打断（tuo...scriptum sub nomine, Caesar, et tibi sacratum sors mea rupit opus）。

④ 诗人在这里没有用常见的placido...vulto（面容温和地），而是代之以pacato（变得平静、平和）。Green指出，这种搭配非常罕见，唯一的其他例子是佩特罗尼乌斯（Petronius），见Steven J. Green, *Ovid, Fasti 1, A Commentary*, Brill, 2004, p.120（v. 94）。Fantham（“Ovid, Germanicus, and the Composition of the Fasti”, *Oxford Readings in Ovid*, Oxford University Press, 2008, p.378）认为，这预示着诗人对pax（和平）和pacare的强调，无论是通过序章中对arma（武器、战争）的否定或寓言化（1.13和23），还是通过作品第一卷和其他部分对pax的反复赞颂。

hoc opus et timidae derige navis iter,①
officioque, levem non aversatus honorem,
en tibi devoto numine dexter ades.②
sacra recognosces annalibus eruta priscis
et quo sit merito quaeque notata dies.
invenies illic et festa domestica vobis;
saepe tibi pater est, saepe legendus avus,③

我将歌唱拉丁姆一年的时节划分和缘起，
还有那坠下地平线和升起的星座。
日耳曼尼库斯·恺撒啊，请面容平和地接受
这件作品，为胆怯的船只指明航线，
不要嫌弃这微薄的荣耀，
来吧，作为神明青睐给你的献礼。
你将重温从古老的年表中挖出的圣礼，
以及每个日子为何值得标记。
在那里，你还会遇到你们家族的节日；
你常会读到你的父亲与祖父，

11—20

quaeque ferunt illi, pictos signantia fastos,④
tu quoque cum Druso praemia fratre feres.

---

① 1.4，罗马诗人经常用航海来比喻创作，参见维吉尔《农事诗》2.41和4.117，普洛佩提乌斯《哀歌集》，3.3.22。奥维德本人也多次用到，如《爱的艺术》1.772和3.748，《哀怨集》2.329和548，等等。

② 1.5—6，诗人把日耳曼尼库斯视作自己的庇护人和神明。句首的officioque强调带有互惠意味的庇护关系，暗示希望得到后者的帮助。诗人在《黑海书简》中请求日耳曼尼库斯说，如果无法回归，他希望能去到离罗马城近些的地方。奥维德将为此奉上自己的诗歌，因为没有什么比诗歌更适合奉献给君主了（nec tamen officio uatum per carmina facto/principibus res est aptior ulla uiris，4.8.43-44），他在这里可能实践了自己的诺言。Green（2004）指出，dexter ades是罗马人祈求神明眷顾的正式说法，参见1.67。

③ 1.10，指提比略和奥古斯都。

④ 1.11，奥古斯都时代在公开场所竖立的历表既有月份和日子的信息，也有执政官、凯旋将领和独裁官等的名录，这里可能指历表中有提比略和奥古斯都的名字。见Andrew Wallace-Hadrill, *Rome's Cultural Revolution*, p.245。

Caesaris arma canant alii: nos Caesaris aras[①]
et quoscumque sacris addidit ille dies.
adnue[②] conanti per laudes ire tuorum
deque meo pavidos excute corde metus.
da mihi te placidum, dederis in carmina vires:
ingenium voltu statque caditque tuo.
pagina iudicium docti subitura movetur
principis, ut Clario missa legenda deo.[③]

他们拥有各种奖赏，标记了绘制的历表，
你与你的兄弟德鲁苏斯也将拥有。
让别人歌唱恺撒的武器吧，我要歌唱他的祭坛，
以及他归入圣礼的所有日子。
请允许我试着讲述对你家族的赞美，
并把颤抖的恐惧从我心中赶走。
请你对我温和，将力量赐予我的歌：
才思会随你的面容涌现和枯竭。
将要呈交博学王子评判的纸页变得不安，
就像献给克拉洛斯神明审阅。

21—30

quae sit enim culti facundia sensimus oris,
civica pro trepidis cum tulit arma reis.
scimus et, ad nostras cum se tulit impetus artes,

① 1.13，“武器”代表史诗，采用六音步格律，《岁时记》则采用哀歌双行体。Fantham表示，奥维德把祖先的宗教以及新的王朝和国家纪念碑也变成哀歌的主题，一边是自己的诗歌品味，一边是表达爱国和对奥古斯都的忠诚，诗人借此调和了两者。（Elaine Fantham, *Ovid: Fasti Book Ⅳ*, pp.20–25）

② 1.15, adnue通常被用于向神请愿，诗人用这个词暗示日耳曼尼库斯的神明身份。参见维吉尔《农事诗》1.40，恩主同样被诗人赋予了神明身份。

③ 1.20，指阿波罗，在伊奥尼亚海滨的克拉洛斯（Claros）有他的神谕所。

ingenii currant flumina quanta tui.
si licet et fas est, vates rege vatis habenas,
auspice te felix totus ut annus eat.
Tempora digereret cum conditor Urbis, in anno
constituit menses quinque bis esse suo.
scilicet arma magis quam sidera, Romule, noras,
curaque finitimos vincere maior erat.

因为我感到那有教养的口齿是多么雄辩，
当它为不安的被告拿起公民的武器。
我还知道，当把志趣转向我的技艺时，
你的才思之流将多么汹涌。
如果可以和许可，请让诗人执掌诗人的缰绳，
请你庇佑，让一整年都幸福。
当罗马的建城者划分时间，
他把一年定为十个月。
罗慕路斯啊，你了解武器无疑胜过星辰，
征服邻邦是你更关心的事。

31—40

est tamen et ratio, Caesar, quae moverit illum,
erroremque suum quo tueatur habet.
quod satis est, utero matris dum prodeat infans,
hoc anno statuit temporis esse satis;
per totidem menses a funere coniugis uxor
sustinet in vidua tristia signa domo.①

① 1.35—36，根据普鲁塔克《努马传》12.2，努马规定妻子最长要为亡夫举哀十个月才能再嫁。西塞罗在《为克鲁恩提乌斯辩护》（*Pro Cluentio*）中表示，妻子在这十个月里还不能前往他人家中，除非是婆家（decem illis mensibus ne domum quidem ullam nisi socrus suae nosse debuit, 35）。tristia signa指她们在举哀期间要穿着黑色，可能还要悬挂柏树枝。

haec igitur vidit trabeati cura Quirini,①
cum rudibus populis annua iura daret.
Martis erat primus mensis, Venerisque secundus;
haec generis princeps, ipsius ille pater:②

但有理由驱使他那么做，恺撒啊，
他的错误情有可原。
足够婴儿离开母亲子宫的时间，
他认定也足够成为一年；
从丈夫的葬礼开始，妻子在同样多的月份里
在寡居的家中保留哀悼的标志。
因此，穿特拉比亚袍的奎里努斯考虑了这些，
当他向粗俗的人民颁布年的法令。
第一月属于马尔斯，第二月属于维纳斯；
后者是家族的鼻祖，前者为他本人之父：

41—50

tertius a senibus, iuvenum de nomine quartus,③
quae sequitur, numero turba notata fuit.
at Numa nec Ianum nec avitas praeterit umbras,
mensibus antiquis praeposuitque duos.

---

① 1.37，塞维乌斯（Servius）在《埃涅阿斯纪》7.612的注疏中列举了特拉比亚袍（trabea）的三种样式，神明穿的为纯紫色，君主穿的为紫色和白色，鸟卜师穿的为紫色和绯红色。王政时期的国王穿着的是带紫色横纹的白袍。奎里努斯是对成神后的罗慕路斯的称呼。

② 1.40，传说马尔斯是罗慕路斯的父亲，与西尔维娅生下了两兄弟，见3.1—42；维纳斯是埃涅阿斯的母亲，见4.35—38。Pasco-Pranger认为，诗人在这里没有用与pater（父）相对的mater（母）指代维纳斯，而是用了阳性的princeps，从而弱化了两者潜在的家庭和情色意味（Molly Pasco-Pranger, *Founding the Year: Ovids's Fasti and the Poetics of the Roman Calendar*, p.29）。

③ 1.41，第五和第六卷的序章将分别讨论这两个月名字的来源。

Ne tamen ignores variorum iura dierum,①
non habet officii Lucifer omnis idem.
ille nefastus erit, per quem tria verba silentur: ②
fastus erit, per quem lege licebit agi.
nec toto perstare die sua iura putaris: ③
qui iam fastus erit, mane nefastus erat;

第三个月来自老人，第四月得名于青年，
后面的各月用数字表示。
但努马没有无视雅努斯和先人的亡灵，
他在古老的月份之外增加了两个。
好教你不会对不同日子的法令无知，
启明星并不总是意味着同样的职责。
不合法的日子里要对三个词噤声：
合法的日子允许法律事务。
不要以为他的法令将延续整天：
即将允许的，早晨不允许；

---

① 1.45，罗马历表铭刻上会标注各个日子的性质，如标为F（fastus）的日子可以进行法律事务，N（nefastus）表示不允许，C（comitalis）表示可以召开大会。对某些标注则有不同看法，如NP曾被认为表示当天部分（parte）、开始（principio）或结尾（posterior）等不允许，蒙森对这些观点提出了质疑，见Agnes Kirsopp Michels, *Calendar of the Roman Republic*, Princeton, 1967, p.74。另外，Huschke（P. Huschke , *Das alte römische Jahr und seine Tage*, Breslau, 1869, p.238）认为NP是整天不合法（nefastus purus），Michels（Agnes Kirsopp Michels, *Calendar of the Roman Republic*, p.76）认为表示国家出资为人民举办的节日（nefas publicae），Rüpke（J. Rüpke, *Kalender und Öffentlichkeit: Die Geschichte der Repräsentation und religiösen Qualifikation von Zeit in Rom*, Berlin: de Gruyter, 1995, pp.259–260）则认为是赎罪日（nefas piaculum）。

② 1.47，这三个词为do（我准许）、dico（我宣判）和addicio（我裁定［财产归属］），为法官在庭审过程中的用语，参见瓦罗《论拉丁语》（*De lingua latina*）6.30。

③ 1.49，梵蒂冈女王抄本和牛津抄本作praestare，女王抄本作dies。参见3.137，laurea flaminibus quae toto perstitit anno tollitur（弗拉门祭司用了一整年的月桂枝）。有些节日在中午开始和结束，直到结束那天的中午之前都不允许进行法律事务，这可能与埃特鲁里亚人将中午作为一天开始的习惯有关。如罗马人的祭祖节（Parentalia）从2月13日中午开始，到2月22日中午结束，见G. Radke, "Beobachtungen zum römischen Kalender", *Rheinisches Museum für Philologie* (=*RhM*), Neue Folge 106 (1963), p.319。还有的日子早晚都不允许，只在两者之间可以进行法律事务（dies endotercisi，历表上标为EN），如1月10日。瓦罗《论拉丁语》6.31表示，只有在早晚之间，在宰杀牺牲和献祭内脏期间是允许的（medio tempore inter hostiam caesam et exta porrecta fas）。另见马克罗比乌斯，《农神节》1.16.3。

51—60

nam simul exta deo data sunt, licet omnia fari,
verbaque honoratus① libera praetor habet.
est quoque, quo populum ius est includere saeptis;②
est quoque, qui nono semper ab orbe redit.③
vindicat Ausonias Iunonis cura Kalendas;④
Idibus alba Iovi grandior agna cadit;
Nonarum⑤ tutela deo caret. omnibus istis
(ne fallare cave) proximus ater erit.⑥
omen ab eventu est: illis nam Roma diebus
damna sub averso tristia Marte tulit.

因为一旦向神明献祭了内脏，就可以言说一切，
荣耀的大法官将畅所欲言。
有的日子允许把人民圈进围场；
还有的总是以九天为循环回归。

---

① honoratus特指担任官职者。罗马人将官职晋升次序称为“荣誉之路”（cursus honorum），想要参选执政官，罗马官员必须先担任财务官、营造官和大法官。

② 1.53，指战神校场上的尤里乌斯投票场（Saepta Iulia）。

③ 1.54，指以八天为一循环的市场日（Nundinae），由于罗马人将当天也算在内，故称为“九日”（nono）。历表上用A—H标注。

④ 1.55，奥森人（Ausones）为古代拉丁姆的民族，相传他们的祖先是奥德修斯和喀耳刻之子奥森，泛指意大利人。朔日日（Kalendae）的名称据说来自calo（呼喊），因为祭司会在这一天从卡皮托山上宣布当月的望九日（Nonae）是第5日还是第7日。见瓦罗《论拉丁语》6.27。

⑤ 1.57，望九日（Nonae）为每月望日之前的第9天，罗马历3月、5月、7月和10月的望日（Idus）为每月15日，其余月份为13日，因此望九日为第7日或第5日。正好位于这三者上的日子即以该月名称加上节点名表示，其他日子由月份名加上距离位于其后最近那个节点的天数表示，如12月23日即为1月朔日前第10日。

⑥ 1.58，瓦罗《论拉丁语》6.29表示，朔日、望日和望九日的后一天（postridie）被称为黑暗的（atri），因为那些天不会开始任何新的事（nihil novi inciperent）。据说这种习俗源于公元前390年7月16日罗马人在阿利亚（Allia）惨败于高卢人，而他们在这天站前进行了祭祀。因此祭司下令每月的这天不得祭祀，并将其扩大到另两个日子。甚至国家崇拜仪式也不会举行，找不到在这些日子举行凯旋式，或者奉献神庙的记录。另一种说法是，这些日子的名字源于望日的后一天（dies postridianus）也称为dies atrus，（类似的例子如3月望日后第5日的节日名叫Quinquatrus，而图斯库鲁姆人习惯把望日后的第6、7日称为Ides sexatrus，septimatrus等），因为不祥意味而误传成ater。见Michels（1967），pp.65–66页及注释16。Green指出，这36天在官方中没有特别标记，甚至有25天事实上被标为可以进行法律事务，但不祥仍然是它们的首要属性（Steven J. Green, *Ovid, Fasti 1, A Commentary*, p.56）。

对朱诺的献祭占有了奥森族裔的朔日；
更大的白色羔羊在月望为朱庇特献身；
望九日没有神明庇护。紧随所有这些的
（要避免弄错）都是黑暗之日。
灾兆有事实为证：因为那些日子里罗马
在不利的战事中遭受了悲伤的失利。

61—70

haec mihi dicta semel, totis haerentia fastis,
ne seriem rerum scindere cogar, erunt.
1. A K: IAN: F
Ecce tibi faustum, Germanice, nuntiat annum[①]
inque meo primum carmine Ianus adest.
Iane biceps, anni tacite labentis origo,
solus de superis qui tua terga vides,
dexter ades ducibus[②], quorum secura labore
otia terra ferax, otia pontus habet:
dexter ades patribusque tuis populoque Quirini,
et resera nutu candida templa tuo.

我这番话只说一遍，适用于整部历表，
好让我不会被迫打断叙事的连贯。
1. A 朔日：1月：合法
看，日耳曼尼库斯，他向你宣示了幸运的一年，
雅努斯在我的歌中首当其冲。
双面的雅努斯啊，流淌岁时的无声源头，

① 有人认为这里指的是公元17年日耳曼尼库斯的凯旋式，元老院在公元15年1月宣布了该决定。
② 1.67，可能指提比略和日耳曼尼库斯。

众神中唯有你能看见背后，
请前来赐福统帅们吧，得益于他们的辛劳，
肥沃的土地和大海拥有了安宁。
请前来赐福你的元老们和奎里努斯的人民，
在你的首肯下打开洁白的神庙吧。

71—80

prospera lux oritur: linguis animisque favete;
nunc dicenda bona sunt bona verba die.
lite vacent aures, insanaque protinus absint
iurgia: differ opus, livida lingua[①], tuum.
cernis odoratis ut luceat ignibus aether,
et sonet accensis spica Cilissa focis?[②]
flamma nitore suo templorum verberat aurum,
et tremulum summa spargit in aede iubar.
vestibus intactis Tarpeias itur in arces,[③]
et populus festo concolor ipse suo est,

吉祥的白日降临：请你带来巧舌和妙想，
现在，好日子里必须说美好的话。
让双耳不闻诉讼，让疯狂的纠纷马上离开：
恶毒的舌头，推迟你的工作吧。

---

① 1.74，女王本和牛津本作turba（人群）。参见《恋歌》1.14.42：nec minuit densas invida lingua comas（没有恶毒的舌头让浓密的头发变少）。

② 1.76，spica Cilissa指藏红花，乞里奇亚出产的被认为品质最佳。如果扔到火中时噼啪作响会被认为是吉兆。

③ 1.79，塔尔佩阿岩（Rupes Tarpeia）位于卡皮托山南侧，死刑犯会被从崖顶推下处决，泛指整座卡皮托山。从公元前153年开始，新当选的执政官在1月1日要登上卡皮托山，向朱庇特、朱诺和密涅瓦三位神明献祭，并为罗马人民祈福，见John Scheid, *An Introduction to Roman Religion*, Indiana University Press, 2003, p.102。intactis表示衣服未接触过染料，即白色，Green认为，这个词比常用的purus更能表达道德和视觉纯洁的意味（Steven J. Green, *Ovid, Fasti 1, A Commentary*, p.64）。

你可看到苍穹闪耀着馥郁的火焰，
乞里奇亚的香料在点燃的炉中噼啪作响?
火焰用它的光辉抽打着神庙的金顶，
将颤抖的光芒洒向至高的庙宇。
着未染之衣者登上了塔尔佩阿崖顶，
人民自己也为节日穿上同色的服装，

81—90

iamque novi praeeunt fasces, nova purpura fulget,
et nova conspicuum pondera sentit ebur.①
colla rudes operum praebent ferienda iuvenci,
quos aluit campis herba Falisca② suis.
Iuppiter arce sua totum cum spectet in orbem,
nil nisi Romanum quod tueatur habet.
salve, laeta dies, meliorque revertere semper,
a populo rerum digna potente coli.
Quem tamen esse deum te dicam, Iane biformis?
nam tibi par nullum Graecia numen habet.

现在，新束棒开着路，新紫袍闪着光，
夺目的象牙辇感受着新的重量。
未经劳作的牛犊伸出了将罹刀刃的头颈，
法勒里平原的牧草曾经养育了它们。
当朱庇特从他的城堡俯瞰整个大地，
他见到的一切都属于罗马。

---

① 1.81—82，fasces指作为法官标志的束棒和斧子。purpura指执政官穿的托加袍，上面有宽紫边。象牙椅（curule）只有执政官、大法官和贵族营造官才有资格乘坐。Green指出，这段描写中没有提到人，只是看到了标志、珍贵的材料、光亮和色彩组成的队列场景（Steven J. Green, *Ovid, Fasti 1, A Commentary*, p.65）。

② 1.84，法勒里（Falerii）位于克里图姆努斯河（Clitumnus）附近，以出产白色的牛著称。参见《黑海书简》4.8.41。

幸福的日子啊，向你致意，请永远更幸福地回归，
你值得被统领万物的人民所尊崇。
双面的雅努斯，我该说你是什么样的神？
因为希腊人没有与你相当的神明。

91—100

ede simul causam, cur de caelestibus unus
sitque quod a tergo sitque quod ante vides.
haec ego cum sumptis agitarem mente tabellis,
lucidior visa est quam fuit ante domus.
tum sacer ancipiti mirandus imagine Ianus
bina repens oculis obtulit ora meis.
extimui sensique metu riguisse capillos,
et gelidum subito frigore pectus erat.
ille tenens baculum dextra clavemque sinistra
edidit hos nobis ore priore sonos:

还请解释为何在天上的诸神中，唯有你
既能看见后面，也能看见前面。
当我手持蜡板，琢磨这样的念头时，
房子看上去比之前更加明亮。
这时，令人惊诧的神圣雅努斯现出双头形象，
突然把他的两张脸呈现在我眼前。
我惊恐万状，感到头发因恐惧而耸起，
胸膛顿时因战栗而冰冷。
他右手执权杖，左手拿着钥匙，
用前边的嘴向我如是言语：

（王晨，独立译者）

Contents and Abstracts

Research Articles

1. The Internationalization of History

Akira Iriye

Abstract: The Internationalization is a good vision of AHA, and the latter's development is with the help of the former in turn. This "Internationalization" has three aspects. First, building closer ties between American and foreign historical communities is an impetus to the communication between American and foreign historians. Second, it's important to establish the notion of the interconnectedness of human history and explore those themes which are common to all humans. Third, we should pay attention to the problem of cultural consciousness on the part of historians, because we all are subject to culture. In a word, the Internationalization of History will make us heirs to all kinds of pasts which form the legacy of civilization.

Keywords: History; Internationalization; International Relations; Culture

2. How Should World History be Studied?

Xu Guoqi

Abstract: Chinese history should be an important part of world history and world history as a subject should include Chinese history. A good historical research on either Chinese history or history of environment plagues or wars, among other topics, must be based on broad perspectives and narratives. That article argues that an innovative historical approach of international/transnational history and shared history might be a key to studying world history.

Keywords: International History; Transnational History; Shared History; World War I; Paris Peace Conference; Asia and World War I; Sino-US Relations

3. Fuzzy Histories

Peter Burke

Abstract: Nowadays, the famous British historian Peter Burke (1937–), an expert on European cultural history and a historian of new cultural history, is committed to the integration of historiography and sociological theories. In this article, he discusses the relationship between fuzzy and sharp historical research, and thinks that fuzziness also has history. The concept of "lumpers" and "splitters" rising in the 1970s prompts him to explore the evolution of the relationship between the two concepts. From the accurate history study of the Ranke school in the 19th century to the fuzzy historical study of Burckhardt, the positivism in the end of the 19th century, the impressionism study of Huizinga and Freyre, and to the rise of quantitative history in the 1950s, until to the late 1980s, new cultural history replacing the new economic history, the rise of microhistory and the influence of anthropology, "new fuzziness" emerged. He believes that even if precise history has an advantage during some times, fuzzy historical research still exists, and in current historical research, the fuzziness becomes more precise.

Keywords: Fuzzy Histories; Precise History; Peter Burke; Lumpers; Splitters

4. Reflections on "What is History"

Guo Huarong

Abstract: "What is the history"? We can regard it as everything happened in the past. Therefore, we could claim that past was a temporal and spatial existence of the human societies, which contents were comprehensive and all-embracing. However, the history which we usually talked about was a series of basic conceptual frameworks, which was constructed by historians on the basis of the existing documents, data and pictures, etc. According to the text, history is a reconstruction that was done by historians in line with all existing archival documents and received by us. It mirrors the reality and is used salutary lessons by contemporaries.

Keywords: History; French History; the French Revolution

5. Child Slaves at Work in Roman Antiquity

Christian Laes

Abstract: Making use of literary, legal, epigraphical and papyrological sources, this article aims at offering a comprehensive survey of instances of labour carried out by child slaves in Roman times. The evidence offered by archaeology, osteology and iconography is also taken into account. The child slaves' jobs and tasks are categorized and the various cases are commented upon. In the end, it turns out that the subject is not only revelatory with regard to the living conditions of young slaves and concepts of slavery, but also the everyday reality of children and Roman concepts of childhood in general.

Keywords: Children; Slaves; Roman Antiquity

6. An Etymological Approach to Tocharian Cultural Elements of Inner Eurasian Polis

Tang Jun

Abstract: Such medieval Serindic Buddhist poleis as Krorayina, Arga and Kucha, established by the Tocharian peoples, become well-known for their archeological antiques. Likewise, the excavated Tocharian fragments embrace a great amount of ethno-cultural information of the Tocharians inherited from a long history. With etymological approaches to a certain Tocharian keywords, paralleling to the relative Greek cognates, quite a few Tocharian indigenous elements of polis culture can be refined out of the Indo-Aryan Buddhist cloak. And based on those elements, the Tocharian polis culture can be interwoven both with the Inner Eurasian and with the Greek counterparts.

Keywords: Tocharian; Polis; Inner Eurasia; Etymology

7. The Decorative Semiotics of the Italian Renaissance and Baroque City Squares (II): Statues of Military Leaders and Princes

Liu Yaochun

Abstract: Piazza is one of most characteristic feature of Italian cities, and its fate vary with the urban civilization of Italy. Ever since High Middle Ages, with the revival and development of Italian cities, urban square acquire a new life again. During the Renaissance and Baroque era, the decorative semiotics of Italian cities have been becoming variegated and mature, as a result the decorative culture of city square with Italian identity came into being. Among the others, the statues of military leaders and princes constituted one of important aspects of decorative culture of Italian city squares, they not only fashioned the morphology of Italian city squares, but also had an important impact on the city square culture of the other European countries. In this easy, the present author will try to conduct a long-durée survey of the origins and evolution of the statues of military leaders and princes in Italian city squares, and try to reveal the historical contexts and their multi-layered symbolic meaning.

Keywords: Renaissance; Baroque; Italy; City Square; Statues

8. Analysis of the Periodic Characteristics and its Practical Effects of Marxist Historical Ideology of Soviet Union in the 20th Century

Liang Minsu

Abstract: In view of the tortuous course of Marxist historiography of Soviet union, this thesis argues that Soviet Marxist historiographical thoughts showed the multiple characteristics in the specific historical period from the foundation of Soviet Regime and the socialist countries after the October Revolution to the collapse of the Soviet union in the early 1990s. The first, theoretical creation and value prejudice existed together. The second, practical developments alternated with the experience and lessons. The third, political characteristics mingled with academic ones, and in particular, at the same time there was a complex state with both a monistic view of history and pluralistic view of history. This thesis is devoted to present the periodic characteristics of the Soviet Marxist historiography and practical effects from multiple perspectives.

Keywords: Soviet Union; Marxist Historiography; the Study of Historiography; Practical Effects

9. Luke: the Earlier Constitution of Christian Historiography

Xiao Chao

Abstract: This article claims that it is the Gospel of Luke and Acts of Apostles that form the key part of the incipience of early Christian Historiography, though many western authoritative historiography researchers deny and evade Luke's importance as a historian. First, this article discusses the following features of the Gospel of Luke, i.e. the evident prophesying narrative, the constant presence of the Holy Spirit as a hidden thread, and the value attached to the chronological narrative and the attention paid to the Roman historian facts. Second, several features of Acts of Apostles are clarified in the article: the strong witnessing implication, the typological narrative throughout the text, the constantly present, although unseen protagonist—the Holy Spirit, and its other significance to later Christian Historiography. Along with the research on the features of Luke-Acts, this article presents how Luke carried out his historical writing rich in Christian historiographical features, and making the initial constitution of Christian Historiography possible.

keywords: Luke; the Gospel of Luke; Acts of Apostles; Early Christianity; Christian Historiography

10. The Catasto Tax Reform of Florence in 1427: Background, Debates and its Connotations

Chen Yong

Abstract: In the twenties of the 15th century, the deficit and the ever growing tax burden of the common people deteriorated the contradiction of the old tax system, which compelled the government of Florence to carry out the reform of Catasto. Around the Catasto arose fierce debates among every stratum of Florentine society. The division between the party of Albizzi and the party of Medici originated from these debates. In the surface, the debates seemed to be originated from economic problems, but in fact it also reflected the conflict between the traditional political power and the new men (genti nuovi), and revealed the contradiction between the centralization of authority in the decision-making process and the decentralization of power in the process of vote, which was one of the reasons why Florentine Republic declined.

Keywords: Catasto; Tax Reform; Florence

11. Consumer Revolution and Industrious Revolution of British New England in the 18th Century

Wang Weihong

Abstract: In the 18th century, British New England experienced Consumer Revolution and Industrious Revolution. New England colonists consumption quantity and the types of goods rapid growth, and therefore caused colonist expanding market oriented production, increasing household income, in order to have more money to buy imports, it became the main driving force of industrious revolution. Finally, industrious revolution and mutually promoted consumer revolution, and eventually the whole colony economic growth.

Keywords: British New England; Consumer Revolution; Industrious Revolution

12. Decoding "the Enigma of Machiavelli": The Inquiry of Harvey Mansfield

Zhu Bing

Abstract: Harvey C. Mansfield, Jr. is a widely-recognized prestigious scholar on Machiavelli studies in contemporary Western academic circle, he not only translates (or co-translates) the major works of Machiavelli into English, but also elucidates the core ideas and key concepts in Machiavelli's works meticulously. Mansfield follows his teacher Leo Strauss (1899–1973) consistently in the presupposition and route of interpreting Machiavelli: "Teacher of Evil" and "Reading between the lines ", to excavate the esoteric teachings and hidden meanings embodied in Machiavelli's works deeply, so as to unfold the deviation between Machiavelli and the classical political philosophy tradition as well as the complicated correlation between this kind of deviation with modern political orders and norms. In the intellectual vision of Mansfield, Machiavelli was not only a historical figure curtailed by Renaissance's specific historical background, but also a sage beyond time and space with whom we can have perpetual dialogue in essential political topics. It is noteworthy that in comparison with Leo Strauss's nearly whole-hearted dedication to classical political philosophy and almostly total indifference to real political issues, Mansfield's interpretation of Machiavelli roots more deeply into the structures of practical political system, which is a balanced and solid interpretive mode oriented by classical political philosophy and based on modern political science, between which lies an intellectual tension, seeking to present the revolutionary connotations in Machiavelli's thoughts more clearly.

Keywords: "The Enigma of Machiavelli"; Leo Strauss; the Cambridge School; Modernity; Virtue; Esoteric teachings

Review Articles

13. A General Overview on the "Social Discipline" Paradigm in Italian Religious Historiography

Fu Liang

Abstract: Hubert Jedin, the eminent Church historian, whose famous interpretive frame of "Catholic Reform and Counter-Reformation" (the Jedinian Paradigm) had greatly promoted the historical research of the 16-century Catholicism in Italy, and helped many Italian young historians to re-evaluate the so-called Counter-Reformation movement, passed away in 1980. It is that same year which one of his students, Paolo Prodi, declared that the paradigm of "social discipline" coined by German Church historians should and could replace the outdated Jedinian Paradigm. The Italian scholar was convinced that it would be more accurate to understand the popular society and religious evolution in pre-modern times through the lens of "social discipline". With the full use of it, moreover, other Italian historians and he gradually believed that early modern Italian society was disciplined and then refashioned by the cooperation of secular power and religious authority. This paradigm has still dominated the mainstream Italian interpretation of the 16th century Catholicism, but it has flaws. One of them is that it cannot display those nuanced but very important religious mentalities that had profound influences upon the pious society in pre-modern times.

Keywords: Italian Religious Historiography; Catholic Reform and Counter-Reformation; Social Discipline

14. Book Review: Mark M. Smith, *The Smell of Battle, the Taste of Siege: A Sensory History of the Civil War*

Wan Shu

Abstract: The sensory historian Mark Smith's volume The Smell of Battle, the Taste of Siege: A Sensory History of the Civil War intends to examine average people's wartime experiences, including their seeing, hearing, smelling and tasting encounters with the Civil War. Exemplified in the soundscape in Charleston in 1860 and 1861, the survivor Cornelia Hancock's memory of foulness, the average soldiers' visual impression of the First Battle of Bull Run, and "distinction" of taste between the civilians of different classes and races was eliminated in the Vicksburg under siege, Smith explores the forgotten dimension of the Civil War. Since his first book Mastered by the Clock: Freedom, Slavery and Freedom in the American South, Smith has continuingly focuses on the sensory foundation of racial difference and class distribution, which has been confusing for professional readers in China until now. I expect that my introduction of Smith's volume will familiarize these readers with this scholarship on sensory history.

Keywords: Sensory History; Mark Smith; the Civil War

15. The Thinking and Exploration of the External Relations of the "Peripheral" Countries—Reading *The History of Latin American Diplomatic thought since Independence*

Han Qi, Xu Rui

Abstract: Latin American countries started their own modernization process early and to some extent provided many valuable lessons for many devloping countries including China. Professor Sun Ruoyan in his book investigated the interaction between Latin American diplomacy and its Modernization, this ingenious idea add a bright spot to the book. The whole book has made a new interpretation of the unique theme and staging of Latin

American diplomatic thought. At the same time taking into account the commonness of the region and the characteristics of different countries, it does not adhere to the thought theeory, but links the changes of political, economic and social and cultural thoughts at that time, and highlights the stage of diplomatic thought and modernization. Conversion and integration. As the first result of the first bold attempt at the study of Latin American international relaations, the whole book also has such problems as lack of introduction to the diplomatic thought of representative figueres, the neglect of the Caribbean countries, the failure to give a general evaluation of the Latin American diplomatic thoughts in history and the overly restraint of the American factors. In short, the defects can't belittle virtues, and the whole book is fascinating.

Keywords: Diplomatic Thought; Peripheral Countries; Modernization Strategy; Anti-Americanim

16. The Gendered Creation of American Economic Citizenship—Review of Alice Kessler-Harris, *In Pursuit of Equity: Women, Men and the Quest for Economic Citizenship in 20th Century America*

Jiao Jiao

Abstract: As a leading scholar in new labor history and women's history, Alice Kessler-Harris' In Pursuit of Equity traces the construction of the discourses over "economic citizenship", bringing up an innovative interpretation on American women's pursuit for economic, social and political equity in the twentieth century. Kessler-Harris argues that the social imagination of the "right to work" was inherently gendered before the mid-twentieth century. The gendered imagination of work not only constrained the scope of women's economic life, but also shaped the burgeoning welfare system of the United States.

Keywords: Gender; Social Imagination; Economic Citizenship; Intersectionality

17. Kurdish Jews' Present and Past

Yang Jun

Abstract: When scanning the diaspora of the Jews, we may encounter some tiny Jewish communities which scattered in remote Muslim regions for thousands of years.Most of them emmigrated to Israel after the Jewish country was established in 1948, and having gone through a hard process of cultural assimilation.Yona Sabar, father of Ariel Sabar, hero of the bestseller My Father's Paradise, symbolizes by his family history the present and the past of hundreds of thousands of Arab Jewish immigrants.

Keywords: Nation; Kurdish Jews; Arab Jews; Aramaic; Israel; Zionism; *My Father's Paradise*

18. How do Chinese Scholars Write History of Western Historiography?: A Summary of the Symposium of The Study of Western Historiography in China and Commemorating the 120th Anniversary Birthday of Geng Danru

Xi Haojie

Abstract: In twentieth century, the study of western historiography in China had twists and turns, developments and changes. Until the second half of the twentieth Century, the history of western historiography emerged as an independent discipline in China. Under the effort and guidance of Professor Geng Danru(1898–1975) in Department of History of Fudan University, the basic research objects, tasks and methods of the history of western historiography in China have been clearly defined, and the direction of the development of the history of western historiography in China has been established. With the publication of History of Western Historiography and A History of Western Historiography, Mr. Geng's method of studying history of historiography has been inherited and carried forward, and the study of the history of Western historiography in China has also entered a stage of rapid development. At present, the study of history of western historiography in China should be based on inheriting the inherent academic tradition, making close connection between the construction of the subject and the demand of the times, grasping the development trend of contemporary western historiography, expanding the frontier of the subject's research, and improving the construction of the Chinese discourse system on this subject.

Keywords: History of Western Historiography; China; Geng Danru and Writing of History of Historiography

Guangqi Academic

19. A Chinese Translation of *Ovid's Fasti*, 1.1-100, with Brief Commentary

Wang Chen

Abstract: This is a Chinese translation of Ovid's Fasti, 1.1–100. It gives a short introduction to the background and content of the work, as well as its textual tradition. The translation is presented together with the original Latin text, with brief commentary when necessary.

Keywords: Ovid; *Fasti*

征稿启事

本着在新的历史时期推动学术研究，促进学界交流的愿望，我们创办了《世界历史评论》集刊，由上海世纪出版集团北京世纪文景文化传播有限责任公司出版，每年两辑，设有专论、评论、专题论坛、文献与史料等栏目。

《世界历史评论》基本的办刊宗旨是：倡导以扎实的材料为基础，通过新颖适恰的方法路径，探索人类文明史中的一切现象；希图突破学科的藩篱，促进跨学科的交流碰撞，多视角更全面地呈现世界历史图景；同时也期待透过人类悠远深邃的历史经历，观照当下，启迪将来。

在此，我们竭诚欢迎学界同仁赐稿，文章题材选择不限，论证风格不拘，唯以学术价值和专业规范为准绳，既欢迎旁征博引论证厚重的长文，也欢迎短小精粹不乏创见的短文。在惠赐大作之前，《世界历史评论》提请您垂注以下几点：

1. 本刊电子投稿信箱为 sjlspl_2014@163.com。

2. 大作请附上 200—400 字的内容提要和 3—5 个关键词（中英对照）。

3. 请在文末附上作者信息和联系方式。

4. 所有来稿一律实行匿名评审，不论刊用与否，均在 1 个月内予以答复。

5. 注释和引文格式：注释均采用脚注方式，如①、②……的形式，Word 默认每页重新编号。引用的外文论著皆不必翻译为中文。

编辑部联系方式：

电子邮件：sjlspl_2014@163.com

通信地址：上海市徐汇区桂林路 100 号上海师范大学西部办公楼 705 室

《世界历史评论》编辑部（200234）

文
景

Horizon

社科新知 文艺新潮

历史学的国际化
陈 恒 洪庆明 主编

出 品 人：姚映然
扉页题字：刘家和
责任编辑：刘 硕
美术编辑：董雪晴

出　　品：北京世纪文景文化传播有限责任公司
（北京朝阳区东土城路8号林达大厦A座4A 100013）
出版发行：上海人民出版社
印　　刷：北京中科印刷有限公司
制　　版：南京展望文化发展有限公司

开 本：700mm×1020mm 1/16
印 张：24 字 数：359,000 插 页：2
2018年7月第1版 2018年7月第1次印刷
定 价：59.00元
ISBN：978-7-208-15263-2/K·2757

图书在版编目（CIP）数据

历史学的国际化/陈恒，洪庆明主编．--上海：上海人民出版社，2018
（世界历史评论）
ISBN 978-7-208-15263-2

Ⅰ.①历… Ⅱ.①陈… ②洪… Ⅲ.①史学–研究方法–文集 Ⅳ.①K061-53

中国版本图书馆CIP数据核字（2018）第140040号

本书如有印装错误，请致电本社更换 010-52187586